Droits de l'Homme et théologie de libération en République Démocratique du Congo : Défis et perspectives

Jean-Freddy BEKOFE BOOTOLOLO

Droits de l'homme et théologie de libération en République Démocratique du Congo : Défis et perspectives

Préface de Léon Matangila Musadila

L'Harmattan

5-7, rue de l'École-Polytechnique ; 75005 Paris

http://www.librairieharmattan.com

ISBN : 978-2-14-029817-2
EAN : 9782140298172

Sigles et abréviations

ABAKO	:	ALLIANCE DE BAKONGO
AFDL	:	Alliance des forces démocratiques pour la libération du Congo
BIT	:	Bureau International du Travail
BMS	:	Baptist missionary society
CBFZ(C)	:	Communauté baptiste du fleuve Zaïre
CBZO	:	Communauté baptiste du Zaïre Ouest
CDH	:	Comité des droits de l'homme et du droit humanitaire
CDHP	:	Commission nationale des droits de l'homme et du peuple
CEDI	:	Centre d'édition et de diffusion de l'information
CEI	:	Commission électorale indépendante
CEN	:	Comité exécutif national
CETA	:	Conférence des églises de toute l'Afrique
CIAT	:	Comité international d'accompagnement à la transition
CNDH	:	Commission nationale des droits de l'homme
CNPD	:	Campagne nationale pour la paix durable
CNS	:	Conférence nationale souveraine
COE	:	Conseil œcuménique des églises
COM	:	Cour d'ordre militaire
CONACO	:	Convention nationale congolaise
CONAKAT	:	Confédération des associations tribales du Katanga
COPAK	:	Conseil des pasteurs de Kinshasa
CPC	:	Conseil protestant du Congo
CPP	:	Comité du pouvoir populaire
DFF	:	Département des femmes et famille
ECC-ECZ	:	Eglise du Christ au Congo/Eglise du Christ au Zaïre
FAC-FAZ	:	Forces armées congolaises/Forces armées zaïroises
GECAMINES	:	Générale des carrières et des mines
HCR	:	Haut-conseil de la République
HCR-PT	:	Haut-conseil de la République/Parlement de transition
IFES	:	Fondation internationale pour les systèmes électoraux
ISTK	:	Institut supérieur de théologie de Kinshasa

JPSC	:	Justice, paix et sauvegarde de la création
KEK	:	Conférence des églises européennes
LECO	:	Librairie évangélique du Congo
MEU ou EUM	:	Mission évangélique unie
MILAPRO	:	Ministère des laïcs protestants
MLC	:	Mouvement de libération du Congo
MNC-L	:	Mouvement nationale congolais-Lumumba
MONUC	:	Mission de l'organisation des Nations Unies au Congo
MP	:	Mouvance présidentielle
MPR	:	Mouvement populaire de la révolution
ONG	:	Organisation non-gouvernementale
ONGDH	:	Organisation non-gouvernementale des droits de l'homme
ONU	:	Organisation des Nations Unies
OTAN	:	Organisation des pays de l'Atlantique Nord
OUA	:	Organisation de l'unité africaine
PDG	:	Président Directeur (Délégué) Général
PDSC	:	Parti démocrate et social chrétien
PSA	:	Parti solidaire africain
RCD	:	Rassemblement congolais pour la démocratie
RCTP	:	Revue congolaise de théologie protestante
RDC	:	République démocratique du Congo
RTNC	:	Radio-télévision nationale congolaise
RZTP	:	revue zaïroise de théologie protestante
SAC	:	Société africaine de culture
SADC	:	South African Development Community (Communauté de développement de l'Afrique australe)
TKM	:	Télévision Kinshasa Malebo
UA	:	Union Africaine
UDPS	:	Union pour la démocratie et le progrès social
UFERI	:	Union des fédéralistes et des républicains indépendants
UNAF	:	Union nationale des femmes
UNAZA	:	Université nationale du Zaïre
UNITA	:	Union nationale pour l'indépendance de l'Angola
UNTC (Z)	:	Union nationale des travailleurs du Congo (Zaïre)
UPC	:	Université protestante du Congo
USO	:	Union sacrée de l'opposition
USORAL	:	Union sacrée de l'opposition radicale et ses alliés

N.B. : Les abréviations des noms des livres bibliques sont celles de la traduction œcuménique de la Bible.

Préface

Le texte que je donne à lire constitue la préface de l'ouvrage du Professeur Ordinaire et Pasteur *Jean-Freddy* BEKOFE BOOTOLOLO, qui a pour matrice *Droits de l'homme et théologie de libération en République Démocratique du Congo : Défis et perspectives*.

Comme l'enseigne Paul Ricœur, c'est sur le mode de la plainte et de la lamentation que nous accédons dans le champ du juste et de l'injuste. En effet, ce qu'il faut bien voir, la question de la violation des droits de l'homme se pose dans notre existence quotidienne et sous divers visages. Dès lors, l'exigence de la justice devient un devoir moral pour notre conscience collective, commune et universelle. Ainsi, l'auteur étudie la question de la promotion des Droits de l'homme et de la théologie de libération en contexte africain en général, et congolais en particulier.

Cet ouvrage a pour objectifs notamment d'informer, de sensibiliser, de conscientiser la société africaine en général et congolaise en particulier sur l'importance du respect, de la protection et de la promotion des droits de l'homme et de la démocratie dans le monde d'aujourd'hui. L'angoissante question de la violation massive des droits de l'homme en Afrique doit être la préoccupation universelle.

Jean-Freddy BEKOFE BOOTOLOLO reste préoccupé par ces questionnements notamment : Comment définir le triptyque ou la trilogie Droits de l'homme Démocratique-Etat de droit ? La République Démocratique du Congo est-elle réellement un Etat Démocratique assurant la promotion des Droits de l'homme ? Quelle peut être la contribution de la théologie à la promotion des droits de l'homme ? Y a-t-il un lien fondamental entre les Droits de l'homme et la théologie ? Quel est l'apport des théologiens africains à la promotion des droits de l'homme ? Quelles sont les spécificités propres à la Charte africaine des droits de l'homme et des peuples ? Ces spécificités contribuent-elles à la promotion des droits de l'homme en général et du droit à la vie en particulier ? Quelle est la contribution de la Conférence des Eglises de toute l'Afrique et du Colloque de Yaoundé à la promotion des droits de l'homme ? Quelles sont les réalisations en République Démocratique du Congo relatives à la protection et à la promotion des droits de l'homme aux trois niveaux : Etat, ONG, Eglises ?

La mise en œuvre des cogitations de l'auteur, le passage des travaux d'école et des laboratoires à la pratique, le saut des discours théoriques à l'exécution concrète constituent un défis et une limite de l'ouvrage. Aussi, *Jean-Freddy* BEKOFE BOOTOLOLO n'a pas la prétention d'épuiser des questions aussi riches et ouvertes, aux méandres complexes que sont la théologie de libération et les droits de l'homme en sol africain et congolais. Il est bien conscient que les écrits et les apports des autres restent souhaitables et indispensables pour enrichir ses intuitions. Aussi, Les défis sur l'application des droits de l'homme et la théologie de libération sont universels. L'auteur se limite surtout sur le sol africain en général, singulièrement la République Démocratique du Congo.

Ces pages n'ont pu venir à l'existence que suite à une démarche à la fois historique, réflexive et critique, nourrie par l'expérience.

L'ouvrage est articulé autour des trois parties. La première partie a pour pierre de touche les Droits de l'homme et la théologie. La deuxième partie porte sur les Théologies africaines et les Droits de l'Homme. La troisième et dernière partie a pour matrice les réalisations relatives aux droits de l'homme au Congo-Kinshasa.

Droits de l'homme et théologie de libération en République Démocratique du Congo : Défis et perspectives soulève sans aucun doute des questions d'actualité et universelles qui ne peuvent qu'interpeller notre conscience collective, de l'élite surtout. Cette réflexion se veut une contribution à l'espérance pour défier la déraison de ce monde et pour briser la fatalité du cycle de la violation massive des droits de l'homme et de la banalisation du mal en sol africain en général et congolais en particulier. Le monde scientifique ne peut que s'en réjouir.

J'en recommande vivement non seulement la lecture, mais surtout la mise en œuvre des positions de raison et des recommandations bien pesées de ces pages. Puissent les chercheurs, les étudiants, les universitaires, les sociétés civiles, les organisations non gouvernementales, les gouvernements et toutes les personnes de bonne volonté trouver dans les intuitions de l'auteur contenues dans cet ouvrage une source d'inspiration.

Léon MATANGILA Musadila
Professeur des Universités
Doyen Honoraire de la Faculté des Lettres et Sciences Humaines
Université de Kinshasa / RDCongo
Directeur de l'Harmattan RD Congo

Avant-propos

1. Expériences[1]

Au cours de douze années d'exercice des fonctions dans l'Eglise du Christ au Congo[2], j'ai pris conscience de plusieurs formes de violation de droits de l'homme. J'ai constaté que la théologie de la libération de la marginalisation des droits de l'homme n'était pas prise en compte dans les Eglises ou du moins cette théologie laissait beaucoup à désirer.

Dans les lignes qui suivent, nous voudrions mettre en évidence certaines situations des violations graves des droits de l'homme qui nous ont permis de nous poser la question suivante : Qu'est-ce que le droit à la vie, à la liberté et à la sûreté de la personne dans une société africaine ?

1.1 « Marche d'espoir[3] » ou marche des chrétiens

Dimanche 16 février 1992, jour historique dans les annales de la République Démocratique du Congo, a eu lieu à Kinshasa et dans les principales villes du pays, une marche pacifique dite « marche d'espoir », car le peuple zaïrois longtemps soumis à la dictature « mobutienne » a vaincu sa peur.

Cette marche avait pour but d'exiger la réouverture des travaux de la Conférence nationale souveraine (CNS)[4] suspendue le 19 janvier 1992 par le gouvernement après cinq mois de fonctionnement.

---

[1] Certaines de nos expériences reprises dans ce travail ont été mentionnées dans notre mémoire de DEA intitulé : *La notion de justice en contexte africain. Le débat œcuménique,* Strasbourg, mai 2002.

[2] Eglise du Christ au Congo, en abrégé ECC, est une fédération de 62 communautés protestantes au Congo. Les années au cours desquelles nous avons assumé successivement les fonctions de Président national de l'Union de la Jeunesse protestante, Directeur national de l'éducation chrétienne, Secrétaire exécutif de la Commission Justice, Paix et sauvegarde de la création et Président des commissions justice et paix catholique, orthodoxe, protestante et kimbanguiste.

[3] DORLODOT, Ph. de, *Marche d'espoir,* Kinshasa, 16 février 1992, Non violence pour la démocratie au Zaïre, Paris, Edition L'Harmattan, 1994.

[4] Il s'agissait d'un forum politique qui avait rassemblé toutes les couches vives de la nation (institutions publiques, société civile, partis politiques, églises et ONG) afin de baliser le chemin de la démocratie au Zaïre !

J'ai personnellement vécu cette marche, mais je laisse ceux qui ont eu le privilège d'en parler par écrit avant moi, de nous décrire cette situation de violation des droits de l'homme aux multiples conséquences.

Dans son ouvrage intitulé « L'engagement politique de l'Eglise catholique au Zaïre », Louis Ngomo Okitembo écrit ce qui suit : « le 16 février 1992, après les célébrations, les chrétiens sortirent des églises et marchèrent à travers les rues de la capitale pour exprimer leur volonté de voir le Palais du Peuple rouvrir ses portes pour la reprise immédiate et sans conditions de la C.N.S.[5]. Hommes, femmes, enfants, jeunes et vieux, religieux et religieuses, prêtres et pasteurs, une véritable marée humaine, tous avec des bibles, des louanges, des chapelets, des croix, chantant des cantiques de louange au Dieu libérateur se retrouvèrent dans la rue. Pas une injure, pas une pierre lancée contre les soldats, pas un coup rendu, dans la stricte discipline de la non-violence, tous marchèrent pour réclamer le forum de l'espoir qui mettrait fin à la dictature. Face à cette foule immense et tranquille, les soldats exécutèrent l'ordre de réprimer violemment les manifestants : il y eut beaucoup de morts et de nombreux blessés, quelques ecclésiastiques furent arrêtés et mis en prison, trois missionnaires expatriés furent expulsés et plusieurs laïcs torturés. Le ministre de la communication, le gouverneur de la ville de Kinshasa et le premier ministre[6], tous parlèrent un même langage : ils condamnèrent les organisateurs de la marche et rendirent responsables quelques prêtres catholiques « en mal de politique et de subversion qui porteront dans leur conscience la mort de ces manifestants[7] ».

Ce récit montre clairement que cette marche des chrétiens s'est déroulée dans « la stricte discipline de la non-violence ». J'étais scandalisé, ce jour-là, de la manière dont l'armée a réprimé cette marche. Certains soldats n'ont pas hésité de dire aux citoyens manifestants qu'ils ont reçu l'ordre de tirer : « Nerveux de nous voir approcher trop près du Boulevard, un soldat s'approche et nous dit en lingala : retirez-vous citoyens ! Nous avons reçu l'ordre de tirer sur vous, ce n'est pas un jeu ! »[8]. Ce jour-là, les forces armées zaïroises ont tué[9] de paisibles citoyens manifestant au nom de la démocratie et des libertés fondamentales et blessé[10] beaucoup d'autres.

Ces faits ont interpellé ma conscience et je me suis posé la question ci-après : qu'est-ce que c'est le respect, la protection des droits de l'homme ? Les droits de l'homme ont été foulés aux pieds par le gouvernement qui est censé les respecter et les protéger. Ce gouvernement se permet même de rendre responsables quelques prêtres catholiques expatriés qui ont pris part à cette

---

[5] C'est l'abréviation de la Conférence nationale souveraine.

[6] NGUZA Karli bond Jean de Dieu.

[7] NGOMO Louis Okitembo, *L'engagement politique de l'Église catholique au Zaïre 1960-1992*, Paris, L'Harmattan, 1998, pp. 337-338.

[8] DORLODOT, Ph. de, *Op. Cit.*, p. 10.

[9] Sept morts ont été apportés à la paroisse catholique de Matonge. Cf. *Idem.*, p. 42.

[10] *Idem.*, p. 9.

marche pacifique. N'est-ce pas là une façon de se moquer du peuple, des morts et des droits de l'homme ?

Le 16 février 1992, j'ai vu plus de deux millions de chrétiens et autres[11] marcher pacifiquement au sortir de leurs églises respectives. C'était un dimanche pas comme les autres. Mais hélas ! L'Etat a violé d'une manière flagrante les droits de l'homme. Voilà une situation de violation parmi tant d'autres.

J'aurai à examiner les conditions de production de violation des droits de l'homme au Congo après avoir décrit d'autres cas.

1.2 Paisible conducteur d'une Renault 4

Il m'est arrivé de m'indigner aussi de l'injustice qui frappait certains paisibles citoyens. Un jour, en 1996, un fils d'un grand dignitaire du pays a tiré à bout portant sur un paisible conducteur d'une Renault 4, tout simplement parce que ce conducteur avait refusé de lui laisser le passage dans une ruelle ! C'était à Kinshasa, à côté d'un grand complexe scolaire protestant. Il était midi quand quelqu'un est venu me chercher dans mon bureau pour faire le constat de cette violation des droits de l'homme. Ce « fils à papa » n'a jamais été inquiété ni poursuivi par la justice congolaise. Où est la justice ? Qu'est-ce qu'est la justice ? Qu'est-ce que le droit à la vie ? Ce sont là nos interrogations et nos préoccupations de tous les jours.

En déplacement à l'intérieur du pays, nous avons eu à vivre d'autres cas de violation de droit à la vie.

1.3 Exécution sans procès d'un couple « sorcier »

En 1997, je suis allé animer un séminaire sur les droits de l'homme et la démocratie dans la Province Orientale, chef-lieu Kisangani. J'étais allé plus précisément à Lingungu à plus ou moins 230 km de Kisangani. Dans un village proche de Lingungu, on nous a désigné une parcelle et devant la maison, un couple enterré, après avoir été fusillé par les « Kadogos[12] ». Tout simplement parce que les jeunes du village accusaient ce couple d'être « sorcier ». Sans être jugé, ce couple a été exécuté par les jeunes soldats. Et je me suis posé la question de savoir si chaque citoyen ou citoyenne ou tout simplement si chaque être humain a droit à la vie, a droit d'être respecté, considéré, traité comme un membre de la société.

1.4 Un militaire tire sur un jeune homme de plus ou moins 19 ans

Lors de notre retour à Kisangani, après avoir passé une semaine à Lingungu, nous étions assis avec le responsable d'une communauté protestante devant sa parcelle, en face du fleuve Congo, lorsque nous avons

[11] *Idem*, p. 21.

[12] Les « Kadogos » sont les « enfants soldats » recrutés par feu Président Kabila pour renverser le régime de Mobutu. Ces « enfants soldats » sont restés dans l'armée.

été surpris par un coup de feu ou du moins une rafale vers 19 heures ! Un militaire a tiré sur un jeune homme de plus ou moins 19 ans, ce dernier avait peur de rencontrer les soldats qui, souvent à cette époque, rançonnaient les paisibles citoyens. Ce jeune homme a voulu fuir du côté du fleuve pour se cacher et l'un de deux soldats a tiré sur lui sans autre forme de procès. Je me suis adressé le jour suivant aux autorités administratives pour savoir si cela était permis ; la réponse fut sèche : « pourquoi ce jeune homme a-t-il fui ? C'est qu'il s'est senti coupable ». Là encore pour moi, c'était un cas de conscience et de violation grave des droits de l'homme et particulièrement de droit à la vie.

1.5 Expulsion de la ville de Kinshasa des « Banyamulenge » ou Tutsi congolais

Il m'est arrivé également de m'indigner de la violation de droits de l'homme qui frappait des êtres humains auxquels étaient refusés les moyens d'existence, la terre natale. J'ai été marqué par l'expulsion des « Banyamulenge » (Tutsi congolais) de la ville de Kinshasa. D'abord en 1996 et ensuite en 1998. Pour cette dernière expulsion, certains Tutsi congolais ont été tabassés à mort. Je suis allé voir un collègue de service juste avant qu'il ne traverse le fleuve Congo pour se réfugier à Brazzaville. Il m'a dit : « je ne connais personne au Rwanda, mes parents sont nés au Congo et moi-même aussi. On me chasse à cause de ma morphologie. Suis-je responsable de ma morphologie ? ». A cette question, je ne savais quoi répondre ! Les droits fondamentaux sont violés dans un pays qui se prétend civilisé.

Faut-il passer sous silence le problème de violation des droits de l'homme et plus précisément du droit à la vie ? Faut-il y réfléchir et essayer de comprendre la notion de respect, de protection et de promotion des droits de l'homme dans un contexte comme le nôtre ?

1.6 La Cour d'ordre militaire prononce la peine de mort

Le régime de Kabila recourt aux méthodes de régime de Mobutu pour diriger le pays. Les droits de l'homme sont également violés au grand jour. « La Cour d'ordre militaire prononce la peine de mort contre une bonne centaine de personnes qui sont toutes fusillées en public »[13].
Ces atteintes aux droits de l'homme ont été fortement critiquées à travers le monde.

Un autre cas : « La Cour d'ordre militaire de Likasi a condamné à mort, le 6 novembre 1999, des jeunes officiers revenus fraîchement d'une coûteuse formation à l'étranger tout simplement parce qu'ils ont revendiqué une nourriture saine. Et comme motivation de cette peine de mort contre ces volontaires qui ont tout abandonné pour récupérer les territoires nationaux occupés par les Rwandais et les Ougandais, la cour d'ordre militaire libelle :

---

[13] J.J.A. MALU-MALU, *Le Congo-Kinshasa,* Paris, Edition Karthala, 2002, p. 225.

« ... de s'être, dans les mêmes circonstances de lieux, le 27 octobre 1999, en tant qu'auteurs/coauteurs, rendus coupables de révolte militaire ; en l'espèce, avoir refusé de manger la nourriture qui leur avait été servie et l'avoir jeté par terre, avec cette circonstance que les faits ont été commis en temps de guerre »[14].

Peut-on dire que cette cour d'ordre militaire rend justice ? Y a-t-il besoin de tuer des citoyens juste pour avoir refusé de manger « les haricots mélangés au maïs »[15].

Il ressort de ce qui vient d'être décrit toute une série de violations flagrantes des droits de l'homme par l'Etat congolais. Quelle est la source première de cette violation des droits de l'homme par l'Etat congolais ? Peut-on dire que le régime dictatorial de Mobutu et celui de Kabila sont à la base de cette violation flagrante des droits de l'homme ?

2. La source première de la violation des droits de l'homme

2.1 De la première République au régime du maréchal Mobutu

En 1960, le Congo accède à l'indépendance[16]. A cette époque, le Congo comme les autres pays africains entre en transition entre la société traditionnelle et la société moderne, entre la situation colonisée et l'indépendance naissante, enfin entre l'économie fermée, arriérée et l'économie moderne de marché. Cependant, l'idéal de la démocratie à l'occidentale a exercé un prestige sur l'élite dirigeante congolaise au point que la République Démocratique du Congo était en tête de tous les pays africains avec « une quarantaine des partis politiques et une centaine de mouvements politiques divers »[17].

Déjà en 1957, les Belges ont organisé pour la première fois des élections municipales dans les chefs-lieux de provinces et dans la capitale[18]. Des bourgmestres (maires) ont été élus. On peut dire que cela a été une initiation à la démocratie.

Les modalités d'accession du Congo à l'indépendance ont été arrêtées au cours d'une Table Ronde organisée à Bruxelles pour la période « du 20 janvier au 20 février 1960 »[19]. Cette Table Ronde a eu le mérite d'avoir élaboré les

---

[14] G. de Villers, *République démocratique du Congo, guerre et politique, les trente derniers mois de L.D. Kabila (août 1998-janvier 2001),* n° 47-48, Institut africain, CEDAF, Paris, Edition L'Harmattan, 2001, pp. 300-301.

[15] *Ibidem*, p. 301. Cf. aussi ASADHO/Katanga, *Rapport sur les prisons de Kasapa, Buluwo et Boma,* s.l., novembre 1999.

[16] L. OKITEMBO Ngomo, *Op. Cit.,* p. 9.

[17] NGUYEN Van Chien, « La démocratie en Afrique », in *Cahiers zaïrois d'études politiques et sociales,* n°1, avril 1973, p. 151.

[18] DIAFUILA-dia-Mbwangi, *Eglise, société, démocratie, Commission "Colloque" du Synode national de l'E.C.Z.,* Kinshasa, 9-10 août 1993, Kinshasa, CEDI, 1995, p. 48.

[19] E.L. DABA Misamu, *Le Zaïre : de la République à l'état citoyen,* Éditions Uhuru, Universal Connection, 1992, p. 39

structures démocratiques du nouvel Etat. D'elle, est sortie la Loi fondamentale 0u la première constitution de la « jeune république ».

Cette loi fondamentale ou la première constitution congolaise a été une copie des institutions belges.

2.1.1 Les Institutions[20] *de la loi fondamentale*

- La constitution

Elle est provisoire (art. 3), jusqu'à la préparation d'une nouvelle constitution à approuver d'une manière obligatoire par les assemblées provinciales (art. 100) et qui déterminera définitivement les structures politiques du Congo. Elle est composée de 259 articles. Elle proclame l'indivisibilité de l'Etat congolais (art. 6) et affirme que les provinces sont dotées de la personnalité juridique (art. 7).

- Les institutions centrales

Un chef de l'Etat, Président de la République, est élu par les deux chambres parlementaires réunies. Un Premier ministre issu de la chambre des représentants après les élections législatives. Celui-ci doit être apte à former un gouvernement. Il est responsable devant le parlement (art. 42 à 47). L'article 219 de la Loi fondamentale définit les compétences du pouvoir central.

- Le Parlement National

Il est composé de deux chambres : une chambre des représentants dont les membres sont élus au suffrage universel direct et le Sénat composé de sénateurs élus par les assemblées provinciales à raison de 14 par province (art. 87). Le principe de l'identité des compétences entre les deux chambres est consacré par l'article 50 de la Loi fondamentale.

- Les institutions provinciales

L'article 7 stipule que les provinces sont des personnes morales. Elles jouissent conformément à l'article 220 des compétences propres. Elles bénéficient du pouvoir législatif qui délibère sur toutes les affaires d'intérêt provincial (art. 148), et vote annuellement son budget (art. 153). Il est prévu que chaque assemblée provinciale élabore une constitution devant organiser sa structure administrative et politique (art. 160).

Point capitale :

« Sauf les règles générales qui sont fixées par le gouvernement central, l'article 223 laisse aux assemblées et gouvernements provinciaux tout pouvoir sur les cessions et les concessions de terres, de forêt, de mines, d'eaux et des chemins de fer. Ils participent directement à la gestion économique, en même temps qu'ils perçoivent des redevances sur les produits exportés par la province »[21].

---

[20] *Ibid.*, pp. 39-40

[21] *Idem.*, p. 40.

Nous constatons que la Loi fondamentale prévoit un Etat avec des structures démocratiques. Voyons à présent la formation des institutions.

2.1.2 La formation des institutions[22]

La période du 11 au 25 mai 1960 a été retenue pour les élections législatives en vue de la formation des institutions nationales et provinciales. Un seul parti politique s'est imposé sur l'échiquier national. Il s'agit du Mouvement National Congolais de Patrice Lumumba (M.N.C.L.). Ses principaux alliés sont : Balubakat, Centre de Regroupement africain et le Parti Solidaire Africain.

Patrice Emery Lumumba forme en date du 23 juin 1960, le premier gouvernement de la République Démocratique du Congo. Ce gouvernement est investi par la Chambre des Représentants avec 74 voix sur 137. Celui-ci est responsable devant le parlement (art. 43 à 47).

L'élection du premier Président de la République intervient le 24 juin 1960 par les deux chambres du Parlement. Joseph Kasavubu est élu chef de l'Etat avec 159 voix. Son adversaire Jean Bolikango se contente de 43 voix et 11 votes blancs ou nuls.

Comme on peut le constater, nous sommes en présence d'un régime parlementaire avec des structures de type fédéral.

Après quatre années de tâtonnements, le pays s'est doté en 1964 de sa première constitution dite « Constitution de Luluabourg »[23]. En effet « le 1er août 1964, la constitution dite de Luluabourg remplace la Loi fondamentale héritée de la colonisation »[24]. Ce texte qui est un instrument de souveraineté est entièrement élaboré par des Congolais. L'appellation « République Démocratique du Congo » tire sa source légitime dans cette constitution. Ce texte consacre également le régime de type parlementaire et reconnaît le nombre de 21 provinces.

La promulgation de cette constitution a été suivie par l'organisation des élections législatives en mai et en juin 1965.

La CONACO (Convention nationale congolaise) de Moïse Tshombe arrache 122 des 167 sièges au Parlement. Tout le monde accepte le verdict des urnes. Il restait l'élection du Président de la République. Le président potentiel était connu de tous, parce que son parti avait largement gagné les élections législatives. C'était Moïse Tshombe, ancien sécessionniste et ancien Premier ministre, chef du gouvernement du 10 juillet 1964 au 13 novembre 1965[25].

Pendant que les parlementaires se réunissaient pour se prononcer sur le gouvernement Kimba Evariste, le général Mobutu et l'armée « confisquaient

---

[22] *Ibid.*

[23] *Idem*, p. 123. Cf. J.J.A. MALU-MALU, *Le Congo-Kinshasa,* Paris, Edition Karhala, 2002, p.143.

[24] J.J.A. MALU-MALU, *Op. Cit.*, p. 143.

[25] E.L. DABA Misamu, *Op. Cit.*, pp. 117, 133. Cf. J.J.A. MALU-MALU, *Op. Cit.*, pp. 144-145.

le pouvoir, renvoyant cette fois le Chef de l'Etat Kasa-Vubu »[26]. Mobutu mit fin depuis le 24 novembre 1965 au processus de démocratisation initié depuis l'accession du pays à l'indépendance.

2.1.3 Deux hypothèses sont avancées pour l'avènement de la Deuxième République

Première hypothèse :

Celle présentée et défendue par le Haut-Commandement militaire qui a pris le pouvoir le 24 novembre 1965. « Ce coup d'Etat, qui ne dit pas son nom, est qualifié de salvateur par ses auteurs, un groupe d'officiers dont le plus jeune s'appelle Joseph-Désiré Mobutu, celui-là même qui fut le confident de Patrice Emery Lumumba avant de devenir son ennemi féroce »[27]. Mobutu appuyé par les officiers qui l'ont aidé à s'emparer du pouvoir, lesquels seront qualifiés de « Compagnons de la révolution », diront qu'ils ont jugé bon de « prendre leurs responsabilités » pour mettre à l'écart les politiciens qui ne cessent de semer la confusion sur le plan politique. En d'autres termes, ils prennent le pouvoir pour combattre tous les maux qui rongent le pays : les rebellions, les sécessions, le tribalisme, le clientélisme, l'aliénation mentale, etc. Mobutu qui s'autoproclame deuxième président de la République, promet de remettre le pouvoir aux civils dans cinq ans, c'est-à-dire en 1970.

Le coup d'Etat est accueilli favorablement par des millions de congolais. La plupart des congolais pensent que Mobutu est l'homme de la situation. « Dès le départ, le nouveau pouvoir dispose donc d'une certaine légitimité populaire. Les mesures qu'il prend ont donc toutes les chances de bénéficier de l'adhésion massive de la population »[28]. Mobutu est appelé l'homme de la situation à cause de ses méthodes qui sont différentes de celles de son prédécesseur, Kasa-Vubu, « jugé trop mou, donc inapte à gérer un vaste pays déchiré par des conflits indépendantistes »[29].

Certains congolais pensent comme Jean-Philippe Peemans qui dit « la solution Mobutu est une solution américano-belge au problème de la crise politique permanente au Congo pour éviter que ce dernier ne sorte de la zone d'influence des pays de l'OTAN »[30].

Les partisans de cette hypothèse soutiennent que l'avènement de la deuxième république avec Mobutu à la tête est la solution qu'il fallait à la crise congolaise. Cette solution regroupe deux groupes d'intérêts : « intérêts des puissances occidentales et ceux de la constellation des forces politiques

[26] *Ibid*, p. 134. Cf. *Idem*,, p. 149

[27] J.J.A MALU-MALU, *Op. Cit.*, p. 149

[28] *Idem*, p. 151.

[29] *Idem*, p. 152.

[30] J.P. PEEMANS, *Les nouvelles formes de la dépendance économique du Zaïre 1960-1980*, cité par E.L. DABA Misamu, *Op. Cit.*, p. 136.

congolaises réunies autour du groupe de Binza, qui assura le rôle de gardiens depuis 1960 par le contrôle des principales institutions de l'Etat »[31].

Ce qui met en doute cette hypothèse est le fait qu'« à son arrivée à la magistrature suprême, Mobutu, rompu à la ruse et à la politique politicienne, n'est âgé que de 35 ans. Il vient d'accomplir son rêve le plus cher : diriger le Congo, un pays combien convoité pour ses fabuleuses richesses, qui, selon la nouvelle version officielle, profitent plus à l'étranger qu'aux Congolais »[32]. Ceci nous amène à parler de la seconde hypothèse.

Deuxième hypothèse :

Est celle de la machination de l'armée, sous la houlette de son chef pour mettre fin au processus de démocratisation initié durant la première république en vue d'instaurer un régime dictatorial comme l'a si bien dit Malu-Malu :

> « Très vite, Mobutu s'octroie des pouvoirs étendus. En effet, à peine placé par l'armée sur le ''trône'', il suspend la constitution et décrète l'interdiction des activités des partis politiques pour cinq ans. Au passage, le droit de grève est suspendu et les rémunérations des députés fortement réduites. Mobutu engage toutes sortes de réformes dans le seul but de renforcer ses pouvoirs. Un objectif inavoué, qui n'est, bien entendu, jamais évoqué dans les discours officiels. Le nouveau président dirige à coup d'ordonnances présidentielles. Le 30 novembre 1965, il signe une ordonnance qui lui attribue des ''pouvoirs spéciaux'', qui se traduisent notamment par le transfert du pouvoir législatif à l'exécutif »[33].

Dès lors, le peuple congolais subira une dictature féroce violant d'une manière permanente la justice et les droits de l'homme. Tous les pouvoirs (exécutif, législatif et judiciaire) sont concentrés dans la personne de Mobutu par la création de son parti-Etat « le Mouvement populaire de la révolution ». C'est ce que dit en d'autres termes, Vunduawe te Pemako : « ce fut là le début d'une mainmise systématique du mouvement populaire de la révolution sur toutes les institutions politiques et administratives du pays »[34].

La dictature « mobutienne » pour ceux qui soutiennent la deuxième hypothèse rappelle l'avènement d'un pouvoir clos, fondé sur la terreur, le mensonge, l'impunité, l'irresponsabilité d'être le garant de la protection des droits de l'homme et de la dignité humaine. Ce pouvoir est exercé par lui-même et par un personnel qui, comme le révèle Robert Cornevin, était plus « soucieux de parader dans les hôtels de luxe et de fréquenter piscines et tennis que de travailler vraiment… pour son pays »[35].

---

[31] *Idem.*, p.136.

[32] J.J.A. MALU-MALU, *Op. Cit.*, p.151.

[33] *Idem.*, p.152.

[34] VUNDUAWE te PEMAKO, « La décentralisation des responsabilités au Zaïre de 1888 à 1982 », in *Zaïre-Afrique*, n°165, mai 1982, p.269.

[35] R. CORNEVIN, *Histoire du Congo*, Paris, Editions Berger-Levrault, 1970, p.7.

Le pouvoir clos de Mobutu n'était ni plus ni moins qu'un pouvoir personnel et totalitaire, caractérisé par l'ignorance de la ligne de démarcation entre ce qui relève de l'individu et ce qui relève de son parti-Etat, le MPR ou le Mouvement Populaire de la Révolution. Le congolais ou le zaïrois de l'époque n'avait pas sa qualité d'entité sociale autonome. Ce pouvoir instauré s'accompagne de la suppression des libertés politiques et individuelles et d'une féroce répression.

L'exemple le plus frappant est la manière dont le zaïrois devenait membre du MPR parti-Etat au cours de la deuxième République. Le Président dictateur disait : *« olinga, olinga te, ozali se na kati ya MPR »*. En d'autres termes, « que tu le veuilles ou non, tu es membre du MPR ». Même si la Guinée de Sékou Touré avait pratiqué des méthodes similaires, cependant l'obligation de devenir membre de l'ancien parti unique en Guinée n'intervenait qu'à partir de l'âge de 7 ans[36]. Ainsi, tous les zaïrois sont membres du MPR. Mobutu fait référence exclusive au grand « UN » : *« Ekolo bo – moko »* (un seul pays) ; *« Tata bo – moko »* (littéralement un seul père, mais cela veut dire une seule nation ou un seul père de la nation) ; *« parti bo – moko »* (un seul parti). Cette référence à « UN » « équivaut à une technique visant la disparition de l'autre »[37].

La terreur imposée par l'instauration de plusieurs services de sécurité civile et militaire d'inspiration du dictateur Duvalier, dit papa Doc, et de Ceausescu de Roumanie a fait que les hommes et les organisations et même les Eglises ont eu peur de dénoncer publiquement les violations des Droits de l'homme, craignant des ennuis ou la répression contre eux ou contre ceux qui souffrent. Les Eglises avaient peur au regard de ce qui s'était passé en 1972 entre le Cardinal Malula, archevêque de Kinshasa, et le pouvoir dictatorial. En effet, lorsque le pouvoir voulut introduire le MPR dans les grands séminaires, le Cardinal Malula refusa catégoriquement. Un violent réquisitoire fut prononcé contre lui à la radio le 22 janvier 1972, suivi d'une campagne de dénigrement qui aboutit à l'expulsion du cardinal de sa résidence le 24 janvier 1972 et à son exil à Rome du 11 février au 28 juin 1972[38].

Sous le régime de Mobutu, l'injustice s'est érigée en système et la violation des droits de l'homme est devenue un fait banal. Le zaïrois a perdu sa dignité d'homme créé à l'image de Dieu.

Le livre de Philippe de Dorlodot « Marche d'espoir », Kinshasa 16 février 1992, non-violence pour la démocratie au Zaïre, montre bien comment la violation des libertés et des droits de l'homme était exercée par le régime de Mobutu au vu et au su de la communauté internationale. Plus d'un million (on parle même de deux ou trois millions) de zaïrois de tous âges exigeaient la

---

36 DIAFULA-dia-Mbwangi, *Op. Cit.*, p. 23.

37 C. Lefort, cité in DIAFULA-dia-Mbwangi, *Idem.*

38 Léon de SAINT MOULIN, « Le discours social et politique de l'Eglise catholique du Congo depuis 1956 », in *Revue congolaise de Théologie Protestante,* n? 12, 1998, p. 77. Cf. aussi L. NGOMO Okitembo, *Op. Cit.*

reprise de la Conférence Nationale souveraine (CNS) interrompue brutalement sous le régime de Mobutu. La conférence marquait une nouvelle ère politique, du moins le début du changement politique. Elle marquait également la fin de la peur et du silence. Les gens étaient décidés de mettre fin à la dictature. La marche pacifique s'est heurtée à la répression violente des militaires. Il y eut des morts, le bilan provisoire de la répression du 16 février 1992 faisait état de 33 personnes décédées, des disparues, des blessées[39].

Les structures de l'Etat dans la deuxième République corroborent cette deuxième hypothèse.

Après avoir suspendu la constitution et le droit de grève, interdit les activités des partis politiques, Mobutu s'attribue les « pleins pouvoirs » par le transfert du pouvoir législatif à l'exécutif. Il élabore en 1967 une constitution qui est votée par une sorte de référendum. Cette constitution accorde au président de la République la réalité de tous les pouvoirs : « Outre qu'il (le président) concentre entre ses mains tous les pouvoirs, celui-ci n'est pas tenu de prendre certaines de ses décisions en Conseil de ministres et il peut signer seul tous ses actes. Le gouvernement au sens de la Constitution, c'est le président de la république "assisté" des ministres. Chef de l'Etat, le président de la République est donc aussi chef de gouvernement dans le plus strict sens du terme ; son autorité sur les ministres est absolue »[40]. C'est cela la première innovation de Mobutu qui consiste en la centralisation de tous les pouvoirs dans ses mains et la personnalisation du pouvoir exécutif. Vient ensuite l'institutionnalisation du Mouvement Populaire de la Révolution (M.P.R.) en mai 1970 :

« 1) Le MPR est l'institution suprême de la République Démocratique du Congo ;
2) Toutes les institutions de la République sont subordonnées au MPR et fonctionnent sous son contrôle ;
3) Le MPR est le seul parti politique de la République Démocratique du Congo »[41].

Cette institutionnalisation entraîne une modification singulière de la constitution de 1967. Au titre III de la nouvelle constitution révisée, on peut lire trois articles :

« Article 28 : En République du Zaïre, il n'existe qu'une seule institution, le Mouvement Populaire de la Révolution qu'incarne son président.
Article 29 : Le Mouvement Populaire de la Révolution est la nation zaïroise organisée politiquement

---

[39] P. de DORLODOT, *Op. Cit.*

[40] Ph. KABONGO Mbaya, *L'Eglise du Christ au Zaïre : formation et adaptation d'un protestantisme en situation de dictature,* Paris, Karthala, 1992, p. 115. Cf. Bilan, 1965-1970, p. 123.

[41] *Ibid.*, p. 118. Cf. Bilan, 1965-1970, p. 128.

Article 30 : le Président du Mouvement Populaire de la Révolution est de droit Président de la République et détient la plénitude de l'exercice du pouvoir. Il préside (toujours de droit) le bureau politique (du MPR), le Congrès (du MPR), le Conseil législatif (le parlement), le Conseil exécutif (gouvernement) et le Conseil judiciaire »[42].

Les structures de l'état mises sur pied par le régime de Mobutu ont engendré une véritable monocratie. En effet, la première innovation, comme nous l'avons signalé, visait la « personnalisation » du pouvoir. Le bureau politique du MPR et Mobutu lui-même aimaient appeler cette centralisation du pouvoir : « Unité de commandement ».

Une autre grande réforme de Mobutu consiste en la restructuration de l'appareil administratif de l'Etat ou l'administration du territoire. Mobutu a procédé à la révision du statut des provinces. Celles-ci ont perdu leur personnalité juridique ainsi que leurs prérogatives juridiques et politiques. Elles deviennent de simples circonscriptions administratives, dirigées par des représentants du Président du MPR, Président de la République. Il les a appelés tantôt Commissaires de région, tantôt gouverneurs de province. Ils étaient nommés directement par le Président du MPR, Président de la République.

Par simple déduction, le principe de l'unité de commandement était appliqué à tous les représentants du Président du MPR aux échelons inférieurs : le gouverneur de province, le commissaire de district ou commissaire sous-régional, l'administrateur du territoire ou commissaire de zone, le chef de secteur ou chef de collectivité, le chef du village ou chef de localité, tous devenaient respectivement président régional (provincial) du MPR, président sous-régional du MPR, président sectionnaire du MPR, président sous-sectionnaire du MPR, président cellulaire du MPR. Chacun à son niveau hiérarchique de la pyramide du MPR exerçait l'unité de commandement comme bon lui semblait.

La troisième innovation qui n'est pas de moindre importance est la suppression de l'activité politique pluraliste. Cette mesure sera suivie par l'instauration d'un parti unique d'abord et ensuite d'un parti-Etat, le MPR. Cette structure du MPR, parti-Etat et les conséquences qui en découlent sont contraires aux dispositions et à l'esprit de la Déclaration Universelle des droits de l'homme.

Comme 0n peut le constater, si, en république, un seul homme veut cumuler tous les pouvoirs, être le maître absolu du pays, nous sommes en présence d'une dictature aux multiples inconvénients.

2.2 De la deuxième République au régime de M'Zee Kabila

En 1990, le monde assiste à l'effondrement de l'Union soviétique. Cet événement marque un tournant décisif dans l'histoire des pays d'Afrique noire.

---

[42] *Ibid.*, p. 119. Cf. Constitution, République du Zaïre, 1974.

Le Congo alors Zaïre n'échappe pas à la règle. Le 24 avril 1990, Mobutu prononce à la Cité du parti-Etat à Nsele un discours qui est resté historique. Il met fin à l'existence du MPR, parti-Etat (parti unique) et annonce le multipartisme. En effet, à partir de cette date commence la période de « transition » qui va durer sept ans. « La transition verra la tenue de la Conférence nationale, l'éclosion des libertés publiques et l'émergence des partis politiques »[43]. Il s'agit là de l'avènement de la démocratie qui s'accompagne de la création d'une commission chargée d'élaborer une nouvelle constitution, de la démission du gouvernement issu du parti-Etat (parti unique) et de la libération des détenus politiques. La presse recouvre sa liberté comme le fait remarquer Malu-Malu : « Ainsi, en milieu d'année, un titre hardi barre la une d'un journal de Kinshasa : ''Mobutu assassin !''. A la grande joie des lecteurs ! Le fait peut paraître anodin. Mais, sous le règne du parti unique, ce titre aurait valu à son auteur et au journal, la conscience, des poursuites judiciaires pour ''atteinte à la sûreté de l'Etat''. A l'heure de la démocratisation, la parution de ce titre provocateur ne suscite aucune réaction des autorités. Ce fait illustre les changements importants intervenus dans l'univers médiatique qui compte, vers la fin de 1990, une centaine de journaux à Kinshasa. On est donc loin des pratiques antérieures »[44].

Le 7 août 1991 commencent les travaux de la Conférence Nationale (C.N.S.) du Zaïre. Celle-ci a regroupé quelques 1500 délégués venus des 11 provinces du pays. Les travaux se déroulent au « Palais du peuple » et sont retransmis à la télévision et à la radio nationales. Cette Conférence a pour but de jeter les bases d'une nouvelle société démocratique zaïroise.

Malgré ses limites, ses faiblesses et les débats qui ont duré plus d'un an, la tenue de la CNS doit être considérée, ainsi que le souligne Isidore Ndaywel è Nziem, comme « le temps fort qui a balisé le passage de l'ancien au nouvel ordre politique ». Elle aura permis aux zaïrois de « retrouver une parole confisquée » pendant près de 25 ans par Mobutu. Elle aura permis également de réévaluer « ''l'itinéraire post-colonial'', d'en faire une analyse critique, de condamner les crimes politiques et économiques et de réhabiliter les victimes du régime sanguinaire et prédateur de Mobutu. Enfin, elle aura permis de dessiner les contours de la IIIème République. La CNS marque une rupture avec un Zaïre dont l'Etat a été privatisé au profit d'un homme, Mobutu, et d'une nomenklatura qui a accaparé les richesses du pays. Grâce à elle, les droits de l'homme et les libertés fondamentales, politiques et individuelles ont été réhabilitées et les grands contours de la IIIème République dessinées. Le bilan est donc loin d'être négatif »[45].

---

[43] J.J.A MALU-MALU, *Op. Cit.*, p. 192.

[44] *Ibid.*, p. 193 ; cf. I. NDA YWEL è Nziem, *Histoire générale du Congo. De l'héritage ancien à la République Démocratique,* Duculot, 1998.

[45] *Ibid.*, pp. 197-198.

C'est au cours de cette période de transition que surgit Laurent-Désiré Kabila qui a eu raison de Mobutu.

2.2.1 Deux hypothèses sont mises en avant pour l'avènement du régime de M'Zee Laurent-Désiré Kabila

Première hypothèse :

Est celle présentée et soutenue par les rebelles de l'Alliance des forces démocratiques pour la libération du Congo-Zaïre (AFDL), dirigée par M'Zee Laurent-Désiré Kabila, qui ont pris le pouvoir le 17 mai 1997. En effet, appuyée militairement par le Rwanda, l'Ouganda et l'Angola, l'AFDL qui n'enregistre presque pas d'affrontements directs avec les FAZ (Forces armées zaïroises) entre triomphalement à Kinshasa et met un terme au long règne de Mobutu qui quitte Kinshasa la veille de la chute de cette ville. Le peuple assiste à la fin de la deuxième République.

Kabila s'autoproclame troisième Président de la République. Le Zaïre devient République Démocratique du Congo. Kabila présente sa rébellion comme étant une « guerre de libération ». C'est bien lui qui libère le peuple congolais de la dictature « mobutienne ». Et comme la population qui vit dans la misère et la pauvreté attendait depuis des années un « libérateur providentiel », Kabila est adopté facilement.

Au cours de sa prestation de serment au stade des « martyrs », le 29 mai 1997, le président Kabila prononce un discours qui s'inscrit dans la ligne politique de Patrice Lumumba et annonce la tenue des élections générales en avril 1999[46].

Kabila s'attèle à rétablir la sécurité dans les grandes villes du pays, notamment à Kinshasa. La population essaie de respirer, comme l'a dit en d'autres termes Malu-Malu : « Quand on lui demande ce qui a changé depuis la chute du maréchal (Mobutu), l'homme de la rue répond : ''Maintenant on peut se promener même à des heures tardives, sans avoir peur d'être agressé ou violé par des agents de l'ordre''. Au demeurant, la vie nocturne a repris tous ses droits dans les bars et autres lieux animés de la capitale »[47]. Cette hypothèse est largement soutenue par Ludo Martens dans son ouvrage « Kabila et la révolution congolaise »[48].

Deuxième hypothèse :

Ce qui met en doute la première hypothèse est le fait que, à l'instar de Mobutu, il s'accorde par décret des pouvoirs étendus. Il suspend la constitution et dissout le parlement. Sans consulter la population, il modifie le nom du pays et celui du fleuve. Le pays redevient République Démocratique du Congo et

---

[46] *Ibid.*, p. 217.

[47] *Ibid.*, p. 218.

[48] LUDO Martens, *Kabila et la révolution congolaise panafricanisme ou néocolonialisme ?* Tome 1, Anvers, EPO, 2002.

le fleuve Congo. Il change le drapeau. Il interdit les activités de tous les partis politiques, à l'exception de « son » AFDL[49].

Pour les tenants de la deuxième hypothèse, Kabila met fin au processus de démocratisation initié pendant la période de transition et qui a donné naissance à des institutions plus ou moins démocratiques notamment un parlement, un premier ministre élu par le parlement, …

Kabila qui recourt aux méthodes de Mobutu pour diriger le pays n'a rien d'un démocrate comme le témoigne ce récit : « Comme son prédécesseur, Kabila s'est attribué des pouvoirs étendus. Il est à la fois chef de l'Etat et ministre de la défense. Il dirige par décret, ce qui laisse la porte ouverte à toutes sortes d'abus. Le pays fonctionne sans parlement, sans constitution, sans contre-pouvoir en mesure de contrôler les actes posés par le Chef de l'Etat qui semble être au-dessus des lois. Le culte de la personnalité revient en force dans les médias officiels. Les journaux de grande écoute de la radio et la télévision nationales commencent généralement par un éditorial laudatif sur le président. Puis, inéluctablement, ''l'information'' se fait l'écho des faits et gestes du Chef de l'Etat. Des portraits géants du ''libérateur'' apparaissent çà et là dans les rues de Kinshasa. On peut y lire : ''Voici l'homme qu'il fallait'' […]. Les droits de l'homme sont également malmenés. La principale organisation congolaise de défense des droits de l'homme l'AZADHO (Association zaïroise de défense des droits de l'homme) est déclarée hors la loi avant d'être à nouveau autorisée. La cour d'ordre militaire prononce la peine de mort contre une bonne centaine de personnes qui sont toutes fusillées en public. Ces exécutions, qui se veulent ''pédagogiques'' rappellent les méthodes fortes de Mobutu. Toutes ces atteintes aux droits de l'homme seront critiquées à travers le monde »[50].

Dès lors, le peuple congolais subira une autre dictature marquée, elle aussi, par la violation massive des droits de l'homme notamment : les arrestations arbitraires, les exécutions sommaires, l'interdiction des activités des partis politiques, la répression qui s'étend à la chasse aux mini-jupes et aux pantalons étroits portés par les filles à Kinshasa, la mise sur pied d'une cour d'ordre militaire pour châtier les « malfaiteurs » civils et militaires, la restriction des libertés politiques et individuelles, le renvoi du processus de démocratisation aux calendes grecques, etc.

Pour ce qui est de la cour d'ordre militaire (COM), le nombre de condamnations à mort prononcées est estimé à au moins 73 depuis sa constitution en août 1997 jusqu'en février 1999 par Human Rights Watch[51]. Un autre chiffre de personnes condamnées à mort presque dans la même période (23 août au 23 novembre 1999) est avancé par le département d'Etat

---

[49] *Ibid.*, p.217.

[50] *Ibid.*, pp. 224-225.

[51] De Villers GAUTHIERS, *Op. Cit.*, p. 299. Cf Human Rights watch, *République Démocratique du Congo. Victimes de guerre, les civils, l'état de droit et les libertés démocratiques,* février 1999.

américain sur la base des chiffres fournis « par une ONG locale ». Le nombre est de 248 dont 142 personnes auraient été exécutées[52]. Le rapporteur spécial R. Garreton a recensé 25 exécutions pour l'année 2000[53].

Gauthiers de Villers présente quelques exemples typiques de ce que sont les exécutions sommaires sous le régime de M' Zee Kabila :

« Les exécutions sont souvent publiques. C'est le cas dans les exemples suivants que nous relevons dans la presse de 1999 : le 13 avril, 11 personnes dont deux femmes, qualifiées de ''bandits à main armée et criminels'' sont fusillées à Mbuji-Mayi, en présence notamment du Chef d'Etat-major général, F. Munene (La référence Plus, 26 avril 1999) ; le 13 mai, à l'ex circo (circonscription militaire) de Kinshasa, 15 militaires sont exécutés pour ''vol à main armée, meurtres, etc.'' (''Les hommes, les femmes et les jeunes qui avaient pris d'assaut l'enceinte de l'ex-circo pour assister à l'exécution des malfaiteurs semblaient tous approuver ce qui venait de se passer sous leurs yeux'', écrit un journaliste de la Tempête des Tropiques : 14 mai 1999) ; le 25 mai, dans la capitale encore, au camp Tshatshi, 23 ''bandits à main armée'' sont passés par les armes (La Tempête des Tropiques, 26 mai 1999) ; le 28 juillet, au polygone de la minière de Bakwanga (Mbuji-Mayi), c'est le tour de 11 ''malfaiteurs'' accusés de meurtres et autres crimes » (La référence Plus, 17 août 1999)[54].

Il va sans dire qu'au regard de ce qui vient d'être dit ci-dessus, le régime de M'Zee Kabila n'est autre qu'un régime dictatorial comme celui de son prédécesseur. Il cumule tous les pouvoirs entre ses mains et les droits de l'homme sont constamment violés.

C'est pourquoi la deuxième hypothèse qui soutient que l'accession au pouvoir de Kabila a mis fin au processus de démocratisation initié par la période de « transition » est justifiée et approuvée par un grand nombre d'intellectuels congolais notamment Mgr Laurent Monsengwo Pasinya[55].

Cette analyse des régimes de Mobutu et de Kabila nous permet de confirmer notre thèse selon laquelle le régime dictatorial de Mobutu et celui de Kabila sont à la base de la violation flagrante des droits de l'homme et du freinage du processus de démocratisation ou de recomposition politique et restructuration institutionnelle au Congo-Kinshasa. Ces violations massives des droits de l'homme, ce manque de respect et de protection des droits et des

---

[52] *Ibid.*, cf. US Department of State, *DRC Country reports on human rights practices,* February 25, 2000.

[53] *Ibid.* cf. NATIONS UNIES, *Commission des droits de l'homme, Rapport sur la situation des droits de l'homme en République Démocratique du Congo, présenté par le rapporteur spécial, M. Roberto Garreton,* 1er février 2001.

[54] *Ibid.* p. 300

[55] Mgr Laurent MONSENGWO Pasinya, archevêque de Kisangani, Président de la Conférence Nationale Souveraine et Président du HCR-PT. Voir G. IWELE, *Mgr Monsengwo, acteur et témoin de l'histoire,* Louvain-la Neuve, Duculot, 1995 ; Agence DIA, Interview Mgr Laurent Monsengwo, Kinshasa, le 19 février 2003.

libertés fondamentales au Congo nous a permis de pénétrer dans le « champ de l'injustice et du juste » comme l'a si bien dit Paul Ricœur : « le sens de la justice est solidaire de celui de l'injustice, qui bien souvent le précède »[56]. Toutes les expériences décrites ci-dessus sont pour moi des sujets de préoccupation et de réflexion.

3. De l'expérience à la réflexion

Ma réflexion m'a poussé, dans un premier temps, à consulter d'autres chercheurs notamment des théologiens qui se préoccupent des questions de droits de l'homme. A cet effet, nous avons tourné notre regard vers Jean-François Collange qui a écrit la « Théologie des droits de l'homme ». En lisant son ouvrage et en l'écoutant au cours des séminaires qu'il anime, j'ai enrichi ma réflexion et ai tiré des enseignements que je peux résumer de la manière suivante :

- L'ouvrage « Théologie des droits de l'homme » marque une claire volonté d'ouvrir la réflexion théologique sur les débats les plus vifs et les plus importants de notre société actuelle, à savoir : les droits de l'homme ;
- les droits de l'homme vont ensemble avec la démocratie, la paix et l'environnement ;
- les droits de l'homme ne peuvent se réaliser que par le biais d'une action efficace résumée par trois verbes : « instituer, militer et éduquer » ;
- l'autorité nationale a en premier lieu l'obligation d'assurer la protection des droits de l'homme ;
- les Eglises doivent contribuer à la promotion des droits de l'homme ;
- les droits de l'homme ne sont rien sans les hommes et les femmes qui « témoignent, résistent, prient et agissent ».

Le problème qui se pose en Afrique en général et au Congo-Kinshasa en particulier est en somme celui de l'incarnation de l'idée de justice comme notion de base pour toute structure viable de la société. Cette idée du respect des droits de l'homme peut prendre corps dans toutes les cultures et les « informer » pour le plus grand bien de leurs ressortissants.

Ainsi ma réflexion théologique a pour tâche d'étudier comment promouvoir les droits de l'homme et la théologie de la libération dans le contexte africain et plus précisément au Congo-Kinshasa.

[56] P. RICOEUR, *Op. Cit.* p. 261.

Introduction

Les pages que je donne à lire ont pour matrice Droits de l'homme et théologie de la libération en République Démocratique du Congo : défis et perspectives.

J'étudie, dans ce travail, la question de la promotion des droits de l'homme et de la théologie de la libération en contexte africain en général et congolais (République Démocratique du Congo) en particulier.

La problématique des droits de l'homme a toujours deux facettes inséparables, d'un côté la réflexion intellectuelle, de l'autre l'action. Ce sont ces deux facettes qui nous guident au travers de cette étude.

Les droits de l'homme découlent de la notion de justice qui intervient dans toutes les sociétés humaines et traditions religieuses, culturelles, sociales et politico-économiques. Selon Paul Ricœur, « le sens de la justice est solidaire de celui de l'injustice, qui bien souvent le précède. C'est bien sur le mode de la plainte que nous pénétrons dans le champ de l'injustice et du juge. C'est injuste ! Telle est la première exclamation »[57].

Si le sens de la justice s'éveille, semble-t-il, dans la vie d'un être humain par l'injustice des autres, la violation des droits de l'homme interpelle d'une manière forte la conscience de tout être humain. Cela revient à dire que tout le monde est confronté à l'exigence de la justice et concerné par la violation des droits de l'homme.

Dans cet ouvrage, je cherche à répondre aux interrogations suivantes :

1. Quelle est la situation des droits de l'homme en contexte africain et particulièrement en République démocratique du Congo ? Sachant, d'une part, qu'il y a des préalables notamment l'établissement d'un Etat de droit, démocratique et respectueux des droits de l'homme et d'autre part, la mise en place des mécanismes et des institutions destinées à la promotion des droits de l'homme ;
2. Quelle est la contribution des théologiens, des Eglises, des organisations internationales, régionales, des Etats africains et particulièrement de l'Etat congolais à la promotion des droits de l'homme ?
3. Comment faire pour éviter la violation massive et réfléchie des droits de l'homme en Afrique et particulièrement au Congo-Kinshasa pour favoriser la promotion des droits de l'homme ? Quelles sont les réalisations relatives à la promotion de ces droits ?

---

[57] P. RICOEUR, *Lectures 1 : Autour du politique*, Editions du Seuil, 1991, p.201.

Chacun de nous au cours de sa vie a été indigné au moins une fois de l'injustice ou de la violation des droits de l'homme qui frappent soit sa propre personne, soit des personnes de son entourage, soit tout simplement des êtres humains créés à l'image de Dieu. Cette violation des droits de l'homme peut être constatée dans tous les milieux africains. Le contexte africain, comme on le sait, est complexe et divers. C'est pourquoi nous focalisons notre analyse sur la République Démocratique du Congo, le milieu qui nous est familier.

Que de problèmes se posent en République Démocratique du Congo ! Ils sont légion. Notre attention est attirée sur la question de Droits de l'homme et de la théologie de la libération. On observe qu'au centre de la vie politique, économique, sociale et religieuse, le Congo-Kinshasa est confronté à une série de défis en matière de droits de l'homme et de la théologie.

Le pays est ainsi enlisé depuis son indépendance intervenue le 30 juin 1960 jusqu'à ce jour dans une crise multiforme à différents niveaux : elle se trouve dans la compréhension, le respect effectif et la promotion des textes de la protection universelle et régionale des droits de l'homme par un régime de droit. Dès lors, ces pages s'articulent autour de certaines hypothèses. La première, il est du ressort de la responsabilité des individus, groupes et organes de la société de promouvoir et de protéger les droits de l'homme. La seconde hypothèse, au niveau de la réflexion théologique dans les Eglises, compte tenu de la situation gravissime que traverse le pays depuis son accession à l'indépendance, il est indispensable que la théologie dans les Eglises au Congo contribue à maintenir ces dernières sur un terrain qui est celui des véritables enjeux actuels. La théologie doit se situer dans la ligne prophétique devant revêtir trois caractéristiques :

- une théologie de la libération de l'exploitation et de la paupérisation du peuple ;
- une théologie de la libération de la marginalisation des droits de l'homme ;
- une théologie de la libération de l'infériorisation de la femme ou du sexisme.

Autre hypothèse, on ne peut pas minimiser aujourd'hui l'importance du respect, de la protection et de la promotion des droits de l'homme dans la vie des africains. Nous pensons qu'elle est le « pivot » de leur vie sociale. L'angoissante question de la violation massive des droits de l'homme au Congo se pose, c'est là notre préoccupation.

C'est pourquoi dans ma réflexion, je vais d'abord m'intéresser à comprendre les textes de la protection universelle et régionale des droits de l'homme et particulièrement la dignité humaine, le droit à la vie et le sexisme à partir de la violation flagrante et massive des droits humains par l'Etat congolais. La déclaration universelle des droits de l'homme[58] dans son article premier, « tous les êtres humains naissent libres et égaux en dignité et en

---

[58] *Déclaration universelle des Droits de l'Homme,* 1948, article 1. *Droits de l'homme en Droit international,* 2ème édition, Textes de base, Éditions du Conseil de l'Europe, 2002, p.84.

droits », comprend la dignité comme ontologie. Dans ce cas précis, peut-on en manquer ou arracher l'être humain de sa dignité ? De surcroît, que peut-on dire de la vie, de l'importance de la vie, ou du droit à la vie[59] au Congo ? Certes, sans la vie, il n'y a pas de droits de l'homme. Tout Congolais n'a-t-il pas droit à la vie ? Nous verrons à travers mon expérience comment le droit à la vie est constamment violé par l'Etat qui est censé en être le protecteur et le garant. Finalement, que dire de l'infériorisation de la femme ou du sexisme ?

J'essayerai ensuite de comprendre ce que signifie un Etat ou un régime de droit par rapport à l'Etat congolais. Dans le même ordre d'idées, comprendre les conditions nécessaires ou sine qua non pour que l'Etat congolais soit considéré par les autres Etats démocratiques dans le monde comme un Etat de droit ou celui ayant un régime de droit. On sait que la situation politique et socio-économique du Congo n'est pas un fait social innocent, elle résulte de structures d'exploitation et de domination que nous pouvons analyser.

Si je peux considérer la théologie comme le discours tenu par une Eglise sur sa propre expérience de foi, le point de départ de la théologie de la libération prise dans un contexte africain est la déclaration par laquelle le Christ annonce sa mission : « L'Esprit du Seigneur est sur moi, il m'a envoyé porter la bonne nouvelle aux pauvres, annoncer aux captifs la délivrance ... ». La théologie africaine est, pour nous, une théologie du devenir de l'homme africain à la lumière du Christ libérateur, sachant que Christ libère l'homme de l'esclavage intérieur et extérieur.

J'introduis la problématique de la promotion des droits de l'homme et de la théologie de la libération au Congo par des expériences tirées du champ de l'injuste et du juste. Car il semble, comme je l'ai déjà dit, que le sens de la justice s'éveille dans la vie d'un être humain par l'injustice des autres. Je fais ressortir quelques cas de violations de droits de l'homme qui nous ont le plus frappé. J'analyse la cause principale de ces violations.

Quant à la démarche utilisée dans ce texte, mes sources d'informations sont multiples. Pour réaliser ce travail, il m'a fallu recourir à la littérature orale, aux souvenirs personnels, aux divers ouvrages et articles relatifs à notre thème, aux réunions, séminaires de formation et d'information, aux colloques, aux ateliers et conférences qui ont eu lieu de 1993 à 2002. J'ai été marqué par la 33ème session d'enseignement (1-26 juillet 2002) organisée par l'Institut International des droits de l'homme qui avait pour thème : « la protection internationale du droit à la vie ».

S'agissant de mon approche méthodologique, je fais appel à certains instruments de la théologie de la libération[60]. Il est question de la libération de l'opprimé qui voit ses droits violés.

---

[59] Même source, article 3.

[60] L. et C BOFF., *Qu'est-ce que la théologie de la libération.* Traduit du portugais brésilien par Didier Voita, Paris, Cerf, 1987. Cf. B. CHENU., *Théologies chrétiennes des tiers mondes,* Paris, Edition du Centurion, 1987; R. MARLE, *Introduction à la théologie de la libération,* Alençon Corne, Desclée de Brouwer, 1988.

Mon étude s'articule sur trois parties. La première partie, intitulée Droits de l'homme et théologie, tente de répondre aux questions suivantes :

1. Comment définir le triptyque ou la trilogie Droits de l'homme-Démocratie-Etat de droit ?
2. La République Démocratique du Congo est-elle réellement un Etat démocratique assurant la protection et la promotion des droits de l'homme ?
3. Quelle peut être la contribution de la théologie à la promotion des droits de l'homme ?
4. Y a-t-il un lien fondamental entre les droits de l'homme et la théologie ?

La deuxième partie consacrée aux théologies africaines et droits de l'homme essaie de répondre aux interrogations ci-après :

5. Quel est l'apport des théologiens africains à la promotion des droits de l'homme ?
6. Quelles sont les spécificités propres à la Charte africaine des droits de l'homme et des peuples ? Ces spécificités contribuent-elles à la promotion des droits de l'homme en général et du droit à la vie en particulier ?
7. Quelle est la contribution de la Conférence des Eglises de toute l'Afrique et du Colloque de Yaoundé à la promotion des droits de l'homme ?

La troisième partie, réservée aux réalisations relatives aux droits de l'homme au Congo-Kinshasa, cherche à répondre à une seule interrogation :

8. Quelles sont les réalisations en République Démocratique du Congo relatives à la promotion et à la protection des droits de l'homme aux trois niveaux : Etat, ONG, Eglises ?

Enfin, je termine par la conclusion générale.

Première partie.
Droits de l'homme et théologie

Dans cette première partie de mon travail, je réponds aux quatre premières interrogations fondamentales de ma grille de questions. Les deux premières qui font l'objet du premier chapitre sont les suivantes :

1. Comment définir la trilogie Droits de l'homme-Démocratie-Etat de droit ?
2. La République Démocratique du Congo est-elle réellement un Etat démocratique assurant la protection et la promotion des droits de l'homme ?

   Les deux autres correspondent aux chapitres trois et quatre.

3. Quelle peut être la contribution de la théologie à la promotion des droits de l'homme ?
4. Y a-t-il un lien fondamental entre les droits de l'homme et la théologie ?

que dire sur les droits de l'homme en République Démocratique du Congo ? Cette question est au centre de mon premier chapitre de cette première partie.

Chapitre I.
Droits de l'homme en République Démocratique du Congo

Le premier chapitre cherche à répondre à la première question en définissant la trilogie Droits de l'homme, démocratie et Etat de droit. La compréhension de ces trois notions de base permet d'aborder la deuxième question, à savoir la République Démocratique du Congo est-elle réellement démocratique ? La république démocratique veut dire la république qui est conforme à la démocratie. Est-ce le cas pour le Congo-Kinshasa ? En d'autres termes, la République Démocratique du Congo est-elle réellement un Etat démocratique qui assure la protection et la promotion des Droits de l'homme ? De cette question découlent d'autres notamment : l'égalité existe-t-elle entre les citoyens dans la République Démocratique du Congo ? Y a-t-il une vraie séparation des pouvoirs ? Y a-t-il suffisamment de contre-pouvoir pour équilibrer chacun de trois pouvoirs traditionnels ? Y a-t-il protection du droit à la vie du citoyen ? Etc.

Ainsi, je définis le triptyque droit de l'homme, démocratie et état de droit au premier point. Le second point est la réponse à la question de savoir si la République Démocratique du Congo est-elle réellement démocratique ?

1. Comment définir le triptyque droit de l'homme - démocratie - état de droit ?

Pour définir cette trilogie, je commence par l'Etat de droit sachant que les Droits de l'homme se trouvent au sommet de la hiérarchie des normes. De plus, les Droits de l'homme sont considérés comme une dimension de l'Etat de droit dans la mesure où ils ne peuvent se concevoir et se réaliser que dans l'Etat de droit.

1.1 Etat de droit

L'État de droit se définit dans sa première conception « comme celui où l'autorité s'exerce conformément à des règles connues d'avance, et qui reconnaît aux citoyens des droits qu'ils peuvent faire valoir à l'encontre du pouvoir. De même, l'Etat de droit implique l'idée d'une limitation du pouvoir »[61].

Dans cette première conception de l'Etat de droit, l'accent est mis sur la hiérarchie des normes et le contrôle juridictionnel. Le juge joue un rôle important dans l'Etat de droit. Il est, de ce fait, le « garant du respect de la hiérarchie des normes »[62].

Dans sa conception rénovée, l'Etat de droit s'approprie non seulement la notion du respect de la hiérarchie des normes, mais encore le respect des droits fondamentaux ; « l'accent étant mis autant sur l'étendue des droits reconnus aux individus que sur les procédures susceptibles de les garantir : d'une conception formelle, on passe à une conception substantielle »[63]. Comme on peut le constater, les droits de l'homme et l'Etat de droit s'impliquent mutuellement ; il est, certes, difficile de les dissocier. Le nouveau discours international depuis l'effondrement des régimes socialistes met en exergue l'interdépendance des deux concepts. Dans le cadre, par exemple, de la Conférence mondiale sur les Droits de l'homme tenue à Vienne en 1993, la déclaration finale souligne « la nécessité de promouvoir et d'encourager non seulement le respect des Droit de l'homme et des libertés fondamentales pour tous, mais aussi l'Etat de droit, la démocratie, ... »[64].

Comment comprendre la démocratie ?

1.2 Démocratie

La démocratie est riche en définitions. Revoyons les grands dictionnaires avant d'interroger quelques politologues et philosophes.

Le Petit Robert dit : « Doctrine politique d'après laquelle la souveraineté doit appartenir à l'ensemble des citoyens ; organisation politique (souvent, la république) dans laquelle les citoyens exercent cette souveraineté ».

Le trésor de langue française écrit : « Régime politique, système de gouvernement dans lequel le pouvoir est exercé par le peuple, par l'ensemble des citoyens ».

Les définitions de ces grands instruments de la langue française font suffisamment confiance au mot « peuple » ou « l'ensemble des citoyens ». Ces définitions montrent que, sur le plan éthique, le peuple est libre pour exercer son pouvoir.

---

[61] D. LOCHAK, *Les droits de l'homme,* Paris, Éditions La découverte, 2002, p. 61, Voir aussi Jean-François COLLANGE, *Théologie des droits de l'homme,* Paris, Éditions du Cerf, 1989, pp. 265-279.

[62] *Ibid.*

[63] *Ibid.*, p. 62. Cf. J. CHEV ALIER, *L'Etat de droit,* Montchrestien, « Clefs politiques », 3ème Édition, 1999, p. 104.

[64] Droits de l'homme en droit international. *Textes de base,* 2ème Edition du Conseil de l'Europe, 2002, p. 210.

Puisque la démocratie implique la participation de tous les citoyens, elle est par elle-même « l'expression d'une forme de liberté : la liberté politique »[65]. Les instruments internationaux n'ont cessé de rappeler que la démocratie est la garante des droits de l'homme.

Plusieurs politologues et philosophes ont défini la démocratie. Cependant, toutes leurs définitions reviennent à dire à peu près que la démocratie est un Etat politique selon lequel la souveraineté appartient à l'ensemble des citoyens ou au peuple. La célèbre formule d'Abraham Lincoln confirme cette conception de la démocratie. Pour lui, « la démocratie est le gouvernement du peuple par le peuple et pour le peuple ». Pour Georges Burdeau : « la démocratie est une philosophie, une manière de vivre (ensemble), une religion et presque accessoirement une forme de gouvernement... »[66].

De cette définition de Burdeau l'élément « une manière de vivre (ensemble) » a retenu mon attention. En Afrique en général et au Congo-Kinshasa en particulier, cet élément laisse beaucoup à désirer. La démocratie comme manière de vivre ensemble n'est pas encore ancrée dans la mentalité de l'Africain. Cela demande du temps.

Elisabeth Sledziewski définit la démocratie comme « un effort à faire comme la liberté est un effort de libération »[67]. Cette définition laisse entendre que la démocratie ne se donne pas, elle s'arrache, c'est un signe de libération.

Maurice Duverger donne le but de la démocratie : « son but profond est d'assurer à chaque homme une liberté aussi grande que possible dans la vie en communauté »[68]. C'est la recherche d'une liberté aussi grande que possible dans la vie en communauté qui a été à la base de la « marche de l'espoir » du 16 février 1992 que nous avons décrite plus haut.

Enfin, pour clore avec la définition de la démocratie, je fais intervenir Antoine Bevort qui dit : « en théorie, dans une démocratie, le pouvoir appartient au peuple, aux citoyens dans la pratique, les citoyens n'ont que le choix de leurs dirigeants »[69].

Que dire sur les droits de l’homme ?

1.3 Droits de l'homme

Il n'est pas aisé de définir les Droits de l'homme. En réalité, la plupart des instruments juridiques internationaux et nationaux proclament les Droits de l'homme sans en donner au préalable la définition. Cependant, on sait au moins ce que sont les Droits de l'homme.

---

[65] D. LOCHAK., *Op. Cit.,* p. 77.

[66] G. BURDEAU, *La démocratie,* Paris, Le Seuil, 1956, p. 6.

[67] DIAFWILA-dia-Mbwangi, *Op. Cit.,* p. 6, citant Elisabeth SLEDZIEWSKI, [sans référence].

[68] M. DUVERGER, *Les régimes politiques,* Collections Que sais-je ?, n°289, Paris, PUF, 1961, p. 21.

[69] A. BEVORT, *Pour une Démocratie participative,* Paris, Presses de Sciences politiques, 2002, p. 14. Voir aussi D. GASCIE, *La démocratie représentative,* 3ème édition, Paris, Montchrestien, 2000.

Les Droits de l'homme sont considérés comme des droits naturels. Ils sont « avant tout la liberté, la propriété, la sûreté »[70]. Ils « ne sont ni éternels, ni immuables, il y a au contraire une dynamique des droits de l'homme »[71]. Les droits de l'homme « sont des libertés ». Ils permettent à chacun de conduire sa vie personnelle comme il l'entend. Ils lui confient une sphère d'autonomie dans laquelle la société ne peut s'immiscer »[72]. Quant à leur existence, elle « ne va pas de soi, car elle implique la réalisation de conditions - l'Etat de droit, la démocratie, la justice sociale qui peuvent se révéler contradictoires,... »[73].

Toutes ces affirmations sont riches en enseignements. Deux mots, cependant, méritent quelques commentaires : libertés et dynamique (des droits de l'homme).

Les deux mots vont de pair. Les droits de l'homme sont définis comme étant des libertés. Mais ils ne constituent pas un système de normes rigide et fixé une fois pour toutes. A l'origine, les droits de l'homme étaient considérés comme des droits de l'individu, des droits de défense contre les abus de pouvoir et l'oppression contre l'omnipotence de l'État. Son but étant la reconnaissance et la protection (juridique) de la dignité humaine, le système des droits de l'homme est resté ouvert à des compléments et des ajouts. C'est pourquoi on parle aujourd'hui des nouvelles exigences du droit à un environnement sain. C'est dans ce cadre qu'il faut entendre la dynamique des droits de l'homme.

Il convient de poser la question de savoir si la République Démocratique du Congo est-elle réellement démocratique ?

2. La République Démocratique du Congo est-elle réellement démocratique ?

Le 1er août 1964, la Loi fondamentale, constitution de la première république, héritée de la colonisation est remplacée par la Constitution dite de Luluabourg. Cette nouvelle constitution spécifie que le pays se dénomme « République Démocratique du Congo ». S'agit-il d'une simple appellation ou d'une volonté commune de voir le Congo se doter des institutions vraiment démocratiques ?

Le 24 novembre 1965, Mobutu prend le pouvoir. Il suspend la Constitution et dirige à coup d'ordonnances présidentielles. Le 24 juin 1967, une nouvelle constitution qui consacre le présidentialisme et prévoit la formation d'un parti d'opposition (qui n'a jamais vu le jour) est promulguée après référendum. De

---

[70] J. ROBERT et J. DUFFAR., *Droits de l'homme et libertés fondamentales,* Paris, Edition Montchrestien, 6ème édition, 1996, p. 40.

[71] D. LOCHAK, *Op. Cit.,* p. 6.

[72] J. RIVERO, *Les libertés publiques. Tome I : Les droits de l'homme,* Paris, PUF, 8ème édition, 1997, p. 54.

[73] D. LOCHAK, *Op. Cit.,* p. 6.

1967 à 1974, observe Pauwels, « la constitution fut révisée dix fois »[74]. Le 27 octobre 1971, le Congo change de nom pour devenir la République du Zaïre. L'épithète « démocratique » disparaît.

Mars 1993, les travaux de la Conférence Nationale Souveraine ont produit « l'Avant-Projet de Constitution » qui précise que le pays s'appelle désormais « la République Démocratique du Congo ». Les participants à la CNS reviennent à l'ancienne dénomination du 1er août 1964. Ils honorent par ce fait les « pères de l'indépendance congolaise ».

Le 7 mai 1997, Kabila s'autoproclame 3ème Président de la République. Le Zaïre devient République Démocratique du Congo. Cette appellation qui met en exergue l'épithète « démocratique » est soumise à notre analyse dans les lignes qui suivent.

La question à se poser est celle de se demander s'il y a une réelle égalité entre les citoyens en République Démocratique du Congo ?

2.1 L'égalité est-elle réelle entre les citoyens en République Démocratique du Congo ?

Dans la Déclaration Universelle des Droits de l'Homme, l'égalité apparaît comme ce qui est de l'essence de l'homme et qui doit appartenir à chaque humain. L'article 1er stipule que « tous les hommes naissent libres et égaux en dignité et en droits »[75]. Il découle de cette affirmation un ensemble de conséquences concrètes. Jean Rivero en cite quelques-unes : « les inégalités juridiques liées à la naissance sont supprimées, qu'il s'agisse de la hiérarchie sociale (art. 1er), de l'accès aux emplois publics (art. 6) ou de la contribution aux charges publiques (art. 13). La notion de privilège est bannie : « la loi doit être la même pour tous, tous égaux à ses yeux (art. 6) »[76].

Pour Jean-François Collange, l'égalité « se révèle (donc) au fondement de la réalisation d'une société authentiquement humaine »[77]. Pour lui, l'égalité apparaît comme une valeur dynamique et non statique.

L'égalité étant considérée comme une valeur dans une société démocratique et comme ce qui est de l'essence de l'homme, nous pouvons examiner si l'égalité comprise dans ce sens a été réelle entre les citoyens congolais depuis l'accession du pays à la souveraineté nationale jusqu'à ce jour.

Quid de l'égalité dans la première République ?

La première République commence le 30 juin 1960 et s'arrête à l'aube du 24 novembre 1965. L'égalité doit servir de base à l'organisation et à la

---

[74] J. PAUWELS, *Vingt années de législation zaïroise,* 1960-1980, Penant, décembre 1982. Voir aussi MISAMU E.L. DABU, *Op. Cit.,* p. 151.

[75] CONSEIL DE L'EUROPE, *Droits de l'homme en droit international, textes de base,* 2ème édition, Strasbourg, éditions du Conseil de l'Europe, 2002, p.84.

[76] J. RIVERO, *Les libertés publiques, Tome 1 : Les Droits de l'homme,* 8ème édition, Paris, P.U.F., 1997, p. 62.

[77] Jean-François COLLANGE, *Op. Cit.,* p. 232.

réalisation d'une société congolaise vraiment humaine dans la jeune république naissante. Il convient de préciser que l'examen de la notion d'égalité dans la société congolaise ne concerne que trois de ses caractéristiques essentielles, à savoir : l'égalité de tous devant la loi, et l'égalité bien comprise comme valeur et comme respect de la différence et de l'identité de tout un chacun, l'accès aux emplois publics.

Les trois caractéristiques de l'égalité ci-dessus ont été reconnues dans la Loi fondamentale héritée de la colonisation et dans la Constitution de Luluabourg. Cependant, dans la pratique, le vécu quotidien, les choses se sont révélées autrement au point que nous pouvons affirmer qu'il y a eu beaucoup de dispositions inégalitaires de l'organisation de la société congolaise dans la Première république. L'égalité décrite dans les deux constitutions ou en d'autres termes l'égalité de « nature » est confrontée aux situations concrètes. Le départ précipité des colonialistes belges, l'absence des cadres formés dans tous les secteurs de la vie pour assurer la relève, l'impossibilité d'organiser des tests de recrutement donnant l'accès aux emplois publics, l'institution des classes sociales dans la société congolaise par les colonialistes : - blancs (classe supérieure) - évolués congolais (classe moyenne ou intermédiaire) - le « quart » peuple (classe inférieure) … Comme on le sait, l'égalité de fait n'est pas dans la « nature » qui consacre au contraire l'inégalité des « capacités, des vertus, des talents » et même des chances.

L'histoire de mon oncle dénommé Boele illustre l'accès aux postes des responsabilités après le départ des colonialistes.

Boele fut un enseignant du primaire affecté au bureau de l'inspecteur de l'enseignement primaire comme secrétaire. Il s'est vu dans l'obligation d'accompagner son « patron », l'inspecteur belge de l'enseignement primaire à Mbandaka, chef-lieu de la province de l'Equateur, à l'aéroport pour prendre son avion suite au départ précipité de tous les belges. A l'aéroport, le belge lui a remis le contact de sa voiture et les clefs du bureau. Il hérita la voiture en bonne et due forme mais il vint occuper de lui-même le bureau de l'inspecteur resté vacant. La réorganisation rapide de l'administration provinciale par le gouverneur de province de l'Equateur a fait que mon oncle s'est vu confirmé à ce poste d'inspecteur par le fait même qu'il occupait ce bureau laissé vacant.

On a fait appel aux juges coutumiers pour remplacer les magistrats « belges » et rendre la justice. Pouvons-nous dire qu'à ce moment-là il y a eu primauté des coutumes sur le droit écrit laissé par les belges ? Il est à savoir que le 30 juin 1960, jour de l'indépendance, le pays ne disposait d'aucun magistrat congolais, d'aucun licencié en droit. Il va de soi que la notion d'égalité de tous devant la loi sera comprise ou interprétée à la manière de la « palabre africaine ». Celle-ci se réfère le plus souvent à la justice du compromis héritée de la tradition ancestrale et qui a l'avantage de privilégier la réconciliation, la coexistence pacifique, l'harmonie parmi ceux qui vivent ensemble.

L'égalité comme valeur et comme respect de la différence et de l'identité de tout un chacun s'est vue confrontée au « droit d'aînesse » comme valeur ancrée dans la mentalité de l'homme africain.

Le Congo d'« en-bas » ne voulait pas croire qu'il était l'égal de l'« évolué » et de tout homme qui a pris la place qu'occupait le colonialiste belge. Le « quart » peuple se considérait comme étant toujours l'inférieur et non l'égal de l'autre congolais au « pouvoir » ou aux commandes de l'appareil administratif de l'Etat. Telle était à peu près la situation dans la première république.

L'égalité dans la deuxième république a été faussée dès la prise du pouvoir par le général Mobutu. En effet, celui-ci a qualifié les officiers qui l'ont aidé à s'emparer du pouvoir de « compagnons de la révolution ». Il les a « gratifiés de distinctions honorifiques, dont l'ordre national du léopard, l'ordre national du Zaïre et l'ordre national des Compagnons de la Révolution. Ces compagnons de la première heure sont les grands privilégiés et bénéficiaires du régime qui ferme les yeux devant la course à l'enrichissement illicite qu'ils amorceront. Certains gravirent rapidement les échelons de l'armée, brûlant toutes les étapes »[78].

Ces « Compagnons de la révolution » étaient des véritables « intouchables » au-dessus de la loi. Aucun magistrat n'avait le pouvoir de convoquer un « Compagnon » sans l'autorisation expresse du Président de la République quel que soit le délit commis contre la société ou contre la morale.

Outre cette première catégorie des congolais (zaïrois) au-dessus de la loi viennent tous les autres cadres du parti-Etat, le MPR, subdivisés en deux groupes.

Le premier groupe concerne les cadres du MPR au niveau national, c'est-à-dire les membres du Comité central du MPR, du Bureau politique, du Conseil législatif (parlement), du Comité exécutif (gouvernement) et du Conseil judiciaire.

Le deuxième groupe est constitué par les représentants du Président du MPR et du Président de la République aux échelons inférieurs : le Président régional (provincial) du MPR et le Gouverneur de province, le Président sous-régional du MPR et Commissaire sous-régional du MPR ou chef de district, le président sectionnaire du MPR et commissaire de zone 0u administrateur du territoire, le président sous-sectionnaire du MPR et chef de collectivité ou chef de secteur, le président cellulaire du MPR et Commissaire de localité ou chef du village. Chacun à son niveau hiérarchique de la pyramide du MPR exerçait l'unité du commandement comme bon lui semblait.

Tous les cadres du parti-Etat le MPR à tous les niveaux de la hiérarchie pyramidale « *mprienne* » jouissaient de « l'impunité devant la loi. Ils n'étaient pas concernés par l'égalité de tous devant la loi ». Comme il est clairement

[78] J.J.A. MALU-MALU, *Op. Cit.*, p. 149.

stipulé dans l'article 12 de la Constitution : « tous les zaïrois sont égaux devant la loi et ont droit à une égale protection des lois »[79].

Tous ces cadres du MPR se sont, en effet, largement inspirés de Mobutu qui a été qualifié de « guide éclairé » et qui s'est inspiré lui-même de deux modèles du « chef », comme l'a si bien dit Malu-Malu : « le chef colonial, en particulier sa version locale incarnée par le chef de chefferie et le roi Léopold II. Le premier, le blanc, était celui à qui l'on obéissait sans discussion, tout comme on obéissait au chef de chefferie. Ce dernier, véritable courroie de transmission du pouvoir colonial, était devenu un petit potentat local avec la bénédiction des colonisateurs et n'avait plus grand-chose à voir avec le chef traditionnel. C'est donc à ces schémas que Mobutu s'est d'abord référé. [...]. D'autres modèles tirés des systèmes totalitaires contemporains, notamment communistes, semblent avoir également fasciné et guidé Mobutu. Bien, que pro-occidental, Mobutu s'est, en effet, largement inspiré de Mao Tsé Toung et de Kim II Sung, pour asseoir le culte de sa personnalité »[80].

Comme on peut le constater, Mobutu et tous les cadres du MPR parti-Etat se considéraient au-dessus de la loi et le « quart peuple », de son côté croyait qu'ils étaient, effectivement, au-dessus de la mêlée et de la loi.

L'avènement de la 3ème République sous Kabila coïncide avec les attentes du peuple congolais fatigué par la dictature « mobutienne », aspirant à l'égalité de tous devant la loi conformément aux résolutions et au projet de Constitution issus de la Conférence nationale souveraine.

Kabila a l'avantage de ne s'être pas compromis avec le régime de Mobutu. Il n'est pas fort dans des formules diplomatiques. Il a un franc parler dérangeant et n'hésite pas à s'attaquer publiquement aux mobutistes qui « ont détruit le pays ». Il ne s'est pas limité à des interventions publiques mais il a procédé aussi à des arrestations des dignitaires du régime de Mobutu. Les « intouchables » sont touchés et mis en prison. Il n'a pas épargné ses propres ministres accusés de malversations financières. Eux aussi, sont arrêtés et emprisonnés comme les mobutistes. Le peuple congolais a commencé à croire à l'égalité de tous devant la loi.

Cependant, son règne n'ayant été que de courte durée, on ne saura prédire l'avenir de l'égalité de tous devant la loi. Certains politologues ont classé son régime dans la catégorie des régimes africains « populistes » et ont vu en lui un autre « Mobutu » potentiel, virtuel, en puissance.

Gauthiers de Villers et alii ont écrit à son sujet et au sujet de l'héritage qu'il laisse à son fils : « imprégné de mobutisme ''honteux'', ne pouvant se libérer entièrement de la contrainte du ''politiquement correct'' ni ne tenir aucun compte des aspirations et exigences développées pendant la ''transition

---

[79] JOURNAL OFFICIEL DE LA REPUBLIQUE DU ZAIRE, *Constitution de la République du Zaïre,* telle que modifiée par la loi, n°90-008 du 25 novembre 1990.

[80] J.J.A MALU-MALU, *Op. Cit.,* pp. 156-157.

démocratique'', le règne de Laurent-Désiré Kabila s'est caractérisé par un discours et des initiatives institutionnelles désordonnées, incohérents.

Laurent Désiré Kabila ne laisse pas Joseph Kabila d'autre héritage que le pouvoir. Il n'a pas entamé la reconstruction et la réorganisation des appareils de l'Etat. Il n'a pas créé un régime politique au sens d'un ensemble plus ou moins unifié de normes, de principes régissant et légitimant les pratiques du pouvoir, et au sens d'un style défini de gouvernement (avec son théâtre, ses rituels). Il n'a pas produit une idéologie politique.

Et il n'a pas constitué un nouveau groupe dirigeant. Le président défunt n'a pas réussi, ni d'ailleurs sans doute cherché à fédérer cet amalgame hétéroclite d'individualités qui l'ont accompagné dans sa conquête du pouvoir »[81].

Kabila allait-il réussir l'application de l'égalité entre citoyens là où Mobutu a échoué ? En d'autres termes, allait-il réussir l'uniformité de la règle applicable : « la loi doit être la même pour tous » ?

Peut-on affirmer l'existence d'une vraie séparation des pouvoirs ?

2.2. Y a-t-il une vraie séparation des pouvoirs ?

Dans l'idée de démocratie, il y a implicitement l'idée que le pouvoir absolu corrompt absolument. En conséquence, il y a lieu de limiter les excès possibles du pouvoir dans l'organisation d'un système démocratique. D'où le concept de séparation des pouvoirs que l'humanité doit à Montesquieu.

Quels sont les pouvoirs à séparer ?

Nous prenons pour compte la séparation traditionnelle qui concerne les pouvoirs législatif, exécutif et judiciaire. Aujourd'hui, on admet, certes, que la régulation de nos sociétés est faite non pas par les trois éléments mais par six : des pouvoirs exécutifs, législatifs, judiciaires et également « une autonomie du pouvoir économique et financier, une autonomie du pouvoir technologique et scientifique, une autonomie, une responsabilité particulière sur la société, du pouvoir médiatique »[82].

Étant donné que les trois derniers éléments posent le problème de contre-pouvoir qui fait largement problème, nous allons nous référer dans l'analyse de la société congolaise des éléments classiques qui sont aussi définis par « Le Petit Robert » : « séparation des pouvoirs, régime où les trois pouvoirs sont indépendants les uns des autres ».

Il est connu que la compétence du pouvoir législatif est de faire les « lois - légiférer - l'exécutif exécute ces lois et englobe tout ce qui a trait au gouvernement, le judiciaire s'occupe de dire la justice »[83].

Quelles sont les raisons qui militent pour la séparation des pouvoirs ?

Il y en a plusieurs et nous pouvons citer deux.

---

[81] G. De VILLERS et alii., *Op. Cit.*, p. 336.

[82] M. ROCARD, *Ethique et Démocratie*, Genève, Labor et Fides, 1996, p. 26.

[83] Pour des plus amples informations, lire par exemple : M. DUVERGER, *Les Régimes politiques,* Éditions PU.F., Collection « Que sais-je ? », n°289, Paris, 1961 ; A de TOCQUEVILLE, *De la démocratie en Amérique,* Paris, G-F Flammarion, 1981.

- éviter qu'une seule personne concentre tous les pouvoirs entre ses mains, en d'autres termes éviter tout transfert absolu de tous les pouvoirs à un seul individu ;
- encadrer l'exercice du pouvoir par des garde-fous et des obligations morales et juridiques.

La séparation de l'exécutif - la force et le législatif - la volonté assure les bases morales du pouvoir.

Ceci étant, nous pouvons analyser brièvement les différents régimes qui se sont succédés au Congo depuis 1960.

Le contraire de la séparation des pouvoirs c'est la concentration des pouvoirs par une seule personne ou un groupe restreint d'individus. La première république n'a pas connu la concentration des pouvoirs entre les mains d'un seul individu. Dotée de la constitution dite « La loi fondamentale », la première république a mis en place les institutions démocratiques, républicaines. Les institutions centrales (déjà décrites ci-dessus) font apparaître la séparation des pouvoirs. Le Président de la République est élu par. les deux chambres parlementaires réunies. Un premier ministre élu par la chambre des représentants après les élections législatives est chef du gouvernement et responsable devant le parlement. Il y a nettement séparation de l'exécutif et du législatif.

La deuxième République sous le régime de Mobutu ne connaît pas la séparation des pouvoirs étant donné la concentration de tous les pouvoirs entre les mains de Mobutu ; c'est la confusion des pouvoirs.

La troisième République sous le régime de Kabila est dans la même lignée que la dernière. Laurent-Désiré Kabila est le détenteur de tous les pouvoirs jusqu'à sa mort. Le partage des pouvoirs est une nécessité dans une république qui se veut démocratique.

La question à se poser est celle de savoir s'il y a suffisamment de contre-pouvoir pour équilibrer chacun de trois pouvoirs traditionnels ?

2.3. Y a-t-il suffisamment de contre-pouvoir pour équilibrer chacun de trois pouvoirs traditionnels ?

Le dictionnaire « Le Petit Robert » définit le contre-pouvoir comme étant le « pouvoir qui s'oppose ou qui fait équilibre à une autorité établie ». « Le Petit Larousse » le définit comme « pouvoir qui s'organise pour faire échec à une autorité établie, contrebalancer son influence ». Les définitions de ces instruments de langue française font confiance au mot « pouvoir » avec cette précision « qui s'oppose » ou « qui s'organise pour faire échec » à qui ? Les deux disent la même chose : « à une autorité établie ». En effet, le contre-pouvoir implique l'idée d'une limitation du pouvoir. Il est une autre manière de poser le problème de la séparation des pouvoirs ou d'en parler. Les excès possibles du pouvoir exécutif doivent être limités par le pouvoir législatif comme l'a bien si exprimé Rousseau : « On ne saurait avoir une meilleure constitution que celle où le pouvoir exécutif est joint au législatif ». Le pouvoir législatif, qui fait les lois pour limiter le pouvoir et garantir les libertés est désormais limité par des principes de valeur constitutionnelle comme l'a dit Lochak : « Le contrôle de la constitutionalité des lois garantit à la fois le respect de la hiérarchie des normes et le respect des droits de l'homme »[84]. Le pouvoir judiciaire est considéré comme le meilleur garant des libertés contre les empiétements du pouvoir exécutif et contre les atteintes des droits individuels portées par des personnes privées.

Outre ces contre-pouvoirs « classiques », nous pouvons dire quelque chose au sujet d'autres formes modernes des contre-pouvoirs ou nouveaux « mécanismes » d'exercice du pouvoir par les citoyens.

Je n'ai pas grand-chose à dire en ce qui concerne les contre-pouvoirs « classiques » au Congo-Kinshasa d'autant plus que la première république a été marquée par l'apprentissage de la démocratie, la deuxième république a été dominée par la dictature et la troisième est la continuité de la dictature.

Cependant la période du 24 avril 1990 au 16 mai 1997 dite de « transition » a vu naître d'autres formes des contre-pouvoirs ou nouveaux « mécanismes » d'exercice du pouvoir par les citoyens congolais habitant les grandes villes et principalement la ville de Kinshasa, capitale du pays une population estimée à plus ou moins six millions d'habitants.

La transition est caractérisée par la tenue de la Conférence nationale souveraine, l'éclosion des libertés publiques et l'émergence de partis politiques.

Durant la transition, les « mécanismes » ou les moyens d'exercice du pouvoir par les congolais ont changé de nature. On peut citer parmi les techniques les plus couramment exercées, la « désobéissance civile » et la « grève politique » caractérisée par des « journées mortes ». Lochak définit la première technique de la manière suivante : « La désobéissance civile est considérée comme une forme de résistance des citoyens compatible avec la démocratie »[85]. A propos de la grève politique, deuxième technique, Jacques Robert dit : « la grève politique est certes illégale, mais elle existe en fait. Elle peut d'ailleurs être utilisée contre l'État - c'est le cas le plus fréquent, soit au secours de l'État, quand elle a, par exemple, pour but de s'opposer à une tentative de coup de force contre les autorités en place »[86].

Pendant cette période dite de transition au Congo-Kinshasa, ce sont des pressions multiformes, des journées de « désobéissance civiles » et de grève politique qui ont contribué à l'introduction du « multipartisme intégral » en lieu et place du multipartisme limité à trois formations politiques par le maréchal Mobutu. Ce sont toujours ces mêmes pressions qui ont poussé l'autorité politique à convoquer la Conférence Nationale souveraine. Godé Iwele abonde dans le même sens que nous lorsqu'il dit « Des velléités de retour

---

[84] D. LOCHAK, *Op. Cit.*, p. 64.
[85] *Ibid.*, p. 83.
[86] J. ROBERT, *Op. Cit.*, 152.

à la dictature étaient visibles à chaque détour du chemin. Mais la flamme avait été bel et bien allumée, et les pressions populaires allaient désormais se faire toujours plus retentissantes chaque fois que la hiérarchie politique essayait de faire machine arrière »[87].

Pour illustrer ce que je viens de dire et particulièrement les tergiversations dues à la convocation de la Conférence nationale souveraine, le Président Mobutu s'est vu dans l'obligation de signer successivement cinq ordonnances présidentielles[88] pour constituer, convoquer, établir la Conférence nationale souveraine dans des formes voulues et souhaitées par la majorité des citoyens.

Je ne peux passer sous silence la pression populaire qui a marqué le plus toute la période de transition à savoir la marche des chrétiens ou la marche de l'espoir pour la réouverture des travaux de la CNS. Celle-ci a été organisée avec succès à Kinshasa et dans des principales villes ci-après : Kikwit, Kananga, Kisangani, Lubumbashi, Mbuji-Mayi, Goma, Bukavu, Matadi[89]. Ce contre-pouvoir qui s'est « organisé pour faire échec à l'autorité » politique zaïroise s'est heurté à une réaction brutale à Kisangani et à Mbuji-Mayi et surtout à Kinshasa, « où il y eut au moins 20 tués et 33 blessés graves »[90].

Il est important d'évoquer l'organisation du pouvoir dans les partis politiques, les syndicats et les structures associatives.

2.4. L'organisation du pouvoir dans les partis politiques, les syndicats et les structures associatives

La démocratie n'est pas réservée uniquement à la sphère politique. Elle doit toucher, être vécue, concerner l'organisation du pouvoir dans les partis politiques, les syndicats et les structures associatives. La question fondamentale qui se pose dans les partis politiques, les syndicats, les associations au Congo est de savoir si le pouvoir appartient au peuple, ou du moins au peuple-membre ou encore au peuple associé. ?

2.4.1. L'organisation du pouvoir dans les partis politiques

La démocratie à l'occidentale suppose, au niveau national, la constance des partis, l'alternance du gouvernement et de l'opposition. Au sein des partis politiques, on remarque que le pouvoir appartient au peuple-membre. Or, presque tous les pays africains sub-sahariens sortent à peine d'une civilisation traditionnelle où le souverain ou le chef était un mandataire sacré. Dans la démocratie du village, la décision était, certes, prise à l'unanimité mais le chef

---

[87] G. IWELE, *Mgr Monsengwo acteur et témoin de l'histoire,* Louvain-la-Neuve, Duculot, 1995, p. 127.

[88] On peut signaler : ordonnances n°91-097 du 6 mars 1991 ; ordonnances n°91-020 et 91-021.

[89] G. Iwele, *Op. Cit*., p. 134. Cf. aussi Facultés catholiques de Kinshasa, *La contribution des chrétiens à l'édification de la paix, et de la bonne gouvernance en vue d'un développement durable en République démocratique du Congo,* Kinshasa, *Afrique et Développement,* 12, 2000, p. 21.

[90] Faculté catholique de Kinshasa., *Ibid.*

gardait intact son autorité. L'on se souviendra que le Président Mobutu, pour justifier la conception du centralisme du pouvoir en Afrique, a demandé à un reporter de la Radio et Télévision belge : « Monsieur François, avez-vous vu dans un village africain deux chefs qui dirigent en même temps les affaires de la communauté ? »[91]. L'on sait aussi que la démocratie à l'occidentale est liée historiquement au progrès de l'instruction publique. L'électeur normal, de surcroît l'élu moyen doit avoir un minimum de connaissances pour lire, écrire et comprendre le pourquoi du vote.

Et pourtant en Afrique, les masses paysannes insuffisamment scolarisées constituant le fond de la population sont encore loin de cette instruction nécessaire pour l'exercice de la démocratie. Dans ce cas, la démocratie risque d'être une farce, les masses votent selon les vœux de leurs chefs traditionnels ou d'agitateurs politiques.

Que retenir sur les partis politiques dans la Première République ?

2.4.1.1. Les partis politiques dans la Première République

Les partis politiques congolais avant l'indépendance et pendant la Première République peuvent être regroupés en deux catégories : les « modérés » et les « nationalistes »[92]. Un grand nombre de partis politiques dits modérés sont réunis dans le Parti National du Progrès (P.N.P.) soutenu par la Belgique, puissance coloniale. Les détracteurs de ce parti ont traduit le sigle P. N. P. par « Parti des Nègres Payés » ou encore en lingala, le parler de la capitale congolaise, *« Penepene na Mindele »*, c'est-à-dire « des collaborateurs des blancs ».

Les nationalistes se répartissent en deux camps : les « unitaristes » et les « fédéralistes ». Le Mouvement National Congolais (M.N.C.) est le porte étendard du courant unitariste. L'ABAKO (Alliance des Bakongo) et le CONAKAT (la Confédération des associations tribales du Katanga) sont les grandes figures du courant fédéraliste.

La question qui nous intéresse ici est de savoir si le pouvoir dans les partis politiques appartient au peuple ou du moins au peuple-membre ?

L'histoire nous apprend qu'un peu partout en Afrique à l'approche de l'indépendance, le phénomène « ethnicité » a refait surface. « En cette fin d'époque coloniale, la proximité de l'indépendance poussa de nombreux groupes ethniques ou ''nations culturelles'' à se mesurer les uns aux autres pour l'obtention du pouvoir politique qui allait sous peu être remis au nouvel État. Très souvent, cette situation de concurrence aboutit à faire apparaître un nouvel esprit, étroitement particulariste, chacun prenant plus nettement conscience de soi et des autres dans ce climat d'affrontement. Ainsi vit-on souvent les élites politiques se recentrer sur leurs bases ethniques, ethno-

[91] NGUYEN Van Chien, *article cité,* p. 151.

[92] Pour de plus amples informations, lire J.J.A. MALU-MALU, *Op. Cit.,* p. 119 ; E.L. DABA Misamu, *Op. Cit.*, pp. 15-36.

géographiques ou régionales afin de mobiliser des appuis pour la course au pouvoir. Le Northern People's Congress (NPC) et l'Action Group (AG) au Nigeria, la Confédération des associations tribales du Katanga (CONAKAT) au Zaïre, le Kabaka Yekka (KY) et le Democratie Party (DP) en Ouganda ne sont que quelques exemples de ces formations »[93].

L'ethnie ou la tribu a joué un rôle de premier plan au Congo-Kinshasa dans la première république. La plupart des partis modérés et surtout les partis du groupe dit « les fédéralistes » ont développé un discours axé sur l'ethnicité comme il sera présenté dans les lignes qui suivent.

Quelques partis recrutés parmi les nationalistes unitaristes se sont révélés des partis panethniques. C'est le cas du M.N.C. que l'histoire a mis en évidence : « Le Mouvement National Congolais (MNC), parti de Lumumba, était un parti panethnique. Nationaliste et panafricain, Lumumba réussit à mobiliser la population pour hâter l'accession à l'indépendance. Les principaux partis opposés au sien avaient le soutien de clientèles plus étroitement régionalistes »[94].

On retrouve dans les statuts des partis politiques alliés au MNC l'absence de l'appartenance à une ethnie comme condition pour être membre du parti. En effet « les statuts du Parti de l'Action socialiste et du Centre de Regroupement africain[95] », ceux du parti solidaire africain (PSA)[96] et dont Mulele fut l'un des principaux rédacteurs, prévoyaient que « pour être membre effectif de ces partis politiques, il faut être congolais de nationalité sans distinction de sexe, de tribu, de race et avoir au minimum 18 ans »[97]. Cette conception était très peu répandue dans les milieux des partis politiques congolais de la première république. Elle dépasse les barrières ethniques et pénètre dans le champ du pouvoir appartenant au peuple-membre. Lorsqu'un parti politique recrute sa clientèle dans une ethnie, le leader de ce parti se veut un leader charismatique, qui évite le débat dans les assemblées, qui est écouté par le fait de son appartenance à l'ethnie et qui est « sacralisé » comme tous les chefs coutumiers.

La conception répandue dans les partis politiques de l'époque est celle qu'on retrouve dans les statuts et les documents du parti politique dénommé « Alliance des Bakongo » (ABAKO). Nous reprenons ci-dessous quelques conditions d'éligibilité préconisées par l'ABAKO :

« 1. être originaire de la région ;

2. avoir fait preuve de dynamisme ;

---

93 A.A. MAZRUI et C. WONDJI, *Histoire générale de l'Afrique VIII : l'Afrique depuis* 1935, *Comité scientifique internationale pour la rédaction d'une histoire générale de l'Afrique (UNESCO)*, Édition abrégée, Présence africaine, Edicef, Unesco, 1988, p.290.

94 *Ibid*., p. 291.

95 Voir *Congo* 1959, Bruxelles, Dossier du CRISP, pp. 24-26 ; p. 284.

96 Parti de la solidarité africaine (PSA), statuts in Ludo Martens, *Pierre Mulele ou la seconde vie de Patrice Lumumba, Op. Cit*., p. 55.

97 E.L. DABA Misamu, *Op. Cit.*, p. 29.

3. être riche « car œuvrer pour l'indépendance entraîne un certain risque sur le plan professionnel, risque que ne peut courir le parti » ;
4. être capable de mener une discussion « car les cadres ont à expliquer à la masse les consignes du parti et doivent pouvoir défendre devant les tribunaux les membres qui auraient en maille à partir avec les autorités administratives locales ;
5. savoir parler couramment le français »[98].

La même conception est perçue dans les documents relatifs à la participation des masses à la décision politique : « La masse est inculte et incapable de se gouverner par elle-même »[99]. Ou encore « il nous appartient à nous représentants du peuple, à nous élite moderne, de guider notre peuple... »[100] dans le même ordre d'idées : « si on doit permettre aux paysans de voter, il faut aussi et surtout les conseiller, afin qu'ils ne choisissent pas des incompétents »[101]. Et pour clore : « il ne faut pas que la masse intervienne de façon inconsidérée et appelle au pouvoir des gens qui ne savent ni lire ni écrire. C'est notre devoir de l'empêcher »[102].

Je constate à travers le premier critère d'éligibilité le retour en force de l'ethnicité. Etre originaire de la région sous-entend « appartenir » à l'ethnie. On est loin de dépasser le cadre ethnique ou tribal. Etre riche comme troisième critère empêche les pauvres de participer à l'exercice du pouvoir. Or, les pauvres sont le peuple d'« en-bas » et constituent la majorité de la population congolaise. Qui sont ceux qui chassent les pauvres à l'exercice du pouvoir dans la première république ? Ce sont les « évolués ». Qui sont-ils ? Des congolais « plus ou moins avantagés par rapport aux masses colonisées », une sorte de catégorie sociale appelée à s'intégrer dans la société européenne que le pouvoir colonisateur belge a voulu désigner comme tel. C'était pratiquement une « classe sociale » intermédiaire entre les blancs et le peuple en souffrance. Parmi ces évolués, on peut compter « des prêtres, des assistants médicaux ou des agronomes, des employés dans les sociétés privées ou dans la fonction publique »[103], des instituteurs ... « Le pouvoir colonial a même réglementé cette catégorie sociale en instituant à leur intention ''une carte de mérite

---

[98] *Ibid.*, pp. 29-30. Voir *Conditions d'éligibilité au comité d'une section locale de l'Abako,* octobre 1958. Archives de la section locale de Ndembo, cites par Paul Demuniel, *Masses rurales au Bas-Zaïre,* Paris, Éditions Anthropos, 1975, pp. 288-289.

[99] *Ibid.*, p. 31. Cf. Réunion du Conseil échevinal de Ngeba, *Procès-verbal du 12 février 1965*, cité par Paul Demuniel , *Op. Cit.,* pp. 310

[100] Thid. Cf. Déclaration du représentant local de l'Abako Lemfu, lors d'une réunion préparatoire aux élections législatives et provinciales de février-mars 1965, citée par Paul Demuniel, *Op. Cit.* p. 310.

[101] *Ibid.* Cf. *Ibidem*, p. 310

[102] *Ibid.*, p. 31. Cf. Réunion du Conseil échevinal de Ngeba, *Procès-verbal du 12 février 1965*, cité par Paul Demuniel, *Op. Cit.,* pp. 31 0-311.1

[103] Ludo Martens, *Pierre Mulele ou la seconde vie de patrice Lumumba,* Bruxelles, Édition Epo, 1985, p. 37.

civique'' (décret du 12 juillet 1948), suivie du dégradant système d'immatriculation »[104].

La quatrième et la cinquième condition d'éligibilité ne sont pas objectives dans une démocratie. Elles constituent une preuve tangible de la confiscation du pouvoir par les Évolués. Le pouvoir dans ces partis politiques n'appartient pas au peuple-membre encore moins au peuple.

Outre les insultes du genre « la masse est inculte et incapable de se gouverner par elle-même », ces partis politiques d'obédience ethnique ont outrepassé leurs pouvoirs jusqu'à se permettre d'« empêcher » le peuple d'exercer sa liberté de vote. Ils considèrent cette violation de liberté comme étant leur « devoir ». Voilà des partis qui se sont assignés comme mission, celle de vider constamment les articles de la Déclaration Universelles des Droits de l'Homme. Dans ces partis, le peuple est privé de son pouvoir.

Il me faut rappeler la question sur les partis politiques dans la Deuxième République.

2.4.1.2. Les partis politiques dans la Deuxième République

La Deuxième République est marquée par deux périodes distinctes : la dictature ou la période du MPR, parti-Etat (parti unique) et la période de transition avec son multipartisme.

Durant la période du MPR, parti-Etat (parti unique) tous les pouvoirs, comme nous l'avons déjà dit précédemment sont concentrés entre les mains du Président fondateur du MPR, président de la République et les cadres du parti-Etat du sommet à la base. Le pouvoir appartient exclusivement au parti-Etat et son président fondateur. Le pouvoir n'appartient pas du tout au peuple. Le peuple congolais est assujetti pendant cette période. Même les universités et les grandes entreprises d'Etat étaient soumises aux cadres du MPR, parti-Etat. L'exemple le plus frappant est le conflit qui a opposé en 1974[105] le gouverneur de province du Shaba (Katanga) au Vice-recteur de l'Université nationale du Zaïre, chargé du Campus universitaire de Lubumbashi et le PDG de la Gécamines (la plus grande entreprise de l'État, surnommée à l'époque « les poumons économiques » du pays)[106]... En effet, le gouverneur voulait à tout prix que les deux responsables en leur qualité de citoyens et présidents

[104] E.L. DABA Misamu, *Op. Cit.*, p. 28. Voir notre : *« Les organes judiciaires avait compétence pour juger de l'aptitude du demandeur à renier sa culture pour adopter celle du colonisateur, par publication des documents d'abord, convocation et ensuite interrogation des demandeurs, visite à domicile et décision du juge »*.

[105] Ce conflit a éclaté au moment où nous étions étudiant finaliste en sociologie au Campus de Lubumbashi. Nous étions un des membres du comité dirigeant des étudiants. Nous avons eu à comparaître devant le gouverneur de province en lieu et place du Vice-recteur qui avait refusé de répondre à la convocation du gouverneur.

[106] Le gouverneur de la province du Shaba s'appelait monsieur Duga Kugbetolo, le vice-recteur, c'était monsieur Koli Elombe Motukoa et le PDG de la Gécamines, c'était monsieur Umba Kyamitale.

sectionnaires du MPR[107] prennent part aux différentes marches de soutien organisées par le gouvernorat en faveur de la personne du président fondateur du MPR et de son idéologie.

Dans un premier temps, les deux responsables ont refusé de participer à ces marches de soutien. Face à ce refus, l'ordre est venu du Bureau politique du MPR, parti-Etat pour que les deux responsables et les deux institutions qu'ils dirigent respectent le principe de l'unité de commandement. C'est le président régional et gouverneur qui est le représentant du président fondateur du MPR, président de la République. Ils doivent se soumettre sans condition pour éviter des sanctions du parti.

Dans un deuxième temps, les deux responsables ont obtempéré à ces instructions du parti-Etat. Il en résulta des conséquences non moins négligeables. Lorsqu'une marche de soutien est programmée par le gouverneur, c'est une journée chômée pour tout le monde dans le chef-lieu de la province. Le vice-recteur, les professeurs zaïrois, les étudiants, les PDG des entreprises et les travailleurs, le peuple salarié et non salarié, tout le monde dans la rue pour chanter et scander des slogans à l'honneur du maréchal Mobutu.

Le MPR, parti-Etat (parti unique) avait, d'une part, dépouillé le peuple congolais de son pouvoir et d'autre part, réduit ce dernier à la servitude. Il a poussé plus loin jusqu'à proposer « aux populations un viol général des consciences et des intelligences »[108], selon les dires de Misamu.

La période dite de transition (1990-1997) nous rappelle l'avènement du multipartisme. La question qui nous intéresse demeure : le pouvoir dans les partis politiques appartient-t-il au peuple ou pas ?

Pendant cette période, le peuple retrouve une bonne partie des libertés confisquées par la dictature du MPR, parti-Etat. Parmi celles-ci, on peut mentionner l'autorisation de l'emploi des prénoms chrétiens, la création des partis politiques. On compte « quelques trois cents partis politiques »[109]. Cependant à la Conférence nationale souveraine, on remarque l'affirmation de deux grands opposés : le MPR et ses alliés, courant considéré à droite, c'est la Mouvance présidentielle (MP) ; l'Union sacrée de l'opposition (USO) qui deviendra plus tard l'Union sacrée de l'opposition radicale et ses alliés (USORAL), c'est le deuxième courant qualifié de défenseur des valeurs de gauche. Lorsque ce dernier est créé en juillet 1991, il regroupe trois formations politiques : l'Union pour la démocratie et le progrès social (UDPS), l'Union des fédéralistes et des républicains indépendants (UFERl) et le Parti démocratique socio-chrétien (PDSC).

---

[107] Le campus universitaire est considéré par le MPR, « parti-Etat » comme une section de ses sections, de même que la Gécamines en tant qu'entreprise d'état est une section.

[108] E.L. DABA Misamu, *Op. Cit.*, p. 139.

[109] J.J.A MALU-MALU, *Op. Cit.*, p. 194.

Il ressort de ce qui précède qu'au début de la période dite de transition, il Y avait quatre grands partis politiques : MPR, UDPS, PDSC et UFERI. Le MPR, « fait privé » est l'émanation du MPR parti unique. Il regroupe des hommes politiques, anciens dignitaires du MPR parti-Etat, originaires de toutes les provinces. C'est un parti panethnique. Le pouvoir dans ce parti politique appartient d'abord au maréchal Mobutu, ensuite au Congrès du parti et enfin au « peuple ». Le dernier mot comme ses membres voulaient le dire à cette époque revenait à Mobutu, c'est-à-dire c'est lui qui avait la décision finale.

L'UDPS regroupe ce qu'on a appelé à ce moment-là « des poids lourds », c'est-à-dire des chefs charismatiques : Etienne Tshisekedi, originaire de la province du Kasaï-Oriental, Marcel Lihau, originaire de la province de l'Equateur, Frédéric Kibassa Maliba, originaire de la province du Katanga, Mbwankien, originaire de la province de Bandundu, Faustin Birindwa, originaire de la province du Sud-Kivu. On y retrouvait également des hommes politiques représentant toutes les provinces. C'était le plus grand parti d'opposition au régime de Mobutu. Un parti panethnique défenseur des idées et des valeurs de gauche. Il jouissait d'un appui populaire considérable. Malheureusement, il n'a pas tardé à se disloquer d'abord en deux et puis en trois partis : UDPS/courant national ayant à sa tête Etienne Tshisekedi, UDPS/courant réformateur ayant comme chef de file Frédéric Kibassa Maliba et UDPS dite modéré, formée par Faustin Birindwa après avoir été exclu pour cause de « trahison ». Son exclusion est due par le fait qu'il accepta de remplacer Etienne Tshisekedi au poste de Premier ministre et d'être investi par l'Assemblée nationale réhabilitée pour la cause et cela en dépit de l'existence de la CNS.

Cette division a affaibli le parti et entamé la popularité de l'UDPS en particulier et de l'opposition en général. Certains pensent que cette division est l'œuvre du maréchal Mobutu qui voulait réduire la force de l'opposition et montrer au peuple et à l'opinion internationale que l'UDPS de Etienne Tshisekedi, son opposant farouche, n'était pas un parti panethnique, mais plutôt ethnique. Il va de soi qu'un parti purement ethnique n'a pas de crédit tant sur le plan national qu'international.

Le PDSC rassemble des hommes politiques, toutes provinces confondues, qui se réclament être chrétiens (catholiques, protestants, ...) ou du moins qui acceptent la morale chrétienne comme base de leur agir politique. Il avait à sa création monsieur Ileo Songoamba, originaire de la province de l'Equateur comme président avec beaucoup de vice-présidents dont monsieur Boboliko Lokonga (actuel président) originaire de la province de Bandundu, monsieur Mathieu Bosunga Loombe Hindi, originaire de la province orientale. C'est un parti panethnique qui a fait trembler le maréchal Mobutu à cause de son épithète « chrétien ». Mobutu ne voulait pas entendre de cette épithète car plus ou moins 90% des congolais se réclament chrétiens. Il craignait l'adhésion massive des congolais chrétiens à ce parti à cause de cette épithète. Il a tenté de dissuader le port de cette épithète mais en vain, le PDSC n'a pas voulu céder à ses pressions.

Le PDSC se distingue d'autres partis par l'instauration en son sein d'un débat démocratique d'idées et par la participation de la base dans l'implantation du parti. Les chrétiens s'organisaient au niveau du quartier en ville et dans le village. Ils invitaient des responsables du parti au niveau national ou provincial pour reconnaître et installer les responsables du bureau du quartier ou du village. Une démarche peu commune dans les autres partis politiques. Ils étaient aussi soutenus dans cette entreprise par des prêtres et des pasteurs.

L'UFERI qui a pour président et vice-président respectivement monsieur Jean de Dieu Nguza Karli Bond et Kyungu wa Kumwanza est considéré comme un parti régional, c'est-à-dire un parti qui a une grande influence dans la province du Katanga d'abord et une représentation symbolique dans les autres provinces. Ce parti ne regroupe pas des leaders politiques connus originaires d'autres provinces. Il est assimilé à un parti ethnique aux yeux des congolais habitant Kinshasa, la capitale du pays. Néanmoins, il est estimé dans ses débuts comme étant un parti de l'opposition. Tout parti qui s'opposait au régime de Mobutu avait un crédit dans la population congolaise. Mais la suite du temps et des événements a révélé autre chose. Ce parti est devenu allié au MPR, parti de Mobutu. Son leader, Nguza Karli Bond, a été nommé premier ministre par Mobutu contre la volonté populaire. Ce premier ministre a eu le courage de suspendre les travaux de la CNS et par ce fait, il a provoqué la réaction vive et sans précédent de la population, manifestée à travers la marche d'espoir du 16 février 1992. Par cette décision, Nguza Karli Bond a jeté du discrédit sur son propre parti parce qu'il est allé à l'encontre de la volonté populaire qui avait placé tout son espoir sur les travaux de la CNS pour voir le Congo se doter des institutions démocratiques et républicaines.

Que retenir sur les partis politiques dans la Troisième République ?

2.4.1.3. Les partis politiques dans la Troisième République

A son accession au pouvoir, Kabila interdit les activités de tous les partis politiques. Il laisse, cependant, son parti l'« AFDL »[110] faire seul le jeu sur le terrain. Celui-ci sera remplacé par le « CPP »[111]. Pour répondre à ma question à qui appartient le pouvoir dans les partis politiques ? Je vais examiner cette interrogation dans les trois principaux mouvements rebelles qui sont des mouvements politico-militaires ayant la liberté d'exercer leurs activités politiques à l'instar de CPP.

Avant de pouvoir parler de ces mouvements rebelles, essaye de répondre à une question qui m'interpelle : qui sont à la base de la création de ces mouvements rebelles ? Dans son ouvrage intitulé « Kabila et la révolution

---

[110] Alliance des Forces démocratiques pour la libération du Congo.
[111] Comité du pouvoir populaire.

congolaise, panafricanisme ou néocolonialisme ? », Ludo Martens « donne les preuves que l'Ouganda et le Rwanda ont pris en janvier-mai 1998, la décision d'agresser le Congo. L'humanitaire est instrumentalisé pour préparer des coups d'Etat et des agressions. Pour déstabiliser Kabila, la propagande « humanitaire » le présenta comme le génocidaire des Hutu jusqu'en juillet 1998, mais les mois suivant Kabila est devenu le génocidaire des Tutsi ! Une centaine de pages sont consacrées au mois d'août 1998, le début de l'agression. Elles décrivent la préparation minutieuse du complot et la façon dont Kabila a redressé une situation qui semblait irrémédiablement perdue. L'auteur montre le rôle décisif joué par les Etats-Unis dans la guerre d'agression contre le Congo. Il donne les preuves que la « rébellion » a été une création de toutes pièces des agresseurs et qu'une partie de l'opposition y était complice avec les agresseurs-rebelles »[112].

Ludo Martens n'est pas le seul à dire que les mouvements rebelles sont une création de toutes pièces des pays qui ont agressé la République Démocratique du Congo, à savoir le Rwanda et l'Ouganda. Beaucoup d'autres l'ont dit aussi dans d'autres termes. Nous pouvons citer à titre d'exemple : Gauthier de Villers et ali[113], C. Braeckman[114], F. Reyntjens[115].

Puisque les mouvements rebelles sont une création, une question nous vient à l'esprit : quelles sont les intentions de ceux ou celles qui sont à la base de cette création ? La réponse à cette question nous est proposée par Pierre Baracyetse dans son écrit « L'enjeu politique des sociétés minières internationales en République Démocratique du Congo » (décembre 1999), réservé aux internautes. Voici ce que cet ingénieur civil des mines écrit : « derrière le drame que vit l'Afrique centrale depuis 1990, immédiatement après la fin de la guerre froide, il y a un enjeu important pour les transnationales minières. Les ressources minières dans d'autres pays du monde sont déjà fortement entamées, si pas épuisées, et celles qui sont en exploitation présentent des coûts de revient trop élevés. Les grands financiers de ce monde, chasseurs de richesses, ont les yeux braqués sur l'Afrique centrale ou les gisements découverts sont encore vierges ou mal exploités et susceptibles d'ouvrir des marchés aux grands capitaux.

L'effondrement de l'ex-URSS a laissé le champ libre et a livré toute la planète au capital international. La disparition du monde communiste a mis un terme à la bipolarité issue de la deuxième guerre mondiale favorisant ainsi rapidement la montée en puissance des sociétés multinationales dont aucune

---

112 L. MARTENS, *Kabila et la révolution congolaise. Panafricanisme ou néocolonialisme ?*, Anvers, Edition Epo, 2002, pp. 11-12.
113 G. de Villers et ali, *Op. Cit.*
114 C. Braeckman, *L'enjeu congolais. L'Afrique centrale après Mobutu,* Fayard, 1999. Cf. aussi *Les nouveaux prédateurs, politiques des puissances en Afrique centrale,* Fayard, 2003.
115 F. Reyntjens, *« La deuxième guerre du Congo: plus qu'une réésition »*, in Marysse S.et Reyntjens F., *L'Afrique des Gands lacs, Annuaire* 1998-1999, Anvers, Paris, Centre d'étude de la région des Grands lacs d'Afrique, L'Harmattan, 1999, pp. 272-283.

force, désormais, ne peut contrarier l'expansion et les stratégies. Pour assurer leurs capitaux, ces financiers ont besoin d'une politique économique et financière taillée à leur mesure, c'est pourquoi les transnationales minières se disputent les morceaux les plus juteux dans l'une ou l'autre partie de l'Afrique centrale, et cela au gré des tendances politiques ou « rébellions » qui leur sont associées et parfois même créées par elles…

Depuis 1996, alors que la rébellion annonce la prise des principales localités de la République Démocratique du Congo, les médias s'empressent de préciser leur importance économique et dévoilent par la même occasion les acteurs principaux jusque-là inconnus : des grands financiers intéressés par l'exploitation des ressources minières du Congo. Jugez de leur importance : la *Consolidated Eurocan Ventures* du *Lunadin Group, Barrick Gold Corporation* (BGC) aujourd'hui en deuxième position pour la production mondiale de l'or, *l'Anglo American Corporation* (AAC) d'Afrique du Sud, la plus importante compagnie minière du monde, abstraction faite des pétrolières. Il y en a aussi des « petites », moins connues mais qui osent affronter les grandes sur un terrain en pleine crise, c'est le cas d'*American Minerais Fieids lnc* (AMFI) et de son associé l'*American Diamond Buyers,* et d'autres encore : des Etats-Unis, du Canada, d'Afrique du Sud, d'Ouganda, de Belgique, d'Israël... L'AMFI, créée en 1995, a été forgée comme instrument destiné à exécuter en Afrique la volonté de domination économique des financiers occidentaux et particulièrement d'assouvir en République Démocratique du Congo, les desseins des sociétés américaines dont les dirigeants participent aux grands enjeux stratégiques mondiaux qui relèvent de la science, de la technologie, des finances, des industries ou de la politique.

Ayant d'énormes capitaux, ces grands industriels ont amorcé une lente mutation qui a atteint sa maturation au milieu des années 1990. En effet, les sociétés multinationales ne se contentent plus aujourd'hui de dicter leurs lois aux gouvernements du monde, même aux plus puissants, ni de contrôler ces États. Elles nourrissent désormais l'ambition de fonder un nouvel ordre mondial, en procédant à la création de nouvelles entités étatiques qui seraient leurs propres émanations et fonctionneraient comme un de leurs organes.

Les moyens militaires que ces groupes détiennent et manipulent leur permettent d'imposer leur volonté à des institutions nationales ainsi qu'à des gouvernements ; de prendre possession d'un État, de l'acheter entièrement mais également de l'anéantir, d'en démanteler les structures et d'ériger à la place une nouvelle entité étatique fonctionnant comme une simple filiale, un vulgaire établissement ou un banal comptoir.

Aujourd'hui aucune institution, aucune organisation, nationale ou internationale, aucun gouvernement, aucun pays et forcément, aucun individu, fut-il Président de la république, ne peut opposer de résistance notable à ces nouveaux maîtres du monde. Monstres sans tête, les puissantes firmes multinationales au travers de mégafusions successives, augmentent leur taille autant que leur pouvoir et leurs capacités de nuisance face aux populations banalisées[116]. Nous ne sommes pas en mesure de vérifier la véracité de cet écrit de Pierre Baracyetse. Néanmoins, il peut aider à éclairer, dans une certaine mesure, notre lanterne au sujet de la création possible de mouvements rebelles.

En nous référant à ce texte, ce sont les multinationales qui sont à la base de la création des mouvements rebelles. Elles visent à démanteler les structures de l'État congolais et de mettre sur pied des nouvelles entités étatiques. Elles se servent du Rwanda et de l'Ouganda pour réaliser leurs desseins secrets et machiavéliques.

C'est pourquoi les mouvements rebelles au Congo dépendent entièrement de leurs maîtres à penser à savoir les multinationales et leurs pions : le Rwanda et l'Ouganda. Comment sont-ils (mouvements rebelles) organisés ? Ou du moins, à qui appartient le pouvoir dans les mouvements rebelles ? Pour répondre à la question liée à l'organisation, nous nous servons du livre de Gauthier de Villers et ali.

Les 2 et 3 août 1998, c'est le début de la rébellion simultanément à Kinshasa, à Kisangani, à Kindu et au Kivu. « Dans cette région, elle est d'emblée appuyée et encadrée par les forces rwandaises qui franchissent la frontière et aussi, semble-t-il, par des troupes rwandaises qui étaient déjà en opération au Kivu ou Kigali, de son propre chef, les avaient envoyées combattre les rebelles *hutu* »[117]. Il s'agit là du premier mouvement rebelle qui portera l'appellation « Rassemblement congolais pour la démocratie » (RCD en sigle) à partir du 16 août, après la réunion des leaders de la rébellion tenue à Goma pour structurer leur mouvement. L'Assemblée générale du RCD n'a eu lieu qu'à partir du 21 décembre 1998. L'adoption du règlement intérieur et un protocole d'accord est intervenu en date du 23 janvier 1999.

L'Assemblée générale du RCD met en place une structure organique à tendance démocratique :

- le conseil politique, organe de conception et d'orientation ;
- l'assemblée des membres, jouant le rôle d'un parlement ;
- le comité exécutif exerçant le rôle du gouvernement.

Des restructurations (mai 1999, octobre-novembre 2000) mises en cause, défections, remaniements caractérisent ce mouvement rebelle. Rien que pour la présidence, ce mouvement a vu défiler trois présidents de 1999 à 2003 : d'abord le professeur E. Wamba dia Wamba, mis en place du 24 janvier 1999, ensuite le Docteur Emile Ilunga Kalombo, restructuration de mai 1999, enfin le Docteur Adolphe Onosumba Yemba, restructuration d'octobre-novembre 2000. Qui met et démet le président du RCD ? La réponse à cette question nous fait découvrir le détenteur du pouvoir dans le RCD. Ce n'est pas le peuple

---

[116] P. BARACYETSE, « *L'enjeu géopolitique des sociétés minières internationales en République démocratique du Congo* », Texte réservé aux utilisateurs du réseau Internet, décembre 1999.

[117] Gauthier de Villers et ali, *Op. Cit.*, p. 15.

qui a le choix de ces présidents. Même pas les assemblées, ce sont les patrons rwandais de la rébellion qui choisissent les personnes de leur choix et qui les placent à la tête du mouvement. Gauthier de Villers décrit le choix du troisième président Dr Onosumba en ces termes : « il s'agit pour les patrons rwandais de la rébellion de chercher, sur le modèle du MLC de J.P. Bemba, à donner un enracinement ethnique et régional à ''leur'' rébellion en misant sur le Kasaï-Oriental et sur l'ethnie influente, et que son ''fils'' Lumumba a rendue prestigieuse, des Tetela »[118].

Ainsi dans le RCD, le pouvoir n'appartient pas au peuple-membre encore moins au peuple congolais. Le pouvoir est détenu par Kigali, c'est-à-dire par les patrons rwandais de la rébellion.

Le mouvement de libération du Congo (MLC en sigle), un autre grand mouvement rebelle, date officiellement sa création en septembre 1998[119]. Son leader est incontestablement Jean-Pierre Bemba qui débarque à Kisangani le 29 septembre selon le rapport du Groupe Justice et Libération du 23 novembre de la même année. C'est à Kisangani, selon une autre source, que Jean-Pierre Bemba s'initie à l'art militaire et opère par la suite aux premiers recrutements.

Les statuts du MLC probablement adoptés dans la Ville de Lisala par les membres fondateurs[120] sont datés du 30 juin 1999. L'article 3 présente la nature et l'objet du mouvement : « Le MLC est un mouvement politico-militaire qui vise le renversement du régime dictatorial en vue d'instaurer un Etat démocratique sur base des élections libres et transparentes dans le respect des droits de l'homme et des libertés individuelles »[121]. Il est à signaler que l'article 28 de ces statuts précise qu'après « la libération intégrale du pays et l'instauration d'un nouvel ordre politique fondé sur les valeurs démocratiques », le MLC deviendra un parti politique comme tout autre et sera soumis à la sanction des urnes.

Mais la question qui nous préoccupe est de savoir à qui appartient le pouvoir ? Le MLC est patronné par l'Ouganda. Il jouit d'une certaine autonomie par rapport à son rivale, le RCD. Sur le plan de l'adhésion populaire, « le MLC a rencontré dans la région qu'il a conquise une assez large adhésion populaire, contrairement à la rébellion rivale »[122].

Selon Villers, « à la différence du RCD dont la structure est collégiale, le MLC a un caractère présidentialiste accusé »[123]. Le président du MLC, Jean-Pierre Bemba nomme les membres du conseil politico-militaire, du bureau du président et du secrétariat général. Colette Braeckman en comparant les deux

---

[118] Pour des plus amples informations, lire GAUTHIERS de Villers, *Op. Cit.,* pp. 90-105

[119] *Ibid.*

[120] Les membres fondateurs : J. Bemba, V. Senga, Col. Kibonge, O. Kamitatu, J. P. Singo, Col. Hamuli, D. Kanku, M. Konzi, Col. Mongapa, Col. Bita, Maj. Bula, Maj. Alonga Boni, Lt. Mondanga selon Gauthiers de Villers, *Op. Cit.,* p. 99.

[121] *Ibid.*

[122] *Ibid.*, p. 103.

[123] *Ibid.*, p. 94.

mouvements rebelles écrit « rien à voir avec l'atmosphère de Goma, où le nouveau président Adolphe Onosumba n'arrive pas à terminer une phrase sans être interrompu par ses mentors. Ici, à Gbadolite, il n'y a aucun doute, Bemba est le chef et tient à le faire savoir »[124].

On peut dire que dans le MLC comme dans le RCD le pouvoir n'appartient pas au peuple-membre. Le MLC a cette particularité : le pouvoir est partagé entre Kampala et Jean-Pierre Bemba, le président du MLC.

Que dire sur l'organisation du pouvoir dans les syndicats et les structures associatives ?

2.4.2 L'organisation du pouvoir dans les syndicats et les structures associatives

2.4.2.1 L'organisation du pouvoir dans les syndicats

Mon étude porte essentiellement sur la délégation syndicale ou la représentation des travailleurs dans l'entreprise à partir de 1967. C'est en 1967 que la République Démocratique du Congo s'est doté pour la première fois d'un code du travail par l'ordonnance-loi n°67/310 du 9 août 1967 publiée dans le Moniteur congolais n°16 du 15 août 1967. Ce code du travail contient des articles qui traitent de la représentation des travailleurs dans l'entreprise, lesquels modifient les dispositions antérieures relatives à la question. C'est ce code qui est le premier texte officiel congolais à définir d'une manière précise et sans équivoque les concepts de : travailleur, employeur, contrat de travail, contrat de louage de service, ... etc.

Au moment où le code du travail est publié, le Congo est un pays qui a un parti national (qui deviendra un parti unique et puis parti-Etat) et un syndicat unique des travailleurs associé au pouvoir de l'Etat. Le syndicat unique est dénommé l'Union nationale des travailleurs du Congo (Zaïre) en abrégé « UNTC » ou « UNTZA ». C'est une organisation ouvrière unique et émanation directe des forces laborieuses du Congo.

Au niveau de l'entreprise, l'organisation syndicale (UNTC ou UNTZA de 1967 à 1990) est représentée par la délégation syndicale. A partir de 1990 jusqu'à ce jour, le Congo connaît le pluralisme syndical. La délégation syndicale est constituée des membres qui sont appelés des délégués syndicaux. Par définition, un délégué syndical est un « travailleur salarié élu par ses collègues de travail à la demande et sur présentation d'une organisation syndicale en vue de les représenter auprès de l'employeur ou du chef de l'établissement, relativement à tout ce qui concerne les conditions de travail dans l'entreprise ou à leurs conséquences pour les travailleurs »[125]. Selon le code du travail, article 249 : « la représentation des travailleurs dans les

[124] Le Soir, 18-19/11/2000.

[125] Bootololo BEKOFE, *Les relations socio-professionnelles entre l'employeur et les employés à la Société nationale d'Electricité (SNEL), Direction régionale du Shaba,* Mémoire (maîtrise), UNAZA, Campus de Lubumbashi, 1975, p.40, (inédit).

établissements de toute nature est assurée par une délégation élue »[126]. Toute entreprise ayant au moins 20 travailleurs est obligée par la loi instituant le code du travail et les mesures d'application qui l'accompagnent d'avoir en son sein une délégation syndicale des travailleurs. La question qui nous préoccupe est de savoir quelles sont les modalités de désignation des délégués syndicaux. Est-ce par l'employeur ? Par l'organisation syndicale ? Ou par les travailleurs ? La réponse nous permettra de savoir à qui appartient le pouvoir.

D'une manière générale, les élections sont organisées par le chef d'établissement qui consulte l'organisation syndicale ou les organisations syndicales ainsi que la délégation syndicale sortante.

La date des élections est annoncée au moins trois semaines à l'avance. Peuvent être élus délégués syndicaux, tous les travailleurs au service dans l'entreprise sans distinction de sexe ou de nationalité réunissant les conditions d'éligibilité fixées par les mesures d'application découlant du code du travail.

Les délégués syndicaux sont élus au scrutin direct et secret. Pour chaque délégué, il est élu un suppléant. Ainsi donc, ils sont élus par les travailleurs au service dans l'établissement ou dans l'entreprise.

Je peux dire qu'au niveau de la base de l'action syndicale, c'est-à-dire la délégation syndicale, le pouvoir appartient aux membres-syndiqués ou camarades syndiqués.

Comment s'organise le pouvoir dans les structures associatives ?

2.4.2.2 L'organisation du pouvoir dans les structures associatives

Mon analyse des structures associatives porte essentiellement sur quelques associations reconnues par la loi n°71-012 du 31 décembre 1971 réglementant l'exercice des cultes au Zaïre. Cette loi, dans ses dispositions finales, instruit toutes les Eglises ou sectes existantes de se conformer aux nouvelles dispositions légales concernant la liberté religieuse. Elles étaient conviées à réintroduire leurs dossiers d'agrément auprès du ministère de la justice à l'exception de trois grandes Eglises : l'Eglise catholique, l'Eglise du Christ au Zaïre (protestante) et l'Eglise de Jésus-Christ sur la Terre par le prophète Simon Kimbangu.

Ma préoccupation est de savoir à qui appartient le pouvoir dans les structures associatives sans but lucratif.

L'Eglise catholique représente le type épiscopal par excellence. Elle se réfère à l'idée d'une hiérarchie en continuité avec les apôtres. Roger Mehl et tant d'autres ont admiré le perfectionnement de l'organisation et de l'administration de cette Eglise[127]. Pour eux, « l'Eglise catholique apparaît l'organisme le plus important du monde contemporain, solide sur sa base,

---

[126] *Droit zaïrois du travail, Code du travail,* tomes 1 et 2, Kinshasa, Cadicec, 1981, article 249.

[127] R. MERL, *Traité de sociologie du protestantisme,* Neuchâtel, Delachaux et Niestlé, 1965, p. 135.

difficile à désorganiser ou entamer, prompt à la riposte »[128]. Cela veut dire que l'Eglise catholique est bien structurée. C'est le résultat de près de vingt siècles d'histoire et des recherches quasi permanentes. L'Eglise catholique considère que l'épiscopat appartient à l'être « de l'Eglise et lui accorde une signification doctrinale : ''là où est l'évêque là est l'Église'' ». C'est pourquoi dans l'Eglise catholique le pouvoir appartient à l'évêque et non au peuple-membre.

La structure de l'Eglise du Christ au Congo (ECC), au regard de l'article 6 de son règlement d'ordre intérieur, est du type presbytérien synodal bien que les 95 communautés qui la composent puissent être classées dans les trois types de structures ecclésiastiques protestantes selon Mehl :

- le type épiscopal,
- le type presbytérien synodal et
- le type congrégationaliste.

Le type presbytérien synodal appliqué à l'ECC est caractérisé par le fait que l'organisation est constituée par une hiérarchie d'assemblées ou synodes et de conseils ou comités exécutifs qui repose sur une base, la paroisse considérée comme la cellule fondamentale de l'Eglise. C'est elle aussi qui est la communauté concrète où la parole de Dieu est annoncée et où les sacrements sont administrés.

Conformément à l'article 6 précité[129], les organes de l'ECC sont :

a) à l'échelon national :
- le synode national
- le comité exécutif national
- le secrétariat national devenu actuellement présidence nationale

b) à l'échelon provincial :
- le synode provincial
- le comité exécutif provincial
- le secrétariat provincial ou la présidence provinciale

c) à l'échelon communautaire :
- le synode communautaire ou assemblée générale communautaire
- le comité exécutif communautaire
- le secrétariat communautaire

d) à l'échelon paroissial ou église locale :
- le conseil paroissial

Aux échelons C et D, la nature, les fonctions et les compétences de ces organes sont déterminées par le règlement intérieur de chaque communauté. Le Synode national est l'organe suprême de l'ECC (article 9). Il se réunit une fois tous les deux ans. Les 95 communautés de l'ECC sont représentées chacune par quatre délégués aux assises du Synode national. Parmi ces quatre

---

[128] *Ibid.*

[129] *Règlement d'ordre intérieur de l'Eglise du Christ au Congo,* CEDI, 1998. Cf. L'Eglise du Christ au Congo, la 49ème Session de l'Assemblée Générale annuelle du CPC tenue à Kinshasa du 25 au 08/03/1970, Kinshasa, Leco, 1970.

délégués, le règlement recommande une représentante des femmes et un représentant des jeunes. Le Président national et ses vices sont élus par le Synode national pour un mandat de six ans.

Dans l'Eglise du Christ au Congo[130] le pouvoir appartient à l'échelon national au Synode national, à l'échelon provincial au synode provincial, à l'échelon communautaire au synode communautaire ou Assemblée générale, à l'échelon paroissial au Conseil paroissial ou Conseil presbytéral.

L'Eglise de Jésus-Christ sur la Terre par le prophète Simon Kimbangu tire ses origines en 1921 à Nkamba dans le Bas-Congo du bref ministère de son prophète Simon Kimbangu. Kimbangu a séjourné à Lukungu, poste missionnaire de BMS[131] (Communauté Baptiste d'origine anglaise) pour sa formation de catéchiste. C'est pendant son ministère comme catéchistes au sein de la BMS que Kimbangu a reçu sa vocation prophétique.

Les Missions protestantes ont été accusées d'être à l'origine du mouvement kimbanguiste dans le but de déstabiliser le pouvoir belge au Congo. De ce fait, elles ont fini par rejeter toute responsabilité au sujet de ce mouvement. Le kimbanguisme a été pendant quarante ans un mouvement clandestin, avant d'être officiellement reconnu par l'Etat colonial à la veille de l'indépendance. C'était à la Noël 1959 et l'indépendance a eu lieu le 30 juin 1960.

Simon Kimbangu a été arrêté par les autorités belges en 1921. Il a été condamné à perpétuité et est mort en prison en 1951. L'Eglise de Jésus-Christ sur la Terre par le prophète Simon Kimbangu communément appelée « Eglise kimbanguiste » est la plus grande parmi les Eglises dites indépendantes d'Afrique au Congo.

Depuis la reconnaissance de cette Eglise par les autorités de l'Etat congolais, le pouvoir appartient exclusivement à son chef spirituel qui est d'ailleurs vénéré. Celui-ci ne peut être qu'un des fils du prophète. Après la mort de ses trois fils qui se sont succédé à la tête de cette Eglise par suite du décès de l'un d'entre eux, le pouvoir appartient pour le moment au petit-fils qui a été intronisé.

Les statistiques publiées en 2002 par le Réseau France-Congo présente : catholiques 45%, protestants 30%, kimbanguistes 10%, musulmans et animistes 15% dans la population congolaise estimée à 52 millions d'habitants. Ceci explique l'importance accordée à ces trois Eglises par la loi réglementant l'exercice des cultes au Congo.

Les autres Eglises ou sectes religieuses (selon cette loi) sont fondées par des prophètes ou pasteurs autoproclamés. Le pouvoir appartient d'une manière exclusive aux fondateurs de ces Eglises ou sectes religieuses.

Peut-on affirmer que l'information permet le bon fonctionnement de la démocratie ?

---

130 Eglise du Christ au Congo, c'est l'Eglise protestante du Congo.
131 Baptist Missionary Society (BMS).

2.5 L'information permet-elle le bon fonctionnement de la démocratie ?

Avant l'ouverture démocratique en 1990, le pays avait deux principaux quotidiens à Kinshasa, *Elima* et *Salongo,* qui émargeaient au budget de l'Etat. Ces journaux publiaient d'une manière systématique à la une des éditoriaux politiques et une photo à la gloire du président fondateur du parti-Etat.

Dès le 25 avril 1990, de nouveaux journaux tels que *Umoja, Nzadi, Nzoi, Ekeseni, La semaine, Le Phare, Le Potentiel, Le Soft de Finance, l'Evènement, L'Opinion, La Conscience, La Référence, L'Analyse, Demain le Congo, La Vérité, Lumière, Présence, le Grognon* pour ne citer que ceux-là, ont vu le jour. Malu-Malu dira qu'on peut compter « vers la fin 1990, une centaine de journaux à Kinshasa »[132].

La liberté de la presse a toujours été considérée comme un élément positif pour une société qui se veut démocratique. Une presse libre est une exigence de la transparence dans la démocratie. On doit presque tout savoir des décisions politiques et des hommes publics. Il y a une entorse à la démocratie dès qu'une décision politique est cachée. La presse ou l'information a un rôle à jouer pour éclairer les citoyens du fonctionnement de la société et, par conséquent, elle a une part non moins négligeable dans la responsabilité du fonctionnement de la société globale.

C'est à juste titre qu'on l'appelle « le quatrième pouvoir » qui joue aussi le rôle de contre-pouvoir dans le but de contrebalancer l'influence de l'autorité établie.

Cependant, les journalistes congolais qui retrouvent leur liberté confisquée pendant longtemps par la dictature ont fait apparaître un certain nombre de problèmes liés à la maîtrise de leur outil :

Malu-Malu en parle en ces termes :

> « Une presse radicalement nouvelle, au ton étonnement libre, mais pêche également par tous les débordements que l'on peut imaginer. Péché de jeunesse ? Peut-être. Mais au nom de la démocratie retrouvée, la presse écrite, en effet, se débride, allant même, parfois, jusqu'à insulter le ''Guide'' (Président de la République) et à détruire les icônes d'hier ! Ainsi, en milieu d'année, un titre hardi barre la une d'un journal de Kinshasa : ''Mobutu assassin !''. A la grande joie des lecteurs ! Le fait peut paraître anodin. Mais, sous le règne du parti unique, ce titre aurait valu à son auteur et au journal, La conscience, des poursuites judiciaires pour ''atteinte à la sûreté de l'Etat''. A l'heure de la démocratisation, la parution de ce titre provocateur ne suscite aucune réaction des autorités »[133].

Comme on le sait, la majorité de la population congolaise n'a pas encore développé son esprit critique sur l'information qu'elle reçoit. Elle prend pour vérité toute information livrée par la presse écrite et surtout par la presse

---

132 J.J. MALU-MALU, *Op. Cit.*, p. 193.
133 *Ibid.*

audiovisuelle. Il va de soi que l'écrit interpelle plus l'exercice mental, le raisonnement. Par contre, l'image interpelle davantage les émotions, les tripes, le cœur. L'image fait passer de l'information au conditionnement culturel de toute une population. Faut-il parler d'une déontologie de la presse surtout dans un contexte africain quand on sait que ce problème se pose même dans des pays de vieille démocratie ? Michel Rocard disait dans une conférence à Genève ce qui suit :

> « Je passe sur l'irrespect d'une déontologie élémentaire par rapport à la vérité. Je me souviens d'une difficulté rencontrée avec un journaliste, qui avait, après mon élection au Parlement européen, annoncé que j'y étais fort absent. Je venais, au contraire, d'y faire un séjour d'un mois et demi et j'étais présent absolument tout le temps. Alors, je l'appelle et je lui dis ''Comment pouvez-vous sortir une information aussi fausse ? Voilà mes dates de présence''. Il m'a répondu : ''parce que vous avez cette image''. Donc, l'information n'était pas sur la réalité de mon emploi du temps, mais concernant une rumeur qui courait à mon sujet. Par conséquent, il a fallu que je fournisse une seconde information à titre de démenti. Un autre journaliste m'affirmait : ''pour moi, une nouvelle c'est une information, un démenti c'est une deuxième information''. Mais la manière dont la presse traite les éléments fait qu'on ne dément plus jamais, car ils sont toujours à vos grands frais. Le droit au démenti n'existe plus. Le démenti est terminé. Et avec lui, c'est un des éléments de contre-pouvoir qui disparaît »[134].

Ce témoignage de Michel Rocard essaie de répondre à la question posée ci-dessus. Il est difficile de soulever la question relative à une déontologie de la presse. Cela va, certes, susciter le mécontentement du quatrième pouvoir. Il est aussi difficile d'ouvrir un débat sur les excès de la presse car cela entraînerait une réaction vive de sa part. C'est ce qui explique que jusqu'ici la presse est sans contre-pouvoir.

En dépit de cela, la presse écrite tout comme la presse audiovisuelle, reste un des éléments qui contribuent à la régulation de toute société qui se veut démocratique.

Quelle est la finalité de la démocratie ?

2.6 Le problème des finalités de la démocratie

Le problème des finalités de la démocratie présente plusieurs aspects. Nous examinerons un seul aspect qui se trouve au centre de cette étude : droits de l'homme. En effet, les instruments internationaux soulignent que la démocratie est la garantie des droits de l'homme. Cela veut dire qu'une société qui se veut démocratique doit se porter garante du respect et de la protection des droits de l'homme.

---

[134] M. ROCARD, *Op. Cit.*, p. 38.

Conclusion partielle

Revenons à ma question principale : la République Démocratique du Congo est-elle réellement démocratique ? Ce pays ne peut être démocratique que si la dimension « droits de l'homme » est prise en compte, c'est-à-dire si la République Démocratique du Congo s'engage à respecter et à protéger les droits de l'homme qui découlent d'une certaine conception de l'homme, de la société et du pouvoir. En d'autres termes, les droits de l'homme présupposent « l'égalité entre les hommes, l'existence des droits subjectifs opposables au pouvoir, la primauté des droits de l'individu sur ceux de la collectivité. Ils mettent en jeu les rapports entre l'individu et l'Etat, mais aussi entre le pouvoir et le droit »[135].

La République Démocratique du Congo ne sera réellement démocratique que si elle s'occupe du sort réservé à celui qui est considéré comme étranger, ou qui voit ses droits fondamentaux violer ; si elle se porte garante de la sécurité des personnes et du droit à une vie décente ; si elle s'efforce d'appliquer l'égalité de tous devant la justice, l'accès au savoir en général et à l'enseignement primaire et secondaire en particulier, à l'emploi, au logement, à un revenu minimum décent…

Pour que la République Démocratique du Congo soit réellement démocratique, il faudrait qu'elle parvienne à gérer la « démocratie au quotidien ». Cela veut dire que des questions éthiques doivent être prises en compte : le non-respect de la parole donnée ou le problème des fausses promesses qui se pose en politique, le problème de la démagogie, celui du mensonge, celui des intérêts supérieurs de la nation ou de l'Etat, enfin, celui de vouloir se cramponner au pouvoir, d'occuper le poste politique à vie, de ne pas céder la place aux autres, de se considérer toujours comme étant l'homme qu'il faut au poste que l'on occupe, et cela à n'importe quel prix.

Pour clore, la démocratie comme manière de vivre ensemble dans le respect de l'autre et dans la solidarité doit s'enraciner dans la mentalité de l'homme congolais.

Sur ce, je peux aborder le deuxième chapitre traitant la théologie et droits de l'homme.

---

135 D. LOCHAK, *Op. Cit.*, p. 4.

Chapitre II.
Théologie et droits de l'homme

Ce chapitre veut tenter de répondre à un certain nombre de questions restées pendantes dans la partie introductive et dans le premier chapitre en faisant appel aux écrits des théologiens. Il abordera également l'épineuse question relative à la référence soit à la nature (« droit naturel », « loi naturelle ») dans la Genèse et la proclamation des différentes déclarations classiques des droits de l'homme, soit à Dieu, référence proclamée par le Conseil œcuménique des Eglises dans sa 10ème affirmation du processus Justice, Paix et Sauvegarde de la Création (JPSC).

La nature n'est pas comprise de la même façon par les historiens du droit et de la philosophie politique d'un côté et par les théologiens de l'autre. Les premiers mettent en évidence la solitude et la spécificité de la personne humaine, isolée dans une nature sans signification. Ils exaltent la raison, « caractéristique ultime de la nature humaine et seul fondement du droit »[136]. Les seconds considèrent la nature comme création, c'est-à-dire « expression d'une volonté de Dieu de créer et de maintenir l'univers vivant, et d'une compréhension de l'être humain comme expression personnelle et responsable de la vie donnée par le créateur »[137]. Ainsi donc, théologiquement, le droit naturel est défini comme création de Dieu.

J'aborde ce chapitre en montrant à quoi ressemblent sur le plan théologique la liberté, l'égalité et la fraternité, de même que leur application sur le terrain en se référant aux commentaires de Jean-François Collange.

La méthode employée recourt à une présentation plus ou moins « mêlée » où les réflexions, les idées forces des théologiens servent à la fois comme éléments de référence pour une société qui se veut démocratique et s'engage à assurer la protection et la promotion des droits de l'homme, et comme éléments de réponse aux questions rencontrées dans les analyses tant socio-politiques qu'historiques.

Ce chapitre s'articule sur trois points principaux :

- l'essence des droits de l'homme et la théologie ;

---

[136] E. FUCHS, « Droits de l'homme, Nature et Loi », in *Ethique et Nature,* 1992, *Le champ éthique* n°23, Labor et Fides, 1992, p. 248.

[137] *Ibid.*, p. 247.

- droits de l'homme, droit à la résistance et protestantisme ;
- les droits de l'homme sont donnés par Dieu, affirmation du Conseil œcuménique des Eglises.

1. L'essence des droits de l'homme et la théologie

Comme dit dans la partie introductive, ma réflexion m'a poussé à tourner mon regard vers Jean-François Collange qui a écrit entre autres « Théologie des droits de l'homme ». J'ai retenu pour analyse trois réflexions parmi tant d'autres.

1.1 Les droits de l'homme ne peuvent s'exercer que dans une société démocratique

Les transformations en cours dans le monde d'aujourd'hui par le phénomène « mondialisation » lequel fait que le monde est devenu un grand « village » par un processus de rapprochement qui est en marche avec ses avantages et ses inconvénients, nécessitent de nouvelles approches des questions éthiques particulièrement en Afrique. Ces changements remarqués ont des implications évidentes sur la vie de l'homme, de la société dans laquelle il vit et sur l'environnement ou l'écologie.

Au cours de son séminaire intitulé « Mondialisation, globalisation : la justice en question », Collange affirme que la mondialisation présente deux aspects : la globalisation et l'universalisation. La globalisation, c'est la mondialisation comprise comme uniformisation, tout devient pareil. C'est aussi un modèle économique. Par contre, l'universel est une très haute valeur qui remonte dès l'origine du christianisme. L'universalisation a la prétention de promouvoir l'égalité : « il n'y a plus ni juif, ni grec ; il n'y a plus ni esclave, ni homme libre ; il n'y a plus l'homme et la femme » (Ga 3, 28).

L'universalisation en cours dans le monde d'aujourd'hui nous conduit vers un nouvel ordre mondial des droits de l'homme. Ces droits qui ne peuvent s'exercer que dans une société démocratique se ramènent à quelques exigences essentielles : liberté, égalité, fraternité et justice. Ces exigences notamment, liberté, égalité et fraternité, à quoi ressemblent-elles sur le plan théologique ?

Du point de vue théologique, la fraternité précède la liberté et l'égalité qui découlent d'elle. Les textes bibliques : Matthieu 6, 9-13 et Luc 11, 2-4 mettent en avant la prière modèle, « Notre Père »[138] recommandée par Jésus-Christ à ses disciples. Dans ces textes, Dieu est le Père commun et unique (Mat. 23, 9) de tous les humains, créés à son image comme il est écrit dans le livre de Genèse. Il est ce Père qui donne à tous la vie, le souffle, l'amour, la liberté, le soleil et toute chose. Et tous les hommes sont un en Dieu notre Père à tous.

[138] J.P. ROSS., *La prière du Seigneur, une récapitulation du « Notre Père».* Traduit de l'anglais, Strasbourg, Editions Oberlin, 1996. Cf. aussi O. CULLMANN, *La prière dans le Nouveau Testament,* Paris, Editions du Cerf, 1995. Voir aussi Joachim JEREMIAS, *Paroles de Jésus, le sermon sur la montagne le Notre Père,* Paris, Editions du Cerf, 1965.

Puisque Dieu est le Père de tous les hommes et les femmes, le principe qui lie les humains est le principe de fraternité. Celui-ci est au centre des relations humaines. Nous pensons, du point de vue théologique, que ce principe est le principe fondamental de la « Déclaration Universelle des Droits de l'Homme ».

La fraternité doit guider l'entente entre les humains avant d'entreprendre toute action les uns à l'égard des autres. Elle doit prendre le dessus dans les débats, discussions et conflits. La fraternité permet la reconnaissance mutuelle de la liberté et de l'égalité car tous les humains sont des frères créés à l'image de Dieu, notre Père. Ce n'est pas la liberté ou l'égalité qui peut engendrer la fraternité. C'est plutôt l'inverse. C'est pourquoi nous pouvons dire que la fraternité produit la liberté et l'égalité. C'est parce que les humains sont des frères qu'ils sont égaux entre eux et qu'ils doivent respecter la liberté des uns et des autres.

J'analyserai dans les lignes qui suivent la société congolaise à partir de ces exigences en référence aux commentaires de Jean-François Collange comme dit ci-dessus. Que dire sur la liberté ?

1.1.1 Liberté

La liberté, comme l'a dit Collange, « n'est jamais une réalité angélique pure »[139]. Elle ne s'obtient pas facilement. Les révolutions américaine et française en témoignent suffisamment. Elle connaît les hauts et les bas et se trouve en perpétuel mouvement.

Tout homme doit bénéficier d'une aire de liberté car la société ne peut disposer de l'individu encore moins le soumettre à un régime permanent de contraintes et de répressions. Elle est donc une exigence essentielle pour une société qui se veut démocratique et qui considère les droits de l'homme comme composante importante.

La liberté à travers les trois phases[140] de la société congolaise peut être qualifiée selon l'expression de Collange de liberté « aliénée ».

Dans sa première phase, c'est-à-dire à l'époque de l'Etat Indépendant du Congo, la société congolaise a connu une histoire tragique selon un grand nombre d'historiens. Isidore Ndaywel è Nziem présente trois cas dans son ouvrage de référence[141] où l'homme congolais, sa femme et ses enfants étaient privés de liberté par le régime du Roi Léopold II.

Le premier cas est celui du portage qui « fut un véritable enfer »[142]. Le portage consiste à porter des caisses, des paquets, dépassant souvent les 40 kg sur la tête, sur l'épaule ou à dos d'homme suite à l'absence de la roue et des

[139] J.-F. COLLANGE, *Op. Cit.*, p. 180.

[140] Trois phases : de 1885 à 1908 (Etat Indépendant du Congo) ; de 1908 à 1960 (Congo belge) et de 1960 à nos jours (République Démocratique du Congo).

[141] NDAYWEL è Nziem, *Histoire générale du Congo. De l'héritage ancien à la République* Démocratique, paris, Bruxelles, Duculot, 1998, pp. 3336-342.

[142] *Ibid.*, p. 337.

bêtes de somme. Il va sans dire que les Congolais n'étaient pas motivés à faire ce genre de travail : « devant le refus des gens qui préféraient prendre la fuite plutôt que se faire recruter, à partir de 1891, on fit du portage une imposition, c'est-à-dire une obligation soumise à la volonté des européens ; cette disposition demeurera d'application jusque vers les années 20 (Merlier, 1962) »[143]. Le recrutement se faisait le plus souvent « sous la menace de fusil »[144].

Le deuxième cas est celui des corvées. C'était encore une autre obligation sévère. Les Congolais étaient obligés de fournir à manger à tous les blancs qui sillonnaient les rivières, le fleuve, les lacs, avec leurs porteurs, leurs soldats et leurs nombreux auxiliaires. « Un missionnaire protestant rappelle un cas qu'il a vécu en 1894 : ''un village devait envoyer des vivres et négligea un jour de les fournir. Les habitants dormaient tranquillement quand ils entendirent tirer un coup de feu et sortirent pour voir ce qui se passait. Voyant que les soldats entouraient le village, leur seule pensée fut de s'enfuir. Pendant qu'ils se sauvaient de leurs maisons, hommes, femmes et enfants furent impitoyablement fusillés ; leur village fut complètement détruit. La seule raison de ce massacre était que les gens avaient omis d'apporter ce jour-là la *chikwangue* de l'Etat… »[145].

Outre les corvées en vivres, il y avait aussi d'autres types de corvées notamment les travaux du chemin de fer Matadi-Léopoldville (Kinshasa) qui ont occasionné beaucoup de morts : « Des 7.000 travailleurs recrutés les premières années, mis à part 1.500 qui furent rapatriés, tous trouvèrent la mort dans cette opération »[146].

Enfin, le troisième cas est la récolte du caoutchouc considéré comme « la plus grande hécatombe » dans la page « la plus sanglante de l'histoire congolaise de la colonisation »[147]. Ces sont des régions caoutchoutières qui ont été soumises aux diverses atrocités. Nous reprenons ci-dessous quelques témoignages de l'an 1895 présentés par deux pasteurs missionnaires protestants et un médecin belge.

Je commence par le témoignage du médecin belge qui a vécu à Kutu (Lac Mai-Ndombe) : « comme nous quittions Mushie, de dessus le bateau en marche, voilà un nouveau tableau stupéfiant qui se présente à nos regards : un grand troupeau de femmes et d'enfants est conduit à la promenade encadré de trois ou quatre soldats ; fusil sur l'épaule, cortège lamentable d'humanité presque entièrement nue, couleur brun chocolat… elles sont prisonnières parce que les hommes ne veulent pas faire du caoutchouc. On leur rendra la liberté quand les hommes voudront bien se soumettre… »[148].

---

[143] *Ibid.*
[144] *Ibid.*
[145] *Ibid.*, p. 334. Cf. aussi M MASSOZ, 1989, p. 461
[146] *Ibid.*
[147] *Ibid.*
[148] *Ibid.*, p. 341 ; cf. R. RIROUX, 1948.

Un pasteur américain, en Equateur (province) décrit ce qui suit en date du 3 mars 1885 : « Imaginez-les (soldats) revenir d'avoir soumis quelques rebelles. Voyez à l'avant du canon une perche où pend on ne sait quelle grappe. Ce sont des mains, les mains droites de 16 guerriers qu'ils ont massacrés. Des guerriers ? Ne distinguez-vous donc pas parmi ces mains celles de petits garçons et de petites filles ? Je les ai vus, je les ai vus couper ce trophée pendant que le pauvre cœur battait encore ... N'est-il pas possible qu'un américain influent aille voir le roi des belges et lui faire connaître ce qu'on fait à son nom... Pour lui récolter du caoutchouc, des centaines d'hommes, de femmes et d'enfants ont été fusillés »[149].

Le troisième témoignage est celui d'un pasteur suédois qui a assisté à la « mort d'un vieillard qui n'en pouvait plus, avait choisi d'aller à la pêche au lieu de récolter du caoutchouc : ''La sentinelle le tua d'un coup de fusil sous mes yeux. Puis il rechargea son arme et la braqua sur les autres qui se dispersèrent comme la paille au vent. Il ordonna à un petit garçon d'aller couper la main droite de l'homme qui venait d'être tué. L'homme n'était mort et quand il sentit le couteau, il essaya de retirer sa main. Avec un peu de peine, le petit garçon coupa la main et la déposa près d'un arbre tombé. Peu après, cette main fut exposée au feu et fumée avant d'être envoyée au commissaire…'' »[150].

Comme on peut le constater à travers les trois cas ci-dessus, les Congolais n'ont pas bénéficié d'une aire de liberté dans l'Etat Indépendant de Léopold II. Ils étaient soumis à un régime de contraintes, de répression et d'une capacité de violence illimitée. Jean-Marie Muller-le dira en ces termes : « Ainsi, en début du siècle, c'est un véritable holocauste de la population noire qui est perpétré dans ''l'Etat du Congo'' par les soldats du roi des belges Léopold II. Les historiens estiment à quelque dix millions le nombre de noirs qui périrent alors »[151]. Cet « holocauste » est le résultat de l'aliénation de la liberté. Ainsi, pouvons-nous dire que sous l'Etat Indépendant du Congo, la liberté est aliénée.

Dans sa deuxième phase, c'est-à-dire à l'époque coloniale belge (1908-1960), la société congolaise a vu sa liberté aliénée en permanence dans le changement. D'autres types de corvées virent le jour. Après 1910, deux produits, l'huile de palme et surtout le coton ont pris la place du caoutchouc. Le régime permanent de corvées agricoles est instauré en vue d'une production locale de type industriel. Ce régime de contrainte se faisait avec une certaine discrétion pour échapper aux dénonciations de certains milieux d'affaires britanniques. Les historiens constatent que les souffrances que les Congolais enduraient à cette époque étaient liées à l'accroissement de la production de l'huile de palme et du coton.

---

[149] *Ibid.*, cf. Conan A DOYLE., 1909.

[150] *Ibid.*

[151] J.-M. MULLER, *Le courage de la non-violence, Nouveau parcours philosophique,* Gordes (France), Éditions du Relié, 2001, pp. 11-12.

Dans sa troisième phase, la République Démocratique du Congo, la société congolaise a vécu l'aliénation de sa liberté sous les deux régimes dictatoriaux qui se sont succédé. La société congolaise était sous la dépendance absolue de Mobutu d'abord et de Kabila ensuite. Le premier a privé le peuple congolais de ses libertés fondamentales et l'a contraint d'abandonner le prénom chrétien, de ne s'habiller que d'une certaine manière fixée par son parti-Etat, ... Le second, outre le fait qu'il a bafoué les libertés fondamentales, s'est distingué dans la détention de la liberté de la propriété. Ses collaborateurs ont occupé illégalement les villas et les propriétés privées des citoyens et même des Eglises. L'Eglise du Christ au Congo a vu ses trois belles villas occupées anarchiquement par les officiers de l'Etat-major particulier de Kabila et cela jusqu'à sa mort. Son fils qui lui a succédé s'est vu dans l'obligation de restituer ces villas de l'Eglise pour respecter et protéger la liberté de la propriété.

Durant les deux régimes dictatoriaux, la société congolaise n'a pas pu s'organiser et agir selon sa propre détermination. Elle a plutôt expérimenté une contrainte considérée comme anormale, illégitime et immorale. Elle a vécu la manifestation de « cette forme suprême de l'aliénation où la parole elle-même se fait idéologie »[152] pour reprendre les dires de Collange. Pour lui, « la domination et l'exploitation n'existent pas seulement en effet à l'état brut. Dans la mesure où elles s'avèrent phénomènes humains, elles ne peuvent échapper au recours à la parole. Mais alors qu'originellement celle-ci a pour fonction d'humaniser en suscitant foi, confiance, respect et liberté, la parole fondant et accompagnant les divers phénomènes d'aliénation devient elle-même une parole aliénée, mensongère, dévoyée et mystificatrice »[153].

La domination et l'exploitation du MPR, parti-Etat sous Mobutu ont fait recours à la parole pour justifier et défendre l'ordre social injuste. Par la parole le MPR s'est forgé une idéologie comme discours philosophique justificateur de son projet de société présenté le 15 août 1974, lors de l'ouverture de l'Institut Makanda Kabobi (Ecole du parti) : « La doctrine du MPR était le nationalisme zaïrois authentique ; son idéologie, l'authenticité, sa démarche, le recours à l'authenticité. L'ensemble de ce schéma constituait le *mobutisme,* défini comme étant l'enseignement, la pensée et l'action du président-fondateur. Peu après, du haut de la tribune des Nations Unies (4 octobre 1974), Mobutu précisera encore sa pensée : ''L'authenticité est une prise de conscience du peuple zaïrois de recourir à ses sources propres, de rechercher les valeurs de ses ancêtres, afin d'en apprécier celles qui contribuent à son développement harmonieux et naturel. C'est le refus du peuple zaïrois d'épouser aveuglément les idéologies importées. C'est l'affirmation de l'homme tout court, là où il est, tel qu'il est, avec ses structures mentales et sociales propres'' »[154].

---

152 J.-F.COLLANGE, *Op. Cit.,* p. 209.

153 *Ibid.* p. 215.

154 NDAYWEL è Nziem, *Op. Cit.,* p. 676.

Ce projet n'a pas tardé à se montrer qu'il est « trompeur » et « illusoire » sur le plan socio-économique et de la transformation du pays. Ce projet idéologique est « mystificateur », c'est-à-dire une espèce de « superstructures » selon les termes chers à Marx. Cette superstructure coiffera la réalité socio-économique et gardera en son sein l'oppression qui tue la liberté comme 0n le verra dans la suite des événements. En effet, le 27 octobre 1971, un nouvel ordre sociopolitique s'installe à l'issue d'une réunion conjointe du Bureau politique du parti et du gouvernement. Voici un extrait du communiqué lu par le porte-parole du Bureau politique : « Dans la recherche de notre authenticité, fidèles aux options fondamentales de notre révolution amorcée le 24 novembre 1965, dans le but de nous débarrasser des séquelles d'un passé révolu et afin d'éviter une fois pour toutes toute confusion, les membres du Bureau politique et du gouvernement ont décidé ce qui suit :

1. le majestueux fleuve qui traverse notre pays reprend son nom d'origine et s'appelle « Zaïre » ;
2. notre pays s'appelle « la République du Zaïre » ;
3. la province Orientale devient la « province du Haut-Zaïre » ;
4. 4. la province du Kongo central devient la « province du Bas-Zaïre »
5. 5. le drapeau national change ;
6. l'hymne national change (...) »[155].

L'annonce de ces décisions entraîne de grands changements. Le drapeau de la République, le « bleu », est remplacé par le « vert », drapeau du parti. L'hymne national, « Debout congolais » cède la place à la « Zaïroise ». Les entreprises changent d'appellation et de sigles. A titre d'exemple : Air Congo devient « Air Zaïre », la « Gécomin » (Générale Congolaise des Minerais) prend l'appellation « Gécamines » (Générale des Carrières et des mines).

Ces changements ont occasionné des dépenses. En effet, il fallait changer tout jusqu'au papier entête. Ces dépenses n'ont pas servi au développement économique et social, au contraire elles ont ruiné l'économie.

Certains changements, pas les moindres, ont accompagné l'application de l'idéologie de l'Authenticité. Une loi qui viole manifestement les droits de l'homme est promulguée en date du 5 janvier 1972. Cette loi prive les Congolais mulâtres de porter des noms de leur choix et les oblige de prendre des noms africains. Il en sera de même pour tous les Zaïrois appelés à abandonner des prénoms d'origine chrétienne. Cette dernière obligation suscite une controverse entre l'Eglise et l'Etat. Une réflexion pertinente est publiée dans le journal kinois « Afrique chrétienne » : « ... Dès lors, nous nous sommes engagés dans une aventure très importante pour notre avenir. Il s'agit de bien plus désormais que de réclamer et conquérir l'indépendance politique et la libre disposition de nos richesses. Nous nous sommes engagés sur la voie du développement philosophique et culturel. Nous avons en effet estimé que notre progrès économique et l'amélioration de notre vie sociale

---

155 *Ibid.*, p. 677.

devaient être basés sur un développement culturel authentiquement africain. De ce fait, nous avons mis le doigt sur la question fondamentale, d'où se jouent en vérité notre grandeur et notre dignité de peuple libre. Mais cette entreprise est bien plus complexe qu'il n'y paraît à première vue. Allons-nous exhumer de la nuit du passé une ''philosophie africaine originelle'' qui n'a pu être, si du moins elle a un jour existé, que l'expression d'une situation et d'une vie sociale à jamais périmées ? C'est dire que la découverte d'une telle conception de la vie ne saurait encore résoudre notre problème actuel ni nous aider à vivre dans le monde moderne. Notre monde n'étant plus celui de nos ancêtres, leur conception de la vie ne saurait non plus être la nôtre. Il est important que nous sachions cela clairement pour que nous ne perdions pas notre temps à bavarder d'une ''négritude'' un peu dépassée. Le mouvement de la négritude a été une revendication de dignité humaine. Les protagonistes ont cherché à se faire d'ailleurs par les Blancs un certificat d'authenticité humaine. Ils ont réussi d'ailleurs à nous faire reconnaître comme peuple libre. Mais il faut bien se rendre compte que cette problématique est dépassée. Il ne s'agit plus aujourd'hui de nous procurer l'éphémère satisfaction de réclamer à grands cris qu'on reconnaisse notre droit d'être nous-mêmes et de nous amuser à saccager notre passé de colonisés.

L'enjeu n'est plus pour nous d'obtenir la reconnaissance d'un droit mais bien d'exercer ce droit. Il faut passer aux actes et imposer par des réalisations de tous les ordres notre dignité d'hommes africains. La question n'est-elle pas de mettre en œuvre, aux yeux du monde, cette originalité et ces valeurs. Nous ne le ferons que si nous sommes autant sensibles à nos lacunes, à nos faiblesses, à nos insuffisances, qu'à nos richesses et à nos possibilités. Il faut que nous mobilisions toutes nos énergies pour corriger les faiblesses qui freinent notre marche vers l'avenir. Nous ne réussirons pas cela en déterrant les vielles conceptions de la vie qui ont fait la faiblesse de nos ancêtres devant la colonisation. Ce n'est pas en ressuscitant une philosophie que nos déroutes passées ont condamné que nous gagnerons ces batailles du monde moderne. C'est au contraire en cherchant une nouvelle force de vie pour notre monde de demain. L'enjeu est grave. Il mérite l'effort de réflexion et l'engagement profond dans la vie de tous ceux qui nous guident »[156].

Cette réflexion fait apparaître que l'idéologie de l'Authenticité est « l'affirmation d'une perversion de la parole qui, de libératrice qu'elle se devait d'être, s'affirme aliénante, en fonction de déplacements, de dissimulations, voire de mensonges qu'elle opère »[157]. Cette idéologie n'était pas capable de résoudre les vrais problèmes de développement intégral ni libérer le Congolais (Zaïrois) qui vit la dialectique de la tradition ancestrale et de la modernité. Modernité représentée par la culture occidentale, la religion chrétienne et ses pratiques. Cette rencontre de la tradition ancestrale avec la modernité a créé

---

[156] *Ibid.*, pp. 678-679. Cf. *Journal Afrique chrétienne,* n°3-XIIème année, janvier 1972.
[157] J.-F. COLLANGE, *Op. Cit.,* p. 217.

une situation que nous pouvons qualifier d'hybridisme culturel. Dans tous les domaines, le Congolais tire argument et inspiration pour penser et agir tantôt de la modernité, tantôt de l'ancestralité, selon les besoins en présence. De ce fait, l'Authenticité ne peut pas aider le Congolais à s'intégrer ou à vivre dans le monde moderne qu'il est, pourtant, condamné à vivre malgré le recours à l'Authenticité. L'idéologie de l'Authenticité n'a servi, au regard du cours de l'histoire, qu'à freiner la marche de tout un peuple vers l'avenir.

C'est par la parole que Kabila a tenté de forger son idéologie qui sous-tendait les discours et les entreprises de son régime classé parmi les régimes populistes africains « peu effectifs, pas performants et pas viables ».

Que retenir sur l'égalité ?

1.1.2 Egalité

L'égalité, selon Collange, « se révèle donc au fondement de la réalisation d'une société authentiquement humaine »[158]. Elle est une valeur dynamique et non statique. L'égalité totale n'est pas possible, elle se révèle partielle. La démocratie a réussi à résoudre l'égalité en droit civil et politique mais pas encore l'égalité sur le plan économique et social. L'égalité des chances implique l'équité. On peut comparer l'égalité à une balance et l'équité à un rabot pour raboter les différences. L'égalité est du côté du droit, l'équité est du côté de la morale, de l'éthique. L'équité, c'est l'égalité dans un contexte imparfait qui est le nôtre. Ce qui doit suivre l'équité, c'est l'égalité.

Chaque Congolais peut revendiquer l'égalité avec tous ses concitoyens. Il s'agit, en fait, d'égalité en droits et en dignité qui trouve son fondement sur une seule et même humanité créée à l'image de Dieu pour les croyants. Cette humanité transcende toutes les différences de race, de sexe, de conviction et de religion.

Tout Congolais n'est pas en mesure de revendiquer l'égalité avec les autres, car la compréhension de la notion d'égalité n'est pas unique chez tout le monde. Tout le monde ne la connaît pas de la même manière. Plus on se rapproche de la base, du « quart-peuple » plus les exceptions se multiplient. Etant donné que l'égalité « se révèle au fondement de la réalisation d'une société authentiquement humaine », cela suppose que tout Congolais doit comprendre que l'égalité est une valeur universelle que personne ne peut s'approprier. Que l'égalité doit s'étendre à tous les hommes.

De ce fait, la société congolaise doit avancer dans la recherche de l'égalité pour tous ceux qui appartiennent à un monde commun qui est celui des humains et qui inclut aussi le monde du travail.

En effet, au Congo le travail salarié est réservé à une infime minorité de la population active. L'agriculture n'est pas favorisée. Les paysans produisent pratiquement pour une consommation locale. Les centres urbains consomment les produits importés de l'extérieur plutôt que de l'intérieur. Cela fait que le

---

[158] *Ibid.*, p. 232.

travail n'est pas encouragé. Par conséquent, la paresse et le parasitisme ne sont pas découragés. Au niveau national, aucune politique n'est envisagée pour renouveler sans cesse les découvertes et avancées et encore moins pour adapter les besoins de production à la demande.

Le monde du travail connaît des inégalités criantes. Les écarts salariaux vont pratiquement du simple au centuple. Le principe du droit international du travail stipulant « à travail égal, salaire égal » n'est pas observé.

De ce qui précède, je peux dire qu'au Congo, aucune politique n'a été mise sur pied pour permettre que l'égalité puisse s'étendre à tous les hommes, c'est-à-dire à tous les membres de la société congolaise en vue de la réalisation d'une « société authentiquement humaine ».

Je rappelle les notions de fraternité, solidarité et responsabilité.

1.1.3 Fraternité ou solidarité et responsabilité

La fraternité, c'est la solidarité. Elle est une valeur universelle. La solidarité et la responsabilité à l'égard du prochain sont de nouvelles exigences des droits de l'homme. On peut même dire qu'elles sont le prolongement des droits de l'homme dans la mesure où, dans un Etat, les ordres juridiques peuvent fixer les conditions conformes aux droits de l'homme, les limites des droits les uns par rapport aux autres. Cela ne suscite pas pour autant un comportement éthique, une attitude solidaire des hommes entre eux, une ouverture vers autrui.

Au stade actuel des choses au Congo-Kinshasa, il est encore prématuré d'aborder ce point sinon de le signaler tout simplement, étant donné qu'il faut toujours commencer par le commencement, c'est-à-dire par mettre sur pied un Etat de droit suivi de la démocratie et des droits de l'homme pour accéder à la solidarité. Celle-ci exige non seulement l'interdépendance des membres d'une société nationale donnée mais aussi l'extension de cette interdépendance au-delà des frontières nationales, au-delà de l'humain pour embrasser toutes les créatures de la nature environnante.

La responsabilité étant « la solidarité bien comprise », elle exige que chaque congolais prenne conscience de ses responsabilités afin de revendiquer le droit pour lui-même et pour les autres, de lutter contre toute injustice et de participer à l'éveil de la solidarité parmi les hommes.

Quel est le sens de la justice ?

1.1.4 Justice

« Le concept de justice est à la fois ancien et universel, mais la représentation qu'on s'en fait s'est transformée. Dans les sociétés holistes, était juste ce qui était à sa place ; les sociétés contemporaines lient la justice à l'égalité, plus précisément à l'égale répartition entre leurs membres des avantages et des biens. Là où, par ailleurs, la place de chacun était réglée par un ordre immuable auquel on ne pouvait que se soumettre, on pense aujourd'hui qu'on a prise sur l'ordre social, et que la collectivité a une responsabilité propre dans l'établissement de la justice »[159].

Collange partage ce point de vue surtout dans les sociétés contemporaines où la justice est liée à l'égalité et à l'égale répartition. Il exprime cela en termes de « justice comme participation »[160].

Le scandale de l'injustice en République Démocratique du Congo conduit inévitablement à la quête de la justice qui se révèle comme une des exigences essentielles des droits de l'homme sur le plan éthique. Les Congolais sont confrontés au scandale de l'injustice sur plusieurs plans : violation massive des droits de l'homme comme mentionnés ci-dessus, guerre imposée injustement par le Rwanda et l'Ouganda, massacres des populations par les armées d'occupation. Depuis son accession à la souveraineté nationale, le Congolais ne parvient pas jusqu'à présent à prendre la part qui lui revient des richesses nationales encore moins à voir ses besoins individuels et sociaux satisfaits par la communauté nationale. Il s'agit là du droit qui repose sur la participation. La société congolaise ne parvient pas encore à organiser la vie commune sous le signe de la justice. Il faudrait, d'un côté, que chaque Congolais respecte les droits d'autrui, de l'autre, que la société congolaise favorise la participation de chaque Congolais aux ressources communes.

Ce qu'il faut bien voir, c'est que les droits de l'homme vont ensemble avec la démocratie, la paix et l'environnement. Tel est l'objet du point suivant.

1.2 Les droits de l'homme vont ensemble avec la démocratie, la paix et l'environnement

Pour Collange, « la démocratie authentique apparaît d'abord comme la capacité à sans cesse se mettre en question et à s'interroger sur son aptitude à être réellement au service du plus grand nombre. Elle est d'abord défi et effort qui, à travers l'histoire, tend à faire de la vie socio-politique le lieu de la réalisation d'une justice qui soit vraiment l'affaire de tous »[161].

Il va sans dire que les droits de l'homme, au regard de cette définition, ne peuvent se réaliser que dans une société qui « tend à faire de la vie socio-politique le lieu de la réalisation d'une justice qui soit vraiment l'affaire de tous ». En d'autres termes, les droits de l'homme vont ensemble avec la démocratie.

Au Congo-Kinshasa, le premier pas vers la « démocratie authentique » a été fait lors la tenue de la Conférence nationale souveraine qui avait pour objectif, selon les dires de Mgr Laurent Monsengwo Pasinya[162], de pouvoir :

« 1° faire une relecture de l'histoire du pays au positif et au négatif ;

[159] D. LOCHAK, *Op. Cit.*, p. 85.

[160] Pour de plus amples informations, lire Jean-François COLLANGE, *Théologie des droits de l'homme,* Paris, Cerf, 1989, pp. 245-250.

[161] *Ibid.*, p. 279.

[162] Mgr Laurent MONSENGWO PASINYA fut le Président de la Conférence nationale souveraine et Président du Haut Conseil de la République, Parlement de transition.

2° établir les responsabilités individuelles et collectives ;

3° proposer des solutions nouvelles ;

4° mettre en place les institutions de la transition : une transition qui doit être la préfiguration de la 3ème république.

Toutes ces tâches ont été accomplies par la Conférence nationale notamment par :

1. les grandes déclarations de politique générale ;
2. les travaux des commissions qui ont donné les 916 actes qui proposent le nouveau projet de société, consacré par des textes acceptés par le peuple et la classe politique ;
3. la mise en place des institutions de la transition : Présidence de la République, gouvernement de transition et Haut Conseil de la République (HCR).

Enfin pour boucler la boucle, la Conférence nationale souveraine a défini le programme minimal de redressement économique pour le gouvernement de transition »[163].

Il découle de cet objectif et des tâches accomplies que la Conférence nationale souveraine était d'abord « défi et effort » pour une remise en question du vieux système, parti-Etat, en vue d'élaborer un nouveau système impliquant un nouveau projet de société, un gouvernement démocratique, de nouvelles institutions qui garantissent le plein exercice de la démocratie et le respect des droits de l'homme.

J'ai dit que la Conférence nationale souveraine était le premier pas vers la démocratie authentique. Malheureusement, ce pas a été stoppé par « la révolution de Kabila ». Mgr Monsengwo s'exprime à ce sujet : « Le coup d'Etat de monsieur Laurent-Désiré Kabila avec l'AFDL est, à mon avis, l'erreur originelle qui est à la base de la crise que connaît encore le pays, car par ce coup d'Etat, on a quitté les deux piliers du nouveau projet de société voulu par la Conférence nationale souveraine à savoir :

1° la démocratie comme ordre institutionnel et les urnes comme moyen de conquête du pouvoir, au point qu'il était fait à tout citoyen congolais l'obligation de s'opposer par tous les moyens à toute prise de pouvoir par les armes ;

2° la paix, à telle enseigne que la Conférence nationale souveraine avait créé la fonction de médiateur constitutionnel, appelé à toujours susciter le dialogue entre les institutions et les forces vives de la nation en cas de crise majeure. Pour avoir ignoré ces deux options fondamentales, on ne cesse de tourner en rond depuis bientôt six ans. Cela pourrait durer longtemps si l'on n'y prête pas attention »[164].

---

163 Propos recueillis par un journaliste de l'Agence *D.I.A.* à Kinshasa, le 19 février 2003. Document reçu par Internet.

164 Même source.

Peut-on dire que le Mouvement pour la libération du Congo (MLC) tire sa source de légitimité dans le premier pilier du nouveau projet de société issu de la Conférence nationale souveraine qui prévoit « tout citoyen congolais (a) l'obligation de s'opposer par tous les moyens à toute prise de pouvoir par les armes » ? Je ne peux donner une réponse exacte à cette question. Cependant, ce que nous savons c'est le programme du MLC qui « voit dans le respect de l'esprit de la Conférence nationale souveraine [...] la seule voie acceptable en vue de permettre d'achever le processus de transition »[165]. La Conférence nationale souveraine peut être considérée à juste titre comme le premier pas vers la démocratie authentique à cause d'un certain nombre d'éléments :

1° La composition. Les participants à la Conférence nationale souveraine peuvent être regroupés en trois composantes : société civile, partis politiques, institutions publiques. Il faut ajouter à ces trois composantes le groupe des « Invités de la Conférence nationale souveraine ». C'est toute la société congolaise représentée dans toutes ses dimensions.

2° La tenue a été empêchée de différentes manières. Les travaux ont été suspendus à un moment donné[166] ; un contrôle sur les conclusions en cours d'élaboration a été exercé ; des pressions exercées pour que des décisions et recommandations issues de la Conférence nationale souveraine ne soient pas mises en application. Tout cela traduit la volonté d'un peuple décidé à se débarrasser de l'ordre ancien qui ne voulait pas de la démocratie et qui ne pratiquait pas les droits de l'homme.

3° Pour la première fois depuis la prise du pouvoir par Mobutu, quelqu'un accède au poste de Premier ministre par voie d'élection et un gouvernement issu de la volonté populaire est installé pendant que le président Mobutu est encore aux commandes de la République. C'était le gouvernement issu de la Conférence nationale souveraine et dirigé par Etienne Tshisekedi wa Mulumba, août-décembre 1992.

4° Les travaux des commissions de la Conférence nationale souveraine ont donné les 916 actes qui formulent le nouveau projet de société. Ce dernier se veut comme l'antithèse de l'ordre ancien et prend en compte la démocratie comme ordre institutionnel et les élections comme moyen d'accession au pouvoir ;

5° La Conférence nationale souveraine a donné naissance à la période dite de transition. Celle-ci a été mise en place par l'Acte portant dispositions constitutionnelles relatives à la transition, par une nouvelle Assemblée nationale, nommée Haut Conseil de la République, Parlement de transition, par un nouvel exécutif dirigé par un premier ministre élu par le Haut-Conseil de la République.

---

[165] G. de VILLERS et ali, *op. cil.* p. 100.

[166] Les travaux de la Conférence nationale souveraine ont été suspendus en date du 19 janvier 1992.

Les droits de l'homme vont ensemble non seulement avec la démocratie mais aussi avec la paix et l'environnement. Collange rappelle la résolution n°33/73 du 15 décembre 1978 adoptée par l'Assemblée de l'ONU. Celle-ci porte sur « la préparation des sociétés à vivre dans la paix ». Il affirme que le droit à la paix » y est reconnu comme la valeur suprême que se doivent de préserver les sociétés, les individus et les gouvernements. Ainsi, « toutes les nations et tous les êtres humains [...] ont le droit inhérent à vivre dans la paix. Le respect de ce droit, de même que celui des autres droits de l'homme, est dans l'intérêt commun de l'humanité tout entière ». Mais construire la paix suppose d'abord que l'on détermine les causes de la guerre[167].

La paix est définie par *Le Petit Larousse* comme étant premièrement « situation d'un pays qui n'est pas en guerre ». Cette première définition qui met l'accent sur l'absence de la guerre nous intéresse. Pendant la guerre, il est difficile de respecter les droits de l'homme dans un pays comme le Congo-Kinshasa. Je viens de dire que la Conférence nationale a permis au pays de faire un « pas » vers la démocratie authentique. Ce « pas » a été stoppé, nous l'avons déjà dit, par la guerre de l'AFDL suivie de la première guerre panafricaine.

La guerre de l'AFDL que certains, comme Ludo Martens, préfèrent appeler « la guerre de libération du Congo » et d'autres, à l'instar de Mgr Monsengwo, qualifient plutôt de « coup d'Etat de Monsieur Laurent-Désiré Kabila », n'a fait qu'aggraver la violation massive des droits de l'homme d'une part, et d'autre part, la violation flagrante de l'article 38 de la Convention relative aux droits de l'Enfant adoptée par l'Assemblée Générale dans sa résolution 44/25 du 20 novembre 1989 et l'article 22 de la Charte africaine des droits et du bien-être de l'Enfant adoptée par la 26ème Conférence des chefs d'Etat et du gouvernement de l'OUA, Addis-Abeba, Ethiopie, juillet 1990.

En effet, l'un et l'autre article insistent sur l'interdiction des personnes n'ayant pas atteint l'âge de 15 ans de participer directement aux hostilités. L'article 22, point 2, est beaucoup plus explicite : « Les Etats parties à la présente charte prennent toutes les mesures nécessaires pour veiller à ce qu'aucun enfant ne prenne directement part aux hostilités, et en particulier, à ce qu'aucun enfant ne soit enrôlé sous les drapeaux ».

Au Congo-Kinshasa, des milliers d'enfants ont été enrôlés dans l'armée de l'AFDL. On les appelle les *« Kadogos »* ou enfants soldats. Ces enfants quittent l'école de façon prématurée et courent des risques énormes évidents de mort ou de blessures graves lors des combats, des risques de servir de chair à canon ou des boucliers humains. Ils sont à la fois victimes et bourreaux. Un exemple connu à Kinshasa. C'est le cas de cet enfant soldat qui est allé jouer au football avec les enfants de son âge. Ayant été bousculé par son compagnon

---

[167] J.-F. COLLANGE, *Op. Cit.,* p. 306 Cité par J. M. BECET et D COLARD, *Les droits de l'homme,* I, 1982, p. 128.

adverse, il s'est retrouvé par terre. Il s'est senti humilié et n'a pas hésité à recourir à son fusil pour abattre froidement celui qui l'a poussé à tomber.

Il est évident que le phénomène « enfant soldat » avec tout son cortège de malheurs n'intervient que lorsqu'il y a la guerre. Sans la guerre personne ne peut recruter des enfants pour servir sous le drapeau. La guerre chasse la paix et viole les droits de l'homme.

« La guerre est la pire des solutions », dit-on. Pourquoi M'Zee Kabila a-t-il préféré recourir à la guerre pour chasser la dictature au moment où le pays a fait un « pas » vers la démocratie authentique et au moment où les jours de Mobutu malade étaient comptés ?

Il n'est pas facile de donner une réponse précise à cette question. Cependant, on peut essayer d'y voir un peu plus clair. Selon Ludo Martens, « les américains ont voulu utiliser Kabila pour secouer le régime de Mobutu et pour réaliser une transition avec toutes les ''forces vives'' »[168]. Mais pour Kabila, la guerre de son mouvement AFDL est le début de la véritable révolution. « Il s'agit de commencer à construire un pouvoir populaire qui permettra aux paysans pauvres, aux ouvriers, aux intellectuels, aux jeunes et aux petits commerçants de prendre leur destin en mains »[169].

Lors de la cérémonie de son investiture à la magistrature suprême le jeudi 29 mai 1997, au stade des Martyrs de Kinshasa, le Président Kabila ne reconnaît pas dans son discours de circonstance la valeur ou l'importance de la Conférence nationale souveraine et ses actes, et n'accorde pas un moindre crédit à une démocratie à l'occidentale. Voici un extrait dudit discours : « Pour l'AFDL, il ne s'agit pas d'assurer la continuité du régime précédent, mais de bâtir un nouvel État, fondé sur de nouvelles valeurs après avoir fait table rase du mobutisme. Nous ne pouvons pas être les continuateurs de l'ignoble deuxième république [...]. Nous ne sommes pas partie prenante de toutes ces manœuvres de la soi-disant Conférence nationale souveraine. Commencer le processus de démocratisation par des élections législatives [...] cela équivaudrait à assumer la continuité du régime antérieur. Le gouvernement serait soumis à une pression immédiate d'une classe politique décadente, puisque toute vie publique aurait pour seul horizon la date fixée pour les élections. Là commenceraient d'emblée les affrontements entre groupuscules politiques qui chercheraient ainsi à se différencier les uns des autres. Et, vous le savez, le chaos dans les rues de Kinshasa »[170].

Kabila traite la Conférence nationale souveraine de « soi-disant » parce que cette dernière interdit la prise du pouvoir par la force des armes. Il est dans l'illégalité vis-à-vis des actes de la Conférence nationale souveraine. Il ne veut pas non plus des élections libres, où les partis politiques qualifiés « pro-occidentaux » pourraient le renverser par le jeu démocratique. Pour essayer de

[168] Ludo MARTENS, *Op. Cit.*, p. 16.
[169] *Ibid.*, p. 17.
[170] *Ibid.*, p. 18.

répondre à la question ci-dessus, Kabila prend le pouvoir au mépris des actes de la Conférence nationale souveraine pour établir un régime africain populiste en mobilisant un soutien populaire.

La première guerre panafricaine n'a fait qu'aggraver la violation massive des droits de l'homme. La guerre dite de libération du Congo a vu l'AFDL être soutenue principalement par le Rwanda, l'Ouganda et l'Angola contre le régime dictatorial de Mobutu. Kabila au pouvoir, la donne change. Les alliés d'hier, en l'occurrence le Rwanda et l'Ouganda, soutiennent les forces rebelles et cherchent à renverser son régime. Pour sauver son pouvoir, Kabila fait appel à l'Angola, au Zimbabwe et la Namibie. Cinq armées étrangères, si pas six s'il faut compter le Burundi du côté de rebelles, s'affrontent sur le territoire congolais. C'est pourquoi on a parlé de la première guerre panafricaine.

Du côté du gouvernement de Kabila, la violation massive des droits de l'homme s'accentue par la mise sur pied de la Cour d'ordre militaire. Du côté des rebelles et les forces d'occupation, on note de multiples massacres notamment à Makabola, à Kasika, Mwenga, Kisangani, en Ituri des exécutions sommaires, toutes sortes d'exactions et de violation des droits de l'homme.

La guerre de l'AFDL et la première guerre panafricaine n'ont pas permis au peuple congolais de vivre en paix et d'assurer la promotion et la protection des droits de l'homme.

Les droits de l'homme vont ensemble non seulement avec la démocratie, la paix mais aussi avec l'environnement. A ce sujet, Collange écrit : « L'homme a un droit fondamental à la liberté, à l'égalité et à des conditions de vie satisfaisantes, dans un environnement dont la qualité lui permette de vivre dans la dignité et le bien-être. Il a le devoir solennel de protéger et d'améliorer l'environnement pour les générations présentes et futures ». « Ainsi s'exprime la Conférence des Nations Unies réunies à Stockholm en 1972, ouvrant une nouvelle catégorie de droits, celle des droits à l'environnement »[171].

Le droit à un environnement sain se trouve dans la lignée du droit à la vie et à la santé. Il est le prolongement des droits économiques et sociaux. Il est au sommet de la hiérarchie des droits de l'homme. Se trouvant au sommet, il est encore à l'état embryonnaire dans les sociétés africaines moins techniciennes.

Au Congo-Kinshasa, on est encore au stade de conscientisation et de sensibilisation de la population sur la nécessité de protéger l'environnement pour les générations présentes et futures. Le droit à un environnement sain peut être considéré à l'heure actuelle où la guerre, la famine, la pauvreté, les épidémies, « ont élu domicile » comme un luxe. Il est évoqué dans les cercles des intellectuelles, des syndicalistes, des professeurs d'universités, etc. Le quart-peuple a les yeux tournés vers sa survie de tous les jours.

Du point de vue théologique, Collange affirme que « l'homme n'est pas, selon le témoignage biblique, appelé à exploiter, à saccager, à détruire la

---

[171] Jean-François COLLANGE, *Op. Cit.*, p. 318.

création (Gn 1, 28). Il a pour vocation de la diriger à la manière (à l'image) de Dieu Lui-même, c'est-à-dire en lui donnant de porter tous ses fruits. Ainsi, l'homme a pour tâche de ''garder et de cultiver'' le jardin que Dieu lui confie (Gn 2, 15). Le terme ''cultiver'', ici, mérite d'être entendu dans tous les sens du mot : ''cultiver'', c'est d'abord travailler la terre, la mettre en valeur et la faire fructifier : mais c'est aussi élaborer une ''culture'' qui accompagne ces efforts de mise en valeur de la terre, qui organise la vie des humains de façon à ce qu'ils puissent habiter cette dernière humainement »[172].

En nous référant à ce témoignage biblique, la protection de l'environnement pour les générations présentes et futures ainsi que le droit à un environnement sain qui en découle doivent être considérés comme de nouvelles exigences qui s'imposent dans la culture de masse devant être diffusée au sein de la société congolaise par les médias.

Ce qu'il faut savoir, c'est que les droits de l'homme ne peuvent se réaliser que par le biais d'une action efficace résumée par trois verbes : « instituer, militer et éduquer ». C'est la matrice du point suivant.

1.3 Les droits de l'homme ne peuvent se réaliser que par le biais d'une action efficace résumée par trois verbes : « instituer, militer et éduquer ».

Collange affirme qu'une action efficace en faveur des Droits de l'homme passe par trois verbes : instituer, militer et éduquer.

1.3.1 Instituer

La réalisation d'un projet de quelque nature que ce soit passe par le biais d'une institution adéquate ayant la capacité de le matérialiser. Autant dire que les Droits de l'homme ne peuvent s'appliquer qu'à travers les institutions internationales, régionales, nationales et locales. On peut constater que l'existence de ces institutions est inefficace surtout en Afrique, mais leur existence vaut mieux que leur inexistence. Nous y reviendrons en détail dans la deuxième partie de ce travail en ce qui concerne les institutions régionales africaines, et dans la troisième partie pour ce qui est d'institutions nationales et locales congolaises. Par ailleurs, on distingue des institutions qui produisent des textes : convention, pactes, résolutions, déclarations, protocoles, statuts, actes au niveau international et régional, et des organismes de contrôle et d'action. Quoi qu'il en soit, nous ne pouvons pas nous permettre de négliger l'institution capitale, vitale qui est celle de l'Etat de droit comme dit plus haut. Cette dernière a la charge de protéger et de promouvoir les Droits de l'homme.

Collange précise que l'institution « est toujours le fruit d'un événement ou d'un mouvement qui est premier, au service duquel elle est mise et dont il lui faut sans cesse retrouver la source »[173]. Il note des similitudes entre les débuts

[172] *Ibid.*, p. 326.
[173] *Ibid.*, p. 327.

de l'Evangile et le mouvement des Droits de l'homme. Dans le cas de l'Evangile, c'est l'Esprit qui agit et proclame un message libérateur. Il fonde l'Eglise, le jour de la Pentecôte, comme « institution et événements ». Dans les deux cas, c'est-à-dire dans l'Eglise et dans le mouvement des Droits de l'homme, la production des textes se trouve à la base de l'institution. D'un côté, la Bible avec ses deux parties appelées « Testaments » ou « Alliances » et de l'autre, les déclarations, conventions, pactes... ces textes sont suivis des structures adaptées qui ne peuvent pas oublier leur raison d'être.

« C'est pourquoi, dans l'Eglise comme dans le mouvement des Droits de l'homme (affirme-t-il), l'institution ne peut subsister sainement que portée par une foi, un engagement ou une militance »[174].

Que retenir sur militer au sens de Collange ?

1.3.2 Militer

Pourquoi militer ? Collange essaie de répondre à cette question en ces termes : « On ne peut mieux évoquer combien institutions, textes, conventions et commissions diverses peuvent peu, quand elles ne sont pas sans cesse portées par un souffle, une militance et des engagements concrets »[175].

Sans militance, les institutions et les textes qui en découlent s'égarent et n'atteignent pas leurs objectifs. Les Droits de l'homme ne font pas exception à cette règle. C'est pourquoi Collange affirme ce qui suit : « Les droits de l'homme ne sont rien sans les milliers, voire les millions de femmes et d'hommes, souvent anonymes et bénévoles, qui s'arrachent à l'indifférence et, de lettres en intervention, de réunions en marches et en démarches, témoignent, résistent, prient et agissent »[176].

J'ai souligné précédemment que la Conférence nationale souveraine peut être considérée à juste titre comme le premier pas vers la démocratie authentique. Rappelons ici quelques étapes qui ont permis le déblocage des travaux de la Conférence nationale souveraine lorsqu'ils ont été suspendus par le gouvernement pour nous rendre compte de la pertinence de l'affirmation de Collange ci-dessus.

La dictature institutionnelle du régime de Mobutu a mis le pays dans une situation socio-politique et économique lamentable : misère populaire, inexistence de l'Etat de droit, violation massive en permanence des droits de l'homme, rien ne va à tous les niveaux et secteurs d'activités nationales.

Mobutu fait, lui-même, le constat et préconise comme solution, le 24 avril 1990, le multipartisme. Cela ne suffit pas pour le peuple qui veut à tout prix la tenue d'une Conférence nationale souveraine pour jeter les bases d'une transition vers la démocratie. Le pouvoir, par contre, veut offrir au peuple une conférence nationale piégée. Il a fallu attendre l'élection de Mgr Monsengwo

---

[174] *Ibid.*
[175] *Ibid.*, p. 328.
[176] *Ibid.*

Pasinya à la présidence de la Conférence nationale souveraine pour que la vraie Conférence nationale souveraine démarre ses travaux. Il est à noter que le peuple a dû endurer d'énormes sacrifices, humiliations, agressions et répressions pour obtenir du régime de Mobutu la convocation et la tenue de la Conférence nationale souveraine.

Dans ces conditions, la suspension arbitraire et unilatérale des travaux de cette Conférence par le gouvernement de Nguza Karli Bond a été vue par le peuple comme une négation et une haute trahison.

C'est dans ce contexte que le peuple a dû se préparer pour une marche dite « marche de l'espoir »[177], appelée aussi « marche des chrétiens ». L'objectif principal de cette marche était d'obtenir « la reprise immédiate et sans conditions des travaux de la Conférence nationale souveraine ».

Ce qui nous intéresse ici par rapport à l'affirmation de Collange, c'est de savoir comment la marche a été préparée et par qui ? La marche n'était pas un fait spontané, elle a été minutieusement préparée par des milliers d'hommes et de femmes, d'une manière bénévole, de réunions en réunions pour aboutir au grand événement du 16 février 1992.

Les préparatifs de la marche se sont déroulés sous la supervision d'un comité laïc de coordination composé d'un groupe d'intellectuels chrétiens. Ce groupe était dirigé par Messieurs Pierre Lumbi et François Kandolo, membres de la société civile à la Conférence nationale souveraine. Un communiqué rédigé par ce groupe a été distribué aux organes de presse et à toutes les couches sociales de la population. Ce communiqué intitulé : « ''Marche d'espoir'' : 16 février 1992. Appel au peuple de Dieu et aux hommes de bonne volonté », précise le but de la marche en ces termes : « Chrétiens, lève-toi, engage-toi, libère le peuple de Dieu à travers la reprise salvatrice des travaux de la Conférence nationale souveraine ». Ce comité laïc de coordination avait pris soin d'informer par écrit le gouverneur de la ville de Kinshasa pour prendre des dispositions de sécurité et d'encadrement.

Au niveau de la base, c'est-à-dire Eglises, paroisses, groupes de prières, les fidèles ont été sensibilisés, conscientisés par les prêtres, abbés, pasteurs... responsables des groupes de prières et responsables quotidiens de l'encadrement spirituel des chrétiens en vue de donner une suite favorable à l'appel lancé par le Comité laïc de coordination.

Au cours de ces rencontres, réunions, conférences, les animateurs (prêtres, pasteurs et autres) ont insisté sur deux choses : - le caractère absolument pacifique de la marche, la non-violence comme règle d'or. C'est au cours de ces réunions que le programme de la marche a été distribué et le mot d'ordre qui prévoyait que la marche devait commencer immédiatement après le culte

---

[177] Pour de plus amples informations sur la *« marche de l'espoir »,* lire le livre de Philippe de DORLODOT, qui est un recueil plus ou moins complet des informations ayant trait à cette manifestation. Cf. Philippe de DORLODOT, *Marche d'espoir de Kinshasa, 16 février 1992, Non-violence pour la démocratie au Zaïre,* Paris, Editions L'Harmattan, 1994.

dominical. Les catholiques et les protestants s'étaient convenus pour ce dimanche 16 février 1992 du début et de la fin du culte.

Ce jour-là, je suis allé, moi-même, prier à la paroisse protestante la plus proche de notre lieu de résidence. C'était la paroisse protestante CBZO Bandalungwa II. Le pasteur Mwaka de cette paroisse qui avait plus ou moins soixante-six ans et qui se préparait à aller à la retraite était décidé de marcher lui-même à la tête de ses paroissiens. Après avoir fait une courte prédication centrée sur l'Exode (Dieu libère les enfants d'Israël) et terminé son service plus tôt que d'habitude, il ordonne à la chorale des jeunes composée de batteurs de tambours, de joueurs de flûtes et fanfares de fabrication locale de se placer à la tête du cortège en jouant la musique religieuse. Certains journalistes étrangers ont écrit à ce sujet qu'ils étaient Kimbanguistes alors qu'ils étaient protestants.

Au cours de cette marche, j'ai rencontré et apprécié la présence de deux professeurs de la Faculté de théologie protestante qui sont aussi pasteurs de paroisses. C'étaient le professeur Munduku Ngamayamu Dagoga de la Théologie systématique et le professeur Kitikila Dimonika de l'Histoire des religions. Tous deux marchaient avec leurs paroissiens[178].

Le gouverneur de la ville de Kinshasa, M. Kibabu a réservé une suite défavorable à la lettre du comité laïc de coordination. Il a interdit formellement l'organisation de la marche sous peine de s'exposer à toute la rigueur de la loi.

Le matin du 16 février, un important dispositif de militaires armés jusqu'aux dents, appuyés par des agents des services de sécurité civile et militaire ont investi certains points chauds de la ville de Kinshasa et ont pris position en face de certaines paroisses pour empêcher tout mouvement de marche. Malgré tout cela, le journaliste belge Colette Braeckman a eu raison d'écrire : « Les Eglises, seul vrai contre-pouvoir ». Elle termine son article par ces mots : « Les trois Eglises (catholique, protestante, kimbanguiste) étant ainsi réunies dans les rues de Kinshasa, c'était bien le pays réel qui était représenté dimanche. Les faucons du régime ne s'y sont pas trompés : en frappant les représentants du seul contre-pouvoir qui existe encore au Zaïre, ils ont voulu intimider leur véritable adversaire »[179].

Au vu de ce qui précède, je peux me permettre de dire que Collange a raison. Sans militance et sans engagements concrets, l'institution Conférence

---

[178] Le ministère des laïcs protestants (MILAPRO) sous la direction de M. Nzuzi Mbenza, deuxième vice-président national et professeur Mbelolo ya Mpiku ont pris la responsabilité de mobiliser les protestants de Kinshasa pour les faire participer à la « marche des chrétiens du 16 février 1992 ». Pour ce faire, ils se sont adressés en date du 14 février 1992 à tous les pasteurs réunis pour la circonstance dans le temple de la C.E.U.M. situé au croisement des avenues Gambela et Force publique dans la commune de Kasa-Vubu. Cf. Diafwila-dia-Mbwangi, *Op. Cit.*, p. 45.

[179] Dans *Le Soir*, Bruxelles, 18 février 1992.

nationale souveraine n'allait pas survivre, le déblocage des travaux n'allait pas avoir lieu.

Que signifie éduquer pour Collange ?

1.3.3 Eduquer

Eduquer est le troisième verbe cité par Collange pour la réalisation d'une action efficace en faveur des droits de l'homme. Il avance que « l'éducation aux droits de l'homme apparaît donc comme une exigence première de leur avenir »[180]. Pour lui, l'éducation aux droits de l'homme doit aller de pair avec l'éducation à la démocratie. Ce point est très important pour nous. Nous y revenons avec force détail dans la troisième partie de cet ouvrage.

En effet, le Congo-Kinshasa est confronté à une série de défis en matière de droits de l'homme et de la démocratie. En tant qu'émanation de la population, les Eglises, les ONG et les autres plates-formes des associations apolitiques nées pendant ou après la tenue de la Conférence nationale souveraine sont intéressées à cette épineuse question. De graves violations des droits de l'homme provoquées par les deux dictatures (mobutienne et kabiliste) aux multiples inconvénients a obligé l'élite intellectuelle congolaise en général et les Eglises en particulier à prendre conscience de la monstruosité de cet état de choses.

Il est important pour moi de rappeler les droits de l'homme, droit à la résistance et protestantisme.

2. Droits de l'homme, droit à la résistance et protestantisme

Nous avons vu dans les lignes précédentes que le gouverneur de la ville de Kinshasa avait interdit l'organisation de la marche des chrétiens sous peine d'appliquer la loi avec toute sa rigueur. La question qui nous vient à l'esprit est la suivante : Faut-il que les chrétiens poursuivent l'organisation de la marche et passent à l'action ? En d'autres termes, selon quels critères les chrétiens congolais pouvaient-ils entrer en résistance contre la décision du gouvernement ?

Les réflexions d'Eric Fuchs et Christian Grappe dans leur ouvrage intitulé « Le droit de résister »[181] vont nous aider à répondre selon la tradition protestante à ces questions.

2.1 Le droit de résistance

Selon Fuchs et Grappe, la tradition protestante du droit de résistance date de l'époque de la Réforme. Au cours des siècles, cette tradition a été réactualisée par la méditation de quelques textes bibliques ci-après :
- le Décalogue ou les Dix commandements ;

---

[180] *Ibid.*, p. 332.

[181] E. FUCHS, et C. GRAPPE, *Le droit de résister, le protestantisme face au pouvoir,* Genève, Labor et Fides, 1990.

- l'exhortation de Paul aux Romains pour les appeler à la soumission aux autorités politiques (Romains 13, 1-7) ;
- l'enseignement de Jésus à propos de l'impôt dû à César (Matthieu 22, 15-22) ;
- l'avertissement lancé par l'apôtre Pierre au Sanhédrin (Actes 5, 29)[182].

Tous ces textes, affirment-ils, renvoient aux deux affirmations ci-après : « Dieu seul est absolu » et « le pouvoir politique est nécessaire ». De ces deux affirmations découlent les deux foyers de la réflexion éthique du protestantisme, à savoir :

« 1. le refus de toute sacralisation du pouvoir ;
2. la définition de la fonction politique comme un service de la communauté »[183].

Les deux auteurs préconisent la résistance au pouvoir politique « chaque fois que celui-ci met en danger la liberté, en particulier lorsqu'il se donne comme la source du bien et de la vérité, bref lorsqu'il instaure une sacralisation de son image.

Il faut également résister lorsque le pouvoir, au lieu de chercher à promouvoir la justice, en vient à mettre les ressources de la collectivité au seul service de quelques-uns, méprisant tout à la fois l'égalité des droits, la liberté concrète des personnes et la solidarité sociale »[184].

A la lecture des lignes qui précèdent, on comprend pourquoi le comité laïc de coordination et tous les chrétiens ont résisté au pouvoir politique congolais. Utilisant la non-violence comme méthode d'action, les chrétiens et les hommes de bonne volonté sont entrés en résistance pour la sauvegarde de la liberté et du droit primordial, à savoir la réouverture des travaux de la Conférence nationale souveraine.

Le rappel de la tradition protestante est d'une importance non négligeable dans un pays dominé par la tradition chrétienne et où les chrétiens se posent souvent la question de savoir si la résistance a un fondement biblique. Ce rappel redonne du courage à ceux qui veulent résister à l'Etat lorsque « celui-ci ne respecte plus les termes du contrat qui relie l'Etat et les citoyens »[185].

Le combat des Noirs aux Etats-Unis est un bel exemple de la résistance non-violente. Ainsi voulons-nous terminer ce point avec quelques suggestions de Martin Luther King adressées aux Noirs en vue de boycotter la compagnie d'autobus de Montgomery qui pratiquait la ségrégation raciale : « Voici quelques suggestions qui pourront vous aider dans cette tâche difficile. Veuillez les lire, les étudier et les graver dans votre esprit, afin que votre détermination de non-violence reste inébranlable. Voici tout d'abord quelques recommandations d'ordre général : Tous les Blancs ne s'opposent pas à

---

182 *Ibid.*, pp. 11-12.
183 *Ibid.*, p. 13.
184 *Ibid.*, p. 23.
185 *Ibid.*, p. 89.

l'intégration dans les autobus. Tenez compte de la bonne volonté dont beaucoup d'entre eux font preuve ... Demandez le secours du Saint-Esprit et faites vœu de non-violence, en paroles et en actes, au moment où vous allez monter dans l'autobus... Soyez calmes, mais amicaux, fiers, mais non arrogants, joyeux mais non exubérants. Soyez aimants pour supporter le mal et assez compréhensifs pour vous faire d'un ennemi un ami »[186].

La question est celle de savoir s'il faut se soumettre à une loi injuste ? C'est l'objet des pages qui suivent.

2.2 Faut-il se soumettre à une loi injuste ?

La décision du gouverneur de la ville de Kinshasa interdisant la marche des chrétiens est une décision injuste. Elle viole les libertés fondamentales et elle contribue à maintenir le statu quo, c'est-à-dire à favoriser le retour en force de la dictature mobutienne.

Celui qui se soumet à une loi injuste porte une part de responsabilité de cette injustice, comme l'a si bien dit Jean-Marie Muller : « Ce n'est pas la loi qui doit dicter ce qui est juste, mais ce qui est juste doit dicter la loi. Aussi bien, lorsqu'il y a conflit entre la loi et la justice, devons-nous choisir la justice et désobéir à la loi. Ce qui doit inspirer à l'homme son comportement, ce n'est pas ce qui est légal, mais ce qui est légitime »[187].

Il s'agit là d'une idée porteuse de la désobéissance civile. Le but de celle-ci est d'améliorer les lois et non de les abolir afin qu'elles répondent aux exigences de la justice et de la liberté. Dans ce cas, la désobéissance civile contribue au processus de la mise en place d'une démocratie authentique.

Pour Fuchs et Grappe, se référant à la tradition protestante, l'affirmation spirituelle concernant la liberté de conscience (« il vaut mieux obéir à Dieu plutôt qu'aux hommes ») comme conséquence de l'écoute de l'Evangile a des exigences concrètes : « une des exigences concrètes de cette liberté est le droit de résistance à l'Etat lorsque celui-ci ne respecte plus les termes du contrat qui relie le roi et ses sujets, l'Etat et les citoyens »[188]. Ainsi, peut-on dire qu'il ne sera pas question de se soumettre à une loi injuste pour le respect de la liberté de conscience. A cet effet, les chrétiens de Kinshasa n'ont pas eu tort de résister à la décision de son gouverneur.

Dans un autre livre[189], Fuchs s'exprime à propos de la résistance en ces termes : « Dans la tradition morale protestante, on évoque la résistance à propos du droit de résistance, c'est-à-dire de la possibilité pour des citoyens de s'opposer à des décisions prises selon une procédure légale par un pouvoir reconnu légitime, et ce pour des raisons de conscience morale. Il ne s'agit donc

---

[186] *Ibid.*

[187] J.-M. MULLER, *Stratégie de l'action non-violente,* Paris, Seuil, 1981, pp. 66-67.

[188] E. FUCHS et C. GRAPPE, *Op. Cit.,* p. 8.

[189] S. MOLLA, *Violence. Dossiers de l'Encyclopédie du protestantisme,* n°11, Genève, Labor et Fides, 2001.

pas de la question de l'opposition à un pouvoir tyrannique, et du devoir de résistance qui s'impose alors, mais de celle de la légitimité d'un droit particulier, celui de désobéir à des lois considérées comme injustes, bien que juridiquement valides »[190].

Même dans une démocratie fondée sur un ensemble de valeurs résumées par les droits de l'homme, Fuchs affirme que « toute décision qui viole gravement l'une de ces valeurs doit être combattue au nom même de la démocratie. Ce droit est particulièrement justifié en ce qui concerne la défense des minorités. Ce droit n'est ni illimité ni inconditionnel : il est soumis au principe dit de proportionnalité (il faut que la cause défendue soit importante et que les bénéfices attendus pour le fonctionnement démocratique l'emportent sur les effets négatifs) ; il ne peut être invoqué pour la défense d'intérêts personnels ou idéologiques »[191].

Tout ceci prouve à suffisance que la résistance faite par les chrétiens de Kinshasa en date du 16 février 1992 est juste et responsable.

Que retenir de la dixième affirmation du conseil œcuménique des églises sur les droits de l'homme ?

3. Conseil œcuménique des églises : les droits de l'homme sont donnés par Dieu (10eme affirmation)

Pourquoi et comment le Conseil œcuménique des Eglises (COE) est parvenu à formuler cette 10ème affirmation : « les droits de l'homme sont donnés par Dieu »[192] ? Que signifie cette référence à Dieu ? Le souci de la justice a été à l'origine du mouvement œcuménique. Les droits de l'homme ont été de plus en plus considérés comme la référence la plus importante de la justice sociale. Au XIXème siècle, certains chrétiens, catholiques ou protestants, s'engagèrent à lutter contre l'injustice criante des situations d'injustices causées par la révolution industrielle.

L'alsacien Daniel Legrand (1783-1859) s'est distingué en plaidant « pour un rassemblement des forces chrétiennes pour la justice par-delà les différends confessionnels. Il se présente comme un précurseur du mouvement œcuménique comme du BIT »[193].

Depuis, toutes les rencontres œcuméniques ont été dominées par la réflexion et le débat sur la justice ou le souci de la justice et les droits de l'homme.

Il y a eu, certes, une évolution de la compréhension de la notion de justice par le débat œcuménique. Cette évolution commence par la Conférence de

---

[190] *Ibid.*, p. 85.

[191] *Ibid.*, p. 86.

[192] Conseil œcuménique des Eglises, Comité central, Justice, Paix, Sauvegarde de la création, Rassemblement mondial, Séoul/Corée, 6-12 mars, 1990. Document final, Genève, 1990, p.17.

[193] L. CHRISTIAENS et F. DERMANGE, *Les Eglises protestantes et la question sociale : positions œcuméniques sur la justice sociale et le monde du travail,* Genève, BIT, 1996, p. 9.

Stockholm qui est la première conférence organisée par le mouvement du Christianisme pratique *(Sife and Work).* Elle a lieu en août 1925. Cette Conférence a rassemblé diverses Eglises du monde protestant et des Eglises anglicane, orthodoxe et vieille catholique. Il y eut environ 6000 délégués de trente-sept nationalités différentes. Cette Conférence a mis « fortement l'accent sur la nécessité de penser le lien de la foi et de la justice et de traduire l'attachement aux valeurs de l'Évangile dans la vie économique et industrielle »[194].

La seconde Conférence œcuménique organisée par le mouvement du christianisme pratique est la Conférence d'Oxford qui s'est tenue en juillet 1937. Elle affirme que « la justice ne peut être que l'affaire d'un choix qui engage la responsabilité individuelle et collective. Seul un engagement fort sera capable de conjurer le mal qui atteint le cœur de l'homme aussi bien que les structures de la société »[195].

Comme celle de Stockholm, la Conférence d'Oxford met l'accent sur les responsabilités collectives. Elle affirme que le mal à combattre concerne aussi bien le cœur de l'homme que les structures de la société.

La fusion du Mouvement du christianisme pratique *(Life and Work)* et du Mouvement intitulé « Foi et Constitution » a donné naissance au Conseil œcuménique des Eglises (COE). Né à Amsterdam en 1948, le COE constitue, certes, une nouvelle étape de l'œcuménisme. La première assemblée, réunie à Amsterdam se tient la même année que la Déclaration Universelle des Droits de l'Homme et la mise au point du plan Marshall.

Il est évident que la Déclaration universelle des droits de l'homme en 1948 a eu un écho favorable dans les milieux œcuméniques.

L'Assemblée d'Amsterdam (1948), première assemblée du COE, reproche au capitalisme d'avoir mis la liberté au premier plan et au communisme d'avoir valorisé sa préoccupation de la justice tout en négligeant la valeur défendue par l'autre camp. Le COE reconnaît la nécessité de concilier la liberté et la justice : « Il ne peut y avoir en fait de liberté sans justice et la justice serait vaine sans liberté »[196].

Dans son rapport de la troisième section intitulé « L'Eglise et le désordre de la société », le COE lance le concept de « société responsable » qui tient compte à la fois de la liberté et de la justice, et définit ce concept de la manière suivante : « une société responsable est celle où la liberté consiste pour l'homme à accepter ses responsabilités dans le domaine de la justice et de l'ordre public, et où les détenteurs de l'autorité politique ou du pouvoir économique savent qu'ils devront répondre, devant Dieu et devant ceux dont le bien-être dépend d'eux, de l'usage qu'ils ont fait de leur charge »[197].

---

[194] *Ibid.*, p. 17.

[195] *Ibid.*, p. 40. Cf. aussi, *Les Eglises en face de leur tâche actuelle. Rapport de la Conférence d'Oxford,* 1937, (Paris-Genève), Je sers, 1938.

[196] *Ibid.*, p. 11.

[197] *Ibid.*, p. 31.

Commentant cette définition, le COE donne des précisions suivantes : « la justice économique et l'égalité des chances pour chacun doivent être garanties à tous les membres de la société »[198].

L'évolution de la compréhension des problèmes liés à la justice par le Conseil œcuménique des Eglises s'est poursuivie à travers toutes les autres assemblées qui ont eu lieu par la suite. C'est pourquoi l'Assemblée d'Evanston, deuxième Assemblée du COE, qui s'est tenue à Evanston[199], Illinois (Etats-Unis), en 1954, autour du thème « l'espérance chrétienne dans le monde d'aujourd'hui » a pris en compte, outre les Eglises occidentales, les Eglises issues de la décolonisation en Asie, en Afrique et en Amérique latine qui devinrent membres. Elle a considéré la « Société responsable » comme un critère pour juger des structures économiques et sociales existantes.

L'Assemblée de New-Delhi[200], Troisième Assemblée du COE accepte que les Eglises collaborent avec les groupes séculiers. Elle permet que certains chrétiens s'engagent idéologiquement, mais les Eglises doivent garder leur indépendance pour jouer leur rôle de médiation et de réconciliation. Cette Assemblée met en évidence le critère du bien commun qui veut que le développement soit au service de tous.

La réflexion œcuménique sur la justice a été profondément marquée par la Conférence de Genève[201] tenue en juillet 1966. Cette Conférence mondiale a été organisée par le département Église et société du COE créé en 1954 à la suite de l'Assemblée d'Evanston. Cette Conférence propose de rendre plus clair le critère de la « société responsable » par celui de l'« humain » *(« humanum »)* que nous retrouvons à la fois tant dans la tradition biblique et théologique que dans les sciences humaines et sociales. Ce critère ne privilégie aucun modèle de développement entre l'économie de marché, l'économie mixte ou l'économie planifiée.

L'Assemblée d'Upsal (Uppsala)[202] quatrième Assemblée du COE, s'est tenue en juillet 1968 en Suède. Cette Assemblée a fait sienne l'analyse de la situation mondiale de la Conférence de Genève d'Eglise et Société (1966) et

---

[198] *Ibid.* Cf. *Désordre de l'homme dessein de Dieu* (5 volumes), Neuchâtel, Delacroix et Niestlé, 1949. En particulier le volume 5 : *"La première Assemblée du Conseil œcuménique des Eglises,* Amsterdam, 22 août- 4 septembre 1948", publié sous la direction de W.A. Visser't Hooft.

[199] *L'espérance chrétienne dans le monde d'aujourd'hui. Message et rapports de la Deuxième Assemblée du Conseil œcuménique des Eglises,* Evanston, 1954, Neuchâtel, Delacroix et Niestlé, 1955.

[200] New-Delhi 1961, *Rapport de la Troisième Assemblée du COE,* Neuchâtel, Delacroix et Niestlé, 1962.

[201] Conférence mondiale d'Eglise et Société, Genève, 12-26 juillet 1966. Rapport officiel, Genève, COE, 1966.

[202] *Rapport d'Upsal* 1968, *Rapport officiel de la quatrième Assemblée du Conseil œcuménique des Eglises, Upsal, 4-20 juillet* 1968, publié sous la direction de Norman Goodall (Genève, COE, 1969). Cf. aussi A. WENGER A., Upsal, *Le défi du siècle aux Eglises,* Paris, Centurion, 1968.

de la Conférence sur la coopération mondiale pour le développement, organisée conjointement par la Commission pontificale Justice et Paix et par le COE à Beyrouth en avril 1968.

Antoine Wenger présente la réflexion théologique œcuménique développée au cours de cette Assemblée sur des questions liées à la justice et paix, et plus précisément aux droits de l'homme de la manière suivante : « le deuxième chapitre étudie la meilleure manière d'assurer la protection et les droits des individus et des groupes contre les abus du pouvoir qui sont toujours possibles, même en dehors du conflit armé. En cette année 1968, qui marque le XXème anniversaire de la proclamation des Droits de l'Homme, il insiste sur ces droits, préconise l'égalité de l'homme et de la femme dans la société, revendique une authentique liberté religieuse, en attendant que les Nations Unies proclament ou élaborent un texte en la matière. Il demande courageusement que les Églises apportent leur soutien à ceux qui pour obéir à leur conscience refusent de faire la guerre et protestent contre toutes les violations constatées contre les Droits de l'homme. Il examine les sources de conflit que constituent dans de nombreux États les rapports entre les majorités et les minorités ethniques, les relations raciales, le problème des réfugiés »[203].

Comme on peut le constater, il y a une évolution grandissante de la compréhension des questions de justice et des droits de l'homme dans le débat œcuménique.

L'Assemblée de Nairobi (1975)[204] propose le critère de la « société juste et viable fondée sur la participation », en lieu et place du critère de la « société responsable ». Ce critère de « société juste et viable... » met en évidence la place centrale de la justice dans le débat œcuménique en soulignant deux dimensions : la participation et la viabilité. La participation rappelle que, pour qu'il y ait justice, il faudrait que tous les intéressés participent à son élaboration. De même la « viabilité » rappelle que le progrès matériel doit respecter l'homme et l'écologie pour qu'il soit viable, légitime.

Cette assemblée a formulé une remarque pertinente au sujet des Droits de l'homme : « Dans notre action en faveur des droits de l'homme, nous sommes tentés de nous attaquer aux symptômes du mal plutôt qu'à ses causes profondes. Si nous devons travailler à l'abolition de cas particuliers de violation des droits de l'homme, la torture par exemple, nous devons aussi nous souvenir que les structures sociales injustes qui se manifestent dans l'exploitation économique, la manipulation politique, le pouvoir militaire, la domination du clergé, les conditionnements psychologiques, etc…, créent les conditions dans lesquelles les droits de l'homme sont déniés »[205].

---

[203] *Ibid.*,p. 151.

[204] *Briser les barrières. Rapport officiel de la Cinquième Assemblée du Conseil œcuménique des Eglises, Nairobi,* 23 *novembre -10 décembre* 1975, Paris, Idoc France - L'Harmattan, 1976.

[205] M. HENRIET, *Nairobi* 1975, *Briser les barrières,* Paris, L'Harmattan, 1970, p. 221.

On peut dire, à la lecture des lignes qui précèdent, que le souci de la justice et des droits de l'homme devient une préoccupation majeure des Eglises membres du COE.

L'Assemblée de Vancouver[206] au Canada (1983) est à l'origine du programme en faveur de la Justice, de la paix et de la sauvegarde de la création. Cette Assemblée n'a pas fait appel au critère « société juste et viable fondée sur la participation » considéré comme ambigu pour sa confusion de l'eschatologie et de l'histoire. Ce programme en faveur de la justice, de la paix et de la sauvegarde de la création en abrégé JPSC a eu le privilège de formuler les dix affirmations. La dixième fait l'objet de notre analyse.

Cette Assemblée a fait une déclaration sur la paix et la justice (annexe VIII). Le point huit de cette déclaration a attiré notre attention. Il peut être à la base de la dixième affirmation : « Les droits de l'homme sont donnés par Dieu ». Il est, ainsi libellé : « les peuples du monde ont besoin de paix et de justice. La paix ce n'est pas seulement l'absence de la guerre. La paix ne peut s'édifier sur l'injustice. Elle implique un nouvel ordre international basé sur la justice pour toutes les nations et en leur sein, dans le respect de l'humanité, don de Dieu, et dans celui de la dignité de chaque individu. La paix, comme nous l'a enseigné le prophète Esaïe, est l'effet de la justice de Dieu »[207].

Il apparaît, à travers ce texte, que l'humanité est un don de Dieu. Les droits de l'homme qui sont le produit de l'humanité ne peuvent être que don de Dieu. A ce titre, la dixième affirmation est presque formulée.

A l'Assemblée de Vancouver, le Groupe « question, lutter pour la justice et la dignité humaine » a recommandé dans son rapport final ce qui suit : « les Eglises, à tous les niveaux (paroisses, diocèses et synodes, réseaux de groupes chrétiens et communautés de base), de concert avec le COE, doivent faire alliance dans une dynamique conciliaire, pour confesser Jésus-Christ, vie du monde, Seigneur au-delà des idoles de notre époque, Bon berger qui donne la vie et la vie dans sa plénitude pour son peuple et pour toute sa création ; pour résister aux pouvoirs démoniaques de la mort, propres au racisme, au sexisme, à l'esprit de classe, au système de castes et au militarisme »[208]. Cette recommandation a été reprise par le Comité d'orientation du programme de l'Assemblée en ces termes : « une des priorités du programme du COE devrait être d'inviter les Eglises membres à entreprendre un processus conciliaire d'engagement mutuel (alliance) en faveur de la justice, de la paix et de la sauvegarde de la création »[209].

---

206 *Rassemblés pour la vie. Rapport officiel de la Sixième Assemblée du Conseil œcuménique des Eglises, Vancouver, Canada, 24 juillet - 10 août 1983,* publié sous la direction de Jean-Marc Chappuis et René Beau-père, Genève, COE, 1983.

207 *Ibid.*, p. 186.

208 T. F. BEST, *De Vancouver à Canberra 1983-1990. Rapport du Comité central à la septième Assemblée du COE,* Genève, WCC Publications, 1990, p. 210.

209 *Ibid.*

Cette invitation faite aux Eglises, et au COE, consiste à placer les questions de la justice, de la paix et de la sauvegarde de la création au premier plan de leurs activités.

Ce comité d'orientation a également réclamé « de nouvelles initiatives pour promouvoir l'éducation à la paix, à la justice, et à une attitude responsable face à la nature ». Il a ajouté aussi la lutte contre « la violation des droits de l'homme et de l'usage abusif de la science et de la technologie »[210].

L'appel lancé par l'Assemblée de Vancouver aux Eglises, conseils nationaux d'Eglises, organisations œcuméniques régionales et aux communions chrétiennes mondiales pour qu'ils agissent sur les trois fronts de menaces qui pèsent sur l'avenir de l'humanité : absence de justice, de paix, mise en péril de la création, a été entendu car plusieurs réunions qui ont eu lieu à l'échelon des régions. Nous pouvons citer quelques-unes :

1. L'Eglise orthodoxe de Bulgarie et celle de Russie ont eu l'opportunité de réfléchir à deux reprises sur les questions liées à la justice, paix et sauvegarde de la création. Les deux rencontres ont eu lieu d'abord à Sofia, en Bulgarie (1987) et ensuite à Minsk en URSS (1989). Les questions liées à la justice ont dominé ces rencontres[211].

2. Une session théologique du 15 au 21 octobre 1988 à Montpellier a regroupé trois villes et trois facultés de théologie autour du thème : Justice, Paix, intégrité de la création. Pendant une semaine, quarante étudiants et professeurs de Heidelberg (Allemagne), de Lisbonne (Portugal) et Montpellier (France) ont réfléchi sur le thème proposé par le COE. A l'issue de cette session, le vœu a été émis de faire connaître au COE le travail effectué sur le thème « faire ainsi échos aux préoccupations du COE et apporter contributions à la réflexion sur la J.P.S.C. »[212].

3. Le Rassemblement œcuménique européen, Paix et Justice à Bâle (1989) a été convoqué par la Conférence des Eglises européennes (KEEK) et le Conseil des Conférences épiscopales européennes (CCEE). Il s'est déroulé à Bâle du 15 au 21 mai 1989. Le verset biblique « La justice et la paix s'embrassent » (Ps 85) a servi de mot d'ordre du Rassemblement. Ce rassemblement se voulait une suite à l'appel de l'Assemblée Générale de Vancouver 1983 du Conseil œcuménique des Eglises, demandant à ses Eglises membres d'entrer dans un processus conciliaire d'engagement mutuel (alliance) en faveur de la justice, de la paix et de la sauvegarde de la création.

A l'ouverture de la séance plénière de cette Assemblée de Bâle, le Cardinal Martini, archevêque de Milan et Président du Conseil des Conférences Episcopales d'Europe (CCEE) a lu un message adressé à cette Assemblée par

---

[210] *Ibid.*, p. 211.

[211] Pour de plus amples informations, lire LIMOURIS G., *Justice, Peace and the Integrity of Cration insights from orthodoxy,* Geneva 2, WCC Publications, 1990.

[212] Document de référence : Heidelberg-Lisbonne-Montpellier, Justice, Paix, Intégrité de la création. Une session théologique, 15-21 octobre 1989 à Montpellier, Montpellier, (inédit), 1988.

le pape Jean-Paul II. Dans ce message, le pape souligne à propos de la paix et de la Justice ce qui suit : « Il ne peut s'agir de n'importe quelle paix ni de n'importe quelle justice... mais de celles qui s'identifient avec le Christ, Verbe de Dieu fait homme[213].

Les résultats du rassemblement européen ont été déterminants pour la préparation et la tenue des assises du Rassemblement mondial « Justice, Paix et Sauvegarde de la Création (JPSC) » qui a eu lieu à Séoul en mars 1990. Voici une idée-force en matière de justice qui a été recommandée au cours de ce rassemblement : « Nous considérons comme scandaleuse et criminelle la violation flagrante des droits de l'homme. Les êtres humains sont créés à l'image de Dieu et ont un droit imprescriptible aux garanties fondamentales de l'existence. Nous nous engageons à lutter contre toutes les violations des droits de l'homme et contre les structures sociales qui favorisent ces violations. Toute discrimination fondée sur la classe, la race ou la croyance, de même que la séparation forcée des familles bafoue profondément la dignité de l'être humain. Nous rejetons toute utilisation de la torture ainsi que la peine de mort, quelles que soient les circonstances. Nous voulons œuvrer pour l'application de tous les accords sur les droits de l'homme »[214].

C'est le Rassemblement de Séoul[215] (1990) qui est parvenu à élaborer et recommander dix affirmations liant des problèmes de justice sociale à des questions écologiques. A cet effet, Konrad Raiser écrit : « Du point de vue du COE, le résultat le plus important de ce processus conciliaire (JPSC) fut la proclamation de dix affirmations formulées par l'Assemblée de Séoul »[216].

Dix affirmations sur la justice, la paix et la sauvegarde de la création.

Affirmation 1 : « Nous affirmons qu'il faut rendre compte à Dieu de tout exercice du pouvoir » ;

Affirmation 2 : « Nous affirmons l'option de Dieu en faveur des pauvres » ;

Affirmation 3 : « Nous affirmons la valeur égale de toutes les races et de tous les peuples » ;

Affirmation 4 : « Nous affirmons qu'hommes et femmes sont créés à l'image de Dieu » ;

Affirmation 5 : « Nous affirmons que la vérité est le fondement d'une communauté d'être libres » ;

Affirmation 6 : « Nous affirmons la paix de Jésus-Christ » ;

Affirmation 7 : « Nous affirmons que toute création est aimée de Dieu » ;

---

[213] Service œcuménique de presse et d'information (SOEPI), Spécial Bâle, n°19, 56ème année, 19 mai 1989, p. 6.

[214] Conférence des Eglises européennes et Conseil des Conférences épiscopales. *Document final du Rassemblement œcuménique européen Paix, Justice, 15-21 mai 1989 à Bâle, Justice et paix pour la création entière,* 1989, pp. 26-27.

[215] Justice, Paix et sauvegarde de la création. Document final, Rassemblement mondial, Séoul/Corée, 6-12 mars, 1990, Genève, COE, 1990.

[216] K. RAISER, *Quelle Eglise pour demain ? Défis et espoirs pour un nouveau millénaire,* Genève, Labor et Fides, Paris, Cerf, 1998, p. 55.

Affirmation 8 : « Nous affirmons que la terre est au Seigneur » ;

Affirmation 9 : « Nous affirmons la dignité et l'engagement de la jeune génération »[217] ;

Enfin, affirmation 10 : « Nous affirmons que les droits de l'homme sont donnés par Dieu »[218] ;

Je reprends *in extenso* cette dixième affirmation dans les lignes ci-dessous :

> « Justice et droits de l'homme sont indissociables. Les droits de l'homme ont leur source dans la justice de Dieu qui s'exerce auprès du peuple souffrant asservi et marginalisé, à travers des actes concrets le libérant de l'oppression (Exode 3, 76) [...]. Il doit être clair l'expression ''droits de l'homme'' ne se réfère pas seulement aux droits des individus - en particulier des personnes souffrant de handicaps -, mais également aux droits sociaux, économiques et culturels des peuples, tels que le droit à la terre et à ses ressources, le droit à une identité ethnique et raciale propre et le droit à l'exercice de la liberté religieuse et politique. Le droit à la souveraineté et à l'autodétermination des peuples - [...] le droit des femmes et des enfants à une vie libre de violence chez eux et dans la société.
>
> Nous affirmons que les droits de l'homme sont donnés par Dieu et que leur promotion et leur protection sont essentielles à la liberté, à la justice et à la paix. Nous sommes résolus à nous opposer à toutes les structures et à tous les systèmes qui violent les droits de la personne humaine et refusent aux individus et aux peuples l'occasion de s'épanouir pleinement ; nous sommes résolus à nous opposer en particulier à la torture, aux disparitions, aux exécutions extra-judiciaires et à la peine de mort.
>
> Nous nous engageons à entreprendre des actions de solidarité avec les organisations et mouvements qui travaillent à promouvoir et à défendre les droits de l'homme ; nous nous efforcerons de faire reconnaître et de faire appliquer dans toute leur totalité les normes des droits de l'homme, grâce à l'utilisation d'instruments efficaces.
>
> Nous nous engageons en outre à nous efforcer d'intégrer pleinement dans nos communautés par tous les moyens possibles les personnes souffrant de handicaps, notamment en supprimant les barrières économiques, religieuses, sociales et culturelles qui leur font obstacle ; et en leur facilitant l'accès aux bâtiments, à la documentation et à l'information, accès sans lequel elles ne peuvent pas participer pleinement à la vie de nos communautés ».

Que signifie la référence à Dieu dans la dixième affirmation du Conseil œcuménique des Eglises ? Cette référence n'est-elle pas en contradiction avec

---

[217] Pour de plus amples informations sur les neuf affirmations, lire *Document final. Rassemblement Séoul cité,* pp. 10-16.

[218] *Document final. Rassemblement Séoul cité,* p. 17.

la référence à la nature (« droit naturel », « loi naturelle ») qu'on retrouve dans la Genèse et la proclamation des différentes déclarations classiques des droits de l'homme ?

S'inspirant des historiens du droit et de la philosophie politique, Éric Fuchs affirme que la référence à la « nature » peut avoir trois sens :

« 1. en appeler à la nature humaine comme ensemble de caractères objectivement repérables (dans la continuité d'Aristote). Le droit consistera dans le maintien de ces caractères, plus que dans la recherche d'une finalité commune ;

2. évoquer, dans la ligne de Hobbes, un état pré-social, mythique ;

3. renvoyer à la loi naturelle, comme règle universelle »[219].

La référence à Dieu dans la dixième affirmation du COE a, certes, une signification. Il nous semble que ce n'était pas facile pour le COE de s'engager à la Déclaration Universelle des Droits de l'Homme ayant la marque d'une conception laïque et rationaliste des droits de l'homme issue de la Révolution française. Il fallait dégager les motifs pour lesquels cette exigence s'impose aux chrétiens. Pour ce faire, il a fallu s'accorder pour faire remonter la source de leur engagement à Dieu lui-même et souligner que la personne ne tient ses droits que de Dieu. A ce sujet, les Eglises membres du COE reconnaissent dans la dixième affirmation qu'elles n'ont pas été « à l'avant-garde de la lutte pour les droits de l'homme et que bien souvent », elles ont « justifié la violation de ces droits par leur théologie »[220].

En affirmant que les droits de l'homme sont donnés par Dieu, le COE voudrait dire que les droits de l'homme sont un don. Une interprétation théologique de la loi « naturelle » dans l'affirmation des droits de l'homme par Fuchs nous explicite ce don dans le modèle biblique de la loi : « Les deux formes essentielles sous lesquelles la loi est présentée dans l'Écriture : d'une part, le Décalogue, expression synthétique de ce qu'est la loi morale, et d'autre part, les deux textes de Genèse 1 et Genèse 2, où est décrite ce que j'appellerai la loi structurelle de la création ».

L'expression explicite de l'exigence éthique dans le Décalogue reprend le schéma donné dans les deux textes décrivant la création et y situant la place de l'homme. Dans les deux cas, ce qui est premier, c'est le don - de la liberté dans le Décalogue, de la vie et du monde créé dans la Genèse. Ce don, pour demeurer don et promesse, et non fantasme d'un pouvoir illimité, est lié à l'acceptation de la limite. L'exigence faite à l'homme de s'accepter créature, et donc de se refuser à occuper le lieu du Créateur, seule garantit la liberté et le bon usage du monde et de la vie. L'homme créé à l'image de Dieu, à qui le « jardin » de la création est offert en partage n'usera librement de ce don qu'en l'articulant à la présence d'autrui : La reconnaissance de l'autre est ainsi la

---

[219] Pour de plus amples informations, lire E. FUCHS, « Droits de l'Homme, Nature et Loi », in *Ethique et Nature,* 1992, *Le Champ éthique,* n°23, Labor et Fides, 1992.

[220] Document final. *Rassemblement Séoul,* cité, p. 17.

charnière de celle du don qui la précède et de la responsabilité qui la suit. Le respect de l'existence d'autrui n'est pas seulement de l'ordre du fait, mais de celui de la norme : il s'agit d'accueillir autrui comme le visage concret de la tâche à accomplir, qui seule réalisera en vérité la liberté.

A cette loi structurelle de la création : don - valeur de la limite - responsabilité, à laquelle fait écho la loi éthique confiée à Israël au Sinaï : promesse - interdit de l'idolâtrie - respect absolu d'autrui, s'oppose ce qu'on pourrait appeler « la loi de dé-création » ; convoitise (par refus du don) - violence (par refus de la limite) - objectivation d'autrui (par refus du respect). Cette compréhension biblique de la Loi me semble, mieux que le recours à une « loi naturelle », pouvoir fonder en vérité la proposition éthique contenue dans les diverses déclarations des droits de l'homme.

Ainsi, le renvoi par la Loi à un originel don de Dieu, c'est-à-dire au mystère d'une volonté originaire sur laquelle l'homme n'a aucune prise, correspond au souci de Locke de fonder les droits sur une Loi transcendante, « afin d'échapper au risque d'une soumission des droits fondamentaux aux droits civils garantis par l'Etat »[221].

On peut dire, pour clore ce point, que les Droits de l'homme, selon le COE, renvoient non seulement à une tradition, à des idéaux, à des combats politiques, mais aussi et surtout à des textes bibliques, à un originel don de Dieu. Les théologiens du COE reconnaissent qu'il y a un droit naturel. Ils définissent théologiquement ce droit naturel comme créature de Dieu ou comme « don » de Dieu.

Conclusion partielle

Ce chapitre m'a permis, d'abord, de trouver quelques solutions aux problèmes posés par l'analyse de la situation des droits de l'homme en République Démocratique du Congo à partir des réflexions des théologiens ; ensuite, d'aborder une des questions des droits de l'homme liée à la référence à la nature et à Dieu. Il a montré de plus à quoi ressemblent la liberté, l'égalité et la fraternité sur le plan théologique. Une analyse, à ce sujet, a été faite sur la société congolaise à partir de ces exigences en y ajoutant la notion de justice comme valeur démocratique. La tradition protestante nous a aidé à donner suite aux interrogations relatives au droit à la résistance. Enfin, nous avons montré que pour le Conseil œcuménique des Eglises, les Droits de l'homme sont un don de Dieu.

Dans le chapitre suivant, mon souci est d'approfondir la question des rapports entre les Droits de l'homme et la théologie en insistant sur un seul lien considéré comme le plus important de tous les liens qui puissent exister entre les deux : le Droit à la vie.

---

[221] E. FUCHS, *article cité,* pp. 249-250

Chapitre III.
Rapports entre droits de l'homme et théologie : droit à la vie et une vie digne

Le troisième chapitre évoque le lien existant entre les droits de l'homme et la théologie. Nous avons choisi le lien primordial qui est le droit à la vie. Il est d'un côté, le fondement des droits de l'homme comme il est décrit dans le point 1. De l'autre, il occupe une place centrale dans les questions théologiques comme nous le verrons dans le point 2 consacré à la Bible et le droit à la vie.

1. Le droit à la vie et la dignité humaine comme fondement des droits de l'homme

Je partage le point de vue de Holo selon lequel le Droit à la vie est le fondement, la matrice des droits de l'homme. Car sans la vie, l'être humain n'existe pas et il n'y a pas non plus de sujet ou titulaire de droit.

Le principe de dignité se trouvant dans la déclaration universelle des droits de l'homme est un principe de référence. La dignité est une valeur qu'il faut respecter ; elle impose que l'homme soit traité comme un homme ou image de Dieu et non comme un objet. La dignité c'est la protection de l'individu dans son rapport avec le corps social ou la société. C'est la dignité sociale qui constitue, en fait, une première conception de cette notion. La deuxième conception, si l'on peut dire ainsi, est la protection de la personne humaine contre les atteintes à son intégrité. La nouvelle conception de la dignité fait appel à certaines exigences : interdiction de la torture, interdiction des actes inhumains et dégradants, interdiction de mettre fin à la vie d'un homme sans son consentement. Le consentement de l'homme lui-même fait l'objet des discussions et ne réunit pas l'unanimité.

Il est connu de tous qu'aucun être humain ne peut manquer de dignité. Il va de soi que le droit à la vie et la dignité humaine constituent le fondement des droits de l'homme au regard de l'article premier de la Déclaration universelle des droits de l'homme. Le droit à la vie est toujours considéré comme le droit le plus fondamental des droits de l'homme.

J'ai souligné la violation du droit à la vie dans notre partie introductive. Je me permets, dans ce chapitre, d'analyser quelques cas pour expliciter les atteintes et les menaces sur le droit à la vie au Congo-Kinshasa.

1.1 Les atteintes au droit à la vie

Il est question dans ce point de l'obligation de l'Etat congolais de protéger l'individu des atteintes à la vie qu'il pourrait subir de la part d'autres personnes privées et par l'activité des organes, services et agents de l'Etat. La question que nous nous posons est celle de savoir si cette obligation a été assurée avec impartialité par l'Etat congolais en tout temps et en toute circonstance.

Prenons deux cas évoqués dans la partie introductive. Le premier est celui de l'homicide du « paisible conducteur d'une Renault quatre ». Ce *« fils à papa »* a porté atteinte à la vie de ce citoyen pour avoir refusé de lui laisser le passage dans une ruelle ! Cela s'est passé au cours de la Deuxième République. Le deuxième cas qui a eu lieu dans la troisième République est celui du militaire qui « tire sur un jeune homme de plus ou moins dix-neuf ans ». Ce jeune a fui pour se cacher afin d'éviter de rencontrer les soldats qui, à cette époque, rançonnaient les passants. L'un de deux soldats n'a pas hésité un seul instant à mettre un terme à la vie de ce jeune homme.

Dans les deux cas, les auteurs de ces crimes ou du moins des violations du droit à la vie n'ont pas été poursuivis, ni inquiétés. En effet, comment l'Etat congolais peut prétendre protéger les droits de l'homme lorsque le droit à la vie est bafoué ? Le droit à la vie est le droit primordial inhérent à la personne humaine. Aucun Etat de droit ne peut faire de dérogations à cet article de la Déclaration universelle des droits de l'homme. Les droits de l'homme sont sapés à la base lorsque le droit à la vie n'est pas respecté ni protégé. Pourquoi l'Etat congolais ne doit-il pas éviter que le droit à la vie et tous les droits de l'homme soient violés ? Pour quelle raison ne doit-il pas poursuivre les auteurs de ces violations et exiger d'eux la réparation ?

L'Etat congolais, à l'instar de tout autre Etat de droit, a l'obligation de s'abstenir de porter atteinte à la vie de l'individu, que ce soit par la torture ou l'arrestation arbitraire, par les exécutions extra judiciaires ou le génocide. Il a aussi l'obligation d'empêcher les violations par d'autres intervenants ou personnes privées. Il a, enfin, l'obligation de « réaliser les droits », c'est-à-dire « aménager les conditions d'un exercice effectif »[222].

Que dire sur les menaces sur le droit à la vie ?

1.2 Les menaces sur le droit à la vie

Il existe plusieurs types de menaces sur le droit à la vie. Nous nous limitons à examiner un seul aspect : les conflits armés.

La République Démocratique du Congo a connu plusieurs conflits armés depuis son accession à l'indépendance. Nous mettons en évidence les conflits

[222] Dossier documentaire, Volume l, *Op. Cit,* p. 190.

armés qui ont mis fin à la période de transition initiée par la Conférence nationale souveraine. Celle-ci a jeté les bases de la production d'un Etat de droit. Aucun Etat de droit n'admet ni ne prévoit en son sein des mécanismes de la prise du pouvoir par les armes. C'est pourquoi l'un de deux piliers du projet de société formulé par la Conférence nationale souveraine (CNS) prévoit « la démocratie comme ordre institutionnel et les urnes comme moyen de conquête du pouvoir, au point qu'il était fait à tout citoyen congolais l'obligation de s'opposer par tous les moyens à toute prise de pouvoir par les urnes »[223].

Mais en prenant la décision de prendre le pouvoir par les armes, les leaders de l'AFDL n'ont-ils pas pu se rendre compte que leur action allait porter atteinte, d'une part, au premier pilier du projet de société de la CNS et, d'autre part, au droit à la vie du citoyen congolais qu'ils voulaient bien libérer ? L'annonce même de la guerre de libération n'est-elle pas porteuse en elle-même de menaces pour le droit à la vie ? Est-il possible d'avoir une guerre qui épargne la perte de vies humaines ?

Les conflits armés ont toujours été de véritables menaces pour le droit à la vie et à la vie décente ou digne. Ils interdisent tout programme ou travail civil de développement. On ne peut rien faire si ce n'est qu'attendre la fin de ces hostilités. Par conséquent, le développement s'arrête et la descente vers une vie indigne commence. Tous les multiples instruments internationaux de fourniture d'aide aux pays africains et du Tiers-Monde cessent de fonctionner en période de conflits armés. On passe de la coopération au traitement des crises.

Tous les conflits armés au Congo-Kinshasa de 1996 à 2003 ont occasionné des pertes énormes en vies humaines estimées à plus ou moins quatre millions. Le peuple congolais vit dans une misère indescriptible, il n'y a plus de routes, des voies de communication sont coupées, les hôpitaux sont dépourvus de médicaments. Dans certains coins de la république, le peuple manque de savon, de sel, ... Le congolais est réduit à l'état primitif. Où sont passés les bienfaits des conflits armés au peuple congolais ? La guerre dite de libération[224] du Congo et d'autres guerres qui ont suivi, au lieu de libérer le Congo du sous-développement intégral, l'ont plongé dans un sous-développement honteux et pitoyable.

Tous les discours prononcés au début des conflits armés pour justifier la nécessité d'une guerre qualifiée d'avance de libération ne sont que des discours démagogiques en vue d'exploiter les sentiments, les réactions des masses.

Les conflits armés ont produit des seigneurs de la guerre, des généraux qui se sont rendus maîtres des gisements de diamants, de pierres précieuses, d'or,

---

223 Agence D.I.A., déjà cité.

224 C'était en septembre 1996 que commençait la première guerre dite « de libération », Le 2 août 1998 commença une deuxième guerre, celle-ci est d'agression, mais les envahisseurs ou agresseurs l'appellent « de rectification », par la coalition de Rwanda, Ouganda et Burundi.

du coltan ou d'autres minéraux rares ; ils se sont ligués avec les étrangers pour créer des sociétés d'exploitation, pour s'enrichir au détriment du peuple qu'ils sont censés « libérer ».

L'expérience montre que les conflits armés ne résolvent pas les problèmes d'injustice, de démocratie, d'oppression des peuples par des dictatures. Les femmes, les enfants et les populations les plus défavorisées sont les premières victimes de ces conflits.

En juin 2002, l'Association *Human Rights Watch* a publié un rapport intitulé : « La guerre dans la guerre. Violence sexuelle contre les femmes et les filles dans l'Est du Congo ». Abordons un seul aspect, celui des violences sexuelles, pour voir comment le droit à la vie et à une vie digne est bafoué, outragé. Il n'y a pas que l'Association *Human Rights Watch* qui dénonce les violences sexuelles, une vingtaine d'organisations des droits de l'homme basées au Kivu le font aussi[225].

La femme est triplement victime dans cette guerre qui dure depuis bientôt cinq ans. Elle est victime de violence, vexations, humiliations, tueries de ceux et celles qui lui sont chers. Elle est victime de viols, de prostitution forcée, de séquestration en brousse pour violence sexuelle collective et de tuerie en cas de refus. Elle est victime d'une guerre sexuelle imposée par les rebelles et les soldats rwandais porteurs de l'AIDS.

Je peux signaler quelques cas repris dans les différents rapports des organisations évoquées ci-dessus. Un communiqué du CEDP rapporte qu'en date du 24 mai 2003, des militaires du RCD/Goma (Rebelles congolais soutenus par le Rwanda) ont violé trois filles à Kahira au Nord-Kivu[226].

La Commission Justice et Paix du Diocèse de Kasongo dénonce la séquestration de plus de trente femmes en brousse par des forces rebelles d'origine rwandaise dans la zone de Kalole au Maniema. Une jeune femme du village de Mabala surnommée Mado a réussi à s'enfuir et a témoigné du calvaire subi par elle et par celles qui sont restées en brousse[227].

Le 24 avril 2003, les militaires du RCD/Goma et leurs alliés rwandais basés à Walungu ont pris de force six filles dans une Eglise protestante pour les violer. Après avoir été violées, ces filles ont réussi à s'enfuir au moment où les agresseurs buvaient calmement leur bière dans une maison voisine[228].

---

[225] Voici la liste de quelques-unes de ces organisations: Société civile du Sud-Kivu ; Centre d'Education à la Démocratie et à la Paix /Nord-Kivu (CEDP), Diocèse de Kasongo, Commission Justice et Paix ; Messagers pour l'Éducation et la sensibilisation des enfants à la paix (MESEP) ; Commission diocésaine « Justice et Paix » Bukavu ; Héritiers de la Justice ; Centre pour l'Education, animation et défense des droits de l'homme (CEADHO) ; Association « Arche d'Alliance ».

[226] Cf. Communiqué CEDP (Centre d'Education à la Démocratie et à la Paix) Nord-Kivu, 7 juin 2003.

[227] Cf. Diocèse de Kasongo, Commission Justice et Paix, *Rapport de circonstance,* 14 avril 2003.

[228] Cf. Flash spécial de la Commission diocésaine Justice et Paix de Bukavu, 22 mai 2003.

Les droits de l'homme et plus précisément le droit à la vie et à une vie digne, décente sont violés d'une manière sauvage à l'Est de la République Démocratique du Congo par ceux qui ont choisi la guerre comme mode d'accession au pouvoir et de règlement de conflit. Plusieurs récits et des photos qui nous sont transmis par Internet font état de cette horreur. Par pudeur nous ne pouvons ni décrire ni annexer ces images à notre réflexion. Les violations sexuelles sont légion et peuvent prendre à elles seules une centaine de pages. Nous voulons terminer par trois récits que nous reprenons intégralement :

> « Les 11 et 12 avril 2003, des centaines de soldats, parlant la langue rwandaise sont entrés, au cours de la matinée, dans les villages de la zone de Ngweshe et ils ont commencé à tirer sur les cases et sur les huttes. Les personnes qui en sortaient pour tenter de fuir ont été sommées de s'arrêter ; et celles qui ont essayé de fuir ont été fauchées par des balles. Les hommes ainsi que les garçons ont été rassemblés dans deux cases en planches situées le long de la route. Les soldats ont fermé les portes et ont tiré des dizaines de balles dans les maisons ; après, ils y ont mis le feu. Les femmes et les filles ont été amenées dans d'autres maisons. Toutes ont été violées, souvent à plusieurs reprises, et par plusieurs soldats à la fois, durant la nuit et pendant toute la journée du 12 et 13 avril. Le centre de santé, le centre nutritionnel et une partie de la paroisse ont été pillés et incendiés »[229].

Ce récit montre encore une fois de plus dans quelles circonstances les femmes et les filles ont été violées par des soldats *rwandophones* sans foi ni loi.

Enfin, deux récits présentés par ACPD et par CEADHO relatent ce qui suit :

> « Du 14 au 27 mai 2003, dans la localité de Lubarika, les attaques des militaires du RCD/Goma contre les populations civiles ont entraîné le déplacement massif des populations vers la ville d'Uvira. Beaucoup de femmes ont été prises en otage et soumises aux pratiques d'esclavage sexuel : violées et contraintes à des travaux comme couper des bois morts, puiser l'eau, préparer la nourriture pour les militaires. En cas de refus ou de fatigue, elles ont été à maintes reprises battues. A Lubarika, le 27 mai, quelques-unes parmi elles ont trouvé la mort. Il s'agit de madame Takayo, mariée et mère de quatre enfants, morte le jour après avoir été plusieurs fois violée ; et madame Nababiru, veuve et mère de cinq enfants, morte pendant les nombreux viols subis. Pour les mêmes raisons, mesdames Kidufwe, Bashize et Mwazagi ont été transférées à Bukavu pour des soins médicaux »[230]. « Au début avril 2003, des femmes en mini-jupe, pantalons ont été arrêtées à Uvira et torturées ou maltraitées par la police du RCD/Goma. Nombre d'elles ont été battues

---

229 D'après une source locale de Bukavu, Sud-Kivu, avril 2003.

230 Cf. Communiqué ACPD, 9 juin 2003.

au moment de leur arrestation, puis violées et soumises à diverses autres formes de torture »[231].

Le récit de l'ACPD montre que les femmes et les filles subissent des violences sexuelles entraînant la mort. C'est horrible ce qui se passe à l'Est de la République Démocratique du Congo. Tout cela ne suffit pas pour tourmenter la conscience de ceux qui ont déclenché la guerre pour mettre fin à celle-ci. Quels sont alors les bienfaits, les avantages d'une guerre de libération ? Elle dure depuis cinq ans. Le pays s'enfonce chaque jour dans un abîme de sous-développement.

Le récit de CEADHO prouve que la femme ou la fille de l'Est du Congo est privée de tous ses droits fondamentaux, même le droit de s'habiller comme elle veut. Et pour cela, elle est arrêtée, violée et torturée.

Tout ceci montre que les conflits armés ont toujours été une menace sur le droit à la vie, à une vie digne et décente.

Quel est la triple obligation pour un Etat ?

1.3 La triple obligation de l'Etat : respecter, protéger, réaliser le droit à la vie

Pour analyser cette triple obligation, nous nous référons aux termes utilisés par le PNUD en vue d'évaluer la responsabilité juridique de l'Etat. Ce dernier doit tenir compte de ses propres moyens et des contraintes y afférentes, de son passé historique et de ses conditions naturelles en vue de respecter, protéger et réaliser les droits.

Respecter le droit à la vie, c'est l'obligation de l'Etat de « s'abstenir de provoquer la mort de manière volontaire et irrégulière »[232]. Prenons un cas parmi tant d'autres qui a eu lieu au cours de la deuxième République du Congo-Zaïre pour examiner comment le droit à la vie était « respecté » par l'Etat congolais. Malu-Malu raconte dans des termes qui lui sont propres le récit ci-dessous connu de tous : « Le premier complot » appelé le complot de la Pentecôte, a eu lieu en 1966. Il est ourdi par un groupe de responsables de l'armée auquel se sont joints des dignitaires de l'ancien régime, dont Evariste Kimba, Alexandre Mahamba, Jérôme Amany et Emmanuel Bamba. C'est, du moins, ce que soutient la version officielle, qui sera contredite par plusieurs témoignages. Evariste Kimba fut le dernier Premier ministre du Président Kasa-Vubu. Alexandre Mahamba, pour sa part, fut ministre des affaires foncières dans les gouvernements Lumumba et Adoula. Jérôme Amany exerça les fonctions de ministre de la défense nationale sous Adoula. Haut responsable du Kimbanguisme, Emmanuel Bamba œuvra, quant à lui, dans le gouvernement Adoula en qualité de ministre des finances.

---

231 Cf. Rapport mensuel du Centre pour l'Education, animation et défense des droits de l'homme (CEADHO), 5 mai 2003.

232 Dossier documentaire, Volume l, *Op. Cit.*, p. 190. Cf. Cour européen de Droit de l'Homme, arrêt Osman C. Royaume-Uni du 30 octobre 1998, § 115 et 116 (obligation de ne pas porter atteinte au droit à la vie).

Les quatre hommes sont jugés par un tribunal militaire au cours d'une parodie de procès. Leurs droits, en tant qu'accusés, ne sont pas respectés. Condamnés à mort, ils sont exécutés publiquement par des bourreaux encagoulés. La pendaison a eu lieu le 2 juin 1966, devant plusieurs milliers de congolais, agglutinés sur la Place de la cité, en plein quartier Dendale (aujourd'hui Kasa-Vubu) au cœur de Kinshasa.

Elle suscite un torrent de protestations au sein de la communauté internationale qui réprouve, à coup de communiqués très médiatisés en Occident et en Afrique, le système répressif mis en place par le nouveau régime. Le président Mobutu s'en moque. Il profite de cet « événement » pour lancer un message fort à tous ceux qui pourraient s'intéresser à « son fauteuil ». Ce message de terreur est le premier avertissement sévère lancé à d'éventuels conjurés qui auraient des visées sur la présidence. Ce n'est qu'un début. Car, année après année, les prétendus « complots » vont se succéder[233].
Ce récit montre combien le droit à la vie était bafoué sous la deuxième république. Nous pouvons relever quelques faits frappants de ce récit. Malu-Malu souligne que la version officielle parle d'un « complot ». Celle-ci est contredite par plusieurs témoignages. Ce qui suppose qu'il n'y a pas eu de complot proprement dit. Un autre fait : les accusés sont de hautes personnalités de la république, parmi eux un ancien Premier ministre. Ils sont pendus à la place la plus populaire de Kinshasa. C'est la façon la plus éloquente de nier le droit à la vie. C'est dire clairement que l'Etat congolais n'a aucun respect du droit à la vie. Malu-Malu renchérit « que leurs droits, en tant qu'accusés, ne sont pas respectés ». C'est une autre manière de dire que l'appareil judiciaire militaire n'a pas dit le droit. Et le droit à un procès équitable a été violé. Pourquoi ces hauts dignitaires de la première république ont-ils été jugés par un tribunal militaire alors qu'ils étaient censés être jugés par un tribunal civil ? Etait-ce pour atteindre facilement le but visé qui était celui de l'élimination physique des adversaires politiques potentiels ?

L'obligation de l'Etat de respecter le droit à la vie implique :

1. l'interdiction de porter atteinte à la vie. Dans ce récit, l'Etat a porté atteinte à la vie d'un ancien Premier ministre et trois anciens ministres ;
2. l'interdiction de recourir à la force potentiellement mortelle. Cette interdiction a été violée par l'Etat de manière volontaire et irrégulière ;
3. l'interdiction de l'application de la peine de mort. L'Etat congolais est incapable jusqu'ici d'abolir la peine de mort.

On ne peut s'empêcher de supposer que la mort de ces quatre dignitaires a été provoquée de manière volontaire et irrégulière au profit du régime dictatorial.

[233] J.J.A. Malu-Malu., *Op. Cit.*, pp. 154-155.

Protéger le droit à la vie, c'est l'obligation de l'Etat de « ne pas tolérer des atteintes de la part d'autres particuliers », c'est « protéger le droit à la vie dans le cadre du devoir de prévenir et réprimer les atteintes contre la personne »[234].

J'ai évoqué dans la partie introductive le cas d'un couple accusé par les jeunes du village d'être « sorcier ». Ce couple a été fusillé par les enfants soldats. Dans la même période (1997-1998) s'est installée à Kinshasa une pratique dite « le supplice du collier » qui consiste à brûler la personne accusée par les jeunes du quartier de sorcellerie. Les jeunes lui font porter un vieux pneu autour du cou et mettent du feu sans autre forme de procès et sans la traduire en justice. Les jeunes n'étaient pas poursuivis par l'Etat. Cela leur a permis de commettre d'autres actes odieux de ce genre.

L'obligation de protéger le droit à la vie implique :

- l'obligation procédurale d'enquête lorsqu'il y a décès ;
- l'obligation de prévenir les atteintes ;
- l'obligation de réprimer les atteintes contre la personne.

L'Etat congolais a failli pendant cette période qui marque le début de la troisième république à son obligation de protéger le droit à la vie de toute personne accusée par les jeunes à tort ou à raison de sorcellerie.

Réaliser le droit à la vie, c'est l'obligation de l'Etat de « lutter contre les épidémies et la malnutrition afin d'augmenter l'espérance de vie »[235]. Il s'agit ici d'une obligation dynamique, c'est-à-dire obligation de réalisation progressive des prolongements socio-économiques.

Lutter contre la malnutrition en vue d'augmenter l'espérance de vie a toujours été pendant les dix dernières années un défi majeur à relever par la République Démocratique du Congo. Kabuya Kalala et Tshiunza Mbiye présentent le tableau sombre de la situation économique et financière du pays en ces termes : « La situation économique et financière de la République Démocratique du Congo s'est caractérisée, au cours des dix dernières années, par une très profonde dégradation. Aucun pan de l'économie n'y a échappé. Le taux de croissance du PIB réel, qui mesure la performance générale de l'activité de production, est resté systématiquement négatif durant toute la période, passant ainsi de -4,3% en 1990 à -11,4% en 2000. L'inflation est demeurée très vive, atteignant, par exemple, 3.642% en 1991, 9.796,9% en 1994 et, plus récemment, 511% en 2000. Les finances publiques se sont soldées constamment par d'importants déficits couverts essentiellement par les avances de la Banque centrale du Congo. La monnaie nationale a perdu l'essentiel de sa valeur sur le marché des changes ; en dépit de la réforme monétaire intervenue en 1998, l'écart moyen entre les cours parallèle et

---

[234] Dossier documentaire, Volume 1, *Op. Cit.*, p. 190. Cf. Cour européenne des Droits de l'Homme, arrêt Osman C. Royaume-Uni du 30 octobre 1998, §§ 115 et 116 (obligation de protéger l'individu dont la vie est menacée par les agissements criminels d'autrui).

[235] Dossier documentaire, Volume l, *Ibid*. Cf. Comité des droits de l'homme des Nations Unies, *Observations générales, n°6, portant sur le droit à la vie* (article 6 du Pacte international relatif aux droits civils et politiques), adoptées à la seizième session du Comité, le 30 juillet 1982, §5…

interbancaire par rapport au dollar américain est passé successivement de 9,6% en 1998 à 148,5% en 1999 et à 243,4% en 2000. L'hyperinflation et la dépréciation monétaire, consécutive à l'expansion inconsidérée des liquidités intérieures, ont inexorablement contribué à l'effritement du pouvoir d'achat des ménages. L'appauvrissement de la population s'est accru puisque le revenu par tête est tombé de 191 dollars américains en 1990 à 80 dollars en 2000 »[236].

Cette situation économique et financière de la République Démocratique du Congo qui a contribué à la dégradation du pouvoir d'achat des ménages ne peut qu'engendrer la malnutrition et la diminution de l'espérance de vie. Que faire pour réaliser le droit à la vie ?

Je recours à la réflexion d'Arthur Rich dans son ouvrage intitulé « Ethique économique »[237] pour essayer de mûrir notre réflexion à la question qui vient d'être posée. Rich y présente la notion de justice comme étant le concept central de l'éthique. La connaissance de cette justice exige la référence à l'expérience de l'existence humaine dans le témoignage christique du Nouveau Testament. Il définit sept critères de justice conforme à l'humain. Ces critères sont également, pour lui, des principes d'existence chrétienne qui « trouvent leur légitimité comme critères d'humanité authentique »[238].

Je me réfère particulièrement au critère dit « critère de distance critique ». Pour lui, l'humanité est fondée sur la foi qui reconnaît qu'on n'est pas seul au monde, il y a Dieu au commencement de l'existence humaine. Cette humanité doit savoir, d'une part, que la vraie humanité possède une dimension créaturale, et d'autre part, que l'homme historique est déchu de cette humanité. A cause de sa chute, l'homme essaie toujours « à nouveau de fonder son existence personnelle et sociale sur ses propres potentialités, sur la science ou sur le progrès technologique et la civilisation, etc. »[239]. Ce que la Bible raconte à propos de la chute de l'homme n'est qu'une réalité exprimée sous une forme mythique. « Ce que le serpent de la tentation suggère à l'homme, c'est de courir le risque de l'existence en dehors de la foi, lequel la Bible voit le vrai fondement du péché »[240].

Selon Rich, « la foi chrétienne doit garder une distance critique face au monde et à ses structures passées, présentes ou futures »[241] ; il applique ce critère à la problématique spécifique de l'éthique économique. A cet effet, l'application de ce critère voudrait simplement signifier « par exemple qu'aucun système économique, quelle que soit sa structure, ne peut prétendre

---

[236] Kalala F. KABUY A et Mbiye TSHIUNZA, « L'économie congolaise à l'horizon 2002-2005 », in S. MARYSSE et F. REYNTJENS (sous la direction), *L'Afrique des Grands Lacs, Annuaire 2001-2002,* Paris, L'Harmattan, 2003, p. 217.

[237] A. RICH, *Ethique économique,* Le champ éthique, n°24, Genève, Labor et Fides, 1994.

[238] *Ibid.*, p. 183.

[239] *Ibid.*, p. 190.

[240] *Ibid.*

[241] *Ibid.*, p. 191.

à une validité ultime, ni en ce qui concerne les formes concrètes et historiques qu'il peut prendre, ni même dans sa tendance fondamentale »[242].

Pour ce faire, le système qui a occasionné au Congo-Kinshasa une profonde dégradation du pouvoir d'achat des ménages entraînant par la suite la malnutrition n'a pas de validité ultime. Il est le résultat d'une désagrégation des repères moraux par un Etat qui considère malheureusement qu'un Etat qui se dit laïc est un Etat amoral et n'a de comptes à rendre à aucune source d'obligation morale. L'Etat congolais a, certes, couru sous la dictature le risque de l'existence en dehors de la foi aux valeurs universelles admises notamment la justice comme vertu cardinale « qui accompagne la volonté dans les rapports à autrui »[243], et les droits de l'homme qui en découlent. Ces droits de l'homme, comme nous l'avons vu dans le chapitre précédent, sont donnés par Dieu, la source de notre obligation morale. L'obligation de l'Etat de réaliser le droit à la vie va de pair avec le souci de promouvoir le développement sur tous les plans. Nous pouvons paraphraser Georges Casalis[244] pour dire que le développement ne tombe pas du ciel. En conséquence, l'Etat a le devoir de favoriser ce développement et prendre en compte l'affirmation de Michel Rocard selon laquelle « le développement se conquiert, il ne se parachute pas »[245].

Cette affirmation suppose qu'il y a des préalables à remplir pour qu'il y ait décollage de développement. Les premières exigences qui accompagnent le développement sont celles liées dans la foi aux valeurs universellement admises. Rocard les présente de la manière suivante : « il est clair en effet que l'insécurité, l'absence ou l'insuffisance de démocratie, l'impuissance et la corruption des Etats sont des entraves au développement d'une gravité telle qu'il faut les traiter simultanément avec toute entreprise de développement économique proprement dite »[246].

Quant au développement proprement dit, Rocard le définit comme suit « Quels que soient ses moteurs, le développement se définit, et s'observe, comme la capacité d'une population donnée sur un territoire donné à produire dans chaque période un peu plus que dans la période précédente, et à distribuer ce faisant davantage de revenus dans des conditions d'équité suffisantes pour que la grande masse de cette population consomme la production. Le commerce extérieur est un adjuvant nécessaire à ce mécanisme, il ne saurait s'y substituer. Il ne le favorise que sous certaines conditions, faute desquelles il peut devenir un facteur de blocage »[247].

---

[242] *Ibid.*

[243] E. FUCHS, *Comment faire pour bien faire? Introduction à l'éthique,* Le champ éthique, n°28, Genève, Labor et Fides, 1996, p. 196.

[244] G. CASALIS, *Les idées ne tombent pas du ciel. Eléments de théologie inductive,* Paris, Cerf, 1978.

[245] M. ROCARD, *Pour une autre Afrique,* Saint-Amand-Montroud, Flammarion, 2001, p.99.

[246] *Ibid.*

[247] *Ibid.*, pp. 106-107.

La lutte contre la malnutrition au Congo-Kinshasa n'est possible que si l'Etat prend en compte l'exigence de la lutte contre l'insécurité, l'absence ou l'insuffisance de démocratie, l'impuissance et la corruption de l'Etat d'une part, et d'autre part, l'exigence d'assurer la justice distributive ou sociale qui exige « des conditions de vie équitables pour chacun » ou encore mieux « la juste répartition des richesses nationales ».

L'obligation de l'Etat de réaliser le droit à la vie se place à juste titre en troisième position après le respect et la promotion du droit à la vie. Cette obligation exige un certain degré de développement que l'Etat doit atteindre dans la réalisation progressive des prolongements socio-économiques.

Je viens d'examiner comment le droit à la vie constitue le fondement des droits de l'homme. Nous verrons dans le point ci-dessous que le même droit à la vie occupe une position privilégiée dans les questions théologiques. Ainsi, le droit à la vie sert de lien entre les droits de l'homme et la théologie.

Que dire sur la bible et le droit à la vie ?

2. La bible et le droit à la vie

Le droit à la vie découle des droits de l'homme et ces derniers ne tirent pas seulement leur source de la Bible mais aussi d'autres textes : déclarations, instruments internationaux, etc. Pour parler du droit à la vie, il sied avant tout de dire ce qu'est la vie et, plus précisément, la vie dans la Bible. Nous interrogeons à ce sujet le Nouveau Dictionnaire biblique pour nous présenter ce qu'est la vie dans l'Ancien et dans le Nouveau Testaments. Selon l'enseignement de l'Ancien Testament, « la vie est celle du corps, de l'existence et de l'activité de l'homme, de la personne complète, consciente et active. Le domaine matériel est nécessaire pour que l'homme puisse vivre et agir à la lumière de la faveur de Dieu. Entretenir de bonnes relations avec Dieu et connaître la communion avec lui sont la source et le secret de la vie. Par conséquent, le centre de gravité de la vie est situé dans la partie morale et religieuse de la nature de l'homme.

Vue dans le détail, la notion de la vie est très complexe. Celle-ci peut signifier : 1) le principe vital sans manifestation (Gn. 2, 7) ; le souffle de vie, émanant de Dieu, qui fait de l'homme un nephech ou être vivant (Gn. 1, 30 : 6, 17 : etc.) ; 2) la période ou durée de l'existence d'un homme (Gn. 23, 1 ; 15, 2 : etc.) ; 3) la vie vue comme un don direct de Dieu qui, pour sa durée, dépend absolument de lui (Gn 1, 11-27 ; 2, 7) ; 4) la somme totale des relations et des activités d'un homme qui, ensemble, constituent sa vie (Dt 32, 47 : 15 ; 25, 29 ; etc.) ; 5) synonyme des moyens de soutien de la vie (Dt. 24, 6 ; Pv. 27, 27) ; 6) synonyme du bonheur ou du bien-être (Dt. 30, 15 et 19 ; Ps 16, 11 ; etc.).

Par conséquent, la vie est présentée comme un don précieux, à posséder dans une relation vitale avec Dieu. Quand Dieu envoie son Esprit, les choses sont créées et prennent vie ; quand il le retire, elles meurent (Ps. 104, 29-30).

Toute offense contre la vie devrait être sévèrement punie (Gn. 4, 4-6 ; Lv. 17, 14 ; etc.).

« ... Les idées implicites dans l'Ancien Testament sont développées et enrichies par la révélation suprême en Christ et par son enseignement »[248].

La vie d'en haut est communiquée aux croyants par la médiation de Jésus-Christ. L'enseignement sur la vie est très développé dans la littérature johannique. Jean a écrit son évangile « afin que vous ayez la vie » (Jn 20, 31).

Le commentaire du quatrième évangile par Claude F. Molla nous révèle ce qui suit : « la notion de ''vie'' revêt dans notre évangile une signification plus riche. On ne saurait la réduire au souffle de vie ou à quelque réalité spirituelle ou intérieure. Elle équivaut au salut, à la grâce que Dieu fait à l'homme, à la possibilité de substituer devant Dieu. C'est un don que Dieu fait au monde par son ''logos''(14,6) »[249].

On peut dire que dans l'Ancien et le Nouveau Testaments, la vie est présentée comme un don précieux qui équivaut à la grâce que Dieu fait à l'humanité. Cette vie est à posséder dans une relation vitale avec Dieu par la médiation de Jésus-Christ.

Le droit à la vie dans ce cas-ci veut dire ce qui est conforme au respect, à la protection, à la réalisation de la vie considérée comme un don précieux. Ce don de Dieu et sa grâce ont pour but la liberté, le rétablissement de la dignité humaine. Les textes bibliques soulignent que les hommes ont reçu de Dieu la mission de veiller à la vie et à la dignité humaine comme cela est présenté dans les sous points ci-dessous.

2.1 L'être humain, créature faite à l'image de Dieu

« Dieu créa l'homme à son image, à l'image de Dieu il le créa » (Gn. 1, 27). L'homme est fait à l'image de Dieu. Il ne peut jamais perdre cette image, ni connaître de transformation, exception faite en ce qui concerne son orientation morale. Son bonheur est de se conformer à la volonté divine. La volonté de Dieu pour la vie est donnée clairement dans les textes bibliques : « à chacun je demanderai compte de la vie de son frère » (Gn. 9, 5). Dieu veut que chaque homme se préoccupe de son frère ou du sort de celui-ci. Pour souligner la grande importance de la vie et la conséquence gravissime de toute atteinte à cette vie, Dieu dit « qui verse le sang de l'homme par l'homme verra son sang versé car à l'image de Dieu, Dieu a fait l'homme » (Gn. 9, 6). L'homme, dans son être tout entier, est la réplique unique de Dieu. Chaque fois que l'être humain est déconsidéré, déshonoré, discrédité, torturé, supplicié, éliminé, assassiné, ... etc., c'est l'image de Dieu, la gloire de Dieu qui est atteinte.

Dans Colossiens, Jésus, devenu homme, est lui aussi, l'image de Dieu invisible : « Il (Jésus) est l'image du Dieu invisible, premier-né de toute

---

248 *Nouveau Dictionnaire biblique révisé,* Saint-Léger, Edition Emmaüs, 1992, pp. 1320-1321.
249 C. F. MOLLA, *Le quatrième Evangile,* Genève, Labor et Fides, 1977, p. 25.

créature, car en lui tout a été créé, dans les cieux et sur la terre, les êtres visibles comme les invisibles » (Col. 1, 15-16).

Cette affirmation biblique (l'homme est fait à l'image de Dieu) a, certes, des conséquences pour les droits de l'homme en général et pour le droit à la vie en particulier. Parmi ces conséquences, on peut citer : la responsabilité de l'homme pour prendre soin du droit à la vie, le respect sacré du droit à la vie, la protection et la réalisation du droit à la vie.

En quoi Caïn et Abel sont les symboles de la responsabilité de l'homme pour prendre soin du droit à la vie ?

2.2 Caïn et Abel, la responsabilité de l'homme pour prendre soin du droit à la vie

Dans Genèse 4, 6-7, il est écrit : « Le Seigneur dit Caïn : ''t'irrites-tu ? Et pourquoi ton visage est-il abattu ? Si tu agis bien, ne le relèveras-tu pas ? Si tu n'agis pas bien, le péché, tapi à ta porte, te désire. Mais toi, domine-le''. La grâce faite à Abel (Gn. 4,4) est l'occasion offerte à Caïn de recevoir de la part de Dieu une mission, une responsabilité qui consiste à agir bien, à dominer le mal ou le péché, à sauvegarder la réciprocité et la fraternité, à devenir ''véritablement homme'' »[250].

Dieu envoie une épreuve à Caïn pour forger sa fraternité. Caïn doit assumer la fraternité, l'endosser et en être responsable. Dieu parle sous forme d'interrogation. L'interrogation place en situation de responsabilité. Caïn est placé en situation de responsabilité pour prendre soin du droit à la vie de son frère Abel. Il est donc responsable de la gestion de la différence : physique, culturelle... toutes ces différences font la richesse de l'humanité. La différence crée l'envie, la jalousie, la rivalité mimétique ou la concurrence.

Dieu continue à parler à Caïn : « Où est ton frère Abel ? ». « Je ne sais », répondit-il. « Suis-je le gardien de mon frère ? » (Gn. 4, 9). Cette réponse de Caïn est une fuite de responsabilité. Il a pourtant la responsabilité d'être le gardien de son frère. Cette responsabilité concerne tous les êtres humains. Tout homme est le gardien de l'homme, « couronnement de la création ». Cela vaut pour toutes les générations à venir.

« Tout pour Caïn et rien pour Abel ! ». Poursuivant ses commentaires, Collange s'interroge : « comment ne pas voir, dans cette réaction fondamentale, celle de tout homme qui ''a'' et qui supporte mal, non seulement que d'autres aient plus que lui, mais même que d'autres aient quelque chose aussi ... que lui n'a pas ? Qu'il s'efforce alors de leur arracher de toutes ses forces, au prix même... d'un meurtre ! Ne faut-il pas dès lors voir dans cette situation originaire le paradigme fondamental de toute forme

[250] Pour de plus amples commentaires, lire J-F.COLLANGE, *Op. Cit.,* pp. 196-208.

d'exploitation de l'homme par l'homme, dont nous avons assez montré qu'elle constituait la tragédie même de l'histoire de la liberté ? »[251].

Cette interrogation nous interpelle et nous pousse à jeter un regard sur la situation sociale, politique et historique du Congo-Zaïre pour essayer de comprendre et d'expliquer certains faits qui sont restés « inexplicables » sur le plan de la responsabilité éthique.

En effet, pourquoi le régime de Mobutu a-t-il procédé à la zaïrianisation ? « C'est le 30 novembre 1973, après le succès retentissant du discours du 4 octobre à New-York où l'authenticité acquit son ''droit de cité'', que la ''zaïrianisation'' fut décrétée : on proposait de faire quelques pas de plus dans la conquête de l'indépendance économique… Les mesures arrêtées étaient une manière de mettre fin à l'état d'injustice dénoncé, en tirant les conséquences de la ''Loi Bakajika'' qui estimait que la terre ne pouvait appartenir qu'aux seuls zaïrois. Aussi, les entreprises liées au domaine foncier (plantations, élevages, fermes, pêcheries, carrières) furent-elles nationalisées. Par extension, il fut décidé que l'ensemble du petit commerce ne pouvait plus être exploité désormais que par les seuls autochtones… L'opération de zaïrianisation eut surtout l'effet désastreux de chasser les petits commerçants - Portugais, Pakistanais, Grecs et autres - des campagnes zaïroises, et donc de démanteler les sources d'approvisionnements des populations »[252].

Cette opération de *zaïrianisation* a été un échec total, elle s'est transformée en un désordre généralisé et a occasionné même des meurtres. A Lubumbashi où nous étions témoin, une dame connue sous le nom de son établissement « Madame Toilette » s'est donné la mort en Zambie après s'être vue expropriée de ses deux grands magasins.

La *zaïrianisation* des plantations, élevages, fermes, pêcheries, carrières et même du petit commerce est comparable à cet homme « qui a et qui supporte mal, non seulement que d'autres aient plus que lui, mais même que d'autres aient quelque chose aussi ... que lui n'a pas. Qu'il s'efforce alors de leur arracher de toutes ses forces, au prix même... d'un meurtre »[253].

J'ai dit que tout homme est le gardien de son prochain. Il est le gardien que Dieu a désigné. Le régime de Mobutu n'a pas tenu compte de sa responsabilité éthique. Il n'a pas pris soin de son prochain, de l'étranger dans ses murs, oubliant que Dieu « protège les immigrés » (Ps. 146, 9), et « fait droit aux opprimés » (Ps. 146, 7). Quelles que soient ses décisions, le régime de Mobutu devrait se laisser guider par des questions éthiques. Penser aux générations présentes et à venir et construire leur avenir. Penser aux répercussions des actes posés sur leur existence de demain comme il est écrit : « En effet, lequel d'entre vous, quand il veut bâtir une tour, ne commence par s'asseoir pour calculer la dépense et juger s'il a de quoi aller jusqu'au bout ? » (Lc 14,28).

---

[251] *Ibid.*, p. 201.
[252] I. NDAYWEL è Nziem, *Op. Cit.*, pp. 729-731.
[253] J-F. COLLANGE, *Op. Cit.*, p. 201.

L'opération de zaïrianisation a été une véritable catastrophe économique. Elle a déclenché une crise économique entraînant un impact direct sur le panier de la ménagère, présageant un avenir sombre et initiant une misère sociale « misérabiliste ». Malgré la prise de conscience tardive du régime de Mobutu qui voulait réparer son erreur par sa décision de procéder à la « rétrocession », « c'est-à-dire à la remise des entreprises à leurs anciens propriétaires, à qui l'on demanderait de s'associer désormais aux autochtones »[254], l'économie zaïroise avait pris l'ascenseur de la descente pour sombrer dans la pénurie.

Le régime de Mobutu pouvait éviter cette descente en « enfer » s'il avait fait sien le devoir ou la responsabilité éthique dans la prise de décisions politiques, économiques, etc. Nous pensons que ce régime qui avait gouverné dans un pays où 90% de la population est chrétienne devait se demander ce que pouvait signifier la responsabilité chrétienne dans les réalités de la politique, de l'économie, de la culture, et nous en passons. Ce régime pouvait s'inspirer, dans sa recherche, d'une éthique chrétienne qui réside, comme l'a dit E. Fuchs, « dans la double conviction que l'être humain a été créé par Dieu, et que Dieu lui-même lui adresse vocation à pratiquer la justice »[255].

En effet, Fuchs affirme qu'il y a deux convictions de base. La première : « l'homme a été créé par Dieu » est connue de tous du moins par les lecteurs de la Bible. Elle constitue le fondement de la conception de l'anthropologie biblique. Cette première conviction a pour conséquence la seconde : l'homme, un être voulu et aimé de Dieu, « est appelé à la liberté »[256]. Pour lui, « la tradition morale chrétienne trouve ici sa forme spécifique, et son projet : prendre en charge, accepter la responsabilité d'être enfant de Dieu, accepter, comme dit Jean, de faire la vérité (Cf. Jean 3, 21 et Jean 1, 6). Ce qu'il reçoit - la promesse attachée à son existence - l'homme doit le faire fructifier, comme le dit la parabole des talents (Matthieu 25, 14-30). Il lui faut construire par sa vie un lieu où la vérité pourra se manifester. Se manifester comme vie, comme manière d'être et d'agir, comme responsabilité de soi et d'autrui, comme passion et patience, comme résistance au mal et dépendance d'autrui. Bref se manifester dans une éthique de reconnaissance, et non de convoitise »[257].

Fuchs affirme que le christianisme résume le devoir éthique par un mot : amour ou agapè. Il explique l'expression « faire la vérité » qui « signifie à la fois que la vérité est à construire, comme une œuvre remise à notre volonté, et qu'elle est ce qui nous est révélé par la Parole de Dieu. A la fois don et responsabilité. ''Faire la vérité'', peut être compris dans notre contexte contemporain comme l'appel à définir les caractères d'une éthique vraie, c'est-à-dire capable de rendre compte de la portée réelle de l'agapè. Une éthique

---

[254] I. NDAYWEL è Nziem, *Op. Cit.*, p. 731.

[255] E. FUCHS, *L'éthique chrétienne : du Nouveau Testament aux défis contemporains, Le champ éthique,* n° 40, Genève, Labor et Fides, 12003, p. 128.

[256] *Ibid.*, p. 130.

[257] *Ibid.*, pp. 130-131.

vraie est tout à la fois une éthique basée sur des convictions solides, animée par le sens de la responsabilité, régulée par l'acceptation de procédures de discussion permettant à la recherche de compromis et la prise de conscience des limites »[258] imposées à la condition humaine. « Faire la vérité », c'est, on le comprend aisément, « accepter de se mettre soi-même en tension entre des exigences tout aussi nécessaires que contradictoires »[259].

Pour n'avoir pas tenu compte de la dimension éthique dans l'opération de zaïrianisation, le régime de Mobutu a vu son opération se transformer, comme l'a si bien dit J.J. Malu-Malu, « en un désastre »[260]. Ce régime a manqué de « faire la vérité », c'est-à-dire il n'a pas été animé par le sens de la responsabilité éthique ; en d'autres termes, il n'a pas accepté « de se mettre soi-même en tension entre des exigences tout aussi nécessaires que contradictoires ». Il aurait ainsi pris soin du droit à la vie et plus précisément la réalisation du droit à la vie de l'étranger se trouvant sur son territoire et, par conséquent, il aurait pu éviter le désastre économique et voir la devise du Parti-Etat appliquée à l'opposé, c'est-à-dire « se servir et non servir ».

En quoi « Tu ne commettras pas de meurtre » constitue le respect sacré du droit à la vie ?

2.3 « Tu ne commettras pas de meurtre » ou le respect sacré du droit à la vie

Par le commandement « Tu ne commettras pas de meurtre » (Ex. 20, 13), la Bible recommande le respect sacré du droit à la vie. Elle explicite, cependant, cette loi. Elle distingue : l'homicide accidentel (Ex. 21, 13 ; No. 35) qui est donc excusable, l'homicide légitime (Ex. 22, 2), et l'acte de tuer sans justification, c'est-à-dire le meurtre. La peine capitale est une exécution autorisée (Gen. 9, 6), la guerre « régulière » est également permise (Dt. 20). Ainsi donc, ce commandement interdit le meurtre.

Pierre Bonnard, dans son commentaire de l'évangile selon Saint Matthieu, explique cette prescription vétérotestamentaire (Ex. 20, 13 ; Dt. 5, 18) comme étant à cette époque un progrès remarquable par rapport « à l'anarchie et au système de la vengeance personnelle »[261]. Son commentaire concerne Matthieu 5, 21. C'est un progrès parce que cette loi évite la confusion entre l'homicide accidentel et le meurtre.

Dans son commentaire sur le premier meurtre présenté par la Bible, Collange explicite l'acte prémédité de Caïn en ces termes : « Mais Caïn tourne le dos à la réciprocité et à la fraternité. Sa liberté et ses biens, il les veut pour lui et pour lui seul. Il se montre incapable de se dominer et se laisse ronger par

---

[258] « On aura reconnu successivement dans ces quatre approches de l'éthique les idées de Max Weber, de Jurgen Habermas et d'Eugène Enriquez ».

[259] *Ibid.*, p. 131.

[260] J.J Malu-Malu, *Op. Cit.*, p. 172.

[261] P. BONNARD, *L'Evangile selon Saint Matthieu. Commentaire du Nouveau Testament 1,* Genève, Labor et Fides, 2002, p. 63

la jalousie, du fait qu'Abel s'est vu gratifier de quelque chose que lui, Caïn, ne possédait pas. Ainsi tue-t-il Abel, ne supportant pas l'autre qui a ce qu'il n'a pas, qui est ce qu'il n'est pas »[262].

Ce commandement (Ex. 20, 13) défend formellement le meurtre. Il interpelle tout être humain au respect consciencieux du droit à la vie, à la capacité de se donner et à ne pas se laisser ronger par la jalousie, la haine, l'envie ; il l'invite enfin au respect strict du droit à la différence ou aux différences.

J'ai parlé de la pendaison d'un ancien premier ministre et de trois anciens ministres au point 1.3. Cette exécution ne peut être liée qu'aux motifs du non-respect du droit de toute personne à la vie, du non-respect du droit à la liberté d'opinion et d'expression ... Dans Matthieu 5, 21, le Christ confirme le sixième commandement et élargit son application en évoquant le mobile de la colère. La pendaison des « conjurés de la Pentecôte » comme on voulait bien le dire est un acte exécrable, infâme qui s'inscrit dans la lignée de Caïn. Toute élimination physique d'un adversaire politique est un meurtre pour son assassin et un péché aux yeux de l'Eternel Dieu qui ne cesse de s'adresser à l'homme pour que ce dernier domine le péché, tapi à sa porte. Ce sixième commandement du Dieu juste instaure comme une amorce du droit à la vie et recommande d'une manière stricte le respect sacré du droit de toute personne à la vie.

Pourquoi « Va, et désormais ne pèche plus » appelle à la protection du droit à la vie ?

2.4 « Va, et désormais ne pèche plus » ou la protection du droit à la vie

Voilà une parole de compassion qui libère la « condamnée à mort », qui redonne la liberté et l'espoir de vivre, qui accorde la possibilité d'une vraie repentance et le fondement d'une vie renouvelée. Cette parole libératrice clôture le récit biblique de la femme adultère (Jn 8, 1-11). Elle est la conclusion de l'incident, si l'on peut l'appeler ainsi, qui s'est produit entre les scribes et les pharisiens d'une part, et d'autre part, Jésus qui était en train d'enseigner dans le temple.

Selon le Nouveau commentaire biblique, en conduisant la femme adultère auprès de Jésus, l'intention des scribes et des pharisiens était « de l'amener à contredire publiquement les autorités religieuses 0u civiles. Le point crucial était l'attitude de Jésus à l'égard de la loi mosaïque »[263].

Claude F. Molla affirme que les scribes et les pharisiens dressent un traquenard à Jésus par l'entremise de la femme adultère qu'ils ont déjà jugée, exception faite de l'exécution de la sentence restée pendante. Il rappelle que la Loi (Lév. 20, 10) punissait l'adultère de la peine de mort. La même Loi (Dt. 22, 23) prévoyait la lapidation de la fiancée infidèle.

---

262 J.-F. COLLANGE., *Op. Cit.*, p. 203.

263 Nouveau commentaire biblique, *Op. Cit.*, p. 990.

Pour Molla, c'est un triple piège qu'on tend à Jésus : « s'il renvoie la femme on lui reprochera de mésestimer la Loi et sa charité apparaîtra comme une tolérance de mauvais aloi ; s'il prononce la condamnation attendue, on pourrait retenir contre lui la charge d'incitation illégale au meurtre d'une femme, et le citer devant l'autorité romaine. Dans les deux cas on lui demande d'agir de sa propre autorité alors que la législation dont on se réclame requiert le jugement des anciens de la cité (Dt. 22, 15)[264].

Face à ce triple piège, Jésus répond par une réflexion : « Que celui d'entre vous qui n'a jamais péché lui jette la première pierre ! ». Par cette invitation, on peut supposer que soit Jésus évite le piège en se référant aux exigences légales (Dt 17, 5-7 ; Ex. 23, 6-7), soit il attire l'attention des accusateurs sur leur propre condition de pécheurs (Mt. 7, 1-2). Jésus laisse ces hommes de Loi aux prises avec leur conscience. Le résultat ne se fait pas attendre, ces accusateurs se voient eux-mêmes sur le banc des accusés. C'est leur propre comportement qui les accuse. C'est pourquoi ils préfèrent se retirer l'un après l'autre, à commencer par les plus âgés. Leur retrait manifeste une prise de conscience de leur culpabilité.

« Va, et désormais ne pèche plus ! » signifie que la femme adultère « n'est pas innocente, elle est l'objet d'une mesure de grâce, elle est acquittée »[265]. Jésus protège la vie de la femme adultère. Celle-ci est monsieur et madame tout le monde. Aucune personne n'a osé lui jeter la pierre car « tous ont péché » (Rm 3, 23).

En protégeant la vie de cette prostituée, Jésus assure la protection du droit à la vie car, en réalité, le droit à la vie se ramène au droit de n'être pas mort. Il inscrit, il y a 2000 ans, dans l'histoire des hommes la protection du droit à la vie. Aussi n'est-il pas étonnant d'entendre la plupart des instruments juridiques internationaux proclamer et garantir le droit à la vie. Dès 1948, la Déclaration universelle des droits de l'homme proclame en son article 3 : « tout individu a droit à la vie, à la liberté et à la sûreté de sa personne ». Dès lors, le droit à la vie apparaît comme un droit intangible et non dérogeable. En effet, le paragraphe 2 de l'article 15 de la Convention européenne stipule ce qui suit : « la disposition précédente n'autorise aucune dérogation à l'article 2 », c'est-à-dire au droit à la vie. Pour sa part, la Convention américaine affirme dans son deuxième paragraphe de l'article 27 qu'aucun Etat ne doit déroger à ses obligations relatives au droit à la vie même « en cas de guerre, de danger public ou dans toute autre situation de crise qui menace l'indépendance ou la sécurité d'un Etat partie »[266].

Cette protection du droit à la vie fait que la plupart des instruments juridiques imposent à l'Etat une double obligation : d'une part, s'abstenir de

---

264 C.F MOLLA., *Op. Cit.*, p. 113.
265 *Ibid.*, p. 114.
266 Convention américaine relative aux droits de l'homme, 1961, article 27, alinéa 1.

donner la mort intentionnellement, d'autre part, prendre les mesures concrètes nécessaires à la préservation de la vie.

La peine capitale, comme sentence anéantissant le droit à la vie, est aujourd'hui en déclin dans plusieurs pays. Ce qui n'est pas encore le cas pour la République Démocratique du Congo qui continue à l'appliquer. L'avortement qui fut considéré comme un acte criminel est aujourd'hui en plein essor. On assiste de plus en plus à la libération du droit à l'avortement. Cette évolution n'a pas épargné l'Afrique. Au Congo-Kinshasa, si l'avortement est pratiqué en vue de sauver la vie de la femme enceinte, il n'est plus considéré comme un délit. Dans cette condition, qui sont les bénéficiaires du droit à la vie ?

Pour répondre à cette question, une précision s'impose sur la période du commencement de la vie. Cette forme de vie qui prend fin à la mort, commence-t-elle à la naissance ou à la conception ? Selon l'anthropologie biblique, la vie commence avant même la conception : « Avant de te façonner dans le sein de ta mère, avant que tu ne sortes de son ventre, je te connaissais » (Jérémie 1, 5). Dieu, créateur de tout, qui a modelé et animé le premier homme (Gn 2, 7) façonne tout homme dès sa conception (Jr 18, 6 ; Ps 33, 25, 104, 30 ; 139, 13-16 ; Jb 10, 8-12...).

Les juristes n'ont pas la tâche facile pour définir quand commence la vie. Le vocabulaire juridique définit la vie comme étant la « période qui s'étend de la naissance (ou même de la conception) jusqu'à la mort ».

Pour le moment, la Convention américaine fait la différence avec les deux autres conventions africaine et européenne en ce sens qu'elle est la seule qui situe le début de la reconnaissance du droit à la vie à la conception comme il est stipulé clairement à l'article 4 : « Toute personne a droit au respect de sa vie. Ce droit doit être protégé par la loi, et en général à partir de la conception ».

Toutes les conventions reconnaissent que le droit à la vie est inhérent à la personne humaine. Elles entendent par là un droit de la personne née et vivante. Les points de vue restent partagés sur la reconnaissance de ce droit au profit du fœtus humain. Les uns accordent au fœtus humain un droit absolu à la vie et les autres, un droit relatif à la vie.

En effet, depuis la nuit des temps, l'Eglise catholique a toujours levé l'étendard des revendications liées à la reconnaissance du droit à la vie du fœtus humain. Il s'agit donc du fœtus bénéficiaire d'un droit absolu à la vie. Déjà à la fin du XIXème siècle, le pape Etienne IX confirme que l'avortement est un homicide. En 1991, le Pape Jean-Paul II se prononce sur l'avortement en ces termes : « ce crime inexprimable contre la vie humaine qui consiste à rejeter et à tuer la vie dans ses débuts fraie la voie au mépris, à la négation de la vie des adultes et porte atteintes à la vie de la société »[267]. Pour lui,

---

[267] X. et C. BARON, *Jean-Paul II dans le monde,* Editions du Chène, Hachette Livre, 2000, p.128.

l'avortement constitue la culture de la mort. C'est pourquoi il oppose à cette culture de mort, une « culture de vie ». L'avortement viole les droits de « l'être le plus innocent », le fœtus, il est le meurtre délibéré d'un enfant. Ses positions sur l'avortement ont suscité de l'incompréhension chez nombre de catholiques, voire dans une partie du clergé.

Jean-Georges Boeglin, dans son mémoire de maîtrise de Droit canonique intitulé « Les droits de l'homme chez le Pape Jean-Paul II » écrit à propos de la question de la contraception et de l'avortement ce qui suit : « Cette délicate question de la contraception et de l'avortement est le point de désaccord le plus visible entre la société et les droits de l'homme tels que le Pape les envisage. Cela pose le problème si fondamental de la conscience personnelle de chacun et de la responsabilité de l'Église qui encouragerait par sa position un taux de natalité élevé.

« Et la réflexion cinglante d'une des personnes interviewées mérite d'être citée : ''Malheureusement l'Église a toujours autant détesté la sexualité qu'elle a admiré le pouvoir''. On peut donc parler de refus, de la part de la société, d'une grande partie de l'enseignement de l'éthique sexuelle de Jean-Paul II. Dans cette partie, les préceptes de l'Église ne marquent pas vraiment la société. D'ailleurs cet enseignement éthique n'est pas perçu comme un droit de l'homme, mais plutôt comme une réduction de la liberté »[268].

Ces catholiques qui sont en désaccord avec l'Eglise et le Pape soutiennent la position de ceux qui accordent au fœtus humain un droit relatif à la vie. En effet, le droit positif de certains Etats reconnaît le droit à la vie du fœtus humain assorti de certaines limitations.

Les législations les plus libérales en matière d'avortement ne l'autorisent dans la plupart des cas que dans les trois premiers mois de la grossesse. Après cette période, l'avortement est interdit. Cela laisse croire une reconnaissance du droit à la vie au fœtus humain arrivé à un certain stade de son développement.

D'autres dénient au fœtus le droit à la vie. Pour eux, le fœtus humain ne peut être assimilé à une personne au sens juridique, c'est-à-dire personne capable de participer à l'activité juridique. Ils appuient leurs arguments sur les raisonnements juridiques par exemple : le droit à la vie s'adresse exclusivement aux personnes nées et vivantes ; la peine capitale ne peut intéresser le fœtus ; la légitime défense n'intéresse qu'une personne vivante.

On sait également que le droit positif d'autres Etats reconnaît le droit de succession des enfants conçus et non encore nés. Il interdit l'application de la peine de mort des femmes enceintes.

---

[268] J-G. BOEGLIN, *Les droits de l'homme chez le Pape Jean-Paul II, comme un exercice des rapports Eglise-Société aujourd'hui,* Mémoire de (Maîtrise), USHS, C.T.C, Institut de Droit canonique, 1989, p. 23.

Dans tout cela, une chose est vraie, le droit de mourir est l'antithèse du droit à la vie. Le droit à la vie est un droit intangible, sacré. Il est le noyau dur, la valeur suprême des droits de l'homme.

Les pages suivantes éclairent sur Jésus et la réalisation du droit à la vie.

2.5 Jésus et la réalisation du droit à la vie

De nombreux textes bibliques abordent la question de la réalisation du droit à la vie. Nous voulons mettre en évidence dans les lignes qui suivent quelques déclarations de Jésus-Christ en cette matière. Nous découvrons à travers ces déclarations que Jésus donne pour mission à tous les hommes de veiller à la réalisation du droit à la vie, au sein de l'Eglise et en dehors d'elle.

2.5.1 Chaque fois que vous l'avez fait à l'un de ces plus petits, qui sont mes frères, ... ou la réalisation du droit à la vie

« Chaque fois que vous l'avez fait à l'un de ces plus petits, qui sont mes frères, c'est à moi que vous l'avez fait » (Mt. 25, 40). Ces paroles sont tirées de la description imagée du jugement dernier que nous retrouvons dans l'évangile selon Mathieu 25, 31-46.

Bonnard affirme que ce passage (Mt 25, 31-46) qui constitue une évocation eschatologique sur la fin de l'histoire est mis au service de l'éthique. Il s'agit donc d'une prophétie éthique qui souligne l'importance « au dernier jour » des actes d'amour ou plus exactement de secours au service des plus petits (v. 45). Les plus petits sont les frères du Fils de l'Homme car le Fils de l'Homme voit son frère dans tout misérable pas seulement les chrétiens mais tous les hommes de la terre. L'éthique matthéenne est universaliste parce qu'elle se met au service de tous les hommes. Bonnard comme J. Jéremias pensent que « les frères du v. 40 désignent tous les misérables, quels qu'ils soient et pas seulement les chrétiens »[269].

E. Fuchs estime que ce même périscope est un récit parabolique (Mt 25, 31-46) dans la perspective eschatologique du jugement dernier. Celui-ci a pour juge le Fils de l'Homme, roi des nations et fils de Dieu (v. 34). Pour lui, le jugement, l'eschatologie est en réalité le moment présent. C'est donc maintenant ! Tout jugement est prononcé sur la base d'une loi. Cette loi n'est autre que celle que Christ nous a révélée, à savoir l'amour « porté aux plus petits, pauvres, étrangers, malades, prisonniers, qui devient l'expression la plus authentique de l'obéissance à la Loi »[270]. Le critère du jugement c'est la pratique de la miséricorde, de la solidarité envers les misérables, les plus petits, le prochain en détresse. L'éthique matthéenne lie l'expression de la foi en Dieu manifesté en Jésus à une éthique de solidarité avec les « petits ». Et Fuchs de conclure : « la tâche éthique de l'Église est de rappeler cette radicalité - celle de l'amour - pour éviter que la nécessité d'une régulation

---

[269] P. BONNARD., *Op. Cit.*, p. 367.

[270] E. FUCHS, *L'éthique chrétienne, Op. Cit.*, p. 55.

morale, personnelle et sociale, n'aboutisse à un repli sur un utilitarisme sans horizon critique, livré à l'arbitraire de l'égoïsme individuel »[271].

C'est la raison pour laquelle les chrétiens en particulier et tous les hommes en général sont appelés à assumer cette responsabilité qui consiste à s'engager en faveur des petits, des misérables, des opprimés, des pauvres en vue de réaliser leur droit à la vie. Réaliser le droit à la vie dans ce cas-ci, c'est lutter contre la misère, la pauvreté, la malnutrition afin d'augmenter l'espérance de vie. Il est question de réaliser progressivement les meilleures conditions socio-économiques.

Pour ce qui est de la pauvreté au Congo-Kinshasa, il est important de lire le livre de Laurent Luzolele Lola Nkakala intitulé « Congo-Kinshasa : combattre la pauvreté en situation de post-conflit, synergie entre l'Etat, le marché et le capital social » pour se rendre compte de la situation gravissime que traverse le pays. En effet, « le Rapport national sur le développement humain 2000 signale que la pauvreté absolue s'est accrue à partir de 1970 pour atteindre un déficit de 70% en 1998 en terme monétaire et que depuis la période post-coloniale, le niveau alimentaire s'est dégradé du fait de l'abandon du secteur agricole au profit du secteur minier »[272].

C'est pourquoi l'Etat congolais qui a l'obligation de réaliser le droit à la vie doit lutter contre la pauvreté sous toutes ses dimensions et plus particulièrement la pauvreté selon l'entendement de la Banque mondiale, définie comme « l'incapacité pour un individu, pour une famille ou une communauté de satisfaire certains besoins minimums : il s'agit de l'avoir, du revenu, du niveau de consommation dont l'indicateur le plus usité est le seuil de pauvreté absolu d'un $ par jour et par personne »[273].

Cette obligation de réaliser le droit à la vie en apportant du secours aux misérables, aux pauvres doit être considérée comme un devoir agréable par tout être humain, par l'Etat à la manière des justes du récit parabolique qui ne s'étaient pas souvenus des actes posés à l'égard des « petits » comme de quelque chose de méritoire. Leurs actes étaient la conséquence d'une vie de foi et non le moyen de se rendre acceptables devant Dieu.

« Va et toi aussi, fais de même » à ton prochain, est la recommandation à la réalisation du droit à la vie.

2.5.2 « Va et toi aussi, fais de même » à ton prochain, ou la réalisation du droit à la vie

Fuchs affirme que la parabole du bon samaritain (Lc 10, 25-37) est le texte le plus significatif et le plus important de l'enseignement éthique de l'évangile de Luc. Ce texte est la manifestation de l'amour pour les malades, les blessés

[271] *Ibid.*, p. 57

[272] Lola Laurent Nkakala LUZOLELE, *Congo-Kinshasa : combattre la pauvreté en situation de post-conflit, synergie entre l'Etat, le marché et le capital social*, Paris, L'Harmattan, 2002, p.24.

[273] *Ibid.*, p. 10.

de la vie, les misérables, les pauvres, les exclus. Voici un extrait de commentaires de Fuchs : « Tout commence par une question d'un spécialiste de la Loi, qui veut tester les capacités théologiques de Jésus (v. 25). Lequel renvoie son interlocuteur à l'Ecriture qu'il connaît bien, comme le montre sa réponse (v. 27). La vraie vie, c'est aimer Dieu et le prochain, obéir au double commandement, c'est vivre. Et vivre, c'est aimer. Mais aimer qui ? Peut-on aimer tout le monde ? Ne faut-il pas préciser les limites éventuelles de ce commandement pour qu'il soit applicable ? La seconde question du légiste semble assez légitime et sensée (v. 29). Et pourtant, Jésus, en racontant l'histoire du Samaritain, va totalement renverser cette perspective. Ce renversement, qui donne la clé de la parabole, est visible dans l'ultime question posée par Jésus à son interlocuteur, lorsqu'il amène ce dernier à reconnaître que c'est le samaritain qui a été le prochain de l'homme blessé par les bandits et non l'inverse. Le prochain n'est pas quelqu'un dont je m'approche, c'est celui qui s'approche ou s'est approché de moi pour me faire du bien.

Nous pouvons, à partir de là, revenir à notre parabole et à notre question : que signifie aimer ? C'est d'abord se laisser émouvoir par la détresse d'autrui (Cf. v. 33 : litt. : il fut pris aux entrailles) ; aimer, c'est dans un premier mouvement, se laisser interpeller par la situation d'autrui. C'est ensuite, à l'image de ce que fit le samaritain, agir concrètement et intelligemment pour venir en aide à autrui (Cf. v. 34). Aimer, c'est aussi ne pas écraser l'autre sous le poids de la dette de reconnaissance. Le samaritain fait ce qu'il faut puis s'en va, sans attendre que le blessé le remercie ; il ne succombe pas à la tentation narcissique du bienfaiteur. C'est ainsi qu'il s'est montré le prochain du blessé ; en s'approchant de lui »[274].

L'ordre que Jésus donne : « Va et, toi aussi, fais de même » ne peut se comprendre mieux qu'à travers ce commentaire de Fuchs. Car « fais de même », c'est agir comme le bon samaritain, c'est-à-dire s'approcher de celui ou celle qui est dans le besoin d'être secouru. Il ne suffit pas de s'approcher, il faut aussi faire le nécessaire pour venir concrètement en aide. Aimer son prochain prend une autre dimension éthique dans cette parabole : ne peut s'approcher d'autrui, du misérable que celui qui reconnaît qu'il doit sa vie à autrui, à Dieu. C'est alors qu'il pourra à son tour devenir le prochain d'autres blessés, misérables, dépouillés de façon désintéressée. C'est de cette façon qu'aimer son prochain permet la réalisation du droit à la vie d'autrui. Aimer son prochain concerne à la fois l'individu et l'Etat. Un des volets de l'obligation de l'Etat de réaliser le droit à la vie est celui de lutter contre les épidémies afin d'augmenter l'espérance de vie.

Il y a une épidémie parmi tant d'autres qui ravage l'Afrique, c'est le sida. Les gouvernements du continent noir ont l'obligation de lutter contre cette épidémie afin d'augmenter l'espérance de vie des Africains. C'est pourquoi le sida est au centre des discussions du sommet de la Communauté de

---

[274] E. FUCHS, *Op. Cit.*, pp. 62-63.

Développement d'Afrique Australe (SADC) qui se tient à Dar-es-Salam (Tanzanie) du 25 au 26 août 2003. Dans un point de presse en préparation de ce sommet qui regroupe 14 pays dont la République Démocratique du Congo, M. Prega Ramsamy, Secrétaire exécutif de l'organisation régionale SADC, a déclaré : « le Sida est un problème très sérieux dans la SADC. Il nous vole notre population active, notre ressource la plus précieuse. Oubliez tout espoir de développement dans la SADC si on le laisse se répandre à son rythme actuel »[275]. Il a rappelé qu'un plan d'attaque généralisé contre la pandémie, avec distribution gratuite des médicaments a été récemment adopté. Il a souligné que la SADC est « la région la plus touchée au monde ». Il se réfère à une étude récente qui laisse entendre qu'il y a environ 14 millions de séropositifs dans la SADC, soit 51% des cas en Afrique et 37% de l'ensemble des cas de la planète.

L'ordre que Jésus donne, « Va et, toi aussi, fais de même » à ton prochain, doit inciter les gouvernements africains et la communauté internationale à s'intéresser à tous les séropositifs du monde et à la région la plus touchée au monde. Ils doivent les aimer, c'est-à-dire se laisser émouvoir par leur détresse comme le bon samaritain. Dans un premier temps, ils doivent se laisser interpeller par la situation gravissime qui touche une grande population active. Dans un deuxième temps, leur devoir est de lutter concrètement et intelligemment contre le sida en apportant du secours ou de l'aide gratuite en médicaments aux séropositifs. Et enfin, ils ne doivent pas succomber à la « tentation narcissique du bienfaiteur », c'est-à-dire ne pas attendre des reconnaissances de la part des séropositifs.

En quoi « La foi, l'espérance et l'amour » constituent les fondements du droit à la vie et « la vie de l'au-delà » ?

2.6 « La foi, l'espérance et l'amour » comme fondement du droit à la vie et « la vie de l'au-delà »

La foi, l'espérance et surtout l'amour constitue le fondement, la matrice du droit à la vie. Car sans l'amour, vertu théologale et la justice qui en découle, vertu cardinale, le respect, la protection et la réalisation du droit à la vie sont mis en cause.

Dans son livre « Ethique économique », Arthur Rich montre sa conviction profonde que l'éthique sociale doit « avant tout viser l'humanisation de l'homme »[276]. Par humanisation de l'homme, il entend « une humanité vivant de foi, d'espérance et d'amour. La foi relève de la conviction la plus intime, attachée à la révélation de Dieu en Jésus-Christ ; l'espérance rend compte de la tension eschatologique que cette révélation instruit avec le monde et avec l'histoire des humains ; l'amour est bien le fondement le plus profond et le plus

---

[275] http://www.africatime.com/rdc. AFP, 23 août 2003.
[276] A. RICH, *Op. Cit.*, p. 18.

simple de l'éthique chrétienne. Mais comment passer de l'amour à la justice, de ce qui est bien pour les chrétiens à ce qui est juste pour la société ? »[277].

Rich ne dissout pas la justice dans l'amour. Cependant, il constate qu'il y a un rapport entre l'amour et la justice. Ce rapport est basé sur le fait que les deux concepts mettent l'accent sur l'égalité. Il affirme que « l'amour lié à l'espérance et à la foi insiste sur l'égalité dans sa compréhension de l'humanité »[278]. L'humanité constituée de foi, d'espérance et d'amour exige que tout être humain soit respecté, accepté et accueilli comme image de Dieu. Ce respect est accordé à tous les êtres humains, c'est-à-dire à ceux qui font le bien et à ceux qui font le mal ou qui agissent à l'encontre de cette humanité. Il présente la notion de justice comme étant le concept central de l'éthique et situe le fondement de la justice conforme à l'humain dans la foi, l'espérance et l'amour. Ce qu'il appelle « éléments constitutifs de l'humain ». La connaissance de cette justice exige la référence à l'expérience de l'existence humaine dans le témoignage christique du Nouveau Testament.

Fuchs pense que cette traduction éthique de la foi, de l'espérance et de l'amour exige l'exercice du discernement qui en compte l'intelligence, la connaissance de la réalité et la foi « qui permet de percevoir la véritable profondeur de ce réel, déjà visité et sauvé par l'amour »[279]. Il définit l'éthique comme étant « la traduction de cet amour : elle suppose un effort de renouvellement constant de la compréhension du monde ; de soi et de Dieu, pour échapper à une fausse appréciation du réel et pour discerner dans le concret des situations ce que peut être la volonté de Dieu et comment l'assumer avec courage, patience, persévérance, prudence, etc. »[280].

C'est la raison pour laquelle le droit à la vie trouve son fondement dans la loi d'amour. Car les commandements de la loi de Dieu : Tu ne commettras pas de meurtre, tu ne commettras pas d'adultère, tu ne commettras pas de vol, tu ne diras pas de faux témoignages contre ton prochain, tu ne convoiteras pas la maison de ton prochain, ni son serviteur, ni sa servante, ni son bœuf, ni son âne, ni aucune chose qui soit à ton prochain, ont été résumés en un seul : « tu aimeras ton prochain comme toi-même » (Mt. 22, 39). Comme on le sait, l'amour est la vertu qui garde sa priorité théologale, et de ce fait il est au premier plan du fondement du droit à la vie.

La foi, l'espérance et l'amour sont les trois vertus théologales qui non seulement constituent le fondement du droit à la vie, mais encore jouent le rôle plus important pour le salut, c'est-à-dire la vie de l'au-delà. Nous l'avons vu dans le récit parabolique du jugement dernier où les justes sont reçus dans le royaume des cieux à cause de leurs actes d'amour : « Chaque fois que vous l'avez fait à l'un de ces plus petits, c'est à moi que vous l'avez fait » (v. 40).

---

[277] *Ibid.*, p. 22.
[278] *Ibid.*, p. 211.
[279] E. FUCHS, *Op. Cit.*, p. 42.
[280] *Ibid.*

Dans son commentaire, Fuchs dit au sujet de ce verset : « l'éthique est ici la clé qui ouvre ou ferme les portes du Royaume des cieux… »[281].

On sait aussi que le salut est donné gratuitement par la foi comme il est dans les Actes des Apôtres : « Crois au Seigneur Jésus et tu seras sauvé ; toi et ta (famille) maison » (Ac 16, 31) de même que dans Romains : « celui qui est juste par la foi vivra » (Rm 1, 17) ; « si, de ta bouche, tu confesses que Jésus est Seigneur et si, dans ton cœur, tu crois que Dieu l'a ressuscité des morts, tu seras sauvé. En effet, croire dans son cœur conduit à la justice et confesser de sa bouche conduit au salut » (Rm 10, 9-10). Ainsi donc les trois : la foi, l'espérance et l'amour demeurent comme fondement du droit à la vie et la vie de l'au-delà.

Conclusion partielle

Sans la vie, le titulaire du droit n'existe pas. C'est pourquoi le droit à la vie constitue le fondement des droits de l'homme. Le principe de dignité humaine est un principe de référence et une valeur à respecter. Tout être humain doit être traité non pas, comme un objet mais comme image de Dieu. La dignité est la protection de l'homme dans son rapport avec la société. Cette protection de la personne humaine doit s'étendre contre les atteintes au droit à sa vie et aux différents types de menaces sur le droit à la vie. L'Etat a la triple obligation de respecter, protéger et réaliser le droit à la vie.

Le droit à la vie occupe une position centrale dans les droits de l'homme et dans les questions théologiques. Il sert de lien entre les deux. Dans l'Ancien Testament et dans le Nouveau Testament, la vie est considérée comme un don précieux que Dieu fait gracieusement à l'humanité. Dans ce cas, le droit à la vie est ce qui est conforme au respect, à la protection, à la réalisation de la vie, don de Dieu. Les textes bibliques évoqués à ce sujet affirment que toute personne humaine a reçu de Dieu la mission ou la responsabilité de prendre soin du droit à la vie d'autrui, de respecter, protéger et réaliser ce droit. Selon l'un de ces textes, la foi, l'espérance et l'amour constituent le fondement du droit à la vie et la vie de l'au-delà.

Conclusion de la première partie

La République Démocratique du Congo ne peut être démocratique que si la dimension « droits de l'homme » est prise en compte, c'est-à-dire si elle s'engage à respecter et à protéger les droits de l'homme qui découlent d'une certaine conception de l'homme, de la société et du pouvoir.

En outre, elle doit s'occuper du sort réservé à celui qui est considéré comme étranger, ou qui voit ses droits fondamentaux violer ; elle peut se porter garante de la sécurité des personnes et du droit à une vie décente et s'efforcer d'appliquer l'égalité de tous devant la justice, l'accès au savoir en

[281] *Ibid.*, p. 56.

général et à l'enseignement primaire et secondaire en particulier, à l'emploi, au logement, à un revenu minimum décent…

Pour que la République Démocratique du Congo soit réellement démocratique, il faudrait qu'elle parvienne à gérer la « démocratie au quotidien ». Cela veut dire que des questions éthiques doivent être prises en compte : le non-respect de la parole donnée ou le problème des fausses promesses qui se pose en politique, le problème de la démagogie, celui du mensonge, celui des intérêts supérieurs de la nation ou de l'Etat, enfin, celui de vouloir se cramponner au pouvoir, d'occuper le poste politique à vie, de ne pas céder la place aux autres, de se considérer toujours comme étant l'homme qu'il faut au poste que l'on occupe , et cela à n'importe quel prix.

La démocratie comme manière de vivre ensemble dans le respect de l'autre et dans la solidarité doit s'enraciner dans la mentalité de l'homme congolais.

Le deuxième chapitre traitant la théologie et droits de l'homme a permis, d'abord, de trouver quelques solutions aux problèmes posés par l'analyse de la situation des droits de l'homme en République Démocratique du Congo à partir des réflexions des théologiens ; ensuite, d'aborder une des questions des droits de l'homme liée à la référence à la nature et à Dieu. Il a montré de plus à quoi ressemblent la liberté, l'égalité et la fraternité sur le plan théologique.

Dans le chapitre suivant, mon souci est d'approfondir la question des rapports entre les Droits de l'homme et la théologie en insistant sur un seul lien considéré comme le plus important de tous les liens qui puissent exister entre les deux : le Droit à la vie.

Sans la vie, le titulaire du droit n'existe pas. C'est pourquoi le droit à la vie constitue le fondement des droits de l'homme. Le principe de dignité humaine est un principe de référence et une valeur à respecter.

L'Etat a la triple obligation de respecter, protéger et réaliser le droit à la vie.

Deuxième partie.
Théologies africaines et droits de l'homme

Cette partie s'articule autour des trois chapitres. Le premier a pour pierre de touche l'apport des théologiens africains à la promotion des droits de l'homme. Le deuxième porte sur les spécificités propres à la charte africaine des Droits de l'homme et des peuples. Le troisième se réfère à la contribution de la Conférence des Églises de toute l'Afrique (CETA) et le colloque de Yaoundé en matière de droits de l'homme en Afrique.

Chapitre IV.
Théologiens africains et droits de l'homme

Ce chapitre répond à la question posée ci-dessus, à savoir : quel est l'apport des théologiens africains à la promotion des droits de l'homme ? Il est évident que, dans ce genre d'étude, on ne peut que retenir quelques noms parmi tant d'autres. Ce chapitre expose comment quelques théologiens africains voient le problème des droits de l'homme et de quelle manière ils essaient de contribuer à sa promotion par l'enseignement, la recherche et la publication. Leur travail est orienté généralement vers une recherche pratique sur les problèmes de société africaine et d'éthique. Mon analyse essaie de classer les théologiens africains en quatre catégories :

- la théologie noire en Afrique du Sud ;
- la théologie africaine plus culturelle ;
- la théologie africaine de libération socio-politico-économique ;
- la théologie africaine de la reconstruction.

1. La théologie noire en Afrique du Sud

Je voudrais présenter ici les grandes orientations de la théologie noire sud-africaine, en montrant que le problème des droits de l'homme dans les sociétés africaines se pose en termes de libération socio-politico-économique et spirituelle. Le rôle des Eglises et des théologiens en Afrique du Sud durant la période de l'apartheid et après l'apartheid est de contribuer à la défense, à la protection et à la promotion des droits de l'homme sans oublier la construction de la paix et la réconciliation. Pour pouvoir présenter ces orientations, nous faisons appel à quatre théologiens : deux sud-africains, un congolais et un français.

1.1 Desmond Mpilo TUTU, Prix Nobel de la paix

Mgr Desmond Tutu, archevêque anglican honoraire du Cap, est connu pour son combat acharné et non violent contre le régime d'apartheid. Cela lui a valu le prix Nobel de la paix en 1984. Pendant quatre ans, il présida la Commission

Vérité et Réconciliation[282]. Il s'est distingué en aidant des milliers de personnes à révéler leurs traumatismes et leurs horreurs commises durant la guerre des races et en les accompagnant sur la voie du pardon et de la réconciliation.

Ce théologien présente ce qu'il attend de la théologie de la libération en Afrique. Voici un extrait de son exposé qui sera suivi de mes commentaires :

> « Toute théologie de la libération est née de la tentative de comprendre la souffrance de ceux qui sont victimes d'une oppression et d'une exploitation institutionnalisées, de ceux qu'on aliène et qu'on traite comme des choses, alors qu'ils sont des personnes humaines créées à l'image de Dieu, rachetées par le Christ et sanctifiées par l'Esprit. Telle est aussi la genèse de la ''théologie noire'', qui en Afrique est proprement une théologie de la libération. Elle se développe surtout en Afrique du Sud, où le racisme dépersonnalise les Noirs à un degré tel qu'ils en sont venus - blasphème des blasphèmes - à mettre en doute leur qualité d'hommes et à penser que leurs oppresseurs sont dans le vrai quand ils la leur dénient.
>
> En tant que théologie de la libération, la théologie noire fait désormais partie du combat pour la délivrance du peuple, c'est pourquoi elle est interdite, ou du moins suspectée, par le pouvoir. Elle s'est intégrée au mouvement de conscientisation qui, s'inspirant de l'Evangile, veut réveiller chez les Noirs le sens de leur dignité inaliénable d'enfants de Dieu.
>
> Deux facteurs ont contribué au développement de la théologie noire en Afrique du Sud. Le premier est la théologie noire nord-américaine ; celle-ci, implicite depuis longtemps dans les ''negro-spirituals'' qui rendaient courage aux esclaves aux jours sombres de leur servitude, a été explicitée et mise en forme lors de la campagne pour les droits civiques. Le second facteur est l'impulsion reçue du fait que tant de pays africains ont réussi à secouer le joug du colonialisme et à obtenir leur indépendance.
>
> La Théologie de la libération prend en compte les aspects sociopolitiques de la réalité, car ils déterminent, pour une grande part, la qualité non seulement de la vie profane mais aussi de la vie religieuse. Nos théologiens sont persuadés que la dichotomie entre le sacré et le profane est contraire à la foi dans l'incarnation et foncièrement irréligieuse »[283].

Ce texte contient, selon notre grille de lecture, sept affirmations :

---

[282] Pour de plus amples informations, lire entre autres : D. Mpilo Tutu, *Il n'y a pas d'avenir sans pardon.* Traduction française, Paris, Edition Albin Michel, S.A., 2000.

[283] D. Mpilo TUTU, « La théologie de la libération en Afrique », in *Libération ou adaptation ? La théologie africaine s'interroge,* Le Colloque d'Accra, Paris, Édition L'Harmattan, 1979, pp. 195-196.

1ère affirmation : la genèse de toute théologie de la libération commence par la compréhension de la souffrance de ceux qui sont opprimés, chosifiés, dépersonnalisés ;

2ème affirmation : la confirmation de la théologie noue comme étant une théologie de la libération en Afrique du Sud ;

3ème affirmation : la théologie noire mène la lutte pour la délivrance du peuple ;

4ème affirmation : la théologie noire sud-africaine a trouvé sa place dans le mouvement de conscientisation inspirée de l'Evangile en vue d'imprégner dans la conscience des Noirs le sens de la dignité en tant qu'enfants de Dieu ;

5ème affirmation : la théologie noire nord-américaine a contribué au développement de la théologie noire en Afrique du Sud au même titre que la décolonisation de beaucoup de pays africains.

6ème affirmation : c'est l'évidence de la prise en compte des aspects sociopolitiques de la réalité par la théologie de la libération et plus précisément de la théologie noire sud-africaine ;

7ème affirmation : les théologiens africains sont persuadés que le sacré et le profane vont de pair et ne sont pas dissociables. C'est pourquoi ils s'occupent de l'homme tout entier, corps et âme.

Les sept affirmations de Desmond Tutu sont systématisées par Leornado et Clodovis Boff dans leur ouvrage : « Qu'est-ce que la théologie de la libération ? »[284].

En effet, en évoquant leur « méthode fondamentale de la théologie de la libération », les Boff parlent de trois médiations principales comme moyens d'analyse théologique. D'abord, la médiation socio-analytique qui prend en compte le monde de l'opprimé et le met au centre de l'analyse. Le théologien cherche à comprendre les raisons de l'oppression, la souffrance des opprimés, les origines ou les racines de cette oppression. Les trois premières affirmations de Tutu peuvent être comprises dans cette médiation.

Ensuite, vient la médiation herméneutique qui se tourne vers Dieu et interroge les Saintes Écritures en vue de découvrir le plan divin pour le pauvre. Ceci correspond, d'une part, à la quatrième affirmation qui s'inspire de l'Evangile et reconnaît que tout humain créé à l'image de Dieu a droit à la dignité. D'autre part, à la septième affirmation qui ne dissocie pas le sacré et le profane et s'occupe de l'homme tout entier.

Enfin, la médiation pratique recourt à l'action et essaie d'élaborer un plan pour vaincre l'oppression en référence aux Saintes Ecritures. La sixième affirmation de Tutu qui prend en compte les aspects sociopolitiques de la réalité trouve sa place dans cette troisième médiation.

---

[284] L. et C. BOFF, *Op. Cit.*

Que retenir d'Allain Boesak[285] ?

1.2. Allain Boesak[286]

Boesak, dans son intervention au Colloque d'Accra intitulée « La théologie de la libération en Afrique du Sud »[287], expose les grandes lignes de sa pensée. Voici en résumé l'essentiel de son exposé.

Pour lui, une nouvelle conscience politique est à l'origine de la théologie de la libération en Afrique du Sud, en Amérique latine ou ailleurs dans le monde. La prise de conscience par les hommes de la situation socio-politico-économique du pays dans lequel ils se trouvent, fait que ces hommes se mettent à réfléchir, à se poser des questions comme jamais auparavant. Cette réflexion n'épargne pas la tradition théologique dans laquelle le théologien vit. La réflexion leur a permis de comprendre que cette tradition théologique « tout en étant la leur, n'était jamais devenue vraiment la leur », elle était d'abord au service de l'apartheid : « l'apartheid, en Afrique du Sud, n'est pas seulement un système politique, économique, et social, c'est aussi une réalité théologique »[288].

Cette prise de conscience des Noirs en Afrique du Sud a donné le nom de « conscience noire ». Elle a permis aux Noirs de découvrir qu'ils sont enfants de Dieu au même titre que les autres et qu'ils ont la responsabilité d'agir sans complexes en tant que personnes humaines. Les Noirs en Afrique du Sud ont été opprimés parce qu'ils sont nés Noirs et par conséquent ils sont privés de tous les droits inhérents à un être humain.

La théologie noire de la libération, affirme-t-il, n'est autre chose qu'une théologie « en situation ». Il veut dire par là que la situation et le contexte dans lequel le théologien vit, influencent considérablement sa réflexion théologique. Il décrit le régime politique sud-africain comme n'étant pas, bien sûr, une démocratie, non plus une dictature à proprement parler, mais comme une « *pigmentocratie* », c'est-à-dire « un régime où les droits et les privilèges de chacun dépendent de la couleur de sa peau. Au sommet de l'échelle sociale, il y a les Sud-Africains blancs : ils ont les privilèges économiques, sociaux ou politiques, le droit de vote et un niveau de vie très élevé. Ensuite viennent les sud-Africains ''colorés'' ; asiatiques, indiens, etc. Ils constituent une catégorie bien définie, politiquement reconnue, quelle que soit leur nuance de couleur. Enfin, tout en bas de l'échelle, il y a ceux que le gouvernement appelle les

---

[285] A. BOESAK est alors Sud-Africain, Aumônier d'étudiants et théologien. Auteur du livre : *Forewell to innocence. A social-ethical, Study of Black Theology and Black Power,* Rovers Press, Johannesburg, 1977.

[286] *Ibid.*.

[287] *Libération ou adoption ? La théologie africaine s'interroge.* Le Colloque d'Accra, *Op. Cit.*, pp.203-210.

[288] *Ibid.*, p. 204.

Bantous, le peuple africains »[289]. Ces derniers n'ont rien, ni le droit de propriété ni celui de vivre avec leur famille et leurs enfants.

La théologie noire sud-africaine naît donc de l'état d'oppression et de souffrance d'un peuple qui croit en Dieu et qui s'interroge sur le message de l'Évangile. De ce fait, elle se veut une théologie de la libération.

Les thèmes théologiques de libération exploités par les chrétiens noirs d'Afrique du Sud sont les mêmes que chez les chrétiens noirs des Etats-Unis ou d'Amérique latine. Cependant, pour les Sud-africains, l'Exode est leur thème préféré. Il s'agit de l'Exode spirituel et politique qui fait sortir d'une situation d'oppression pour une situation de liberté.

Pour clore son exposé, il mentionne quelques objectifs de la théologie de la libération en Afrique du Sud :

- le premier souci est de libérer le peuple de Dieu et l'Évangile afin que la vérité évangélique, Évangile de la libération et de l'espérance, éclate aux yeux de tous ;
- le deuxième souci de la théologie de la libération est de sauvegarder l'intégrité de l'Église chrétienne et son témoignage en Afrique du Sud et dans le monde. Par-là, elle veut éviter l'isolement de l'Église chrétienne sud-africaine ;
- le troisième souci est de faire comprendre au monde ce que signifie « libération » pour l'Afrique du Sud ou pour l'homme africain. A ce propos, la pensée traditionnelle africaine, affirme-t-il, pendant des siècles a été marquée par le concept de la « totalité » de la vie. Ce concept est aussi biblique. Une invitation est faite pour tendre vers ce que la Bible appelle « l'année sabbatique » ;
- le quatrième souci se porte sur des questions de racisme, de socio-politique et d'économie en Afrique du Sud.

Mes commentaires seront donnés après avoir exposé les pensées de deux autres théologiens à savoir Ngindu Mushete et Bruno Chenu. Nous y reviendrons.

Je reviens sur Ngindu Mushete.

1.3. Ngindu Mushete[290]

Dans son livre intitulé « Les thèmes majeurs de la théologie africaine », Ngindu Mushete réserve quelques pages à la théologie noire sud-africaine. Celle-ci est définie comme un mouvement de pensée et d'action qui se présente « comme une révision critique du racisme considéré comme un phénomène structurel global, lié historiquement à l'expansion du capitalisme

289 *Ibid.*, pp. 206-207.

290 Ngindu Mushete est chercheur et professeur à la Faculté de Théologie catholique de Kinshasa depuis 1968. Membre fondateur de l'Association œcuménique des théologiens du Tiers-Monde (EATWOT), membre du Comité directeur de la Revue internationale de théologie *Concilium.* Il dirige depuis 1978 le Bulletin de Théologie africaine, organe de l'Association œcuménique des théologiens africains.

européen. Elle s'inspire davantage de la situation sociale d'oppression et de ségrégation que connaissent les noirs en Amérique et en Afrique du Sud »[291].

Il fait remarquer que l'expression *« Black theology »* qui apparaît vers 1970 en Afrique du Sud a connu sa première manifestation publique dans le contexte africain en mars 1971. Il distingue quatre orientations majeures de la théologie sud-africaine.

- Black theology ou théologie noire

Ce courant a été initialement représenté par un théologien blanc, Basil Morre et puis relayé par les théologiens africains comme Manas Buthelezi. Selon ce courant, la théologie noire est intimement liée à la conscience noire, c'est-à-dire la conscience raciale, politique, économique et culturelle. Ce courant fait la différence entre la théologie noire et la théologie africaine. La première est considérée comme expression en termes de libération totale du Noir, la seconde comme expression en termes purement culturels.

- Théologie africaine

Ce deuxième courant a eu comme représentant, Douglas Makhatimi, ami de Manas Buthelezi. La foi biblique est le fondement de cette théologie qui s'exprime en termes culturels et philosophiques.

La théologie africaine se définit donc, en référence à toutes les évidences qui précèdent, comme un langage africain de la théologie, qui s'élabore dans l'ultime but d'apporter des réponses aux questions concrètes qui se posent à l'expérience africaine de la foi chrétienne. Ce langage est africain, en tant qu'expression de la pensée africaine. Cette dernière se distingue par le fait qu'elle est une pensée non pas discursive comme pensée grecque et donc occidentale, mais synthétique ; non pas « analytique par utilisation, mais intuitive par participation ». Dès lors, la théologie africaine peut être considérée comme une réaction africaine à une forme de pensée incapable d'atteindre des situations concrète qui s'y développent et interpellent l'homme au quotidien.

Le troisième courant insiste sur les religions traditionnelles africaines. La nouveauté du christianisme est mise en cause par ce courant. Le quatrième courant est le produit des Eglises africaines indépendantes qui s'approprient le discours de la théologie noire.

Ngindu Mushete conclut son exposé en ces termes :

> « Une évidence majeure a longtemps échappé à l'homme occidental : il n'y a pas un monde, mais des mondes, pas une histoire, mais des histoires, pas une culture, mais des cultures, pas une théologie, mais des théologies. La réalité, c'est que chaque peuple, chaque communauté humaine conçoit et organise son existence historique, non pas selon un

---

[291] Ngindu MUSHETE, *Les thèmes majeurs de la théologie africaine,* Paris, Édition L'Harmattan, 1989, p. 47.

modèle universel et immuable, mais selon sa situation dans l'espace et dans le temps.
La perception du monde et des valeurs dépend toujours du lieu d'où elle se fait, et dans la mesure où les hommes vivent dans des espaces différents, ils vivent et pensent différemment leurs relations humaines, leur culture et leur religion »[292].

Cette conclusion justifie l'existence d'une théologie dite noire sud-africaine qui s'et façonnée dans un contexte historique et culturel bien précis dans l'espace et dans le temps.

Il convient aussi de rappeler Bruno Chenu.

1.4. Bruno Chenu[293]

Il atteste la filiation entre théologie noire sud-africaine et théologie noire américaine. Les deux théologies, constate-t-il, se préoccupent d'un même Evangile qui libère du même racisme blanc à fondement chrétien. C'est pourquoi il définit la théologie noire comme étant « une réaction réfléchie à l'intolérable, à ce blasphème contre Dieu qui a créé les êtres humains à sa propre image »[294]. Plus loin, il dit que la théologie noire « est l'expression chrétienne du combat des opprimés »[295].

Le mouvement de la conscience noire a servi de berceau à la théologie noire. Ce mouvement s'est développé dans les milieux des Noirs et Indiens décidés à combattre l'apartheid depuis l'interdiction de l'ANC et du PAC. Le mouvement s'est enraciné également dans les Eglises. Les étudiants, après avoir bien accueilli les œuvres de la théologie noire américaine et surtout celles de James H. Cone, voulaient développer leurs propres problématiques. Ils ont trouvé leur appui dans la personne d'un pasteur méthodiste blanc, Basil Moore, à l'époque secrétaire du « Mouvement chrétien universitaire » (UCM). C'est du sein de l'UCM que se forma une nouvelle organisation des étudiants noirs, la SASO sous la direction de Steve Biko. Lors de son congrès tenu en 1970, cette nouvelle organisation des étudiants « non-blancs » exprima ses requêtes de la prise de conscience noire. En voici quelques-unes :

« 1. Le principe fondamental de la conscience noire est que le Noir doit rejeter tout système de valeurs qui vise à faire de lui un étranger dans son pays natal et à diminuer sa dignité humaine fondamentale. »

« 2. Le Noir doit bâtir son propre système de valeurs et se considérer comme étant défini par lui-même et non par d'autres... »

---

[292] *Ibid.*, p. 49.

[293] B. CHENU, né en 1942, à Beaurepaire (Isère), prêtre assomptionniste, était professeur à la Faculté de Théologie de Lyon et directeur littéraire aux Editions des Centurions. Il a travaillé les questions concernant l'Eglise, l'œcuménisme et les théologies de couleur. Il était membre de la Commission française Justice et Paix.

[294] B. CHENU, *Théologies chrétiennes des tiers-mondes, Op. Cit.*, p. 91.

[295] *Ibid.*, p. 104

« 3. L'idée de conscience noire comporte la prise de conscience par les Noirs du pouvoir qu'ils détiennent en tant que groupe, sur les plans économiques aussi bien que politique ; la cohésion et la solidarité du groupe sont donc des aspects importants de la conscience noire. »
« 4. La conscience noire sera toujours renforcée par l'engagement total des opprimés ; il faut donc que le message de la conscience noire soit diffusé de façon à toucher tous les secteurs de la communauté noire »[296].

Cette théologie noire existe pour elle-même et n'a de compte à rendre à personne pour son existence. Elle tire sa légitimité dans l'existence d'une situation d'oppression, d'un système d'apartheid soutenu par la religion. Elle se veut particulière, contextuelle, limitée dans le temps et dans l'espace.

Chenu présente le message de cette théologie par trois termes qui lui ont servi à exposer la théologie noire américaine, à savoir : négation, affirmation, libération.

- Négation. La théologie noire sud-africaine dénonce la théologie missionnaire occidentale qualifiée de « théologie de compromis et de soumission ». La théologie noire se veut une théologie de la résistance, qui réfute toute compromission avec le régime d'apartheid et cherche à le déposer. Elle est une théologie de désaliénation, de protestation à l'égard de ce système.
- Affirmation. Les Noirs doivent être fiers de leur couleur qui est un don de Dieu. La décolonisation doit être à la fois mentale et physique. Dans l'affirmation de sa dignité, le Noir doit se réacoutumer des valeurs africaines telles que : le respect de la vie, la conception non dualiste de l'être humain, le sens de la solidarité...
- Libération. « Dieu, de quel côté es-tu ? » (Mgr Desmond Tutu). Dieu est toujours du côté des opprimés, des affamés, des sans voix, des persécutés afin de leur montrer un chemin qui mène à la libération. La théologie noire sud-africaine a toujours eu besoin d'un exode spirituel et politique. « La théologie noire cherche à instaurer un ordre social entièrement nouveau ». Allan Boesak l'a défini ainsi lors de la fondation du « Front Démocratique Uni » (UDF) en août 1983 : « Un Etat sud-africain un et indivisible qui appartiendrait à toutes ses populations ; une démocratie ouverte dont ne serait exclu aucun sud-africain ; une société dans laquelle la dignité humaine de tous serait respectée »[297].

Que dire de la théologie noire sud-africaine et les Droits de l'homme ?

1.5 La théologie noire sud-africaine et les Droits de l'homme

Dans sa lutte pour la conquête des libertés fondamentales et des droits de l'homme confisqués par une minorité blanche, la théologie noire sud-africaine a toujours été à la recherche de l'instauration d'un Etat démocratique qui

[296] *Ibid.*, p. 104. Cf. M. GOGUEL et P. BUIS, *Chrétiens d'Afrique du Sud face à l'apartheid,* p.149.
[297] B. CHENU, *Op. Cit.,* pp. 114-115.

respecte et protège les droits de l'homme. Son objectif est de voir la disparition de l'apartheid et l'avènement d'un Etat de droit et d'un nouvel ordre social, politique, économique où toutes les populations sud-africaines jouiront des droits et libertés fondamentales.

La théologie noire combat pour que les Noirs, les Métis, les Indiens et les Blancs retrouvent pleinement la liberté d'expression. Elle combat une législation raciale qui exclut les Noirs de toute la vie publique et donne tous les droits aux seuls blancs tant au niveau politique qu'économique. Elle tient à la protection et à la promotion des droits des Noirs et à mettre un terme à l'apartheid qui signifie : une séparation, une mise à part. L'apartheid dépouille le noir de sa propre terre, le parque dans des réserves au point que le Noir devient un travailleur migrant, étranger dans son propre pays. La théologie noire veut faire sortir le peuple sud-africain d'une situation d'oppression pour une situation où tout le monde, Blancs et Noirs, verra la dignité humaine respectée, l'Etat sud-africain appartenir à toutes ses populations et la démocratie ouverte à tous.

Les pages qui suivent portent sur la théologie africaine plus culturelle.

2. La théologie africaine plus culturelle.

En abordant ce point, je voudrais répondre à une question fondamentale qui est celle de savoir si la théologie africaine plus culturelle contribue à la promotion des droits de l'homme. Je voudrais commencer par une brève description des contours de la théologie africaine en général avant de m'appesantir sur les théologies africaines plus culturelles en particulier.

La théologie africaine, selon John Mbiti[298], est composée de trois grands secteurs ; la théologie écrite, la théologie orale et la théologie symbolique. Si la théologie écrite est le privilège des intellectuels africains à travers leurs publications, la théologie orale, par contre, est l'apanage du peuple qui s'exprime par le chant, la prédication, l'enseignement, la prière ou la conversation. La théologie symbolique, quant à elle, « s'exprime à travers l'art, la sculpture, le théâtre, les rites, la danse, les couleurs, les chiffres... »[299].

La théologie africaine plus culturelle est plus expressive, plus parlante dans les secteurs oral et symbolique que dans le secteur écrit. Nous le verrons dans les lignes qui suivent.

« Où en est la théologie africaine ? ». Telle est la question posée par Gabriel M. Setiloane[300] dans son exposé au Colloque d'Accra. Il estime que la théologie africaine a fait sa percée dans la tradition théologique occidentale lors de l'Assemblée du Conseil Œcuménique des Eglises tenue à Bangkok en

---

[298] Originaire du Kenya, il est directeur de l'Institut œcuménique du Conseil Œcuménique des Eglises à Bossey, Suisse.

[299] J. MBITI, « La Bible et les courants actuels de la théologie africaine », in *Libération ou adaptation ? La Théologie africaine s'interroge.* Le Colloque d'Accra, *Op. Cit,* p. 105.

[300] Originaire du Botswana, Directeur du département de théologie à l'Université de Botswana et Swaziland.

1972 ayant eu pour thème : « Mission et Evangélisation ». C'est au cours de cette Assemblée que les théologiens africains ont montré que la théologie africaine existe bel et bien et qu'elle mérite considération par les autres théologiens de l'Eglise universelle.

Tharcisse Tshibangu Tshishiku[301], dans son rappel des jalons du cheminement vers l'élaboration d'une théologie africaine prend en compte l'année 1956 qui a vu la publication d'un ouvrage collectif resté célèbre : « Des prêtres noirs s'interrogent »[302]. Il mentionne, en outre, trois initiatives :

- La Société africaine de culture (S.A.C.) sous la direction de M. Alioune Diop qui a contribué à la promotion de la pensée religieuse africaine et des recherches théologiques.
- La rencontre des théologiens africains en 1969 sous l'égide de la Conférence des Eglises de toute l'Afrique a été d'un apport non négligeable dans l'évolution de la pensée théologique africaine. Cette importante rencontre s'est tenue à l'Université d'Ibadan au Nigéria.
- Il note l'activité de la Faculté de Théologie Catholique de Kinshasa en 1968 lors des assises de la IVème Semaine théologique de Kinshasa. Deux communications ont dominé ces assises : « Le problème d'une théologie africaine revue à la lumière de Vatican II » et « Théologie universelle et théologie africaine »[303].

Ces deux théologiens montrent que la théologie africaine existe et mérite qu'on lui accorde une attention soutenue. Mais la question posée sur sa contribution à la promotion des droits de l'homme demeure. C'est pourquoi nous pouvons à présent approfondir notre réflexion sur la théologie africaine plus culturelle.

Théologie africaine plus culturelle. Elle maintient le lien entre religion et culture. Elle rejette, selon Ngindu Mushete[304], les théories missionnaires de l'implantation et de l'adaptation. Et ce théologien de se poser la question : « comment pouvons-nous penser, comprendre et confesser Jésus-Christ présent dans notre histoire et la culture africaine ? »[305]. C'est une question fondamentale qui constitue, à notre avis, la raison d'être de la théologie africaine plus culturelle. Au moment où nous cherchons à répondre à cette question, nous devons toujours avoir présent à l'esprit que l'Evangile de Jésus-Christ est un. A ce sujet, il nous semble que les questions dogmatiques doivent être préservées pour éviter que la théologie africaine soit autre chose que ce qu'elle doit être. L'attention à la culture africaine, à notre avis, doit être focalisée dans la liturgie. La mise en valeur des symboles du rythme, des

---

301 Originaire de la République Démocratique du Congo, Evêque catholique, ancien Recteur de l'Université nationale du Zaïre.

302 *Des prêtres noirs s'interrogent,* Paris, Présence africaine, 1956.

303 TSHIBANGU Tshishiku, « Les tâches de la théologie africaine », in *Libération ou adaptation ?*, *Op. Cit.*, pp. 92-94.

304 NGINDU Mushete, *Les Thèmes majeurs de la théologie africaine, Op. Cit.*

305 *Ibid.*, p. 53.

chants, des gestes propres à la culture africaine constitue la contribution de la théologie africaine plus culturelle à la richesse incommensurable du christianisme. Deux cas peuvent être cités à titre illustratif :

1° Le rite zaïrois (congolais) de la messe

Depuis 1972, le rite zaïrois de la messe a fait l'objet de discussions intenses entre la Conférence épiscopale du Zaïre et la Congrégation romaine pour le culte divin. Les deux ont trouvé un accord de principe à ce sujet à la fin de 1980.

L'épiscopat zaïrois est animé d'un souci d'inculturer le message évangélique en terre africaine et cela par l'adoption du rite zaïrois (congolais) de la messe. Ce rite est utilisé dans plusieurs paroisses de l'archidiocèse de Kinshasa. Ngindu Mushete nous décrit le décor de ce rite dans l'extrait que voici : « Le rite zaïrois de la messe se caractérise par un décor à l'africaine : étoffes chatoyantes, utilisation de velours Bakuba : ce qui crée une atmosphère chaude et joyeuse, ornements bigarrés, lances d'apparat au pied de la croix, en l'honneur de Christ-chef. Trois éléments sont particulièrement mis en valeur : d'abord les symboles, le rythme et les gestes. Au début de la célébration, l'annonciateur, qui joue un rôle important dans les assemblées traditionnelles, agite une clochette. La procession s'avance alors en dansant au rythme du chant et des tambours. C'est le corps tout entier qui doit prier, explique le Père Mpongo. Chacun porte les instruments de sa fonction : encens, eau bénite, bâton de pasteur, etc. Revêtu d'un costume ample et majestueux, le célébrant principal porte un couvre-chef, symbole de dignité, orné de deux cornes, qui, dans la tradition africaine en vigueur dans plusieurs tribus du Zaïre, signifient le rôle de *''nganga''*, c'est-à-dire l'intermédiaire entre le monde visible et invisible »[306].

Cet extrait nous présente une partie d'un ensemble du rite zaïrois de la messe catholique. Ce rite est toujours en perpétuelle amélioration. Comme on peut le constater, il est riche d'enseignement. Y a-t-il quelque chose à dire du côté protestant ? La réponse à cette question est donnée dans les lignes ci-dessous.

Outre le rite zaïrois (congolais) de la messe, je rappelle le rite congolais du culte protestant.

2° Le « rite » congolais du culte protestant

Les protestants congolais n'ont pas une seule et unique liturgie de l'Eglise, sinon ils cessent d'être protestants. Ils ont plusieurs manières de célébrer le culte ou plusieurs liturgies. Les protestants regroupés dans l'Église du Christ au Congo (95 communautés membres) n'ont qu'une seule paroisse commune de référence dite paroisse internationale protestante de Kinshasa qui est logée

[306] *Ibid.*, p. 87

dans la Cathédrale du Centenaire protestant. C'est dans cette paroisse que je vais analyser le « rite » congolais du culte protestant.

Dans toutes les communautés protestantes membres de l'Eglise du Christ au Congo (ECC), on trouve un héritage non moins négligeable laissé par les missionnaires qui ont fait un grand effort pour contextualiser le culte et le message évangélique. Les missionnaires ont traduit la Bible et les chants d'origine occidentale en langues locales congolaises. Ils ont utilisé lors de la célébration des saintes cènes dans les villages où il n'était pas possible d'avoir du pain et du vin, des produits locaux de consommation. Mais, ils n'ont pas toléré le tam-tam dans l'Eglise. Dans toutes les communautés, les pasteurs congolais ont introduit le tam-tam pendant le culte après le départ des missionnaires.

A la cathédrale du Centenaire protestant, on célèbre trois cultes chaque dimanche. Le premier culte (de 7h30' à 9h00') est réservé aux *lingalaphones,* le parler de la capitale Kinshasa. Le deuxième culte, le plus grand en nombre de participants, se tient en français à partir de 9h30' et se termine théoriquement à 11h30'. Il peut déborder jusqu'à 11h50' puisque le troisième culte qui conserve la liturgie classique en français conforme aux Eglises réformées et luthériennes de France n'ouvre ses portes qu'à 12h00 pour les refermer à 13h00'.

Le deuxième culte connaît un renouveau liturgique. C'est pourquoi il dure plus longtemps. Dans ce renouveau liturgique, on remarque deux temps forts réservés à l'adoration et à la louange dirigés non pas par le pasteur célébrant mais par une chorale accompagnée d'instruments de musique ou en d'autres termes par un orchestre musical chrétien. Le moment d'adoration est consacré à des cantiques d'invocation de la présence du Saint-Esprit, aux prières libres parfois à haute voix. Chacun peut prendre la position qui lui convient : à genoux, debout, assis, mains levées,... etc. Pendant ce temps qui dure cinq à dix minutes, les participants au culte entrent dans la présence du Saint-Esprit. Après l'adoration vient le moment de louange. Le célébrant peut lire quelques paroles tirées des psaumes de louange et laisse vite la place au dirigeant de l'orchestre paroissial. Pendant cette période qui dure normalement cinq à dix minutes, tout le monde se met debout, chante et danse sous la direction de l'orchestre. Cette chorale instrumentale entonne des chants populaires chrétiens à la fois « évangéliques » et « envoûtants » où tout le monde se met à chanter et à se trémousser. C'est de l'ambiance dite « électrique » ou « chaudière » où le dirigeant de l'orchestre arrive à commander toute une foule de gens (plus ou moins trois mille) au moindre geste de son bras. Ce n'est pas n'importe quelle foule, du côté du collège des pasteurs de cette paroisse, on peut compter sept docteurs en théologie, trois doctorants et deux pasteurs ayant une maîtrise en théologie. Pour les paroissiens, c'est la crème de l'élite protestante rassemblée, les professeurs d'université, les ministres du gouvernement, les députés, les sénateurs[307], les présidents directeurs généraux (PDG) des entreprises,... qui sont emballés au rythme « paradisiaque », car Dieu siège au milieu de la louange. Et là, l'homme africain se retrouve dans sa culture : « Heureux le peuple qui chante et qui danse », dit-on. Les protestants congolais s'inspirent des psaumes de louange et du texte de 1 Chroniques, 15 et 16 où l'on découvre que le roi David a dansé devant l'arche de l'Eternel, il s'est rabaissé pour glorifier et louer Dieu, lui qui était roi. A cause de cela, Dieu l'a trouvé l'homme selon son cœur. Heureux comme David qui, pour avoir dansé devant l'arche de l'Eternel, a été béni par Dieu et a pu voir son fils succéder à son trône avec cette promesse de Dieu que le sceptre royal ne quittera point sa descendance.

Je reprends ci-dessous quelques versets du psaume que nous retrouvons dans le premier livre des Chroniques, chapitre 16, car ce psaume est l'un des textes qui constituent le fondement de la théologie de la « louange » à la Cathédrale du centenaire protestant. Voici quelques-uns des versets clés :

v. 8 « célébrez pour le Seigneur, proclamez son nom, faites connaître ses exploits parmi les peuples.

v. 9 « chantez pour lui, jouez pour lui ; redites tous ses miracles.

v. 10 « soyez fiers de son saint nom et joyeux, vous qui recherchez le Seigneur !

v. 23 « chantez au Seigneur, terre entière ; proclamez son salut de jour en jour ;

v. 24 « annoncez sa gloire parmi les nations, ses merveilles parmi tous les peuples.

v. 25 « Car le Seigneur est grand et comblé de louanges, il est terrible et supérieur à tous les dieux ;

v. 28 « donnez au Seigneur, familles des peuples, donnez au Seigneur gloire et force ;

v. 29 « donnez au Seigneur la gloire de son nom

v. 31 « que les cieux se réjouissent, que la terre exulte ! Dites parmi les nations : « Le Seigneur est roi ! ».

Les exégètes disent que ce Psaume de louange (1 Chr. 16, 8-36) se compose en réalité de fragments de trois psaumes : Ps. 105, 1-15 (v. 8-22) ; Ps. 96, 1-13 (v. 23-33) ; et Ps. 106, 1 et 47-48 (v. 34-36).

Le message principal de tous ces poèmes de louange peut se résumer en ces termes : tous les peuples sont convoqués à l'hommage, l'adoration, l'offrande, la prière et peuvent être ainsi pleinement membres du peuple de Dieu.

---

[307] Il est à noter que le président de l'Eglise du Christ au Congo (ECC) est de droit pasteur titulaire (senior) de la paroisse internationale protestante, Cathédrale du centenaire protestant. Actuellement, Mgr Pierre Marini Bodho, pasteur titulaire de cette paroisse, assume également les fonctions de président du sénat dans le parlement de la République Démocratique du Congo.

Un autre texte qui est beaucoup cité à la Cathédrale du centenaire protestant au moment de la louange est le psaume 150 et plus précisément le dernier verset : v. 6 « Que tout ce qui respire loue le Seigneur ! ».

Le moment de louange à la cathédrale du centenaire protestant fait penser à l'accomplissement partiel de la prophétie d'Esaïe où « Tout genou fléchira devant moi, toute langue jurera par moi » (45, 23). Il fait penser également à un peuple soumis à l'Eternel (Ps. 149, 5-6) et des rachetés du Christ prêts à chanter leur hymne d'Apocalypse 5, 8-14.

« Dans la ''libre exubérance des vies vouées à Dieu'', tous les instruments de louange (Ps. 150, 3-5), toutes les créatures capables de louer (v. 6) sont conviés à pousser une acclamation qui soit le point culminant de la joie de la religion de l'Ancien-Testament et un avant-goût de ce ''Gloire au Père, au Fils et au Saint-Esprit'' qui remplira les parvis célestes pendant toute l'éternité »[308].

Un autre changement concerne les habits liturgiques. A côté de la toge ou robe noire traditionnelle léguée par les missionnaires, les pasteurs à la Cathédrale du centenaire protestant ont ajouté deux autres. La première à être ajoutée est la robe de couleur blanche pour les cultes de Noël, Pâques, pentecôte, mariage et autres cultes spéciaux. Pourquoi la couleur blanche ? Dans la plupart des tribus congolaises, lorsque les congolais allaient en guerre, ils mettaient sur leurs visages et leurs corps une pâte de couleur noire. Et le jour de fête, les danseurs mettaient toujours une pâte blanche. L'homme et la femme qui donnent naissance à des jumeaux, événement heureux, appliquent sur leur corps et même sur les jumeaux cette pâte blanche pour marquer la joie d'avoir mis au monde d'un coup deux enfants ou trois parfois, ce qui est rare. La couleur blanche indique la joie, la fête.

La deuxième robe, qui est introduite récemment, est la robe en tissu *« Mochristo ajali mwinda »*, ce qui signifie le chrétien est la lumière. La photo de couverture du livre de Philippe Kabongo-Mbaya, déjà cité, présente ce tissu ou ce pagne porté par les femmes protestantes du Congo les dimanches et lors des fêtes religieuses. Le collège des pasteurs de la Cathédrale du centenaire protestant a fait récemment de ce tissu un habit liturgique pour certaines circonstances comme la célébration du mariage.

La liturgie du mariage, elle-même, tient compte de l'élément culturel. Outre le consentement des époux, le pasteur célébrant demande sur place le consentement de deux familles des époux. Il se rassure auprès de la famille de l'époux si le versement de la dot a déjà eu lieu, et à la famille de l'épouse si elle a reçu cette dot.

Le mariage africain connaît trois étapes à titre de rappel : d'abord le mariage coutumier qui se concrétise par le versement de la dot. C'est l'étape la plus importante qui date de l'époque ancestrale. Ensuite, le mariage civil qui

---

308 J.R.W. STOTI, *The canticles and selected psalms,* 1966, p. 158, cité dans *Le nouveau commentaire biblique,* Edition Emmaüs, 1978, p. 565.

se déroule sous l'œil du Maire ou Bourgmestre. Enfin, vient le mariage religieux ou la bénédiction nuptiale réservée aux chrétiens.

Bruno Chenu précise que la théologie africaine (que nous disons plus culturelle) se formule au centre du continent noir, c'est-à-dire entre le Sahara et l'Afrique du Sud, c'est un courant théologique en devenir[309]. Voyons comment il aborde la problématique de l'inculturation qui nous intéresse dans ce cas-ci : « Inculturation, le mot n'est plaisant ni à l'œil ni à l'oreille. Pourtant il a connu un succès foudroyant dans le cercle des théologiens africains (et aussi asiatiques). Finies l'implantation, l'indigénisation, la contextualisation… L'heure est à l'inculturation, ''c'est la priorité des priorités'', écrit Pénoukou »[310].

Chenu se pose la question de savoir comment définir l'inculturation. Pour y répondre, il donne la définition de P. Arrupe dans sa « Lettre sur l'inculturation », du 14 mai 1978 : « L'inculturation est l'incarnation de la vie et du message chrétien dans une aire culturelle concrète, en sorte que non seulement cette expérience s'exprime avec les éléments propres à la culture en question (ce ne serait alors qu'une adaptation superficielle), mais encore que cette même expérience se transforme en un principe d'inspiration, à la fois norme et force d'unification qui transforme et récrée cette culture, étant ainsi à l'origine ''nouvelle création'' »[311].

S'il faut parler en termes d'image, on peut dire que l'image biblique sous-jacente est celle de semence qui, une fois dans la terre, est appelée à « mourir » et à « ressusciter ». Le message chrétien doit donc grandir à l'intérieur d'une culture. Chenu reconnaît la solidité des fondements théologiques de l'inculturation. Il expose ces fondements de la manière dont ils ont été synthétisés par Mgr Monsengwo Pansinya :

- « L'inculturation est une conséquence de l'incarnation du Verbe. A chaque époque, la parole de Dieu doit passer par le conditionnement d'un milieu humain, tout en dénonçant le péché.
- L'inculturation est une exigence de la catholicité et de l'unité de l'Eglise. Celle-ci ne sera une que par l'intégration de la multitude des particularités.
- L'inculturation est une exigence de la transcendance du message. Car aucune culture ne peut épuiser la richesse du message qui peut prendre corps en chacune.
- L'inculturation est une exigence de la Révélation. La Révélation est toujours historique, demandant une actualisation à chaque époque.
- L'inculturation est une exigence épistémologique du message. En ce sens que le message s'est tissé de l'apport de différentes cultures. Le récit biblique est un bel exemple d'interculturalité.

---

[309] Pour de plus amples informations, lire les trois étapes de la théologie africaine proposées par Bruno Chenu, *Op. Cit.*, pp. 125-159 : L'histoire d'une naissance (1956- 1977) ; - La géographie des tendances : - Visages d'un Christ africain.

[310] *Ibid*, p. 142. Cf. *Eglises d'Afrique*, Paris, Karthala, 1954, p. 44.

[311] *Ibid.*, p. 142. Cf. *Écrits pour évangéliser*, Paris, DDB-Bellarmin, 1985, pp. 169-170.

- L'inculturation est une exigence du caractère eschatologique du message. L'Eglise n'a jamais fini de découvrir l'impénétrable mystère du Christ (Ep. 3, 8). L'apport de toutes les cultures est requis pour l'explication, l'intelligence et la pleine compréhension du message.
- L'inculturation est une exigence de la mission au total. Elle a été vécue inchoativement par les meilleurs témoins de l'Evangile dans les mondes nouveaux ''découverts'' depuis le XVIème siècle »[312].

Cette problématique d'une importance capitale montre à suffisance que la culture d'un groupe social donné doit être prise au sérieux au niveau de l'Eglise locale. L'inculturation vise avant tout « la communauté chrétienne concrète, en un lieu donné, en une culture donnée »[313]. Elle doit être toujours en perpétuels changements tournés vers l'avenir.

Convient de revenir sur la théologie africaine plus culturelle et les Droits de l'Homme.

2.1 La théologie africaine plus culturelle et les Droits de l'Homme

La théologie africaine plus culturelle contribue-t-elle à la promotion des droits de l'homme ? Telle est la question que nous nous sommes posée au début de ce point. L'existence actuelle de cette théologie témoigne que l'Eglise d'Afrique a acquis la liberté d'expression, ce qui est une contribution positive à la promotion des droits de l'homme dans l'Eglise. L'acquisition de cette liberté d'expression permet à l'Eglise d'Afrique de sortir de l'enfance qui l'a toujours caractérisée comme l'a dit John Mbiti : « L'Eglise ici est devenue comme l'enfant qui n'a pas de dents et qui mange la nourriture déjà mâchée par la bouche de sa mère : ça ne peut pas continuer, nous devons mâcher nos aliments nous-mêmes »[314].

L'insertion de la Bonne Nouvelle dans la « chair sociale » d'un peuple exige la prise en compte de l'élément culturel. C'est pourquoi un choix judicieux des éléments culturels s'avère indispensable d'autant plus que certains d'entre eux sont porteurs des antivaleurs qui peuvent nuire à la longue à la promotion des droits de l'homme. A titre d'exemple, la question posée au sujet du versement de la dot lors de la célébration du mariage à la Cathédrale du centenaire protestant laisse beaucoup à désirer. L'Eglise ne doit pas encourager le versement de la dot. L'existence de la dot ne permet pas de parler de l'égalité en dignité entre l'homme et la femme dans la société africaine. Du fait de la dot, l'homme se considère supérieur en droits et en dignité par rapport à sa femme. Mais un fait frappant et contradictoire est encore là. La femme africaine préfère encore être épousée par versement de la dot, elle perd toute sa valeur dans la société et surtout dans sa propre famille élargie. Le non versement de la dot chez les africains fait penser à l'inexistence ou à la nullité

312 *Ibid.*, p. 145. Cf. « Inculturation du message à l'exemple du Zaïre », in *Spiritus,* n°74 (1979), pp. 96-99.
313 *Ibid.*
314 *Ibid.*, p. 146. Cf. Dans *The crisis ofmission in Africa,* ouvrage de 1971.

du mariage coutumier. C'est un véritable casse-tête qui demande un changement de mentalité. Le changement de mentalité à ce sujet n'est pas pour aujourd'hui. Il faut encore du temps. Nous pensons que l'Eglise peut se limiter à demander uniquement le consentement des parents, ce qui est normal dans un contexte purement africain et éviter de soulever la question de la dot.

La théologie africaine plus culturelle doit exploiter la notion de solidarité qui est une valeur africaine positive. La solidarité africaine est à la fois réalité et valeur. Elle a une visée d'être à la fois une affaire personnelle, interpersonnelle et sociale, le tout à la fois. La théologie africaine plus culturelle doit refuser l'individualisme qui fait l'agrégat de la société et qui est contraire à la tradition africaine. Le social humain n'existe que s'il y a solidarité, sinon c'est un agrégat.

La théologie africaine plus culturelle doit pousser les Etats africains à se mettre au service de la solidarité, valeur africaine authentique, qui débouche sur l'égalité et la liberté. Une telle solidarité contribue à la promotion des droits de l'homme.

J'évoque à présent la théologie africaine de libération socio-politico-économique.

3. La théologie africaine de libération socio-politico-économique

Y a-t-il une théologie africaine de libération socio-politico-économique ? Contribue-t-elle à la promotion des droits de l'homme ? En effet, il est des théologiens africains qui considèrent la naissance des Eglises indépendantes communément désignées par les termes de messianisme, prophétisme, millénarisme, Eglises indépendantes... comme faisant partie de la théologie africaine de la libération. Cela n'est pas notre préoccupation. D'autres abordent la problématique de la libération en Afrique comme étant la réaction contre la situation coloniale. Là encore, ce n'est pas notre propos. Notre réflexion privilégie l'œuvre de Jean-Marc Ela[315] qui est, certes, la démarche de la pensée la plus élaborée d'une théologie africaine de libération en dehors de la théologie noire sud-africaine. Nous trouvons pertinente sa perception des enjeux socio-politico-économiques du christianisme en Afrique[316]. Sa théologie se veut résolument tournée vers les pauvres, les opprimés, les laissés-pour-compte des sociétés africaines, la réappropriation herméneutique de la Parole de Dieu qui libère les pauvres, les opprimés des structures socio-

---

[315] Né à Ebolowa au Cameroun en 1936, titulaire d'un doctorat d'Etat en Théologie de l'Université des sciences humaines de Strasbourg (1969) et d'un doctorat en sociologie de l'Université de Paris V René Descartes (1978), il a enseigné aux Universités de Louvain-la-Neuve (Belgique) et de Yaoundé (Cameroun). C'est au Canada qu'il vit actuellement.

[316] Lire ses ouvrages tels que : *L'Afrique : l'irruption des pauvres. Sociétés contre-ingérence, pouvoir et argent,* Paris, L'Harmattan, 1994 - *Le cri de l'homme africain. Questions aux chrétiens et aux Eglises d'Afrique,* Paris, L'Harmattan, 1993 (2eme édition) ; *La ville en Afrique noire,* Paris, Karthala, 1983 ; *L'Afrique des villages,* Paris, Karthala, 1982 ; *Ma foi d'Africain,* Paris, Karthala, 1985.

politico-économiques avilissantes, aliénantes, ainsi que l'instauration d'une véritable culture démocratique en Afrique noire.

Il interpelle la praxis pastorale africaine en ces termes : « Il faut en finir avec une praxis pastorale cultuelle et culturelle, plus soucieuse de l'africanité de la foi qu'attentive aux questions cruciales de l'exploitation des peuples des différentes régions d'Afrique... Seule la compromission de l'Eglise avec les paysans dépossédés, les jeunes sans travail, les populations des bidonvilles, les forces sociales neutralisées et réduites au silence, peut manifester aujourd'hui que l'Evangile est réellement libérateur, annonciateur d'un avenir nouveau »[317].

A la lumière de cet écrit, comment la théologie africaine peut-elle s'y prendre pour la libération des « paysans dépossédés », des « jeunes sans travail », des « populations des bidonvilles » ? Avant de tenter de répondre à cette question, voyons comment Ela dégage l'essentiel de son message de réappropriation de l'Evangile de Jésus-Christ par les Africains : « L'essentiel de la foi est de découvrir aujourd'hui en Jésus-Christ le Dieu qui libère et transforme la vie en solidarité avec les hommes, dans un monde où Dieu est présent, où il nous parle et nous interpelle par les faits d'injustice et de toutes les situations de misère »[318]. L'accent qui est mis sur les faits d'injustice et de toutes les situations de misère montre son souci permanent pour une théologie africaine de libération socio-politico-économique.

Revenons à la question posée ci-dessus qui est restée pendante. Le contexte de crise politique et économique que traversent les sociétés africaines postcoloniales exige des solutions au niveau de chaque pays, étant donné que les problèmes posés et les moyens disponibles sont différents d'un pays africain à l'autre. La théologie africaine de libération peut orienter sa réflexion en se référant au dénominateur commun, c'est-à-dire à la compréhension et à l'application par chaque Etat africain de la trilogie Etat de droit - Démocratie - Droits de l'homme.

La compréhension de ces trois notions par chaque pays et leur application sur le terrain permettent d'aborder les questions liées aux paysans dépossédés, aux jeunes sans travail, aux populations des bidonvilles et aux forces sociales neutralisées et réduites au silence. Car toutes ces questions font partie d'un grand ensemble des références et des valeurs regroupées sous la formule « respect des droits de l'homme et de la démocratie » affirmée dans la Déclaration universelle des droits de l'homme et reprise dans la Charte africaine des droits de l'homme et des peuples. En d'autres termes, toutes ces questions relèvent de la justice sociale qui ne peut être réalisée que par le respect pour les droits de l'homme et leur mise en œuvre.

---

317 « De l'existence à la libération », dans *Foi et développement*, n° 83-84, janvier-février 1981, pp. 8-9.

318 « La foi des pauvres en acte. La mission, cri des pauvres », in *Telema,* juillet-septembre 1983, p. 56.

Ces références et valeurs constituent un « fonds commun minimum de l'humanité », en d'autres termes, une nouvelle civilisation véhiculée par la mondialisation. L'Afrique d'aujourd'hui ne peut se soustraire au phénomène « mondialisation ». Elle doit chercher des voies et moyens pour avoir sa part dans ce courant, c'est-à-dire ne pas se mettre à l'écart de la mondialisation sinon c'est toute l'Afrique noire qui sera marginalisée et, par conséquent, elle sera appelée à vivre une autre forme d'apartheid qui lui sera plus difficile de vaincre. Sa part dans la mondialisation commence par la mise sur pied des Etats de droit, démocratiques et respectant les droits de l'homme. Ceci suscite une autre question : comment favoriser l'émergence de l'Etat de droit, de la démocratie et des droits de l'homme en Afrique noire ?

Mon essai de définition de la trilogie Droits de l'homme - Démocratie - Etat de droit dans la première partie de ce travail peut être prise en compte dans l'analyse de chaque pays africain en fonction de ses données propres. Il ne peut y avoir de modèle unique pour toute l'Afrique noire. Cet essai de définition a fait l'objet d'analyse en ce qui concerne la République Démocratique du Congo en répondant à la question : « la République Démocratique du Congo est-elle réellement démocratique ? »

L'émergence de l'Etat de droit, de la démocratie et des droits de l'homme en Afrique noire peut être favorisée, en général, par le respect pour la charte africaine des droits de l'homme et sa mise en œuvre et, en particulier, par la cessation de coup d'Etat, d'élections truquées, de violence et de guerre, de corruption massive, ...

Nous pensons que la théologie africaine de libération doit opter pour un travail en profondeur pour la libération des pays africains de tous ces fléaux en vue de l'instauration des Etats de droit, démocratiques et respectueux des droits de l'homme.

Elle doit favoriser l'émergence d'une démocratie consensuelle en lieu et place d'une démocratie conflictuelle source de violence et de guerre en Afrique. La démocratie consensuelle est le produit de la tradition africaine de la palabre et du consensus. Cette tradition refait surface dans la résolution des conflits qui déchirent actuellement l'Afrique noire. Elle prend, certes, du temps mais elle permet la prise de décision collégiale et consensuelle nécessaire au respect de chacun et à la survie du corps social.

La théologie africaine de libération socio-politico-économique contribue énormément à la promotion des droits de l'homme car elle traite des problèmes qui touchent directement le contexte de crise socio-politique et économique qui ronge l'Afrique noire depuis son accession à l'indépendance. Une crise marquée par l'absence de la démocratie et des Etats de droit, les violations massives des droits de l'homme, la démission des Etats devant leur obligation d'assurer la protection des droits de l'homme. Nous y reviendrons dans le chapitre suivant consacré au système africain de protection des droits de l'homme.

Que dire sur la théologie africaine de la reconstruction ?

4. La théologie africaine de la reconstruction

Ce courant a été initié au début de l'année 1990 par les Eglises africaines au travers de leurs déclarations (lettre pastorale, mémorandum, etc.) liées à la situation socio-politique des peuples africains à la suite de l'effondrement de l'empire soviétique et de l'avènement de la démocratie, droits de l'homme, bonne gouvernance comme nouvelles règles de vie pour les Etats africains. On se rappellera, à ce propos, le célèbre discours de La Baule le 21 juin 1990 prononcé par François Mitterrand.

Les points de vue de ces Eglises ont été pris en compte par la Conférence des Eglises de toute l'Afrique (CETA) qui a lancé en 1991 le programme de réflexion ayant comme thème : « Le temps propice pour le changement : quelle espérance dans une Afrique en crise ? » (Nairobi, mai 1991). Deux théologiens : José B. Chipenda, Secrétaire général et André Karamaga, Directeur de la communication à la CETA, ont analysé la crise africaine et proposé des perspectives d'avenir.

Le théologien Kä Mana[319] s'inscrit dans cette ligne et se fera distingué par ses nombreux écrits[320]. Il incarne la théologie dite de la reconstruction. Presque dans tous ses écrits, il répond à une ardente préoccupation de l'avenir des peuples africains. Il est convaincu que le christianisme a un rôle à jouer dans cette reconstruction mais pas n'importe quel christianisme. Il soutient qu'à partir des problèmes essentiels de l'Afrique actuelle le salut en Jésus-Christ est appelé à servir à la construction d'une nouvelle société. C'est pourquoi il initie une théologie de la reconstruction « globale des sociétés africaines » selon ses propres termes. Il s'agit d'une initiative de reconstruction culturelle, religieuse et socio-politique sous une inspiration chrétienne. De ses nombreux écrits, on retiendra un qui reprend l'essentiel de sa théologie de la reconstruction : « Théologie africaine pour temps de crise. Christianisme et reconstruction de l'Afrique ». Dans cet ouvrage, il précise qu'après avoir analysé des principaux textes publiés par les différentes instances ecclésiales

---

[319] KÄ MANA (Godefroid Kangudie Mana, « mwana Zaïre ») est né en République Démocratique du Congo. Docteur en philosophie de l'Université Libre de Bruxelles et docteur en Théologie protestante de l'Université des sciences humaines de Strasbourg, le pasteur Kä Mana est actuellement professeur d'éthique et de théologie systématique à l'Institut protestant de Théologie de Porto-Novo et directeur du Centre d'études et de recherches œcuménique et sociales (CEROS) de Porto-Novo.

[320] Quelques publications de KÄ MANA : - *L'Afrique va-t-elle mourir ? Bousculer l'imaginaire africain. Essai d'éthique politique,* Paris, Cerf, 1991 Réédition Kathala, 1991 ; - *Théologie africaine pour temps de crise. Christianisme et reconstruction de l'Afrique*, Paris, Karthala, 1993 ; - *Christ d'Afrique, enjeux éthiques de la foi africaine en Jésus-Christ,* Paris -Yaoundé - Lomé - Nairobi, Karthala - Clé- Haho- Ceta, 1994 ; - *L'Eglise africaine et la théologie de la reconstruction. Réflexions sur les nouveaux appels de la mission en Afrique,* Genève, Centre Protestant d'Etudes, 1994 ; - « Pour l'éthique de la vie : Bible écologie et reconstruction de l'Afrique », *in Ethique, écologie et reconstruction de l'Afrique,* Yaoundé - Bafoussan, Clé, Cipre, 1997 ; - *Chrétiens et Eglises d'Afrique : penser l'avenir. Le salut en Jésus-Christ et la construction de la nouvelle société africaine,* Yaoundé, Clé, 1999.

d'Afrique noire, il rassemble leurs affirmations majeures sur les problèmes actuels du continent noir[321]. A la lumière de ces textes, il affirme que « la volonté de reconstruire tout sur des bases nouvelles devient ainsi l'élément central dans le travail théorique et pratique des communautés ecclésiales. C'est cette dimension qui donne à la théologie de reconstruction sa puissance comme théologie de toute l'Eglise et non comme pensée de quelques théologiens en mal d'idées nouvelles »[322]. Pour donner plus d'importance à ce qui vient d'être dit ci-dessus, il enchaîne en ces termes : « Nous n'avons fait rien d'autre dans ce livre que de théoriser cette pratique partout présente dans le combat de nos Eglises »[323]. C'est pourquoi, le contexte de cette théologie de la reconstruction est, certes, la parole des Eglises d'Afrique sur la situation socio-politico-économique du continent noir.

Cette marque d'humilité n'enlève en rien la valeur de ses écrits sur la théologie de la reconstruction. Elle veut tout simplement signifier que cette théologie n'est pas l'œuvre d'un seul penseur ou théologien à la recherche des théories originales fascinantes, elle est plutôt un mouvement d'ensemble qui exprime les préoccupations des Eglises d'Afrique sur les problèmes actuels. Dans ce mouvement d'ensemble, Kä Mana prend part et devient le grand théoricien du moment.

Dans un autre livre[324], il utilise le mot « théologies » au pluriel, c'est-à-dire théologies de la reconstruction présentées comme suit : « Les théologies de la reconstruction [étaient celles] qui préconisaient la fin des temps coloniaux et néocoloniaux, pour l'avènement d'une pensée africaine post-coloniale libre, délestée de toutes les pesanteurs de pessimisme et de défaitisme, orientée vers la construction d'une société de démocratie et de liberté, nourrie par les grands rêves de reprise de l'initiative historique et propulsée par une énergie vigoureuse de responsabilité et d'inventivité. A côté de ces courants universitaires rationnellement charpentés pullulent des fortes émotions théologico-religieuses dont la parole exubérante fécondait les affects profonds du peuple »[325].

D'après ce texte, dans l'entendement de Kä Mana, il n'y a pas une seule théologie de reconstruction mais plusieurs. Cela n'est pas notre préoccupation. Notre propos consiste à répondre à deux questions : - quel est l'essentiel du message de Kä Mana sur la théologie de la reconstruction ? Cette théologie contribue-t-elle à la promotion des droits de l'homme ?

Kä Mana fonde sa théologie à partir d'une question pertinente : « sur quelle base bâtir l'Afrique nouvelle ? »[326]. D'emblée, il se définit lui-même comme

---

[321] Lire ces principaux textes à la page 88, note en bas de page.
[322] KÄ MANA, *Théologie africaine pour temps de crise, Op. Cit.,* p. 196.
[323] *Ibid.*
[324] *Chrétiens et Eglises d'Afrique : penser l'avenir, le salut en Jésus-Christ et la construction de la nouvelle société africaine,* Yaoundé, Clé, 1999.
[325] *Ibid.* p. 113.
[326] KÄ MANA, *Théologie africaine pour temps de crise, Op. Cit.,* p. 84.

un théologien qui veut contribuer à la reconstruction de l'Afrique sur la base d'une nouvelle vision des problèmes du continent, « une vision déterminée par la nécessité d'une pensée globale pour la reconstruction de l'Afrique »[327]. Il considère la théologie de la reconstruction comme étant « une étape qui intègre la problématique de l'identité-libération dans une exigence nouvelle, destinée à reconstruire l'Afrique et le monde sur les exigences de l'humain, cette utopie fondamentale de Dieu dans sa relation avec le monde »[328]. Sa volonté est de promouvoir une pensée éthique dominée par l'idée de reconstruction ayant un fondement biblique. Il précise que « le terrain de la théologie de la reconstruction est celui d'une éthique politique qui fonde le projet de bâtir nos sociétés sur les bases de l'humain, à partir de l'Evangile comme puissance de changement. Clarifier le projet de changement global que porte la parole biblique et en montrer la pertinence dans une situation de crise, montrer comment cette parole induit des énergies d'action éthique capables de transformer les choses en dialogue avec toutes les forces sociales, telle est la perspective que doit viser la théologie dont nous parlons »[329]. Comme on peut le constater, la théologie de la reconstruction s'articule comme un principe de transformation totale et globale, selon les termes chers à Georges Gurwitch, de l'espace vital et social à la lumière de la révélation biblique. Elle a donc pour tâche d'« agir sur la conscience des forces vives pour qu'elles bâtissent des structures et des institutions d'amour dans la société »[330]. Il s'agit d'amour comme réalité de la vie socio-culturelle et politico-économique. Cet amour doit trouver son fondement dans le témoignage du Christ. Kä Mana présente le travail de reconstruction comme « un réveil de la foi et comme une volonté de bâtir une société renouvelée dans son principe vital »[331]. C'est pourquoi la théologie de la reconstruction a pour fondement théologique ce mot d'ordre biblique : « Levons-nous et bâtissons » (Néhémie 2, 18).

Pour répondre à la question concernant la contribution de la théologie de la reconstruction à la promotion des droits de l'homme, je me réfère à l'affirmation qui dit qu'« il n'y a pas de valeur sans foi », Cela veut dire qu'une valeur n'est valeur que lorsqu'on y ajoute foi. Les droits de l'homme ne sont valeurs que lorsqu'on ajoute foi, en d'autres termes, il n'y a pas de droits de l'homme comme valeur sans foi.

Dans cette recherche de la reconstruction de l'Afrique, Kä Mana suggère aux africains de privilégier la foi en Jésus-Christ capable de « déplacer les montagnes »[332] en vue de bâtir une société renouvelée susceptible de

---

[327] *Ibid.* p. 10

[328] *Ibid.*, p. 11

[329] *Ibid.*, p. 114.

[330] *Ibid.*, p. 194.

[331] *Ibid.*, p. 158.

[332] « Jésus leur répond et dit : ''Ayez foi en Dieu. En vérité je vous le déclare, si quelqu'un dit à cette montagne : Ote-toi de là et jette-toi dans la mer, et s'il ne doute en son cœur, mais croit que ce qu'il a dit arrivera, cela lui sera accordé'' » (Marc 11, 22-23).

promouvoir les Etats de droit, démocratique et respectueux des droits de l'homme.

« Il n'y a pas de valeur sans foi » suppose que les droits de l'homme comme valeur universellement acceptée trouvent leur fondement, pour les chrétiens, dans la foi en Dieu qui s'est révélé en Jésus-Christ et qui donne ces droits de l'homme comme don conformément à la 10ème affirmation du Conseil œcuménique des Eglises analysée plus haut.

Les Eglises chrétiennes d'Afrique peuvent jouer un rôle primordial dans la promotion des droits de l'homme à la seule condition qu'elles s'y investissent en assurant l'éducation aux droits de l'homme et à la démocratie comme nous le verrons dans la troisième partie de ce travail.

Les droits de l'homme étant une valeur universellement admise doivent s'enraciner dans une société où les habitants ont la foi en Dieu qui proclame la même valeur.

L'histoire nous apprend que les Afro-américains, alors qu'ils étaient encore esclaves, ont eu la foi en Jésus-Christ. Ils ont cru en Lui et ils ont lutté pour obtenir les libertés fondamentales tout en gardant leur foi. En effet, ils sont parvenus à sortir de la marginalisation raciale dont ils ont été victimes.

Les Sud-africains ont combattu l'apartheid tout en cultivant leur foi en Jésus-Christ. Ils ont fini par vaincre l'apartheid car Dieu se met toujours du côté des opprimés, des pauvres, des marginalisés, des laissés-pour-compte. Et Jésus-Christ est venu justement pour libérer les captifs, renvoyer libres les opprimés et proclamer une année de grâce du Seigneur (Luc 4, 18-19). Ces deux exemples qui touchent le peuple noir suffisent pour redonner confiance aux africains dans leur combat pour bâtir une société nouvelle qui assure la protection et la promotion des droits de l'homme.

Conclusion partielle

Ce chapitre a tenté de répondre à la question : quel est l'apport des théologiens africains à la promotion des droits de l'homme ? Pour donner suite à cette question nous avons choisi quelques théologiens que nous avons regroupés en quatre options. La première option a trait à la théologie noire sud-africaine qui a toujours visé la promotion des droits de l'homme dans l'ensemble. Elle privilégie la libération socio-politico-économique, de même que le respect de la dignité de tout être créé à l'image de Dieu. Elle lutte pour l'instauration d'un Etat sud-africain démocratique et sans discrimination raciale. La deuxième option est celle de la théologie africaine plus culturelle qui contribue à la promotion des droits de l'homme, plus précisément dans le domaine culturel où la liberté d'expression est mise en évidence. Cependant, nous avons souligné le danger qui guette certains éléments culturels porteurs des antivaleurs nuisibles à la promotion des droits de l'homme. La troisième est, certes, la théologie africaine de libération socio-politico-économique qui mène un combat allant tout droit au but, c'est-à-dire l'avènement des Etats de droit, démocratiques et respectueux des droits de l'homme. La théologie africaine de la reconstruction est la dernière option à être traitée. Elle va dans le même sens que la troisième option tout en mettant l'accent sur la puissance de l'Evangile qui libère. Ceci étant, Je peux aborder le deuxième chapitre relatif au système africain de protection des droits de l'homme.

Chapitre V.

Le système africain de la promotion et de la protection des droits de l'homme

Ce chapitre se propose de répondre aux questions suivantes : quelles sont les spécificités propres a la charte africaine des droits de l'homme et des peuples ? Ces spécificités contribuent-elles a la promotion des droits de l'homme en General et du droit a la vie en particulier ?

Mon intention est d'abord de présenter les origines du système africain de la promotion et de la protection des droits de l'homme, les caractéristiques essentielles de la charte africaine, et le rôle de la commission africaine des droits de l'homme et des peuples. Ensuite, j'aborde la question relative aux spécificités propres a la charte africaine des droits de l'homme et des peuples, et enfin celle qui cherche a savoir si ces spécificités contribuent a la promotion des droits de l'homme en général et du droit a la vie en particulier. Cette dernière question soulève le point le plus important de ce chapitre et fait l'objet d'une analyse approfondie.

Le système africain de la promotion et de la protection des droits de l'homme s'inscrit dans une tradition des droits de l'homme qui sont, d'une part, l'expression d'une exigence éthique à l'égard du politique et, d'autre part, au centre d'une nouvelle définition d'un ordre universel de justice et de liberté. L'itinéraire historique de cette tradition a permis de mettre en place un système international de protection des droits de l'homme qui sert d'expérience aux systèmes régionaux.

L'existence du système international de protection des droits de l'homme n'exclut pas l'établissement des systèmes régionaux. Ceux-ci jouent un important rôle complémentaire dans le renforcement des normes et des institutions internationales. Cela veut dire que ces systèmes régionaux permettent une adaptation de l'action globale de protection des droits de l'homme au contexte socio-historique et politique de chaque partie du monde. En d'autres termes, l'existence depuis 1948 de la Déclaration universelle des droits de l'homme a permis de mettre en place des systèmes régionaux ayant pour but la promotion et la protection des droits humains.

En dépit de son adhésion aux principes de la Déclaration universelle des droits de l'homme comme stipulé dans le préambule de sa charte, l'Organisation de l'Unité africaine (O.U.A) créée en mai 1963 n'a pris en compte la promotion et la protection des droits de l'homme qu'en date du 27 juin 1981 à Nairobi (Kenya) avec l'adoption de la Charte africaine des droits de l'homme et des peuples (appelée charte africaine). Cette charte est entrée en. vigueur le 21 octobre 1986, date déclarée et célébrée comme journée africaine des droits de l'homme.

En vertu de son article 30, la charte prévoit une commission africaine des droits l'homme et des peuples (dénommée Commission africaine) chargée d'assurer la promotion et la protection des droits de l'homme et des peuples sur le continent.

Il est évident que l'adoption de la charte africaine et l'institution d'une commission africaine constituent un pas important à l'actif des Etats africains. Il s'agit d'une limitation, si minime soit-elle, à la souveraineté nationale en ce qui concerne les droits de l'homme.

Ce chapitre traite des caractéristiques essentielles de la charte africaine, des spécificités propres à la charte africaine, des spécificités d la charte africaine en ce qui concerne sa contribution à la promotion des droits de l'homme.

Ceci étant, je peux à présent aborder les caractéristiques essentielles de la charte africaine.

1. Les caractéristiques essentielles de la charte africaine

La Charte africaine s'inspire de la Déclaration universelle des droits de l'homme, de la Charte européenne et de la Charte américaine. Mais elle a ses propres caractéristiques que voici :

1.- Elle fait référence aux vertus des traditions historiques et des valeurs de civilisation africaine. Celles-ci inspirent et caractérisent les réflexions des africains sur les conceptions des droits de l'homme et des peuples. Toutes les valeurs anciennes ne sont pas dignes d'être respectées encore moins source de référence, sauf celles qui sont positives, c'est-à-dire qui sous-tendent la solidarité des communautés d'Afrique et la solidité des familles africaines. Les familles ont un rôle prépondérant.

L'article 18 de la Charte africaine des droits de l'homme et des peuples prévoit dans son alinéa 1 : « La famille est l'élément naturel et la base de la société. Elle doit être protégée par l'Etat qui doit veiller à sa santé physique et morale ». Et dans son alinéa 2 : « L'Etat a l'obligation d'assister la famille dans sa mission de gardienne de la morale et des valeurs traditionnelles reconnues par la communauté ». Ces deux paragraphes montrent l'importance accordée par la charte à la famille qui est l'élément naturel et base de la société et qui doit être assistée par l'Etat sous forme d'obligation.

2.- La deuxième caractéristique est la conception africaine spécifique du droit et du droit de l'homme. Le droit n'est pas une sorte d'arme mise à la disposition de l'individu pour se défendre dans le groupe où il appartient. Le droit est un ensemble des règles qui protègent l'individu dans le groupe. Cette conception laisse beaucoup à désirer. Nous y reviendrons.

3.- La troisième caractéristique est le regroupement des trois catégories des droits en un seul : droits civils et politiques, droits économiques, sociaux et culturels, droits de solidarité. La charte africaine place les droits de solidarité en premier lieu.

4.- La place faite aux devoirs de l'homme constitue la quatrième caractéristique : devoirs envers la famille et la société, envers l'Etat et les autres collectivités légalement reconnues et envers la communauté internationale (article 27). L'homme a également le devoir : - de préserver le développement harmonieux de la famille, d'œuvrer en faveur de la cohésion et du respect de cette famille, de respecter à tout moment ses parents, de les nourrir et de les assister ; de servir la nation à laquelle il appartient, de ne pas compromettre la sécurité de son Etat ; de préserver et de renforcer la solidarité sociale et nationale, l'indépendance nationale et l'intégrité territoriale de la patrie ; de veiller à la préservation et au renforcement des valeurs culturelles africaines positives dans un esprit de tolérance, de dialogue et de concertation ; de contribuer à la promotion et à la réalisation de l'unité africaine (article 29).

5.- Cette charte a été caractérisée à ses débuts par l'absence d'une cour africaine des droits de l'homme. La plupart des Etats africains de l'époque avaient des régimes totalitaires et étaient opposés à l'institution d'une Cour. Leur argumentation était axée sur la philosophie africaine qui privilégie la réconciliation ou solutions consensuelles en lieu et place de tribunaux qui rendent des décisions coercitives. La Cour a été créée le 9 juin 1998[333].

La charte africaine ne dit rien du droit de la vie privée, de nationalité, du droit à des élections libres, du droit syndical, du droit au mariage avec consentement des époux, de l'égale protection des enfants naturels ou légitimes, de la liberté de religion, etc. Toutefois, une charte africaine des droits et du bien-être de l'enfant a été adoptée par la 26ème Conférence des chefs d'Etat et de gouvernement de l'OUA tenue à Addis-Abeba (Ethiopie) en juillet 1990. Dans cette charte de l'enfant, la question de nationalité a fait l'objet de l'article 6 et constitue un progrès dans le développement des droits de l'homme. En effet, l'article 6 alinéas 1, 3 et 4 stipule : - « Tout enfant a droit à un nom dès sa naissance ». - Tout enfant a le droit d'acquérir une nationalité.

---

[333] Protocole relatif à la Charte africaine des droits de l'homme et des peuples portant création d'une Cour africaine des droits de l'homme et des peuples, Ouagadougou, 9 mai 1998.

- Les Etats parties à la présente charte s'engagent à veiller à ce que leurs législations reconnaissent le principe selon lequel un enfant a droit d'acquérir la nationalité de l'Etat sur le territoire duquel il/elle est né(e) si, au moment de sa naissance, il/elle ne peut pas prétendre à la nationalité d'aucun autre Etat conformément à ses lois.

Pour combler les lacunes de la charte africaine, les articles 60 et 61 donnent à cette dernière le droit de s'inspirer de la Charte des Nations Unies, de la Déclaration universelle des droits de l'homme, de la Charte de l'organisation de l'unité africaine, des dispositions des autres instruments adoptés par les Nations Unies et par les pays africains, les coutumes généralement acceptées comme étant le droit, les principes généraux de droit reconnus par les nations africaines ainsi que la jurisprudence et la doctrine. Ces lacunes doivent normalement être comblées par l'amendement de la charte au lieu d'élaborer le protocole d'accord comme c'est la pratique actuellement en vigueur.

La Charte africaine a prévu les mécanismes de sauvegarde des droits de l'homme. Parmi ces mécanismes, il y a un qui est très intéressant pour la promotion des droits de l'homme. Il s'agit de la commission africaine des droits de l'homme et des peuples.

1.1 La commission africaine des droits de l'homme et des peuples

Cette commission est créée en vertu de l'article 30 de la Charte africaine des droits de l'homme et des peuples. Elle est chargée d'assurer la promotion et la protection des droits de l'homme et des peuples sur le continent. La commission est composée de onze membres siégeant à titre personnel et indépendant. Ils sont choisis parmi les personnalités africaines sur base de quelques critères tels que : la haute moralité, l'intégrité, l'impartialité et la compétence en matière des droits de l'homme et des peuples (article 31 alinéa 1). Ils sont élus pour une période de six ans renouvelable. La 23ème Session ordinaire de la Conférence des chefs d'Etat et de gouvernement de l'OUA a officiellement installé la Commission en date du 2 novembre 1987 à Addis-Abeba. Le siège de la Commission est à Banjul, en Gambie. Le secrétariat permanent de cette commission a commencé ses activités en novembre 1989.

L'article 30 de la Charte africaine précise les deux principales fonctions de la commission, à savoir la promotion et la protection des droits l'homme et des peuples en Afrique. L'article 45 de la même charte détermine la mission ou les compétences de la commission de la manière suivante :

- promouvoir les droits de l'homme et des peuples ;
- assurer la protection des droits de l'homme et des peuples ;
- interpréter toute disposition de la charte ;
- exécuter toutes autres tâches lui confiées par la Conférence des chefs d'Etat et de gouvernement.

Examinons les deux premières missions ou fonctions qui sont non seulement les plus importantes mais aussi les mieux concernées de ce travail.

1.1.1 Une mission première : La promotion des droits de l'homme

Plusieurs facteurs font de la promotion des droits de l'homme en Afrique une mission primordiale. On peut citer de leur nombre l'analphabétisme, l'ignorance des droits et des devoirs, le sous-développement, la personnalisation du pouvoir politique, la polygamie...

Il est important de rappeler que la fonction de promotion de la commission est expliquée dans l'article 45 alinéa 1(a) en ces termes : « Rassembler de la documentation, faire des études et des recherches sur les problèmes africains dans les domaines des droits de l'homme et des peuples, organiser des séminaires, des colloques et des conférences, diffuser des informations, encourager les organismes nationaux et locaux s'occupant des droits de l'homme et des peuples et, le cas échéant, donner des avis ou faire des recommandations aux gouvernements ». Cet article révèle que la nature fondamentale de cette mission est la sensibilisation des populations et la diffusion de l'information sur les droits de l'homme et des peuples en Afrique. C'est pourquoi la commission organise plusieurs séminaires, colloques et conférences en collaboration avec les ONG et les organisations intergouvernementales en vue de promouvoir les droits de l'homme et des peuples. Les rapports annuels publiés par le secrétariat de la commission rendent compte de la tenue de ces séminaires et autres rencontres[334].

L'article 45 alinéa 1(a) présente l'une des trois activités exercées par la commission africaine dans sa fonction de promotion. Cette activité est celle d'éducation et d'information destinées aussi bien aux populations africaines qu'aux gouvernements du continent. Pour les gouvernements, l'activité consiste à donner des avis ou à faire des recommandations.

La deuxième activité est présentée par l'alinéa 1(b) de la manière ci-après : « Formuler et élaborer, en vue de servir de base à l'adoption des textes législatifs par les gouvernements africains, des principes et règles qui permettent de résoudre les problèmes relatifs à la jouissance des droits de l'homme et des peuples et des libertés fondamentales ». Il s'agit là d'une activité ou fonction d'expertise dans le domaine de l'élaboration de la législation africaine des droits de l'homme.

L'alinéa 1(c) présente la troisième activité de la commission : « coopérer avec les autres institutions africaines ou internationales qui s'intéressent à la promotion et la protection des droits de l'homme ». C'est la mission de coopération et de collaboration avec les autres institutions tant africaines qu'internationales des droits de l'homme.

Revenons au dernier des facteurs cités qui font de la promotion des droits de l'homme en Afrique une fonction première : la polygamie. Les structures sociales de l'Afrique noire traditionnelle dépendent du système communautaire dont la famille élargie ou étendue est la cellule mère ou de

---

[334] Lire *Rapport annuel d'activités* (1998 et suivants), Volume 1, Commission africaine des droits de l'homme et des peuples, CADHP.

base. La polygamie est un élément de cette organisation sociale qui reconnaît les unions légitimes multiples et simultanées. L'Islam consacre ce type d'organisation sociale[335].

La polygamie viole les droits de la femme et constitue une forme de discrimination à l'égard des femmes. Elle est un obstacle à la promotion de l'égalité entre les hommes et les femmes.

Un projet de protocole à la Charte africaine des droits de l'homme et des peuples relatif aux droits de la femme en Afrique est déjà élaboré, version finale, depuis le 13 septembre 2000. L'adoption se fait encore attendre. L'application s'avère difficile selon les dires de Germain Baricako, secrétaire de la commission africaine au cours de son exposé lors de la 33ème session de l'Institut international des droits de l'homme à Strasbourg. En effet, pour lui, le protocole interdit, certes, la polygamie mais la mise en œuvre, la pratique pose de sérieux problèmes. Il y a encore, en Afrique, des défenseurs acharnés de la polygamie. Il a cité l'exemple du Sénégal où les points de vue sont partagés : hommes et femmes pour la polygamie d'un côté, hommes et femmes contre la polygamie de l'autre. L'Afrique va-t-elle sanctionner la polygamie comme en France où le code pénal l'interdit ? L'Afrique va-t-elle laisser du temps au temps ? Une chose est vraie, le respect du droit de la femme peut aider à combattre la polygamie. L'article 7 du projet de protocole à la charte africaine des droits de l'homme et des peuples relatif aux droits de la femme en Afrique prévoit pour la promotion et la protection des droits de la femme ce qui suit :

« Mariage. Les Etats parties veillent à ce que l'homme et la femme jouissent des droits égaux et soient considérés comme des partenaires égaux dans le mariage. A cet égard, ils s'engagent à adopter les mesures législatives appropriées pour s'assurer que :

« a. aucun mariage n'est conclu sans le libre consentement de toutes les deux parties ;

« b. l'âge minimum de mariage pour la fille et le garçon est de 18 ans ;

« c. la polygamie est interdite ;

« d. tout mariage, pour être reconnu légalement, doit être conclu par écrit, là où cela est possible, et enregistré conformément à la législation nationale ;

« e. les deux époux choisissent, d'un commun accord, leur lieu de résidence ;

« f. la femme mariée a le droit de conserver son nom, de l'utiliser à sa guise, séparément ou conjointement avec celui de son mari. Par accord mutuel,

---

335 Fatsah OUGUERGOUZ, *La Charte africaine des droits de l'homme et des peuples, une approche juridique des droits de l'homme entre tradition et modernité,* Paris, PUF, 1993, p.9 ; Cf. Iba Der Thiam, *« Human Rights in African cultural traditions », Human Rights Teaching,* UNESCO, Volume III, 1982, p. 9.der

les enfants d'un couple marié peuvent prendre le nom de jeune fille de leur mère, séparément ou conjointement avec celui de leur père ;

« g. la femme mariée a le droit de conserver ou de changer sa nationalité ;

« h. l'homme et la femme ont les mêmes droits et responsabilités vis-à-vis de leurs enfants ;

« i. pendant la durée du mariage, la femme a le droit d'acquérir des biens propres, de les administrer et de les gérer librement ; en cas de communauté de biens, l'homme et la femme ont les mêmes droits. »

L'alinéa c de cet article fait apparaître clairement l'interdiction de la polygamie. Il ne donne aucun détail ou commentaire. Cela suscite de nombreuses questions notamment : - Cette interdiction aura-t-elle des effets rétroactifs ? En d'autres termes, les polygames devront-ils se séparer de leurs épouses ? Ou bien cela ne concernera que les nouveaux couples après l'adoption du projet de protocole de la charte ? Rien n'est prévu en cas de mariage polygamique après l'adoption du projet de protocole comme le code pénal français. Ce sont des points à clarifier, pour pouvoir atteindre l'objectif visé. C'est la raison pour laquelle la promotion des droits de l'homme en Afrique est d'une importance capitale.

1.1.2 Une seconde mission : La protection des droits de l'homme et des peuples

Cette seconde fonction de la mission est stipulée dans l'article 45 alinéa 2 de la manière suivante : « Assurer la protection des droits de l'homme et des peuples dans les conditions fixées par la présente charte ». Cette fonction demande à la commission de veiller à ce que les citoyens jouissent de leurs droits reconnus dans la charte, d'une part et d'autre part, à ce que les Etats ne violent pas ces droits et en cas de violation qu'il y ait réparation, c'est-à-dire que les victimes soient réhabilitées dans leurs droits. A cette fin, la charte prévoit au chapitre trois intitulé « de la procédure de la commission » regroupant les articles 46 à 59 une « procédure des communications ». Cette procédure permet à un individu, une ONG ou un groupe d'individus estimant que leurs droits ou ceux d'autres personnes sont violés de porter plainte à la commission contre ces violations. Un Etat partie à la charte peut également introduire une communication lorsqu'il estime qu'un autre Etat partie a violé d'une ou plusieurs dispositions de la charte. La suite de la procédure est expliquée dans les articles cités ci-dessus.

La cour africaine des droits de l'homme et des peuples créée le 9 juin 1998 au sein de l'Organisation de l'Unité Africaine vient compléter le mandat de protection de la commission, c'est-à-dire le mandat d'interpréter toute disposition de la charte. La cour et la commission ont toutes les deux la mission d'interpréter la charte. La cour n'a rien à voir avec la mission de promotion qui est réservée exclusivement à la Commission. Cette analyse de la charte, africaine suscite une interrogation qui en appelle une autre : quelles sont les spécificités propres à la charte africaine des droits de l'homme et des peuples ? Ces spécificités contribuent-elles à la promotion des droits de l'homme ?

2. Les spécificités propres à la charte africaine

La charte africaine des droits de l'homme et des peuples a ses spécificités propres qui la différencient du modèle européen par exemple. Nous pouvons examiner deux types de spécificités : les droits des peuples et les devoirs de chaque individu.

2.1 Droits des peuples

Les articles allant de 19 à 24 de la charte africaine traitent des droits des peuples. L'article 19 consacre les droits des peuples à l'égalité et à la dignité : « Tous les peuples sont égaux ; ils jouissent de la même dignité et ont les mêmes droits. Rien ne peut justifier la domination d'un peuple par un autre ». La Charte ne définit pas le mot « peuple ». Elle laisse entendre peuple-Etat ou peuple-nation.

L'article 20 traite du droit à l'existence, du droit de se libérer et du droit à l'assistance en ces termes :

« 1. Tout peuple a droit à l'existence. Tout peuple a un droit imprescriptible et inaliénable à l'autodétermination. Il détermine librement son statut politique et assure son développement économique et social selon la voix qu'il a librement choisie.

« 2. Les peuples colonisés ou opprimés ont le droit de se libérer de leur état de domination en recourant à tous les moyens reconnus par la communauté internationale.

« 3. Tous les peuples ont droit à l'assistance des Etats parties à la présente charte, dans leur lutte de libération contre la domination étrangère, qu'elle soit d'ordre politique, économique ou culturel. »

L'article 21 prévoit que les peuples doivent exercer le droit de libre disposition de leurs richesses et de leurs ressources naturelles. Les Etats s'engagent à éliminer toutes les formes d'exploitation économique étrangère. L'article 22 stipule que « tous les peuples ont droit à leur développement économique, social et culturel dans le respect strict de leur liberté et de leur identité, et à la jouissance égale du patrimoine commun de l'humanité ». Les articles 22 et 24 affirment respectivement que les peuples « ont droit à la paix et à la sécurité tant sur le plan national que sur le plan international » et « à un environnement satisfaisant et global, propice à leur développement ». Tout cela peut se résumer aux droits des peuples à disposer d'eux-mêmes. Mais, une question se pose, celle de savoir si les droits des peuples sont les droits de l'homme ou plutôt des droits des Etats ? Cette question sera abordée lorsque nous répondrons à la deuxième interrogation. Une autre série de questions se pose : s'agit-il d'une certaine collectivisation des droits ou d'un certain compromis entre l'individualisme de la déclaration de 1948 et la tradition communautaire africaine ? Cette conception communautaire constitue-t-elle un apport de l'Afrique à l'universalisme ? Ces deux questions ont été abordées lors du Colloque de Yaoundé. Nous y reviendrons au chapitre suivant. Voyons à présent le deuxième type de spécificités : les devoirs de chaque individu.

2.2 Les devoirs de chaque individu

J'ai déjà présenté les devoirs de chaque individu comme étant la quatrième caractéristique essentielle de la charte africaine. Ces devoirs constituent également une spécificité de cette charte. Spécificité en ce sens que les principaux textes internationaux dans ce domaine notamment la convention européenne des droits de l'homme ne mentionnent que les droits et libertés de la personne et non les devoirs. La Charte africaine se présente comme le seul texte régional qui met en relief les devoirs de l'individu. Cela a suscité, certes, des critiques de la part des autres organisations internationales. Pourquoi parler des devoirs là où les autres évitent de les mentionner expressément ? En consacrant les devoirs de l'individu, la charte africaine ne reprend-elle pas les droits qu'elle donne à l'individu ? Mon essai de réponse à ces questions est donné dans le développement du point suivant.

3. Ces spécificités de la charte africaine contribuent-elles a la promotion des droits de l'homme ?

La réponse à cette question tient compte de deux types de spécificités.

3.1 Premier type de spécificités : droits des peuples

Avant de donner des réponses aux questions liées à ce premier type de spécificités, il est normal qu'on puisse avant tout s'entendre sur la terminologie des mots importants qui reviendront au cours de notre analyse. Les définitions ci-dessous sont tirées des dictionnaires de la langue française et des ouvrages spécialisés en la matière.

- Peuple : je retiens deux définitions pour chaque dictionnaire. Le petit Robert définit le peuple comme : 1. « ensemble d'êtres humains vivant en société, habitant un territoire défini et ayant en commun un certain nombre de coutumes, d'institutions » ; 2. « corps de la nation, ensemble de personnes soumises aux mêmes lois ». Ces deux définitions nous présentent le peuple comme : ethnie, nation, pays, population, société, corps de la nation, Etat. Il nous est rappelé clairement « le droit des peuples à disposer d'eux-mêmes » dans la première définition. Le Petit Larousse définit le même mot de la manière ci-après : 1. « ensemble d'hommes habitant ou non sur un même territoire et constituant une communauté sociale ou culturelle » ; 2. « ensemble d'hommes habitant sur un même territoire, régis par les mêmes lois et formant une nation ». Ces deux définitions vont dans le même sens que les deux premières du Petit Robert.

- Groupe : je retiens une seule définition parmi plusieurs données par le Petit Robert : « ensemble de personnes ayant des caractères en commun (indépendamment de leur présence au même endroit) ». Groupe est compris dans le sens de « classe ». Une seule définition également du petit Larousse : « ensemble plus ou moins organisé de personnes liées par des activités, des objectifs communs : groupe politique ».

Le document final du Rassemblement mondial du COE qui s'est tenu à Séoul utilise l'expression « groupe dominant » pour désigner ceux qui dépouillent les gens « de leur identité culturelle, de la citoyenneté à part entière et de l'égalité d'accès au pouvoir économique, social, politique et ecclésiastique »[336].

3.1.1 Pourquoi la charte n'a-t-elle pas défini le mot peuple ?

Le centre d'intérêt de l'Organisation de l'Unité africaine (OUA), après sa création, demeurait la décolonisation du continent, l'élimination de l'apartheid en Afrique du Sud, l'indépendance politique et économique, ... Tous les efforts de l'OUA étaient concentrés sur ces questions au détriment des droits de l'homme. En même temps, les médias, les Eglises, les organisations non-gouvernementales (ONG) ont commencé à dénoncer certains abus des droits de l'homme sur le continent. Ils ont exercé la pression sur l'OUA en l'accusant de s'écarter de sa raison d'être qui est de restituer aux peuples africains humiliés leur dignité. Ces groupes de pression ont insisté et encouragé la mise en place d'un mécanisme de protection des droits de l'homme en Afrique. Il faut noter que la Conférence de la commission internationale des juristes (CIJ) organisée à Lagos en 1961 et le séminaire des Nations Unies de 1979 tenu à l'initiative du gouvernement du Libéria ont joué un rôle important pour l'accélération du processus de cette mise en place du mécanisme de protection.

Autant dire que ce n'est pas de gaieté de cœur que la Conférence des chefs d'Etat et de gouvernement de l'OUA a décidé en juillet 1979 de confier au Secrétaire général de l'OUA la charge de réunir un comité d'experts qui serait chargé de l'élaboration d'un avant-projet de la charte africaine des droits de l'homme et des peuples. L'ajout des droits des peuples à côté de droits de l'homme n'est pas un fait de hasard. Cet ajout subtil est d'une intelligence calculée, préméditée pour restreindre, si l'on peut dire ainsi, l'exercice des libertés fondamentales. L'omission volontaire de ne pas définir le mot peuple, va dans le même sens, c'est-à-dire dans le but de créer la confusion dans les esprits des gens surtout en Afrique où les Droits de l'homme constituent une « nouveauté » et les droits des peuples une « coutume ». Ainsi donc, c'est d'une manière délibérée que le mot peuple n'a pas été défini. Cette omission de définition du mot peuple continue de nous préoccuper et nous pousse à nous interroger davantage.

---

336 Conseil œcuménique des Eglises, Comité central, Justice, Paix, Sauvegarde de la création. Rassemblement mondial, Séoul, Corée, 6-12 mars 1992, Document final, Genève, 1990, p.12.

3.1.2 Est-ce un alibi pour ne pas respecter les droits de l'homme ?

On sait que, suite à des pressions exercées sur l'OUA, la Conférence des chefs d'Etat et de gouvernement s'est décidée d'agir pour entamer le processus de mise en place d'un mécanisme de protection des droits l'homme. L'ajout « droits des peuples » à côté de droits de l'homme a été fait d'une manière réfléchie.

On sait encore que le droit des peuples à disposer d'eux-mêmes comporte deux aspects : « le droit de libre détermination des peuples dépendants non constitués en Etats ; le droit des peuples constitués en Etats de choisir librement leur système politique, économique et social »[337]. Cela suppose que les droits des peuples sont des droits des Etats et non les droits de l'homme ou de l'individu. Comme on le sait, les droits de l'homme impliquent les libertés d'expression, d'opinion, l'organisation des élections libres et transparentes, le pluralisme politique, le droit au développement conformément à la déclaration adoptée par la Conférence mondiale des Nations Unies sur les droits de l'homme, réunie à Vienne du 14 au 25 juin 1993. Tout cela ne pouvait pas être bien accueilli dans les milieux des dirigeants africains qui avaient instauré des régimes dictatoriaux soutenus par l'institution de parti unique. Tous les pouvoirs étaient concentrés dans les mains des présidents africains qui, paradoxalement, étaient habilités à décider de l'adoption de la charte africaine dans le cadre de la Conférence des chefs d'Etat et de gouvernement. L'ajout des droits des peuples n'est qu'un alibi pour réduire l'influence que pourrait exercer la mise en place d'un mécanisme de protection et de promotion des droits de l'homme. Ces dirigeants africains savaient bien la vivacité en Afrique du sentiment communautaire, c'est-à-dire que le primat est réservé à la communauté, collectivité, nation par rapport à l'individu en Afrique. Cela veut dire que ces dirigeants visaient la prédominance ou la suprématie des droits des peuples par rapport aux droits de l'homme. Voilà qui explique le rejet de la terminologie « droits de l'homme et des peuples » par le Conseil œcuménique des Eglises (COE).

3.1.3 Le rejet de la terminologie « droits de l'homme et des peuples » par le Conseil Œcuménique des Eglises (COE)

Dans la première partie de ce travail, nous avons mentionné les dix affirmations du Conseil Œcuménique des Eglises sur la justice, la paix et la sauvegarde de la création. Le rejet de la terminologie « droits de l'homme et des peuples » par le COE fait partie de la troisième affirmation exprimée en ces termes : « nous affirmons la valeur égale de toutes les races et de tous les peuples. En Jésus-Christ, les peuples de toutes les races, de toutes les castes

337 M. LEVINET, « Lecture critique du ''Modèle européen'' de protection des droits de l'homme », in *Droits de l'homme en Afrique centrale. Colloque de Yaoundé 9-11 novembre 1994* (sous la direction de Denis Mengenest et Paul-Gérard Pougoué), UCAC- Karthala, 1994, p. 26.

et de toutes les origines ethniques sont réconciliés avec Dieu, et les uns avec les autres. Le racisme en tant qu'idéologie et la discrimination en tant que pratique « constituent une négation de la riche diversité du dessein de Dieu pour le monde et une violation de la dignité humaine. Toutes les formes de racisme, qu'il soit individuel, collectif ou inhérent au système, doivent être qualifiées de péché et leur justification théologique d'hérésie ».

« Nous rejetons la terminologie perverse des droits de l'homme et des peuples qui fait valoir des ''droits de groupes''. C'est une terminologie qui est source de division et qui cherche non pas à libérer l'exploitation économique mais à la maintenir, et à préserver les privilèges politiques des minorités puissantes.

« C'est pourquoi, nous souvenant de l'alliance de Dieu qui déclarait ''Toutes les familles de la terre sont la mienne''.

« Nous affirmons que les membres de toutes races ou castes, de tous groupes ethniques ont la même valeur. La diversité même de leurs cultures et de leurs traditions reflète la richesse et la multiplicité de la création de Dieu.

« Nous sommes résolus à nous opposer au mépris des droits fondamentaux des membres de groupes exploités et opprimés pour des raisons de race, d'ethnie, de caste ou d'appartenance autochtone. Nous voulons nous opposer aux tentatives de cultures et des groupes dominants de dépouiller ces gens de leur identité culturelle, de la citoyenneté à part entière et de l'égalité d'accès au pouvoir économique, social, politique et ecclésiastique. Nous voulons nous opposer à l'oppression et à l'exploitation des femmes et des enfants qui sont les plus douloureusement touchés.

« C'est pourquoi nous nous engageons à lutter contre les forces du racisme, les préjugés ethniques et l'esprit de caste, et à nous solidariser avec ceux qui en sont les victimes en nous associant à leurs luttes »[338].

Comme on peut s'en apercevoir, la terminologie « droits de l'homme et des peuples » est rejetée pour plusieurs raisons évidentes :

3.1.3.1 Cette terminologie est qualifiée de « perverse »

Selon notre compréhension, le qualificatif « perverse » veut dire dans ce contexte que la terminologie « droits de l'homme et des peuples » est non conforme, contraire au résultat recherché par l'esprit de la déclaration universelle des droits de l'homme de 1948. L'ajout « et des peuples » est une disposition destinée à émousser l'action des droits de l'homme en Afrique.

Les Eglises, à travers le Conseil œcuménique se déclarent être solidaires avec les victimes de la violation massive des droits de l'homme en Afrique. C'est pourquoi elles rejettent cette perversion des droits de l'homme en Afrique étant donné qu'en Jésus-Christ les peuples de toutes les races sont réconciliés non seulement avec Dieu mais aussi les uns avec les autres. C'est pour dire que cette perversité des droits de l'homme par des groupes dominants concerne tous les êtres humains créés à l'image de Dieu. Ceux-ci ne doivent pas rester

338 Conseil œcuménique des Eglises, Document final cité, pp. 11-12.

indifférents à la violation réfléchie de la dignité humaine dans une partie du monde. Mais, pourquoi cette perversion ? Qui en est l'auteur ? Est-ce la Conférence des chefs d'Etat et de gouvernement de l'OUA ? Cette dernière question mérite une réflexion.

3.1.3.2 La Conférence des chefs d'Etat et de gouvernement de l'OUA est-elle responsable de cette perversion ?

Cette perversion qui a été constatée par plusieurs organisations des droits de l'homme et dénoncée clairement par le Conseil œcuménique des Eglises doit avoir été orchestrée par les instances de l'OUA. On sait que les Etats africains, malgré la référence faite à la déclaration universelle des droits de l'homme dans la charte constitutive de l'OUA[339], ont toujours contesté dans une certaine mesure l'universalisme de cet instrument en évoquant des arguments d'ordre culturel et le droit des peuples à l'autodétermination. Ceci explique l'option délibérée de ne pas retenir la « Loi de Lagos » qui plaidait pour une Cour africaine des droits de l'homme en référence à la cour européenne. L'idée de la cour qui pourrait juger non seulement les violations des droits de l'homme mais aussi les crimes contre l'humanité, et surtout assurer le mécanisme de protection de ces droits à côté de la commission africaine ne pouvait pas être acceptée par les Etats africains dominés, à cette époque, par des régimes dictatoriaux civils et militaires et par des violations massives des droits de l'homme. Ces dictateurs qui ont prôné pendant longtemps le monopartisme et l'autoritarisme étaient loin, malgré les pressions internes et externes, de souscrire facilement à l'avènement du multipartisme et à la construction des sociétés démocratiques, respectueuses des droits de l'homme. Leur idée d'une justice africaine essentiellement conciliatoire aux solutions consensuelles est une manière voilée pour perpétuer le droit à l'impunité qui fait que les violateurs des droits de l'homme peuvent toujours continuer à bafouer ces droits sans être inquiétés encore moins traduits dans une quelconque cour. Le rejet d'une cour africaine à l'instar de celle de l'Europe et l'ajout pervers des droits des peuples dans la charte africaine adoptée par la Conférence des chefs d'Etat et de gouvernement mettent en cause cette instance de l'OUA au sujet de cette perversion. En d'autres termes, cet organe suprême de l'OUA qui avait le dernier mot à dire au moment de l'adoption de la charte peut être considéré comme responsable de la perversion en question. On peut voir cette perversion comme étant la volonté des chefs d'Etat et de gouvernement de ne pas accorder à leurs concitoyens le droit à la liberté sous toutes ses formes et au souverain primaire le pouvoir d'élire librement ses représentants et ceux qui peuvent le gouverner. Dans le cas présent, peut-on dire que le Conseil œcuménique des Eglises a raison d'affirmer que cette terminologie perverse « fait valoir des ''droits de groupes'' ? Qu'elle est source de division et qu'elle cherche à maintenir

---

[339] Charte constitutive de l'OUA, Préambule, 8ème considérant et article 2 (1) littera a.

l'exploitation économique et ''à préserver les privilèges politiques des minorités puissantes ?'' ».

Si l'on se réfère à la définition ci-dessus du mot groupe, on peut dire que cette terminologie perverse fait valoir des « droits de groupes », c'est-à-dire des droits de groupes politiques dominants qui sont aux commandes des Etats africains. Ceux-ci veulent ; à tout prix conserver le pouvoir, leurs privilèges politiques et socio-économiques au détriment des peuples qui vivent sous l'oppression et l'exploitation économique.

Si l'on se réfère également à la théorie de « centre vide »[340], on dira alors que ces groupes politiques ont été de véritables « idoles » qui ont occupé pleinement les centres d'Etats africains. Ces « idoles » ont voulu préserver leurs intérêts. Elles ont combattu à leur manière l'avènement de « centre vide » qui fait qu'« en fin de compte, tout pouvoir, pour être de droit, se doit de conserver, en son sein, un lieu vide, que ne vient occuper nulle idole totalitaire »[341]. Le « centre vide » veut que le centre d'Etat soit « vide, inoccupable - tel qu'aucun individu ni aucun groupe ne peut lui être consubstantiel -, le lieu du pouvoir s'avère infigurable. De la sorte, la démocratie s'exprime essentiellement par le jeu des remises en causes continuelles auxquelles elle soumet le pouvoir, ce qui implique notamment qu'elle soit sans cesse animée par le ''débat'', voire par ''compétition''. La diversité des partis politiques, exprimant la diversité des opinions et permettant l'expression de choix, s'avère alors comme une donnée fondamentale et incontournable »[342].

Cela veut dire que le centre d'Etat doit être la Loi, caractéristique de la démocratie. C'est la loi qui structure le pouvoir et fait que celui-ci soit régulièrement remis en question par les élections.

Prenons le cas du Zaïre où cette terminologie perverse a largement profité au groupe politique dominant de l'époque, à savoir le Président fondateur du MPR, le bureau politique, le comité central, le comité exécutif, bref les principaux organes du parti-Etat. La personnalisation du pouvoir politique et le culte de la personnalité qui a été réservé au président-fondateur du parti-Etat ont fait de ce dernier une idole qui a rempli le centre de l'Etat zaïrois. Il ne s'est pas gêné de dire publiquement que le peuple zaïrois lui devait tout et non le contraire.

Ce groupe politique dominant du Zaïre a géré à sa guise toutes les richesses nationales dont le partage a été son affaire personnelle, c'est-à-dire l'affaire du groupe dominant. Le peuple zaïrois exploité, opprimé, privé de parole et de ses droits et libertés fondamentales était condamné à la misère. Il y avait une nette division entre la classe dirigeante qui vivait dans l'opulence, se faisait soigner avec leurs familles en Europe, leurs enfants pouvaient étudier en

---

340 J-F. COLLANGE, *Théologie des droits de l'homme, Op. Cit.*, pp. 275-279.

341 *Ibid.*, p. 275.

342 *Ibid.*, p. 276.

Europe et en Amérique, et le quart peuple qui, malheureusement, croupissait dans la pauvreté indescriptible.

J'ai déjà dit plus haut qu'en Afrique le primat est à la nation par rapport à l'individu, le MPR, parti-Etat s'est défini, au regard de l'article 29 de la Constitution de 1974, comme étant « la nation zaïroise organisée politiquement ». Ceci implique le primat des droits du MPR sur les droits du citoyen zaïrois. L'affirmation du COE se vérifie et se confirme dans le cas du Zaïre où la terminologie « droits de l'homme et des peuples » fait valoir les droits de groupes. D'une manière explicite, cette terminologie perverse fait valoir les droits du groupe politique dominant appelé « cadres du MPR, parti-Etat ».

Or le cas du Zaïre n'est pas le seul en Afrique. Il se retrouve un peu partout dans ce continent, ce qui donne encore raison au conseil œcuménique des Eglises. Puisque cette terminologie perverse fait valoir des droits de groupes, il est évident qu'elle ne contribue pas à la promotion des droits de l'homme selon l'esprit de la déclaration universelle des droits de l'homme.

3.1.3.3 La terminologie perverse ne contribue pas à la promotion des droits de l'homme

Les Eglises, au travers du Conseil œcuménique des Églises, ont la conviction que les droits de l'homme représentent un phénomène global et non régional ou culturel. Elles ont la même conception que les universalistes inconditionnels, « qui se réclament avec force de l'idée abstraite du sujet humain, toute évocation d'une identité culturelle particulariste et des droits collectifs équivaut à ouvrir la voie au totalitarisme minoritaire et à l'expression communautaire. Toute référence à la coutume et à la tradition ne peut que renvoyer à un univers lourdement coercitif »[343].

Pour le Conseil œcuménique des Eglises, les droits de l'homme doivent être protégés contre la perversion de l'ajout « et des peuples » qui risque de nuire au respect des droits universels de l'individu. Cela est convaincant au regard de la pensée qui a dominé lors des travaux du groupe inter-facultaire d'éthique et des droits de l'homme de l'Université de Genève en 1994. Voici un passage qui a été écrit au sujet de menaces de banalisation des droits de l'homme dans le monde :

> « Partout dans le monde des luttes sont menées en se réclamant des droits de l'homme. N'est-ce pas un hommage aux grands textes des déclarations, une reconnaissance que l'universalité dont elles se disent porteuses, est une réalité enracinée partout dans le monde conformément à ce qu'elles annoncent ? Pourtant, derrière l'invocation, on remarque des phénomènes complexes. L'appel aux droits de l'homme accompagne très souvent une revendication communautaire,

[343] E. FUCHS et W. OSSIPOW, « L'homme respecté : Etat, identités, économie et Droits de l'homme », *Le Champ éthique,* n°26, Genève, Labor et Fides, 1994, 67.

une aspiration à une identité spécifique qui s'enracine dans une culture, un peuple, une religion, une langue. Le moteur n'est ainsi plus l'attrait de l'universel mais l'exaltation du particulier. Se réclamer des droits de l'homme, c'est alors, pour une communauté, revendiquer sa différence. Par ailleurs, cette tension entre l'universel et le particulier, entre le global et le local se dédouble souvent d'une autre tension, celle entre la revendication communautaire qui attache l'individu à un « nous » plus ou moins contraignant et l'aspiration des individus à un espace de liberté personnelle, à un « moi » dont les communautés ont parfois de la peine à supporter l'émergence »[344].

Il ressort clairement de ce texte une pensée qui nous permet d'affirmer que la terminologie perverse de droits de l'homme et des peuples constitue un rattachement implicite de l'individu à un « nous » représenté par un « peuple » et qui, dans le cas d'espèce, ne peut être que contraignant. L'aspiration de la personne humaine à un espace de liberté est diluée dans ce « nous » qui ne supporte pas la promotion de la liberté individuelle. C'est pourquoi on est tenté de dire que le moteur de la charte africaine des droits de l'homme et des peuples est à la fois l'attrait de l'universel ou du global et l'exaltation du particulier ou du local.

En qualifiant la terminologie « droits de l'homme et des peuples » de perverse, le Conseil œcuménique des Eglises soutient que le droit de chacun à la liberté est la base originaire des Droits de l'homme. Cette affirmation est soutenue également par E. Fuchs et P.A. Stucki qui l'ont exprimée en ces termes : « L'égale liberté des hommes est le fondement de la souveraineté populaire ; c'est aussi parce qu'ils sont tous également libres que les citoyens ont droit de concourir à la formation de la loi. Ainsi, le droit de chacun à la liberté est le fondement du système démocratique, l'axiome du système, dont tout le reste suit par conséquence. L'énumération des droits de l'homme présente sans doute une série de difficultés qu'il ne faut pas sous-estimer, mais qui n'entraînent pas le doute à propos du caractère premier et fondamental du droit à la liberté »[345].

Le caractère premier et fondamental du droit de chacun à la liberté ne peut être aliéné sous une forme ou une autre. Toute volonté de l'aliéner est injuste et scandaleuse. A ce sujet, Rawls écrit : « La liberté de pensée et de conscience, la liberté de la personne et les libertés civiques ne doivent pas être sacrifiées à la liberté de participer, dans l'égalité aux affaires politiques »[346]. Autant dire que les droits de l'homme ne doivent pas être sacrifiés au profit des droits des peuples. Cela nous permet de dire à la suite du COE que la terminologie perverse de « droits de l'homme et des peuples » ne contribue

[344] *Ibid.*, p. 55.

[345] E. FUCHS et P.A. STUCKI, « Au nom de l'autre. Essai sur le fondement des droits de l'homme », *Le Champ éthique,* n°12, Genève, Labor et Fides, 1985, p. 103.

[346] J. RAWLS, *Théorie de la justice,* Editions du Seuil, 1997, p. 237.

pas à la promotion des droits de l'homme. Au contraire, elle permet de sacrifier les droits de l'homme sur l'autel des droits des peuples.

Après cette analyse du premier type de spécificités propres à la charte africaine des droits de l'homme et des peuples, voyons à présent le deuxième type de spécificités évoqué plus haut.

Il convient de rappeler le second type de spécificités : les devoirs de chaque individu.

3.2 Deuxième type de spécificités : les devoirs de chaque individu

En abordant ce deuxième type de spécificités, nous voulons répondre à la question posée ci-dessus à savoir : En consacrant les devoirs de l'individu, la charte africaine ne reprend-elle pas les droits qu'elle donne à cet individu ?

On sait comment en Afrique, la communauté, la nation exerce une influence considérable sur l'individu. Les droits de l'homme sont une solution pour sortir l'individu de l'emprise considérable de la communauté et lui permettre de s'é épanouir pleinement. Les organisations internationales des droits de l'homme évitent, à juste titre, de mentionner les devoirs de l'individu afin de permettre une promotion normale, correcte, harmonieuse des droits de l'homme. La charte africaine, tout en acceptant de consacrer les droits de l'homme, consacre également les devoirs de l'individu. N'est-ce pas là une manière voilée de limiter les droits humains ? Une manière de reprendre par la main gauche ce qu'elle donne par la main droite ?

Prenons un seul devoir pour illustrer notre propos. Le devoir de l'individu « de ne pas compromettre la sécurité de l'Etat dont il est national ou résident »[347]. Dans la pratique, la compromission ou l'atteinte à la sécurité de l'Etat veut tout simplement dire l'atteinte aux idées, à la parole, aux actes du chef de l'Etat. Le chef de l'Etat est le consommateur de la personnalisation du pouvoir, l'incarnation du pouvoir et de l'Etat en Afrique. Le culte de personnalité qu'on lui rend ne tolère pas qu'on puisse le contredire. Le chef « a toujours raison », dit-on, comme nous pouvons le voir dans le cas du Zaïre de Mobutu.

Le Zaïre a consacré dans sa constitution révisée de 1978 deux articles aux devoirs dont le plus expressif dispose que « tout zaïrois a la responsabilité de la bonne marche des activités du Mouvement Populaire de la Révolution. A ce titre, il a le devoir, par une vigilance de tous les instants de soutenir la révolution, d'en défendre les acquis et de sauvegarder l'unité nationale et l'intégrité du territoire »[348].

Je peux disséquer ce devoir en trois parties : - devoir de soutenir la révolution, - devoir de défendre les acquis de la révolution, - devoir de

[347] Article 29 alinéa 3 de la Charte africaine des droits de l'homme et des peuples.

[348] Article 28, page 24 de l'Annexe à la loi n° 78-010 du 15 février 1978 portant révision de la Constitution du 24 juin 1967 (Journal officiel du 1er mars 1978).

sauvegarder l'unité nationale et l'intégrité du territoire. Abordons exclusivement les deux premières parties :

- Devoir de soutenir la révolution. C'est pratiquement le devoir de soutenir le « guide » de la révolution zaïroise, c'est-à-dire le Maréchal Mobutu qui, comme l'a si bien dit Ndaywel, parvint à « s'accorder un pouvoir illimité » en sa qualité de « président-fondateur du MPR, président de la République ». Ce principe fut consacré par les réformes constitutionnelles de 1970 et de 1974... Le parti se confondant avec la nation, cette situation lui conférait en effet un pouvoir double ; d'abord celui d'être le premier « penseur » de la société (président du MPR) ensuite celui d'être le premier « gestionnaire » de la société (président de la république). Le premier rôle qui lui incombait, était capital car il se trouvait renforcé par sa qualité de fondateur du parti, avantage dont aucun de ses successeurs à la tête du parti ne pourrait en principe bénéficier. Il constituait en lui-même le premier organe du parti et donc, de la république. Dans cette logique, Mobutu était donc le garant de la pérennité de la nation, tant qu'il était vivant, « il ne pouvait logiquement être écarté du pouvoir, sauf en cas de folie (le déviationnisme) ». Cette mystification politique constituait un élément important de la stratégie d'ensemble. Le président-fondateur pouvait donc se lancer, « en toute liberté de pensée, dans des conceptions ''révolutionnaires'' de la société, sans que sa perception des choses n'ait à souffrir d'une confrontation avec une idée autre idée, ni qu'elle soit ramenée à des positions ''révisionnistes''. Le président avait donc la latitude de s'engager dans n'importe quelle démarche politique, même impopulaire ou de nature à susciter des réactions négatives, pourvu qu'il considère agir ainsi pour le bien du pays »[349].

  Il est évident que l'individu qui ne respecte pas ce devoir s'expose à des poursuites par les services de sécurité de l'Etat. Même les dignitaires du régime, c'est-à-dire les cadres des organes supérieurs du parti-Etat étaient poursuivis par la Cour de sûreté de l'Etat en cas de non-respect de ce devoir.

- Devoir de défendre les acquis de la révolution. Les acquis de la révolution ont été véhiculés et défendus entre autres par les slogans et les chansons exécutés par les groupes d'animation politique du MPR comme le témoigne la citation suivante : « ils (les slogans) constituaient bien souvent une reprise en chœur d'une citation du président et vulgarisaient avec succès les enseignements du parti et ceux de son Président ». Le slogan ci-dessous, extrait du répertoire du groupe d'animation du Shaba (Katanga) a synthétisé ce que le MPR entendait instaurer comme valeurs cardinales ; amour du guide, unité nationale dans la diversité, libération totale de l'homme zaïrois, devoir de vigilance.

- Responsable : *Nous sommes zaïrois*
  Animateurs : *Zaïrois dans la conscience*

349 I. NDAYWEL è Nziem, *Histoire générale du Congo, Op. Cit,* pp.681-682.

Zaïrois en langage (. . .)
Nous chanterons et danserons
Pour honorer notre Guide
Et lui exprimer notre amour.

- Responsable : *L'authenticité !*
  Animateurs : *L'authenticité est notre philosophie politique.*
  Nous voulons être nous-mêmes et non pas ce que les autres voudraient que nous soyons.
- Responsable : *Nous sommes zaïrois*
  Animateurs : *Zaïrois dans la conscience*
  Zaïrois en langage (...)
  Nous chanterons et danserons
  Pour honorer notre Guide
  Et lui exprimer notre amour
- Responsable : *Notre objectif !*
  Animateurs : *L'unité dans la diversité*
  Région oui, régionalisme non
  Tribu oui, tribalisme non
  Clan oui, clanisme non
- Responsable : *Indépendance nominale*
  Animateurs : *Non*
- Responsable : *Indépendance totale*
  Animateurs : *Oui*
- Responsable : *Aliénation mentale*
  Animateurs : *Fini*
- Responsable : *Notre souci prioritaire*
  Animateurs : *Le recouvrement de notre personnalité*
- Responsable : *Mobutu Sese Seko*
  Animateurs : *Notre seul Guide*
- Responsable : *Mobutu Sese Seko*
  Animateurs : *Notre seul espoir*
- Responsable : *Mobutu Sese Seko*
  Animateurs : *Notre seul salut*
- Responsable : *Pour la vigilance*
  Animateurs : *Toujours prêts*
- Responsable : *Pour la révolution*
  Animateurs : *Nous mourrons*[350].

Le devoir de défendre les acquis de la révolution sous-entend le devoir de soutenir d'une manière inconditionnelle les paroles, les enseignements et les décisions du président-fondateur du MPR et Président de la République, les décisions des organes du parti-Etat, l'unité nationale, la philosophie de

[350] *Ibid.*, p. 718.

l'authenticité, d'aimer le guide de la révolution et le devoir de vigilance de tous les instants.

La consécration des devoirs de l'individu a été et est dans une certaine mesure la limitation du plein exercice des droits de l'homme. L'idée répandue dans le monde occidental que l'État est là pour ses citoyens et non le contraire ne se vérifie pas dans les États qui consacrent les devoirs des citoyens dans leurs constitutions. L'État qui est censé mettre l'homme au centre de ses préoccupations et initier toutes sortes d'actions en vue de respecter et promouvoir les droits de l'homme veut plutôt le contraire.

L'État du Zaïre consacre le devoir de vigilance pour sa protection qui dans la réalité n'est que la protection d'un homme, c'est-à-dire du Président-Fondateur du MPR et Président de la République appelé aussi Guide de la révolution zaïroise.

La consécration des devoirs de l'individu permet aux dirigeants des pays africains de brandir ces devoirs pour asseoir des régimes à tendance totalitaire et dictatoriale et pour ne pas respecter les droits de l'homme qui sont désormais soumis aux droits des peuples. Les droits de l'homme connaissent par cette consécration des devoirs une altération dans leurs principes. Ouguergouz a exprimé ce contraste entre la consécration des droits de l'homme dans la charte africaine et leur mise en application en des termes éloquents : « le contraste entre la consécration formelle des droits de l'homme et libertés et le sort qui leur a été réservé est trop important »[351].

On le voit, ce deuxième type de spécificités comme le premier ne contribue pas à la promotion normale, sans obstacle des droits de l'homme en général et du droit à la vie en particulier. En ce qui concerne le droit à la vie, il est nécessaire de faire une brève analyse pour vérifier si ces spécificités empêchent réellement sa protection.

4. Ces spécificités de la charte africaine contribuent-elles à la promotion particulière du droit à la vie ?

L'importance du droit à la vie est indéniable. Nous l'avons déjà souligné dans les points précédents. Si le droit à la vie est d'une importance primordiale, il serait louable que les spécificités de la charte africaine en tiennent compte. Notre brève analyse voudrait vérifier si l'importance du droit à la vie a été prise en compte par ces spécificités. Pour ce faire, nous verrons d'abord ce que la charte africaine prévoit au sujet du droit à la vie en comparaison aux conventions européenne et américaine, ensuite si cela est conforme à la conception africaine de la vie.

L'article 4 de la charte africaine stipule que « la personne humaine est inviolable. Tout être humain a droit au respect de sa vie et à l'intégrité physique et morale de sa personne. Nul ne peut être privé arbitrairement de ce droit ». L'expression « droit à la vie » n'est pas clairement mentionnée comme

[351] F. OUGUERGOUZ, *Op. Cit.*, p. 26.

c'est le cas dans les conventions européenne et américaine des droits de l'homme. Le mot « arbitrairement » est sujet de plusieurs interprétations dans des régimes totalitaires et dictatoriaux. C'est difficile à définir ce qui est arbitraire et ce qui ne l'est pas dans ces régimes où la seule parole du dictateur vaut la loi. Les conventions européenne et américaine sont claires, explicites et dépourvues d'ambiguïté au sujet du droit à la vie. Dans la convention européenne, le droit à la vie est énoncé à l'article 2 intitulé « droit à la vie ». L'alinéa 1 de cet article stipule que « le droit de toute personne à la vie est protégé par la loi. La mort ne peut être infligée à quiconque intentionnellement, sauf en exécution d'une sentence capitale prononcée par un tribunal au cas où le délit est puni de cette peine par la loi » dans la convention américaine, ce droit est énoncé à l'article 4 intitulé également « droit à la vie ».

L'article 4 de la charte africaine n'a pas de titre et ne dit rien de la protection de ce droit comme les articles 2 et 4 des conventions européenne et américaine qui prévoient que ce droit est protégé par la loi. Si la loi ne protège pas ce droit, nous tombons encore dans l'arbitraire que l'article 4 de la charte africaine essaie d'éviter ou du moins nous nous retrouverons à la case du départ, c'est-à-dire au bon vouloir de la personne qui détient le pouvoir et qui est l'idole occupant le centre de l'État en lieu et place de la loi. Dans ce cas, le droit à la vie est hypothéqué surtout en cas de non-respect du devoir « de ne pas compromettre la sécurité de l'État ». L'exemple du Zaïre a montré que ce dernier visait le soutien du Président-Fondateur du MPR, Président de la République. A ce propos, on sait que le droit à la vie est violé pour quiconque ne respecte pas ce devoir. Et Celui-ci s'expose à l'enlèvement, à la torture, aux exécutions sommaires, à la condamnation à mort comme ce fut le cas de J. Kudiakubanza « qui fut exhibé au stade, obligé à faire lui-même la lecture d'un document qui le déclarait coupable »[352]. Dans ce document, Kudiakubanza désigne le président Mobutu de « bonhomme », ce qui provoqua la colère de Mobutu. Kudiakubanza a été condamné à mort et l'exécution a eu lieu.

Il ressort que ces spécificités ne favorisent pas la promotion du droit à la vie bien que la vie soit sacrée dans la tradition africaine. P. Tempels explique mieux la conception de la vie chez les Bantous (africains) dans son ouvrage intitulé « La Philosophie bantoue »[353].

Karel Vasak[354] s'inspirant de Tempels a dit, au cours de son exposé à la 33ème session de l'Institut international des droits de l'homme, que la conception africaine de la vie se présente comme une « chaîne de la vie » : « nous appartenons à ceux qui nous ont précédés et à ceux qui viennent après nous. Nous ne nous appartenons pas à nous-mêmes ». Cela veut dire que le

---

352 I. NDAYWEL à NZIEM, *Op. Cit.*, p. 753.

353 P. TEMPELS, *La philosophie bantoue*, P.A., 1961.

354 Ancien conseiller juridique de l'UNESCO, il a donné une conférence spéciale intitulée *« René Cassin et le droit à la vie »* à la 33ème session de l'Institut international des droits de l'homme, Strasbourg, du 1-26 juillet 2002.

droit à la vie dans la tradition africaine est un droit qui dépasse le droit à la simple existence physique. Le droit à la vie dans la tradition africaine englobe le monde de la vie des ancêtres qui n'ont plus l'existence physique, le monde des vivants physiquement et le monde de ceux qui vont naître, leur existence physique appartient au futur. Cette chaîne de la vie doit interpeller les dirigeants africains qui mettent en cause le droit à la vie d'autrui par les enlèvements, les disparitions, les exécutions sommaires, les condamnations à mort. Ceux qui le font violent la conception africaine de la vie. Selon la même conception, ces violateurs n'ont pas de place dans le séjour des ancêtres. Ceci vient confirmer encore que les spécificités de la charte africaine ne contribuent pas à la promotion des droits de l'homme en général et du droit à la vie en particulier.

Conclusion partielle

Ce chapitre constitue un essai de réponse à la question ayant trait aux spécificités propres à la charte africaine et à celle relative à la contribution de ces spécificités à la promotion des droits de l'homme en général et des droits à la vie en particulier.

La place faite aux droits des peuples à côté des droits de l'homme et aux devoirs de l'individu dans la charte africaine constitue une spécificité au pluriel de cette charte.

L'analyse réalisée montre que la mission première de la commission africaine des droits de l'homme et des peuples à savoir la promotion des droits de l'homme a été biaisée par la terminologie perverse des droits de l'homme et des peuples et par la consécration des devoirs de l'individu.

En Afrique les droits de l'homme sont une « nouveauté » et les droits des peuples « une coutume ». Il va de soi que la suprématie des droits des peuples sur les droits de l'homme est évidente. L'ajout « et des peuples » à côté de droits de l'homme est une autre manière d'étouffer la promotion des droits de l'homme sur le continent. Le rejet de cette terminologie par le conseil œcuménique des Églises est jugé bien fondé et vise à promouvoir le droit de chacun à la liberté qui est, la base originaire des droits de l'homme.

La consécration des devoirs de l'individu dans la charte africaine est une autre manière de restreindre la promotion des droits de l'homme en Afrique. Il s'agit donc d'une altération des droits de l'homme dans leurs principes.

Il découle de cette analyse que les spécificités de la charte africaine ne favorisent pas la promotion des droits de l'homme en général et du droit à la vie en particulier.

Comme on peut s'en apercevoir, la promotion des droits de l'homme en Afrique pose de sérieux problèmes au regard de la charte africaine des droits de l'homme et des peuples. Quel peut être l'apport de la Conférence des Églises de toute l'Afrique et des participants au Colloque de Yaoundé à cet épineux problème de promotion des droits de l'homme ? Nous reviendrons à cette question au chapitre suivant.

Chapitre VI.

La conférence des églises de toute l'Afrique (CETA), le colloque de Yaoundé et les droits de l'homme en Afrique

Mon intention dans ce chapitre est de commencer par la présentation de la Conférence des Églises de toute l'Afrique (CETA) avant de tenter de répondre à la question fondamentale : quelle est la contribution de la CETA et du Colloque de Yaoundé à la promotion des droits de l'homme ?

1. La conférence des églises de toute l'Afrique (CETA)

La Conférences des Églises de toute l'Afrique tire ses origines de la première conférence d'Ibadan (Nigéria) qui a réuni en 1958 des représentants d'Églises délégués par vingt-cinq territoires africains[355]. C'est pour la toute première fois que l'Église africaine fait entendre sa voix par les africains. Avant la tenue de cette réunion d'Ibadan, ce sont toujours les missionnaires qui parlent au nom du peuple de l'Église africaine. Au cours de cette conférence, les missionnaires sont privés de la parole : « les non-africains furent priés de rester tranquilles »[356]. A l'issue de cette conférence, un comité de continuation est mis sur pied. Le résultat le plus probant est le message de la conférence. Ce message est qualifié de prophétique lors de la tenue des autres conférences ou Assemblées suivantes.

La deuxième conférence tenue à Kampala en 1963 est reconnue comme la première assemblée de la CETA. Car c'est au cours de cette assemblée qu'est née officiellement la Conférence des Églises de toute l'Afrique. Le secrétaire général de la CETA reconnaît dans son rapport présenté à l'Assemblée réunie

---

[355] Ces délégués venaient des pays ci-après : Angola, Congo-Belge, Cameroun, Egypte, Ethiopie, A.E.F., Gambie, Ghana, Côte d'Ivoire, Kenya, Togo, Lessouto, Libéria, Madagascar, Mozambique, Nigéria, Nyassa, Rhodésie du Nord, Sénégal, Sierra-Léone, Rhodésie du Sud, Tanganika, Ouganda. Cf. *Ibadan Conférence des Églises d'Afrique (1958)*, Paris, imprimerie Coueslant, 1959, avant-propos.

[356] *Ibid.* p. 8.

à Abidjan en 1969 que le message d'Ibadan aux Églises d'Afrique est porteur d'une note prophétique : « le continent africain connaîtra des événements et des changements encore jamais rencontrés au cours de cette fin de siècle, bien accueillis par les uns, redoutés par les autres. Nous prions pour que l'Église d'Afrique sache jouer son rôle de défenseur, d'enseignant, de conseiller et de berger pendant ces années cruciales »[357]. Ce message est qualifié de prophétique parce qu'en 1958 lorsqu'il a été rendu public, la plupart des pays africains étaient encore colonisés. Ce n'est qu'à partir de 1960 que beaucoup d'entre eux ont accédé à l'indépendance ou à la souveraineté nationale. Il est évident qu'entre 1963, date de la première Assemblée de la CETA à Kampala et 1969, date de l'Assemblée d'Abidjan, il s'est écoulé six années qui ont permis au continent africain de vivre toute une série d'évènements et de transformation d'ordre politique, économique et socioculturel. Ce qui confirme la première partie de la prophétie. Mais la deuxième partie qui constitue le souhait ou le désir des Églises de jouer leur rôle de défenseur, d'enseignant, de conseiller et de berger a-t-elle été réalisée ? Les Églises d'Afrique ont été défaillantes dans ce domaine. Elles ont manqué d'être unies pour jouer leur rôle. Elles se sont caractérisées par une désunion au profit du monde politique. Elles ont fait, elles-mêmes le constat de leur échec au cours de l'Assemblée de Kampala. Elles ont réitéré leur engagement de s'unir pour accomplir leur mission dans leur déclaration suivante : « ... le dessein de Dieu à l'égard des Églises d'Afrique est qu'elles vivent ensemble dans une commune obéissance envers Lui pour l'accomplissement de sa volonté dans le monde… »[358]. On peut s'en apercevoir que la Conférence des Églises de toute l'Afrique a été créée à Kampala « pour être entre les diverses dénominations qui existent en Afrique, une communauté de consultation mutuelle et de coopération dans la communion de l'Église universelle en attendant l'unité souhaitée »[359].

La deuxième Assemblée de la CETA qui s'est tenue à Abidjan du 1er au 12 septembre 1969 a été et est d'une importance capitale. Elle porte avec raison le titre d'« engagement » de l'Église. Parmi plusieurs décisions qui ont été prises au cours de cette 2ème Assemblée, trois méritent d'être signalées.

1.- Sur le plan politique, l'Assemblée a pris l'engagement d'exercer sa mission de « réconciliation ». En effet, après avoir constaté avec regret les situations de conflit qui déchirent l'Afrique, l'Assemblée a décidé d'envoyer une mission de réconciliation au Nigéria. Cette décision est exprimée sous forme de résolution : « Après avoir entendu le rapport du secrétaire général, ''1. La deuxième Assemblée de la CETA, réunie à Abidjan du 1er au 12

[357] Conférences des Églises de toute l'Afrique, *Engagement, la deuxième Assemblée de la CETA Abidjan 1969,* Nairobi, CETA (1969), p. 16.
[358] *Ibid.*, p. 7.
[359] *Ibid.*

septembre 1969, a examiné avec une profonde préoccupation les situations de conflit dans de nombreuses régions du continent africain''.
''2. Pour répondre à l'exigence du Christ, que son Église soit un instrument de réconciliation dans le monde, cette Assemblée se sent appelée à envoyer une mission de bonne volonté et de fraternité à nos frères du Nigéria et de l'ancienne région orientale... d'examiner avec elles (Églises du Nigéria) les services que la CETA, en tant que communauté fraternelle de chrétiens, pourrait rendre dans cette situation difficile''.
''3. Si cette consultation avec les Églises le rendait possible, cette Assemblée pense que la mission devrait chercher les voies et moyens par lesquels une cessation des hostilités pourrait être obtenue, afin de permettre aux deux parties de se rencontrer pour rechercher une solution permanente à une situation qui a causé tant de souffrance et de misère.
''4. Cette Assemblée demande instamment à toutes les Églises membres de la CETA et aux chrétiens africains de prier avec persévérance pour que des solutions soient trouvées à toute situation similaire en Afrique, et, sans prendre de positions partisanes, d'apporter toute l'assistance nécessaire pour parvenir à ce but'' »[360].

Cette décision montre le sérieux qui a caractérisé l'Assemblée d'Abidjan. Elle traduit aussi l'engagement pris par la CETA pour assumer pleinement sa mission de réconciliation.

2.-L'Assemblée s'est prononcée sur le problème de développement en ces termes : « le problème du développement impose à l'Église d'avoir une vision solidement enracinée dans une théologie biblique : ''Tous les hommes ont été créés à l'image de Dieu, sont égaux devant Lui et ont chacun droit à une part de la richesse du monde selon leurs besoins pour la faire fructifier''. Dans le domaine politique, l'Église a le devoir de critiquer, mais positivement toute institution humaine y compris l'État et ses positions politiques ou économiques. Il lui faudra jouer le rôle de pionnière dans l'établissement des projets de développement. Nos Églises en Afrique ont des positions privilégiées dans les campagnes. Il en résulte qu'elles ont un rôle important à jouer dans le développement rural. C'est le lieu d'inviter les Églises à se pencher plus sérieusement sur le développement des ministères spécialisés aussi bien en milieu rural qu'en milieu urbain »[361].

Par cette déclaration, la conférence des Églises de toute l'Afrique prend une option claire et nette pour jouer un rôle de premier plan dans le domaine du développement et surtout du développement rural. Il reste à savoir si cette déclaration sera suivie de faits concrets.

3. - Dans son rapport final, la Conférence des Églises de toute l'Afrique définit ce qu'elle entend par théologie africaine : « Quand nous parlons de Théologie africaine nous entendons ''une théologie qui se fonde sur la foi

---

[360] *Ibid.*, pp. 28-29.
[361] *Ibid.*, p. 29.

biblique et parle à l'âme africaine'' (qui se rapporte à l'Afrique). Elle s'exprime en catégories de pensées qui ont leur source dans la philosophie du peuple africain. Cela ne signifie pas nécessairement que son point de vue est étroit ou syncrétiste. Parler de théologie africaine comprend la formulation claire de l'attitude chrétienne vis-à-vis des autres religions. Il faut préciser que l'accent est mis fondamentalement sur la théologie chrétienne qui pourrait s'exprimer par la pensée et la culture africaine »[362].

Comme on peut le voir, la CETA met l'accent sur la culture. A ce stade, la CETA entend par la théologie africaine, une théologie chrétienne qui prend en compte la culture africaine pour s'adresser à l'homme africain. Cette définition est trop « étroite » et ne tient pas compte de l'engagement pris par la CETA pour jouer son rôle important dans le secteur de développement et dans le ministère de la réconciliation. Nous pensons que la théologie africaine devrait, à ce stade déjà, englober l'aspect politique, économique, prophétique et culturel comme le démontre clairement le « message d'Abidjan 69 aux Églises ». Voici deux extraits dudit message : « Les peuples d'Afrique ont réalisé des progrès dans un passé récent, mais il reste beaucoup à faire. Si des millions d'entre nous sont libres et indépendants, des millions sont encore opprimés. La discrimination raciale, tribale et ethnique menace notre sécurité et crée des dissensions ; les injustices sociales sont nombreuses, l'enrichissement culturel authentique est miné, la politique se corrompt, la pauvreté et l'ignorance règnent, et des milliers de nos frères et sœurs sont contraints de se réfugier hors de leur pays. C'est dans ce cadre que nous sommes appelés à travailler avec Christ aujourd'hui (...). C'est Lui, le Seigneur de l'Église, qui nous donne pour mission ''d'aller dans le monde entier'' et de libérer son peuple, de combattre et rejeter les injustices, et de réconcilier tous les hommes en Lui. Il appelle aussi chacun d'entre nous aujourd'hui à être l'homme nouveau dans la plénitude de notre culture et de notre héritage »[363].

Ces deux extraits montrent que la CETA met l'accent non seulement sur la culture mais aussi et surtout sur l'oppression, la discrimination raciale, tribale, ethnique, les injustices sociales, la corruption de l'appareil politique et notamment le problème de la libération et de la réconciliation. On voit, à travers ces deux extraits que la CETA qui n'utilise pas encore dans son langage l'expression « Droits de l'homme », n'est pas loin pour s'en servir. Ibadan 1958, Kampala 1963 et Abidjan 1969 demeurent des points de repère significatifs pour la CETA. En effet, deux questions méritent d'être posées : à partir de quand l'expression « Droits de l'homme » est utilisée à la CETA ? Et quelle est la contribution de la CETA à la promotion des droits de l'homme ?

Après la troisième Assemblée qui s'est tenue en Zambie, c'est Nairobi (Kenya) qui a le mérite d'accueillir la quatrième Assemblée de la CETA d'une

---

362 *Ibid.*, p. 32.
363 *Ibid.* p. 2.

grande importance du point de vue de l'engagement de l'Église à la promotion des droits de l'homme.

L'année 1981 est considérée comme une année décisive pour la CETA qui a le privilège de recevoir le 3 août monsieur Daniel Arap Moi, Président de la République du Kenya et président en exercice de l'OUA pour procéder à l'ouverture officielle de l'Assemblée. Le même président est revenu en personne le 8 août pour donner le coup d'envoi au rassemblement destiné à collecter de fonds devant servir à la constitution du siège de la CETA.

La question des droits de l'homme figure à l'ordre du jour de cette quatrième assemblée. C'est la section III « L'Évangile-Bonne nouvelle aux pauvres et aux opprimés » de cette assemblée qui a examiné cette question et fait des propositions à la séance plénière. Le rapport officiel de cette quatrième assemblée qui s'est tenue du 2 au 12 août 1981 à Nairobi déclare à propos des droits de l'homme ce qui suit : « Elle (l'Église) doit servir de guide dans le respect et la tolérance envers les différents groupes de la société et dans la nécessité de faire en sorte que le pouvoir établi, même celui de l'Église, reste ouvert à la critique. A court terme, l'Église ne saurait tourner le dos à ses responsabilités politiques et sociales. La CETA doit inviter ses membres à mettre sur pied des comités permanents chargés des questions des droits de l'homme »[364].

Cette invitation lancée aux Églises membres de la CETA n'est suivie par une note d'instruction que beaucoup plus tard comme nous le verrons dans les lignes qui suivent. Cependant en 1992, André Karamaga dans sa synthèse des documents du Symposium organisé à Mombasa du 11 au 14 novembre 1991 par la CETA fait remarquer au sujet de « la sécurité et les droits de l'être humain » que « les Eglises ont la mission dans chaque pays et dans chaque sous-région de veiller à ce que les droits humains fondamentaux soient garantis à chacun et à tous sans aucune discrimination. Il est important également de saluer et d'encourager les initiatives qui naissent ici et là à travers le continent avec pour objectif la lutte en faveur des droits humains »[365]. Ceci indique l'option prise par la CET A pour agir en faveur des droits de l'homme. On peut alors dire que l'expression « Droits de l'homme » est utilisée officiellement et recommandée aux Églises membres à partir de 1981. Mais entre le dire et l'agir pour les droits de l'homme, il y a une marge. C'est ce que nous voulons examiner en répondant à la question posée plus haut : « quelle est la contribution de la CETA à la promotion des droits de l'homme ? ».

Je voudrais analyser la contribution de la CETA à la promotion des droits de l'homme non pas sur le plan du discours mais sur le plan d'action. Cette

---

[364] Conférence des Églises de toute l'Afrique, *Suis-moi ... Fais paître mes brebis ! Rapport officiel de la quatrième Assemblée de la CETA tenue à Nairobi-Kenya du* 2 *au* 12 *août 1981*, Nairobi, CETA, 1981.

[365] A. KARAMAGA, *Problèmes et promesses de l'Afrique à l'approche et au-delà de l'an 2000,* Nairobi, CETA, 1992, p. 34.

action se situe à deux niveaux : action politique de réconciliation, d'une part et d'autre part, action pour l'éducation aux droits de l'homme.

On se souvient encore de la résolution de la deuxième assemblée de la CETA tenue à Abidjan consistant à envoyer une mission de réconciliation au Nigéria. Cette mission constitue la première action de la CETA en matière de politique de réconciliation. Depuis lors, les responsables de la CETA se sont distingués dans les contacts avec les chefs d'Etats africains et les responsables des Eglises africaines en vue d'exercer leur ministère de la réconciliation. Daniel Ngoy Mulunda-Nyanga[366] affirme cette action de réconciliation exercée par la CETA en ces termes : « Au cours de la période qui a immédiatement suivi les événements d'avril 1994 au Rwanda, la Conférence des Eglises de toute l'Afrique (CETA) a redoublé d'intérêt pour la région des Grands-Lacs. Ses activités y ont été essentiellement consacrées à la reconstruction œcuménique. Les chefs des Eglises membres de la CETA étaient convoqués à de nombreuses réunions dont certaines portaient essentiellement sur la restructuration institutionnelle et d'autres sur la réhabilitation personnelle, spirituelle et relationnelle. Ces activités ont fait l'objet de nombreux rapports détaillés de la CETA ».

Les interventions œcuméniques les plus récentes dans la région des Grands-Lacs sont le fruit d'une initiative commune entre la CETA et le Conseil œcuménique des Eglises (COE). Ils ont ensemble invité les chefs des Eglises du Burundi, du Kenya, du Rwanda, de l'Ouganda, de la Tanzanie et du Zaïre. Le but de ces rencontres était d'échanger des informations, de réfléchir sur le témoignage chrétien commun et d'élaborer des principes généraux « et des stratégies permettant de résoudre les problèmes de la région des Grands-Lacs ».

Certes, il existe dans la région une nouvelle initiative politique sous les auspices de nouveaux présidents, mais il est extrêmement important que les Eglises se rencontrent pour mettre au point de nouvelles initiatives œcuméniques. Evidemment, les initiatives politiques peuvent être acceptables si leurs motivations profondes ne sont pas inspirées par des velléités d'hégémonie ethnique (comme le disent certains opposants aux dirigeants actuels), mais les Eglises de la région ont le devoir de rapprocher les peuples divisés des Grands-Lacs et de nouer le dialogue qui va promouvoir la coexistence pacifique. A titre d'exemple, dans l'une des recommandations faites en juillet 1997 lors de la Conférence des Eglises de la République Démocratique du Congo, celles-ci ont demandé à la CETA de faciliter les rencontres entre les Eglises (les jeunes, les femmes et les pasteurs) de l'Est du

---

[366] D. NGOY Mulunda-Nyanga, *La reconstruction de l'Afrique. Foi et liberté pour un continent en conflit,* Nairobi, CETA, 1998. Pasteur Ngoy Mulunda a exercé les fonctions de secrétaire exécutif du Département de la jeunesse de la CETA avant d'assumer les fonctions de secrétaire exécutif aux affaires internationales de la même institution.

Congo, du Burundi et du Rwanda afin d'examiner la question relative à la réconciliation des groupes tribaux de cette partie de la région[367].

La question que je me pose est de savoir si ces négociations évoquées par Ngoy Mulunda ont réussi. Prenons le cas qualifié par Ngoy de « interventions œcuméniques les plus récentes dans la région des Grands-Lacs » sous l'égide du COE et de la CETA. Quelques questions pour éclairer notre lanterne méritent d'être posées à ce sujet : « Le COE et la CETA ont-ils réuni les conditions nécessaires pour assurer le succès des négociations ? - Les responsables des Eglises de la région des Grands-Lacs ont-ils sérieusement négocié ? Ont-ils enregistré un quelconque succès notable à porter à l'actif de médiateurs en l'occurrence les représentants du COE et de la CETA ? En d'autres termes, quel a été le rôle joué par les intermédiaires COE et CETA au cours de cette réunion de travail de Johannesburg ? Les médiateurs ont-ils cherché à obtenir une interaction entre les deux camps opposés au cours de cette rencontre ?

J'ai personnellement pris part à cette rencontre de Johannesburg organisée conjointement par le COE et la CETA. Je fais partie de la délégation du Zaïre (République Démocratique du Congo). Nous voulons analyser les faits qui se sont déroulés avant, pendant et après cette réunion. Cette analyse permettra au lecteur de juger, lui-même, aisément du succès ou de l'insuccès de la négociation.

La délégation zaïroise désignée à participer à la rencontre de Johannesburg prévue en novembre 1996 continue à attendre la délivrance des titres de voyage en provenance de Johannesburg jusqu'au 31 octobre 1996. La préposée de l'agence de voyage de la compagnie sud-africaine laisse entendre que quelqu'un à Johannesburg a envoyé un message disant que la délégation zaïroise n'est plus attendue. La délégation insiste et obtient les titres de voyage. Elle quitte Kinshasa avec un retard de deux jours au regard de la date fixée. Qui a envoyé ce message interdisant à la délégation zaïroise d'y aller ? Pourquoi l'a-t-il envoyé ? Ces questions sont restées sans réponses à l'arrivée de la délégation à Johannesburg. Sur place, une autre surprise attend la délégation zaïroise. La réunion a commencé sans attendre l'arrivée de la délégation du pays concerné par l'agression étrangère. De plus, le problème « de la forme de la table », la disposition des sièges des délégués et des médiateurs, le nombre d'heures journellement consacrées aux négociations, bref les conditions optimales nécessaires pour le succès des négociations laissent beaucoup à désirer. Cette rencontre réunit des pays francophones et anglophones. La qualité des interprètes d'une telle réunion est d'une grande importance. Pendant les pauses, les interprètes disent aux francophones qu'ils s'expriment vite, ce qui rend leur tâche difficile. Si les interprètes ne sont pas à la hauteur de leur tâche, comment peut-on négocier sérieusement et atteindre l'objectif fixé par les médiateurs ? Le premier jour de la réunion de travail pour

[367] *Ibid.*, pp. 131-132.

les zaïrois, le troisième pour tous les autres participants commence par l'exposé de la délégation zaïroise suivi d'un débat. Les médiateurs laissent entendre que les autres délégations se sont déjà exprimées et ne peuvent plus exposer pour la deuxième fois. Les zaïrois sont restés ignorants des messages des autres. C'est un élément qui ne peut pas faciliter les négociations sérieuses.

Le représentant du COE venu de Genève quitte la table de négociation pour rentrer en Suisse au moment où se dessinent deux camps opposés et un camp neutre. Le Zaïre seul opposé au camp composé de Rwanda, Burundi et Ouganda. Le Kenya et la Tanzanie gardent une certaine neutralité.

Un jour après le départ du représentant du COE, le secrétaire général de la CETA emboîte le pas. C'est son tour de partir alors qu'on assiste à une véritable « bagarre intellectuelle » opposant « les belligérants en discours et en paroles ». Les médiateurs assumant la présidence de la rencontre s'en vont laissant derrière eux les négociateurs seuls et le rapporteur qui devient *ipso facto* président de la réunion. Est-il sage d'abandonner les « négociateurs » entre eux ? Point n'est besoin de dire que la rencontre s'est terminée en queue de poisson. Toutefois, le rapporteur a produit, pour sauver la face, un bon document intitulé « Conclusions de la Rencontre des Représentants de l'Eglise régionale sur la situation dans la région de Grands-Lacs (Johannesburg 4-7 novembre 1996) ».

L'examen de certains passages contenus dans ce document de quatre pages nous permet de vérifier si l'objectif ou le but de la rencontre est atteint et si le travail de suite est réalisé. Notre examen porte sur les passages suivants :

- « le but de la rencontre était de donner l'information sur la situation dans la région de Grands-Lacs, de réfléchir sur le témoignage chrétien et de tirer les principes généraux ainsi que les stratégies : afin de développer une approche commune aux problèmes de la région ».
- « Il a été recommandé qu'un réseau de communication soit établi en vue de faciliter les relations existant entre les Eglises locales, les Conseils nationaux et la famille œcuménique. Il a été recommandé également qu'une Conférence de l'Eglise et des dirigeants politiques dans la région soit convoquée, avec l'aide du Conseil œcuménique des Eglises et de la Conférence des Eglises de toute l'Afrique ».
- « La plate-forme d'action.
    1. Les visites pastorales doivent être organisées vers Rwanda, Burundi, Ouganda et Zaïre avec comme objectifs spécifiques de rassembler l'information ''sur la situation sur le terrain'' et apporter le message de réconciliation.
    2. Une forte requête doit être adressée à la famille œcuménique pour aider à consolider les conseils chrétiens nationaux dans chaque pays pour qu'ils soient mieux équipés afin d'exercer un ministère significatif et une action concrète.
    3. Un processus global de défense doit être développé.

4. Les conseils chrétiens nationaux doivent former le groupe noyau pour coordonner le travail de suite.
5. Une rencontre d'évaluation doit être convoquée dans les 6 à 12 mois qui suivent pour réviser le processus suivant ».

Avant d'analyser les passages sélectionnés sous la forme interrogative, il est nécessaire de dire un mot sur le rôle joué par les deux intermédiaires, COE et CETA. Léonard W. Doob nous apprend que « le rôle que joueront les intermédiaires dans une réunion de travail dépend aussi de l'objectif à atteindre, lequel peut être soit de ''résoudre le problème'', soit de ''favoriser le processus''. Le premier vise à découvrir une éventuelle solution au conflit, le second à permettre aux participants d'acquérir certaines connaissances et talents qui leur seront utiles pour déclencher des interactions à l'intérieur de leur pays et qui peuvent aussi indirectement contribuer à atténuer, voire à résoudre le conflit. Avec nos participants africains, nous avons utilisé une méthode s'attachant à résoudre le problème, dite méthode de Bethel : nous cherchons à provoquer des interactions, afin d'établir au cours de la première semaine des liens de confiance et de compréhension »[368].

Cet écrit de Doob jette une lumière nouvelle sur la question ; sachant que la réunion a duré théoriquement du 4 au 7 novembre, on peut se demander si les représentants du COE et de la CETA ont réussi en peu de temps à établir des liens de confiance et de compréhension entre les responsables des Eglises de la région des Grands-Lacs. Ces responsables du COE et de la CETA ont-ils cherché à découvrir des zones d'accord ou les points de convergence et de divergence entre les deux camps diamétralement opposés ?

S'agissant du but énoncé dans le document, les responsables des Eglises ont-ils eu le temps nécessaire pour réfléchir sur le témoignage chrétien et « tirer les principes généraux ainsi que les stratégies : afin de développer une approche commune aux problèmes de la région ? ».

Le COE et la CETA ont-ils fait le travail de suivi pour vérifier si les recommandations et la plate-forme d'action sont exploitées et réalisées ?

Il est évident que le COE et la CETA sont mieux placés pour répondre à ces questions. Mais la délégation zaïroise ayant participé à cette rencontre de Johannesburg garde un souvenir qui n'est pas loin de la déception.

Après cet examen de l'action politique de réconciliation sous l'égide de la CETA, nous pouvons aborder l'action pour l'éducation aux droits de l'homme.

José Chipenda, Secrétaire général de la CETA et Mutombo Milami, responsable du Département des affaires internationales initient en 1993 deux actions importantes en matière d'éducation aux droits de l'homme. Il s'agit de l'organisation de deux séminaires de formation : le premier à l'intention des pays francophones et le deuxième pour les anglophones.

[368] L.W. DOOB, *La résolution des conflits,* Edition L'Age d'homme, 1984, p. 256.

Le Séminaire de formation[369] destiné aux francophones s'est tenu à Douala (Cameroun) du 12 au 21 décembre 1993. Ce séminaire a eu comme thème : « Eglises et droits de l'homme ». Chaque Eglise devait envoyer deux délégués, un homme et une femme. Nous avons pris part à ce séminaire-atelier en qualité de l'un des deux délégués de l'Eglise du Christ au Zaïre. La fin des travaux de ce séminaire a permis à la CETA d'envoyer une note circulaire aux Eglises francophones d'Afrique qui ont envoyé des délégués à ce séminaire en vue de créer en leur sein un département des droits de l'homme.

Cette note circulaire a eu un écho favorable à l'Eglise du Christ au Zaïre (Congo). En effet, profitant du passage à Kinshasa de Mutombo Milami, responsable du département des affaires internationales de la CETA, l'Evêque Bokeleale, président national de l'ECZ, lui demande d'aider cette dernière à convoquer son comité exécutif national, seul organe en dehors du Synode national habilité à créer un département au sein de cette Eglise.

Grâce à l'appui financier de la CETA, le Président national de l'ECZ convoque le comité exécutif national pour une session extraordinaire ayant un seul point à l'ordre du jour à savoir : la création de la commission Justice, paix et sauvegarde de la création. Il est à noter que le staff de la Présidence de l'ECZ, sur proposition de l'Evêque Bokeleale qui a participé au Rassemblement mondial de Séoul (Corée) du 6 au 12 mars 1990 organisé par le COE, a opté pour l'appellation « Commission Justice, Paix et Sauvegarde de la création à l'instar du Conseil œcuménique des Eglises en lieu et place de la dénomination « département des Droits de l'homme » comme initialement proposée par la CETA. Cette session extraordinaire du Comité exécutif national de l'ECC s'est tenue à Lubumbashi pour la période du 24 au 30 mars 1994.

Quatre exposés sont présentés aux membres du Comité exécutif national (CEN) de l'ECC avant de discuter le projet de résolution sur la création de la Commission Justice, Paix et Sauvegarde de la création.

Le premier exposé est celui du Révérend José Chipenda, secrétaire général de la CETA sur « le rôle de l'Eglise en Afrique et dans le monde ». Ainsi, souligne-t-il, « l'Eglise est engagée dans le processus d'innovation. Elle doit choisir entre le désespoir et l'espérance, entre la vie et la mort, si elle veut rester fidèle au témoignage du royaume »[370].

Le deuxième exposé est fait par Mutombo Milami, secrétaire exécutif aux affaires internationales, sur la nécessité de la création de cette commission permanente au sein de l'Eglise et sur les expériences des autres Eglises dans le monde en cette matière. Le troisième exposé est présenté par Jean-Freddy Bekofe Bootololo, délégué de l'ECZ à la rencontre de Douala, sur les fondements bibliques des concepts justice, paix, création et notamment les

---

369 Pour assurer cette formation, la CETA a eu recours aux organisations ci-après : l'Amnesty international, le Service international des droits de l'homme, la Fédération universelle des droits de l'homme et l'Eglise protestante d'Allemagne, EKD.

370 Eglise du Christ au Zaïre, *Procès-verbal du Comité exécutif national extraordinaire, tenu du 25 au 29 mars 1994 à Lubumbashi,* (Kinshasa), (CEDI), 1994, p. 11.

droits de l'homme. Le dernier exposé est celui de maître Jean Mbuyu Lunyongola[371] sur l'expérience sur le terrain d'une ONG des droits de l'homme.

Après audition de ces quatre exposés et examen du document Justice, Paix et Sauvegarde de la création (JPSC), le comité exécutif national de l'ECZ décide en date du 30 mars 1994 de la création de la Commission Justice, Paix et Sauvegarde de la création (JPSC) au sein de l'Eglise du Christ au Zaïre, c'est-à-dire aux niveaux national, provincial, communautaire et paroissial.

Comme on peut le constater, la création de la Commission Justice, Paix et Sauvegarde de la création (JPSC) de l'ECC est le résultat palpable de l'action pour l'éducation aux droits de l'homme initiée par la CETA. En effet, la CETA a agi pour les droits de l'homme par l'organisation du séminaire-atelier de Douala, par le financement de la tenue du comité exécutif national de l'Eglise du Christ au Congo et par sa participation effective à la session extraordinaire du CEN ayant institué la Commission Justice, Paix et Sauvegarde de la création (JPSC).

Le cas de la création de la Commission Justice, Paix et Sauvegarde de la création (JPSC) de l'Eglise du Christ au Congo sert d'exemple de l'engagement pris par la CETA pour agir en faveur des droits humains. Cette action tangible est l'œuvre de l'équipe dirigeante de la CETA composée de Mgr Desmond Tutu comme président, et Révérend José Chipenda comme secrétaire général.

Revenons à notre question au sujet de la contribution de la CETA à la promotion des droits de l'homme. Nous pouvons dire sans nous contredire, qu'au regard de l'action pour l'éducation aux droits de l'homme, la CETA s'est réellement engagée pour la promotion de ces droits en Afrique. Cependant, nous déplorons le travail de suivi au niveau de la CETA. « Les hommes passent mais l'institution CETA subsiste, demeure, reste » dit-on. La résolution prise à l'assemblée de Nairobi en 1981 évoquée plus haut stipule que « La CETA doit inviter ses membres à mettre sur pied des comités permanents chargés des questions des droits de l'homme ». La Commission « Justice, Paix et Sauvegarde de la création » de l'ECC est la réponse évidente à cet appel lancé par la CETA en 1981. Mais depuis que cette Commission permanente « Justice, Paix et Sauvegarde de la création » est mise en œuvre, aucune réunion n'a été organisée par la CETA à l'intention des tous les comités permanents des Eglises francophones chargés des questions des droits de l'homme.

Le travail de suivi entre la CETA et la Commission « Justice, Paix et Sauvegarde de la création » de l'ECC est inexistant. L'échange des courriers entre la CETA et la base, c'est-à-dire les comités permanents chargés des questions des droits de l'homme comme la Commission « Justice, Paix et

[371] Par le décret n°31030 du 4 octobre 2003, M. Jean Mbuyu Lunyongola est nommé par le Président de la République Démocratique du Congo, Ministre de l'Industrie, petites et moyennes entreprises du gouvernement de transition de la République Démocratique du Congo.

Sauvegarde de la création » de l'ECC n'existe pas. Même pas un simple accusé de réception du courrier lui envoyé pour ne citer que le cas de la Commission « Justice, Paix et Sauvegarde de la création » que nous connaissons fort bien.

Cette situation laisse comprendre que la CETA a le devoir de s'engager pour réaliser le travail de suivi en faveur de l'action pour les droits de l'homme. Sa contribution à la promotion des droits de l'homme dépend énormément de la continuité de son action pour l'éducation aux droits humains.

Ceci étant, voyons à présent le deuxième volet de la question fondamentale posée tout au début de ce chapitre : quelle est la contribution du Colloque de Yaoundé à la promotion des droits de l'homme ?

2. Le colloque de Yaoundé[372]

Le Colloque de Yaoundé est le premier du genre organisé par l'Université Catholique d'Afrique centrale du 9 au 11 novembre 1994 à Yaoundé sur la situation des droits de l'homme en Afrique centrale. Ce colloque a regroupé des délégués de quatre pays de l'Afrique centrale, à savoir le Cameroun, la République Centrafricaine, le Congo Brazzaville et le Tchad.

Dans son mot d'ouverture, Denis Maugenest précise la problématique du colloque en ces termes : « mais comment penser en Afrique centrale, en 1994, les ''droits de l'homme'' ? Ne devrions-nous pas faire l'hypothèse qu'il s'agit d'un concept nouveau en Afrique ? Que signifiaient ''les droits de l'homme'' des colonisés du temps de la colonisation, quand bien même celle-ci prétendait bien les apporter aux peuples ''barbares'' et non encore ''civilisés'' ? Que pouvaient signifier les ''droits de l'homme'' dans les nouvelles nations indépendantes qu'il s'est agi pendant trente ans de consolider en tant que ''nations'', et quand bien même celles-ci en adoptaient la terminologie formelle sous les pressions conjuguées de certains événements internes à ce continent (nous pensons aux indignations suscitées par tel ou tel régime ougandais, centrafricain…) et de diverses représentations de l'Occident-européen ou nord-américain ? Les ''droits de l'homme'' ont-ils un contenu si universellement évident qu'il soit vain de s'interroger à nouveau sur leur conception ? Notre colloque devrait au moins nous permettre de poser cette question à partir de l'Afrique elle-même, ne serait-ce que pour enrichir la possible universalité d'une adhésion, d'un assentiment, d'un acquiescement proprement africain qui ne seraient pas seulement ''du bout des lèvres'' »[373].

Comme on le voit, il est question de réfléchir et de parler de la situation des droits de l'homme en Afrique centrale en vue de la promotion de ces droits à partir de l'Afrique elle-même.

---

[372] D. MAUGENEST et P.G. POUGOUÉ, *Droits de l'homme en Afrique centrale. Colloque de Yaoundé (9-11 novembre 1994),* Yaoundé et Paris, Editions UCAC et Karthala, 1996.

[373] *Ibid*., p. 9.

Les travaux de ce colloque sont publiés sous la direction de Denis Maugenest[374] et Paul-Gérard Pougoué[375]. Cette publication a réservé une partie que nous apprécions énormément aux échanges et débats. Nous voulons contribuer à ce débat en y insistant sur la dimension éthique.

En effet, deux pôles de conception des droits de l'homme se dessinent au cours de ce débat : la première conception est celle des universalistes africains représentés par Ebénézier Njoh-Mouelle[376] appuyé par Paul-Gérard Pougué et autres. Voici trois extraits de l'intervention de Njoh-Mouelle : « La défense et la promotion des droits de l'homme visent principalement ce qu'on peut appeler les droits fondamentaux de l'homme ; car je crois qu'il y a des droits fondamentaux qui ne dépendent pas des cultures particulières des diverses communautés humaines. La liberté d'association, la liberté d'expression, le droit de disposer de son corps, etc. sont à considérer comme des droits fondamentaux attachés à la personne humaine, où qu'elle vive ... mais, à côté de ces droits fondamentaux, il y a des droits, qui ne sont pas moins fondamentaux d'ailleurs, et qui mettent face à face non pas nécessairement le pouvoir politique et les individus, mais des individus entre eux »[377].
« Je ne pense pas, par ailleurs, que la culture africaine conduise ou doive conduire à une conception différente des droits de l'homme. En tout état de cause, les droits que j'ai appelés fondamentaux ne peuvent être qu'universels ou alors, ils ne sont pas fondamentaux et attachés à la personne humaine »[378].
« Je reviens au problème de la relativité des cultures. Je ne crois pas que des droits de l'homme spécifiques pour l'Afrique correspondent à grand-chose. Cela n'a pas de sens pour moi. Cela me rappelle ce qui se disait à un moment donné de la démocratie. On affirmait qu'il y a place pour une démocratie à l'africaine. Il ne peut pas plus y avoir de droits de l'homme spécifiques à l'Afrique qu'il n'y a de démocratie africaine. On peut reconnaître une évolution différente des sociétés qui soit de nature à faire constater des différences conjoncturelles dans la manifestation de la démocratie ou du respect des droits de l'homme, sans que cela devienne un prétexte pour identifier des droits fondamentaux de l'homme valables seulement en Afrique, et pas en Europe ou en Amérique et inversement ! »[379].

Mouelle met l'accent sur les droits fondamentaux de l'homme attachés à tout être humain, où qu'il vive et « qui ne dépendent pas des cultures particulières des diverses communautés humaines ». Il ne croit pas que la

---

[374] Né en 1938, ancien doyen de la faculté de sciences sociales de l'Université catholique de Paris est enseignant à l'Université catholique d'Afrique centrale à Yaoundé.

[375] Né en 1949, ancien doyen de la faculté de droit de l'Université de Yaoundé enseigne à l'Université catholique d'Afrique centrale à Yaoundé. Tous les deux co-dirigent un groupe de recherches sur les droits de l'homme fondé en 1993.

[376] Philosophe, Yaoundé, Cameroun.

[377] D. MAUGENEST et P. G. POUGOUE, *Op. Cit.,* p. 79.

[378] *Ibid.*, p. 80.

[379] *Ibid.*, p. 81.

culture africaine puisse influencer outre mesure au point de donner lieu à une conception différente des droits de l'homme. Quant au problème de relativisme culturel, il n'accepte pas l'idée de droits de l'homme spécifiques de l'Afrique.

Pougoué appuie cette conception lorsqu'il dit : « je me méfie du relativisme culturel et j'aimerais savoir s'il n y a pas quelques droits qui prennent fondamentalement en considération l'être humain quelle que soit sa culture particulière »[380]. Comme on peut s'en apercevoir, nous nous trouvons en face des difficultés impliquées par la confrontation entre l'universalisme et le relativisme des droits de l'homme, entre le global et le local.

La deuxième conception est celle des particularistes communautaires africains représentés par Jean-Claude Kandem[381] qui s'exprime à ce sujet de la manière suivante : « Je ne partage pas l'avis des exposants qui posent le problème de nos coutumes comme obstacle au respect des droits de l'homme »[382]. Il est appuyé entre autres par Désiré Moussoki[383] qui dit : « en réalité, la nature des droits de l'homme dépend des intellectuels, car les non-instruits s'appuient sur les valeurs traditionnelles. Nous avons grandi dans la coutume avant d'acquérir le modernisme. Les instruits sont avant tout les auteurs de la violation des droits et du tribalisme. La société actuelle repose sur une crise des modèles de pensée, du fait du pluralisme des modèles de pensée. Le droit n'est pas un produit fini, c'est un produit « évolutif. En réalité, la question des droits de l'homme doit être perçue comme une notion évolutive dans son contenu, dans le temps et dans l'espace »[384]. Les deux ténors sont les partisans de l'identité culturelle ou du droit à la culture et du droit à la différence.

Une voie médiane s'est développée au cours du débat. Elle est représentée par Djimranger Dadnadfji[385] qui souligne que « l'organisation de la société a semblé ne pas trop prendre en considération la notion de droits de l'homme. On ne peut donc pas, de ce fait, concevoir les droits de l'homme en Afrique en s'appuyant uniquement sur les valeurs traditionnelles. Il nous appartient, à nous intellectuels africains, de promouvoir une culture des droits de l'homme qui concilie valeurs traditionnelles et exigences de modernité »[386]. Henry De Decker[387] va dans le même sens que ce dernier lorsqu'il dit : « Aujourd'hui, les droits de fondamentaux de la société moderne peuvent trouver dans ces

---

[380] *Ibid.*, p. 87.
[381] Juriste, Université de Yaoundé II, Cameroun.
[382] *Ibid.*, p. 83.
[383] Ecole Nationale d'Administration, Brazzaville, Congo.
[384] *Ibid.*, p. 87.
[385] Juriste, Université de Ndjamena, Tchad.
[386] *Ibid.*
[387] *Ibid.*, p. 84

mêmes valeurs traditionnelles leur justification morale et leur continuité avec la société moderne »[388].

Michel Levinet[389] et Denis Maugenest reviennent sur la « culture des droits de l'homme ». Le premier pense que « la problématique des droits de l'homme doit tenir compte des cultures, des identités culturelles, mais elle est inséparable d'une culture des droits de l'homme. Si cette culture n'existe pas, ceux-ci ne seront pas respectés. Ce n'est pas le moindre des paradoxes de la question des droits de l'homme »[390]. Le second souligne qu'« on a unanimement souligné l'importance de développer une ''culture des droits de l'homme'', si l'on veut voir ceux-ci devenir une référence dans la construction d'une société de droit en Afrique aujourd'hui »[391]. Ni l'un ni l'autre ne définit ce qu'il entend par la « culture des droits de l'homme ». La culture des droits de l'homme est-elle comprise dans le sens préconisé par Djimranger Dadnadji ? Est-ce dans le sens de la culture européenne des droits de l'homme ? Ou encore dans le sens de la culture américaine ?

Le débat entre les universalistes africains des droits de l'homme et les particularistes communautaires africains s'inscrit dans le cadre du vieux débat opposant les universalistes inconditionnels aux relativistes.

La problématique réside dans le choix entre l'« homme » et les « Différences », entre les droits de l'homme et les droits des différences ou des cultures. Gérald Berthoud[392] présente les positions opposées des universalistes et des relativistes d'une manière éloquente : « Nous sommes alors pris dans le dilemme classique, mais bien actuel, entre l'universalisme et le relativisme. Revendiquer la vérité des valeurs véhiculées par les droits fondamentaux ou naturels de l'homme se ferait ainsi contre la quête d'une identité culturelle. Pas de doute qu'une telle opposition est sous-tendue par deux conceptions réductrices de l'homme et de la société constitutives de notre tradition. Avec la philosophie universaliste et individualiste des Lumières, l'affirmation de la liberté confine à l'absolu ; avec le romantisme culturel, l'appartenance sociale des êtres écarte toute référence à des caractéristiques proprement individuelles. ''Toute réflexion qui en vient à s'enfermer dans une telle dichotomie radicale est prisonnière d'un champ sémantique aux contours relativement bien circonscrits. L'universalisme pose la priorité, souvent absolue, d'une identité humaine des êtres libres au point d'apparaître comme des abstractions. Au contraire, le relativisme pose comme seule réalité celle d'une pluralité des cultures, donc d'identités culturelles multiples propres à des

388 Moraliste, UCAC, Yaoundé, Cameroun.

389 Institut de droit européen des droits de l'homme (IDEDA), Université de Montpellier, France.

390 *Ibid.*, p. 82.

391 *Ibid.*, p. 56.

392 Professeur à la faculté des sciences sociales et politiques de l'Université de Lausanne (Suisse).

êtres fondamentalement déterminés par leur appartenance à une société particulière'' »[393].

Ce sont là deux voies bien tranchées qui semblent s'imposer et qui reflètent la conception occidentale des droits de l'homme ou la conception de l'individu abstrait des universalistes et la conception des autres univers culturels ou la conception de l'homme déterminé dans sa culture des relativistes.

Dès lors, la voie médiane évoquée ci-dessus semble s'imposer sur les deux autres voies bien tranchées. L'universalité des droits de l'homme est évidente et ses exigences sont incontournables. Elles doivent avoir droit de cité partout dans le monde habité par l'homme. Cependant, il y a lieu d'accorder une appréciation nuancée qui tient compte des interprétations particulières qui en sont données dans les univers culturels. Des interprétations qui ne contredisent pas les exigences de l'universalité. Par exemple, une valeur comme la solidarité africaine, si elle dépasse le cadre tribal, ethnique pour devenir valeur nationale, ne contredit pas, à notre avis, les exigences de l'universalité qui visent la pratique effective d'une solidarité à l'échelle globale, c'est-à-dire de toute l'humanité. Berthoud a raison de dire que « c'est donc bien dans ce contexte national que des expressions comme ''droit des peuples'', ''droit à la culture'', ''droit à la différence'', ''identité culturelle'' ou encore ''diversité des cultures'' trouvent leurs significations et du même coup leurs limites »[394]. Cette appréciation nuancée serait une étape nécessaire vers « le credo universaliste de la vérité absolue »[395].

L'Afrique qui n'a pas qu'une seule culture mais des cultures diverses lesquelles, parfois, entrent en contradiction entre elles[396], doit accepter une déculturation généralisée pour l'émergence d'une culture centrée sur des valeurs universelles.

Conclusion partielle

Il est évident que la Conférence des Eglises de toute l'Afrique s'est engagée pour la promotion des droits de l'homme en Afrique. Sa contribution à cette tâche ne peut être efficace que par son engagement effectif à agir pour l'éducation aux droits de l'homme et à réaliser le travail de suivi sur le terrain.

Le Colloque de Yaoundé a réalisé son objectif qui visait la réflexion et le débat sur la situation des droits de l'homme en Afrique centrale. La publication de ses travaux est une contribution non moins importante de ce colloque à la

---

393 G. BERTHOUD, *Droits de l'homme et identité culturelle,* in E. FUCHS et W. OSSIPOW, « L'homme respecté. État, identités, économie et droits de l'homme », *Le champ éthique*, n° 26, Genève, Labor et Fides, 1994, p. 58.

394 *Ibid.*, p. 65.

395 *Ibid.*, p. 60.

396 Certaines tribus africaines manifestent la liesse populaire suivie de danse à la naissance des jumeaux, par exemple les Mongo de la République Démocratique du Congo ; d'autres détestent le fait qu'il y ait deux enfants au lieu d'un comme l'a dit Njoh-Mouelle : « dans d'autres régions encore, ce sont les jumeaux qui troublent et inquiètent les communautés où ils naissent, on décide alors de retirer la vie à l'un des deux », *Ibid.*, p. 85.

promotion des droits de l'homme. Il est souhaitable que de telles initiatives continuent et embrassent toute l'Afrique centrale et pourquoi pas toute l'Afrique. La publication est, certes, une contribution ; cependant, le colloque révèle qu'il y a encore une autre d'une grande importance. C'est celle qui consiste à exploiter à fond une « culture des droits de l'homme » qui concilie valeurs « positives africaines et valeurs universelles ». Nous entendons par valeurs « positives africaines » celles qui ne contredisent pas les valeurs universelles.

Ce chapitre vient de clore la deuxième partie de cet ouvrage. Nous pouvons à présent aborder la troisième et dernière partie consacrée aux réalisations relatives aux droits de l'homme au Congo-Kinshasa.

Conclusion de la deuxième partie

Le quatrième chapitre a tenté de répondre à la question : quel est l'apport des théologiens africains à la promotion des droits de l'homme ? Pour donner suite à cette question nous avons choisi quelques théologiens que nous avons regroupés en quatre options. La première option a trait à la théologie noire sud-africaine qui a toujours visé la promotion des droits de l'homme dans l'ensemble. Elle privilégie la libération socio-politico-économique, de même que le respect de la dignité de tout être créé à l'image de Dieu.

La deuxième option est celle de la théologie africaine plus culturelle qui contribue à la promotion des droits de l'homme, plus précisément dans le domaine culturel où la liberté d'expression est mise en évidence.

La troisième est, certes, la théologie africaine de libération socio-politico-économique qui mène un combat allant tout droit au but, c'est-à-dire l'avènement des Etats de droit, démocratiques et respectueux des droits de l'homme. La théologie africaine de la reconstruction est la dernière option à être traitée. Elle va dans le même sens que la troisième option tout en mettant l'accent sur la puissance de l'Evangile qui libère.

Le cinquième chapitre constitue un essai de réponse à la question ayant trait aux spécificités propres à la charte africaine et à celle relative à la contribution de ces spécificités à la promotion des droits de l'homme en général et des droits à la vie en particulier.

La place faite aux droits des peuples à côté des droits de l'homme et aux devoirs de l'individu dans la charte africaine constitue une spécificité au pluriel de cette charte.

L'analyse réalisée montre que la mission première de la commission africaine des droits de l'homme et des peuples à savoir la promotion des droits de l'homme a été biaisée par la terminologie perverse des droits de l'homme et des peuples et par la consécration des devoirs de l'individu.

En Afrique les droits de l'homme sont une « nouveauté » et les droits des peuples « une coutume ». L'ajout « et des peuples » à coté de droits de l'homme est une autre manière d'étouffer la promotion des droits de l'homme sur le continent. Le rejet de cette terminologie par le conseil œcuménique des Eglises est jugé bien fondé et vise à promouvoir le droit de chacun à la liberté qui est, la base originaire des droits de l'homme.

La consécration des devoirs de l'individu dans la charte africaine est une autre manière de restreindre la promotion des droits de l'homme en Afrique.

Il s'agit donc d'une altération des droits de l'homme dans leurs principes.

Il est évident que la conférence des Eglises de toute l'Afrique s'est engagée pour la promotion des droits de l'homme en Afrique. Sa contribution à cette tâche ne peut être efficace que par son engagement effectif à agir pour l'éducation aux droits de l'homme et à réaliser le travail de suivi sur terrain.

Nous pouvons à présent aborder la troisième et dernière partie consacrée aux réalisations relatives aux droits de l'homme au Congo-Kinshasa.

Troisième partie

Les réalisations relatives aux droits de l'homme au Congo-Kinshasa

La troisième partie de cet ouvrage permet d'aborder la deuxième facette de la problématique des droits de l'homme au Congo-Kinshasa. Celle-ci est, certes, l'action à côté de la réflexion. En effet, cette partie est organisée en chapitre suivants : l'état congolais et les institutions d'appui à la démocratie et aux droits de l'homme ; les organisations non gouvernementales (ONG) des droits de l'homme du Congo ; enfin les Eglises et les droits de l'homme.

Chapitre VII. L'état congolais et les institutions d'appui à la démocratie et aux droits de l'homme

Ce chapitre tente de montrer l'absence des institutions d'appui à la démocratie et aux droits de l'homme durant les régimes de Maréchal Mobutu Sese Seko et de M'Zee Laurent-Désiré Kabila. Cette absence n'est pas sans conséquences tant sur le plan de la protection que celui de la promotion des droits de l'homme. Ce chapitre évoque, de surcroît, les incidences éthiques de ces régimes au regard de la première affirmation du COE : « il faut rendre compte à Dieu de tout exercice du pouvoir ». Il révèle également que ces institutions d'appui à la démocratie et aux droits de l'homme ont vu le jour à l'accession au pouvoir du Président Joseph Kabila. Enfin, il stigmatise le fait que l'absence d'Etat est la pure violation des droits de l'homme et démontre que la République Démocratique du Congo, sous Joseph Kabila, va de l'avant dans le processus de démocratisation et de la promotion des droits de l'homme.

1. Les régimes du Maréchal Mobutu Sese Seko et de M'Zee Lurent-Désiré Kabila et l'absence des institutions d'appui à la démocratie et aux droits de l'homme

La République Démocratique du Congo a plusieurs devoirs aux termes de la Charte africaine des droits de l'homme et des peuples. L'article 25 de la Charte africaine prévoit le premier de ces devoirs de la manière suivante : « Les Etats parties à la présente charte ont le devoir de promouvoir et d'assurer, par l'enseignement, l'éducation et la diffusion, le respect des droits et des libertés contenues dans la présente charte, et de prendre des mesures en vue de veiller à ce que ces libertés et droits soient compris de même que les obligations et devoirs correspondants ».

Il s'agit donc pour l'Etat congolais de reconnaître, de faire connaître et comprendre les droits, devoirs et libertés énoncés dans la Charte africaine et de leur donner effet par l'adoption des mesures législatives ou autres.

L'article 26 de la Charte africaine présente le deuxième devoir en ces termes : « Les Etats parties à la présente charte ont le devoir de garantir l'indépendance des tribunaux et de permettre l'établissement et le perfectionnement d'institutions nationales appropriées chargées de la promotion et de la protection des droits et libertés garantis par la présente charte ».

Cet article 26 montre que l'Etat congolais a le devoir de garantir l'indépendance de la justice, de permettre la création des institutions nationales chargées de la promotion et de la protection des droits de l'homme, de mettre en place des commissions nationales des droits de l'homme ayant indépendance d'esprit reconnue.

Les régimes de Mobutu Sese Seko et de Laurent-Désiré Kabila sont caractérisés par l'absence de ces institutions ou commissions nationales appropriées chargées de la promotion et de la protection des droits de l'homme.

On retient durant le régime de Mobutu deux tentatives d'instaurer ces genres d'institutions. La première tentative intervient en 1986 par la création au sein du gouvernement d'un ministère des droits et libertés du citoyen dirigé par maître Nimy Mayidika Ngimbi. La mise en place de ce ministère coïncide avec la publication par l'Amnesty international d'un rapport accablant sur la torture et les exécutions sommaires opérées par les forces du gouvernement[397].

La mission confiée à ce ministère consiste à s'occuper des plaintes des citoyens dont les droits sont violés par l'administration. Mais lorsque ce ministère commence à dénoncer les violations des droits de l'homme commises par les cadres supérieurs du MPR et les membres du gouvernement, il cesse d'exercer ses activités en 1990. De plus, le ministre responsable de ce département s'est mis à assurer la défense des violations des droits de l'homme réalisées par l'Etat congolais devant les instances internationales[398]. Par ce fait, il se détourne de sa mission première pour devenir avocat du gouvernement en matière de violations massives des droits de l'homme. Il est connu que ce ministère des droits et libertés du citoyen ne répond pas à la recommandation de la Charte africaine qui veut l'établissement d'une institution nationale ayant indépendance d'esprit chargée de la promotion et de la protection des droits de l'homme.

La deuxième tentative a lieu en 1995 par la publication du décret n°0018 du 08 mai 1995 portant création d'une commission de protection et de promotion des droits de l'homme. Cependant, le début de l'exécution de ce décret n'intervient qu'en 1996 par la publication de l'arrêté ministériel n°282/CAB/MIN/RI.J. et GS/96 du 23/05/1996 portant nomination des membres de la commission de protection et de promotion des droits de l'homme.

---

[397] Pour de plus amples informations sur ce ministère, lire « *The Department of citizens rights and liberties* », in *Zaïre: Repression as policy, a human rights report,* Lawyers committee for human rights, 19, pp. 135-152.

[398] *Ibid.*, pp. 151-152 (Maître Nimy en Europe, aux USA et à Genève pour défendre le Zaïre).

Cette deuxième tentative a vu l'installation des membres de la commission par le ministre de la justice Joseph Nsinga Udjuu en présence des ambassadeurs occidentaux. Cette commission n'a pas fonctionné faute de budget. De plus, elle était sous tutelle du ministère de la Justice et ne pouvait pas logiquement jouir de l'indépendance d'esprit et d'action pour remplir loyalement sa mission.

Le régime de M'Zee Laurent-Désiré Kabila met en place un département des droits humains qui trouve en la personne du ministre Léonard She Okitundu un animateur agissant. She Okitundu établit un dialogue presque permanent avec les ONG des droits de l'homme. Il honore de sa présence presque tous les séminaires-ateliers organisés par les ONG précitées, et aussi par son département. Il publie dans le Journal officiel les instruments internationaux relatifs aux droits de l'homme ratifiés par la République Démocratique du Congo. Il intervient pour la libération de quelques activistes des droits de l'homme et des détenus d'opinion. Il protège les familles *tutsies* traquées dans la ville de Kinshasa[399].

Cependant, l'analyse des discours officiels prononcés par ce ministre permet de constater un décalage entre la volonté personnelle du ministre d'agir pour les droits de l'homme et la politique générale du gouvernement dirigé par M'zee Laurent-Désiré Kabila.

Le ministre des droits humains est revenu plusieurs fois dans ses discours pour souligner et reprendre dans les mêmes termes la phrase suivante : « La promotion et la protection effective des droits de l'homme ne sont pas uniquement l'affaire du gouvernement de salut public. C'est l'affaire de tous »[400].

Dans sa communication à l'occasion du Séminaire national sur l'administration de la justice et les droits de l'homme, organisé conjointement par les ministères des droits humains et de la justice, She Okitundu déclare : « La promotion et la protection des droits de l'homme ne sont pas l'apanage du gouvernement, c'est l'affaire de tous »[401].

Pourquoi cette insistance pour dire que ce n'est pas « l'apanage du seul gouvernement, c'est l'affaire de tous ? ». N'est-ce pas là une « meilleure façon » pour le gouvernement de démissionner de ses responsabilités ou de ses obligations d'assurer la prévention et la répression des atteintes aux droits

---

[399] Lire C. BRAECKMAN, *Les nouveaux prédateurs. Politiques des puissances en Afrique centrale,* Fayard, 2003, p. 135.

[400] Son discours à l'occasion de la célébration du cinquantenaire de la Déclaration universelle des droits de l'homme le 10 décembre 1998 et sa communication à l'occasion du Forum national des ONG des droits de l'homme de la République Démocratique du Congo tenu à Kinshasa du 21-26 août 2000. Cf. Rapport général de ce forum national des ONG..., Kinshasa, Edition Renadhoc, 2000, p. 176.

[401] Ministères des droits humains et justice. - PNUD et Haut-commissariat aux droits de l'homme, administration de la justice et droits de l'homme en République Démocratique du Congo, Actes de Séminaire, [Kinshasa], 1999, p. 12.

de l'homme, ou encore de se détourner de l'obligation de respecter, protéger et réaliser les droits de l'homme ? L'article 25 de la charte africaine évoqué plus haut rappelle et souligne cette obligation de l'Etat.

L'obligation de promouvoir et de protéger les droits de l'homme incombe au premier chef à l'Etat et non à tous. Vouloir soustraire le gouvernement de cette obligation en la diluant dans le « tous » imprécis équivaut, à notre avis, à une démission de l'Etat de son obligation de protéger l'individu, par exemple, des atteintes à la vie ou des agissements criminels qu'il pourrait subir de la part d'autres personnes privées ou par l'activité des organes de l'Etat. Selon notre compréhension, « l'affaire de tous », expression prononcée par un membre du gouvernement dans ce contexte précis des droits de l'homme veut tout simplement dire « l'affaire de personne ». N'est-ce pas là une autre manière pour le ministre She Okitundu d'informer l'opinion publique que le gouvernement n'est pas prêt pour assumer son obligation qui consiste à promouvoir et à protéger les droits de l'homme ? C'est peut-être cela qui explique l'absence d'une institution ou commission nationale ayant l'indépendance d'esprit chargée de la promotion et de la protection des droits de l'homme durant le court règne de M'Zee Laurent Désiré Kabila.

La deuxième parole du ministre She Okitundu soumise à notre analyse est complexe et révélatrice de ses propres convictions et opinions qui ne vont pas nécessairement dans le même sens que celles du gouvernement. En effet, dans son allocution prononcée à l'occasion de l'ouverture des travaux du séminaire sur l'administration de la justice et les droits de l'homme en République Démocratique du Congo (Kinshasa, 23-25 août 1999), il déclare : « Monsieur John Rawls, professeur de philosophie à l'université d'Harvard disait dans son ouvrage de référence intitulé ''Théorie de la justice'' ce qui suit : ''La justice est la première vertu des institutions sociales comme la vérité est celle des systèmes de pensée. Si élégante et économique que soit une théorie, elle doit être rejetée ou révisée si elle n'est pas vraie ; de même, si efficaces et bien organisées que soient des institutions et des lois, elles doivent être réformées ou abolies si elles sont injustes''. Les présentes assises ne perdraient rien si elles font de cette pensée bien réfléchie et combien courageuse un des piliers de leurs réflexions, de leur comportement et de leurs recommandations »[402].

On sait que She Okitundu a séjourné assez longtemps en Suisse où il a fait ses études universitaires. On sait aussi que la « Théorie de la Justice » de John Rawls a trouvé un écho favorable dans les milieux universitaires suisses. Il suffit de lire l'abondance des écrits[403] des universitaires suisses et français à ce

---

402 *Ibid.*, p. 35

403 Les universitaires suisses et français et *« La théorie de la justice »* de John RAWLS, à titre indicatif : A. RICH consacre quelques pages sur la théorie de la justice de John RAWLS dans son ouvrage intitulé *« Ethique économique »*, *Op. Cit.*, pp. 215-299 ; M. SCHAFFER, *« La théorie de la justice de John Rawls »*, in *« Justice et Dialogue »*, Genève, Labor et Fides, 1982, pp. 135-145 ; A. Boyer, *« La théorie de la justice de John Rawls »*, in F. RECANATI, *L'âge de la science, lectures philosophiques, Ethique et Philosophie politique,* Paris, Edition

sujet et des commentaires y afférents pour se rendre compte de l'influence de la pensée de John Rawls en Suisse. She Okitundu exhorte les participants au séminaire de faire de cette pensée une de leurs préoccupations majeures et de la traduire en comportements et recommandations. Pourquoi a-t-il recommandé cette pensée du philosophe américain aux participants audit séminaire ? Quels sont les enseignements pouvant faire l'objet de réflexions et d'application au Congo démocratique ? Disons quelques mots sur cette pensée de Rawls avant de tenter de répondre aux deux questions précédentes.

Le contenu et l'impact de la « Théorie de la Justice » de John Rawls sont étudiés de manière détaillée par plusieurs universitaires comme nous l'avons déjà signalé. Aussi serait-il vain de faire un résumé de cette théorie. Si nous jugeons néanmoins bon d'en parler en peu de mots, c'est qu'il nous paraît nécessaire de concentrer notre attention sur la deuxième parole du ministre She Okitundu.

Rawls se reconnaît appartenir à la tradition des théories du contrat social et se réclame de Locke, Rousseau et Kant. Sa théorie propose un modèle développé de la justice démocratique. On y trouve non seulement une conception considérable de la justice mais aussi une méthodologie des questions morales. Il considère l'utilitarisme comme son interlocuteur contre lequel il polémique. Par ailleurs, il évite de développer une conception intuitionniste de la justice, considérée comme le point de vue opposé à l'utilitarisme. Sa théorie est de nature profondément kantienne et ne prétend à aucune originalité. Son objectif est « d'élaborer une théorie de la justice qui soit une solution de rechange à ces doctrines qui ont dominé depuis longtemps leurs traditions philosophiques »[404].

C'est en parlant de la justice comme équité[405] et plus précisément du rôle de la justice que Rawls dit « la justice est la première vertu des institutions sociales comme la vérité est celle des systèmes de pensée »[406]. Les institutions sociales et les lois sont jugées en fonction du critère justice. Cela veut dire que si elles sont injustes, elles sont appelées soit à disparaître soit à connaître des changements ou des transformations. Rawls prend en compte la structure de base de la société qu'il considère comme le sujet principal de la justice. Schaffter, dans son résumé sur la théorie de la justice de Rawls, dit au sujet de la structure que « cette structure, à partir de laquelle plusieurs constitutions peuvent être conçues, est formée des institutions sociales les plus importantes. Elles distribuent des droits et des devoirs fondamentaux et déterminent la division des avantages de la coopération sociale. L'enjeu est donc le suivant : formuler des principes de justice au nom desquels on peut constituer la

Odile Jacob, 1988, pp. 21-54 ; J. VUILLEMIN, *« Remarques sur la Convention de Justice selon John Rawls »*, in F. RECANATI, *Op. Cit.*, pp. 55-71.

404 J. RAWLS, *Théorie de la justice.* Traduit de l'anglais par C. Andard, Edition du Seuil, 1987 et 1997, p. 29.

405 Pour de plus amples informations, lire John RAWLS, *Op. Cit.*, pp. 29-78.

406 *Ibid.*, p. 29.

structure de base de la société. A cet effet, Rawls met en évidence deux conditions : a) chacun accepte, et sait que les autres acceptent certains principes de justice (les mêmes pour tous) ; b) les institutions sociales de base satisfont à ces principes et sont connues comme telles. Ce qui donne aux principes leur statut, c'est qu'ils font l'objet d'un accord originel. Ils doivent être ceux que choisiraient des personnes libres et raisonnables, soucieuses de leur propre intérêt et indifférentes aux intérêts d'autrui ; dans une situation originelle d'égalité où se définissent les termes fondamentaux de leur association. Penser la justice de cette manière, c'est penser la justice comme rectitude »[407].

Comme on le sait, la pensée de Rawls s'adresse d'abord à la société américaine et anglo-saxonne et ensuite au reste du monde. C'est dire que sa philosophie n'est pas « neutre ». Car « elle a été conçue dans les années cinquante et soixante, et l'on ne peut oublier le contexte socio-politique d'alors : lutte pour ''les droits civiques'', ''guerre contre la pauvreté'', etc. »[408]. Sa philosophie « morale » considérée aussi comme « éthique appliquée » aborde des questions relatives « à ce qu'il faut faire, à la façon dont il faut conduire sa vie, au type de société que l'on doit chercher à promouvoir »[409]. Toutes ces questions sont pertinentes et peuvent faire l'objet de réflexion et d'application au Congo démocratique à la seule condition de procéder à l'actualisation et à la contextualisation de ces questions comme Rawls lui-même le suggère dans ce passage : « En tant que conception politique, la théorie de la justice comme équité ne comporte aucun droit naturel de propriété privée des moyens de production (bien qu'elle comporte un droit à la propriété personnelle nécessaire à l'indépendance et à l'honnêteté des citoyens) ni le droit naturel à des entreprises possédées et gérées par les travailleurs. Au lieu de cela, elle offre une conception de la justice grâce à laquelle ces questions peuvent être réglées de manière raisonnable en fonction du contexte particulier à chaque pays »[410].

Cette approche de la pensée de Rawls me permet de tenter de répondre aux deux questions posées plus haut. En effet, elle tente d'expliquer la préoccupation et la recommandation de She Okitundu aux séminaristes de l'Hôtel intercontinental de Kinshasa devenu Grand Hôtel.

La lutte pour les droits de l'homme et la guerre contre la pauvreté, sont de sérieux problèmes qui se posent à la République Démocratique du Congo qui est à la recherche d'un nouveau type de société à promouvoir après la période des dictatures. Les séminaristes de « l'Hôtel Inter » (qui, d'ailleurs, n'ont pas pu examiner cette recommandation de She Okitundu), devraient tenir compte de l'enjeu comme dit ci-dessus qui consiste à « formuler des principes de

---

407 M. SCHAFFER, article cité, p. 138.
408 A. BOYER, article cité, p. 22.
409 *Ibid.*, p. 17.
410 J. RAWLS, *Op. Cit.*, p. 14.

justice au nom desquels on peut constituer la structure de base » d'un nouveau type de société congolaise conforme à la trilogie : Etat de Droit - Démocratie - Droits de l'homme. Cette nouvelle société aurait la tâche de lutter contre la pauvreté et le sous-développement en général et d'assurer la promotion et la protection des droits de l'homme. Elle graviterait dans l'orbite des sociétés démocratiques de type occidental et non dans celle des régimes populistes africains[411] prônés par le régime de M'Zee Kabila avec l'institution des comités du pouvoir populaire (CPP) qu'il définit comme étant « le pouvoir dans les mains du peuple congolais, ce pouvoir à partir de la rue, du village qui doit être un pouvoir effectif et qui doit débattre de la vie de la communauté, soit de la rue, soit du village, soit du quartier, etc... ça doit être un pouvoir effectif »[412].

Je peux clore ce point en disant que durant les règnes du Maréchal Mobutu et de M'zee Kabila, l'absence d'institutions d'appui à la démocratie et aux droits de l'homme n'a permis à ces deux régimes d'assurer comme il se devait la promotion et la protection des droits de l'homme. Ce sont des organismes internationaux comme l'Amnesty international qui ont joué le rôle de régulateur de violations massives des droits humains.

Voyons à présent les incidences éthiques de ces deux régimes au regard de la première affirmation du Conseil œcuménique des Eglises relative à tout exercice du pouvoir.

2. Les incidences éthiques de ces régimes au regard de la première affirmation du COE : « il faut rendre compte à Dieu de tout exercice du pouvoir »

Il semble que certains hommes d'Etat ou politiques pensent qu'ils ont des comptes à rendre soit à Dieu, soit à leur conscience, soit encore au peuple de leur exercice du pouvoir. D'autres, par contre, pensent qu'ils n'ont de compte à rendre à personne. Ce dernier cas concerne le plus souvent les dictateurs. Est-il le cas pour le Maréchal Mobutu et M'Zee Kabila ?

S'il est facile de dire que le Maréchal Mobutu qui s'est marié religieusement à l'Eglise, qui s'est construit une chapelle à Gbadolite et qui allait à la messe était un chrétien catholique, il n'en est pas le cas pour M'Zee Kabila. Etait-il chrétien ou musulman ? Peu importe puisqu'il est question de rendre compte à Dieu ; chrétien et musulman adorent le même Dieu, Dieu d'Abraham. Et tous ceux qui se disent chrétiens et musulmans ont des comptes à rendre à ce Dieu Tout Puissant, créateur du ciel et de la terre et de l'espèce humaine.

Pour penser qu'on aura à rendre compte à Dieu de l'exercice de tout pouvoir, il faut d'abord croire et ensuite se poser constamment cette question de E. Fuchs : « Comment faire pour bien faire ? »

---

[411] Lire de VILLERS, *Op. Cit.*, pp. 332-336.
[412] *Ibid.*, p. 181. Lire aussi LUDO Martens, *Kabila et la révolution congolaise, Op. Cit.*, p.579.

Le croire implique des incidences éthiques, « entendons par là qu'il se traduit en actes et en paroles, dans l'élaboration d'un jugement et dans des choix à vivre, au quotidien, dans la contingence d'une vie marquée par des attentes et par le souvenir de la vulnérabilité liée à notre condition mortelle. Parler, agir, juger, choisir, en gardant mémoire, en attestant, en s'inscrivant dans une relation communautaire, en osant enfin annoncer le jour qui vient : le jour du Royaume qui déjà pointe au-delà de nos nuits. L'éthique est l'implication historique d'une conviction qui consent à la fois à sortir d'elle-même et à affronter les défis d'une humanité inachevée, en quête d'accomplissement »[413].

Comme le croire ne va pas sans incidences éthiques, le COE s'est permis de formuler les dix affirmations sur la justice, la paix et la sauvegarde de la création. Le COE commence par une introduction avant d'exposer la première affirmation. Nous reprenons le dernier paragraphe formulé de la manière suivante : « Nous ne pouvons formuler ces affirmations qu'en reconnaissant nos insuffisances et nos échecs et en renouvelant notre engagement à la réalité du règne de Dieu, c'est-à-dire en nous opposant en pensée, en paroles et en actes aux pouvoirs qui séparent et qui détruisent, et vivre en solidarité active avec ceux qui souffrent »[414].

Celui qui croit en Dieu a la foi qu'après ce règne des hommes vient le règne de Dieu. En conséquence, il doit s'opposer aux forces du mal, de séparation et de destruction soulignées par le COE. La vie en solidarité avec ceux qui souffrent doit préoccuper tout homme qui croit en pensée, en paroles et en actes. Le Maréchal Mobutu pensait-il rendre compte à Dieu de la pauvreté du peuple zaïrois, de bas salaires des fonctionnaires, des pendaisons publiques, des violations massives des droits de l'homme par les différents organes de l'Etat ? M'Zee Laurent-Désiré Kabila pensait-il également rendre compte à Dieu des conséquences en vies humaines de la première guerre de l'AFDL et de violations massives des droits de l'homme par la Cour d'ordre militaire ?

Le COE présente sa première affirmation comme suit : « Nous affirmons qu'il faut rendre compte à Dieu de tout exercice du pouvoir ». Le monde appartient à Dieu. En conséquence, toutes les formes de pouvoir et d'exercice de l'autorité par les êtres humains devraient servir les desseins de Dieu dans le monde, et il convient d'en rendre compte au peuple au nom duquel elles sont mises en œuvre. Les détenteurs du pouvoir économique, politique, militaire, social, scientifique, culturel, juridique, religieux - doivent être des intendants de la justice et de la paix de Dieu. En Christ, le pouvoir de Dieu se manifeste dans la souffrance rédemptrice, dans l'amour compatissant qui s'identifie à l'humanité brisée et souffrante. Il donne aux êtres humains la force de

---

[413] Documents Episcopat, *Bulletin du Secrétariat de la Conférence des évêques de France,* n° 13, septembre 2003, p. 3.

[414] Conseil œcuménique des Eglises, document final cité, p. 10.

proclamer le message de libération, d'amour et d'espérance qui est source de vie nouvelle, de résister à l'injustice et de combattre les puissances de mort.

C'est pourquoi nous affirmons que toutes les formes d'autorité et de pouvoir humain sont soumises à Dieu et qu'il faut en rendre compte devant les peuples. Cela revient à affirmer le droit de chacun à participer pleinement à la prise des décisions. En Christ, Dieu a révélé de manière décisive la signification du pouvoir en tant qu'amour compatissant qui l'emporte sur les forces de la mort.

« Nous voulons nous opposer à tout exercice de pouvoir et d'autorité qui tente de monopoliser le pouvoir et, de ce fait, empêche tout changement en vue de la justice, de la paix et de la sauvegarde de la création »[415].

On comprend que le monde en général et le pays en particulier appartiennent à Dieu. Les détenteurs du pouvoir sont des intendants de la justice et de la paix de Dieu. En conséquence, ils doivent rendre compte à Dieu et à son peuple de toute injustice, de toute violation des droits de l'homme et notamment du droit à la vie d'autrui. Dès lors, on peut faire ressortir des incidences éthiques des régimes qui bafouent les droits de l'homme au regard de la première affirmation du COE. Voici quelques-unes de ces incidences concernant les régimes du Maréchal Mobutu et de M'Zee Laurent-Désiré Kabila.

1. La violation des droits de l'homme par n'importe quel régime politique interpelle Dieu et tous les citoyens du pays concerné sans oublier la communauté internationale car le monde devient un village planétaire. Le respect, la protection et la réalisation des droits de l'homme sont ce que Dieu attend de tout régime politique. Souvenons-nous, à ce sujet, de ce qui est dit plus haut : « Tu ne commettras pas de meurtre » ou le respect sacré du droit à la vie ; « va, et désormais ne pèche plus » ou la protection du droit à la vie ; « chaque fois que vous l'avez fait à l'un de ces plus petits, qui sont mes frères,... » ou la réalisation du droit à la vie.

2. Les questions éthiques à portée nationale au Congo démocratique devraient faire l'objet de l'examen d'une commission nationale d'éthique et, en cas d'absence de celle-ci, de l'avis consultatif des Eglises ou des prêtres et pasteurs comme le démontre cet échange des lettres entre les princes allemands et le réformateur Martin Luther : « En demandant conseil au réformateur (Luther), les princes souhaitaient d'une part (ainsi qu'ils l'avançaient) que leur conscience fut guidée : C'est pourquoi nous nous trouvons dans toutes sortes de réflexions relatives à ce qu'il nous faudra bien faire en accord avec Dieu, [notre] conscience et le droit [...]. C'est pourquoi nous avons réfléchi, et décidé d'avoir et d'entendre tout particulièrement votre conseil fidèle et chrétien en cette affaire. [...] Nous ne souhaiterions pas, en

415 Même source, p. 10.

effet, agir contre Dieu et [notre] conscience, ni de telle sorte qu'on pût nous le reprocher »[416].

N'ayant pas institué la commission nationale d'éthique, encore moins sollicité l'avis consultatif des Eglises, les régimes du Maréchal Mobutu et de M'Zee Kabila n'ont-ils pas agi contre Dieu et leur conscience dans l'exercice de leurs pouvoirs ?

3. Les attitudes, les gestes, les actes tels que enlèvements, exécutions sommaires,... qui accompagnent les violations des droits de l'homme sous les régimes dictatoriaux ne peuvent être masqués encore moins niés le plus longtemps possible. Les hommes politiques doivent craindre le jugement de l'histoire qui finit par révéler ce qui est caché, ce qui est considéré comme secret d'Etat. Tout finit par être porté à la connaissance du public comme il est écrit dans les Saintes Ecritures : « Rien n'est voilé (caché) qui ne sera dévoilé (révélé), rien n'est secret qui ne sera connu » (Mat. 10, 26).

4. Il n'a pas fallu au régime de Mobutu d'affirmer trop rapidement que *« olinga, olinga te, ozali kaka na MPR »*, cela veut dire « que tu le veuilles ou pas, tu es dans le MPR ». Tout zaïrois est membre du MPR dès sa naissance. Il a fallu plutôt affirmer la valeur de fraternité ou de solidarité nationale avec ce que cela implique dans la société congolaise (zaïroise). Cela demanderait une construction de cette valeur au jour le jour non seulement par la parole et par l'écoute mais aussi et surtout par le dialogue libre et sincère. Cette construction exigerait de la considération de la justice et des droits de l'homme, et la prise en compte de cette valeur dans les écoles maternelles, primaires, secondaires et à l'université. La pratique de la solidarité nationale devrait être le cheval de bataille de ce régime qui a duré trois décennies. Cela aurait concrétisé la devise du MPR : « servir et non se servir ».

5. Il n'a pas fallu aux régimes du Maréchal Mobutu et de M'Zee Kabila de diaboliser la coexistence de plusieurs partis politiques dans la sphère politique nationale pour faire asseoir leur autorité.

6. Pour l'émergence d'une culture politique qui a pour fondement les droits de l'homme. « Ne vous conformez pas au monde présent, mais soyez transformés par le renouvellement de notre intelligence, pour discerner quelle est la volonté de Dieu : ce qui est bien, ce qui est agréable, ce qui est parfait » (Rm. 12, 2). Ce verset biblique rappelle ce refus de la conformité et le renouvellement d'abord de l'intelligence qui doit être abandonnée à Dieu. Tout cela conduit à discerner la volonté de Dieu reconnue comme bonne, agréable et parfaite.

L'Etat et le peuple congolais doivent refuser la conformité aux méthodes dictatoriales de gouverner ayant engendré une culture de la violence. Ils doivent renouveler leur intelligence pour vaincre la violation des droits de l'homme et la violence sous toutes ses formes en se référant à cet autre verset :

---

[416] M. ARNOLD, *La correspondance de Luther : étude historique, littéraire et théologique*, Mainz, Verlag Philipp von Zabern, 1996, 329.

« ne te laisse pas vaincre par le mal, mais sois vainqueur du mal par le bien » (Rm. 12, 21).

Il est temps pour que les pays africains, notamment le Congo démocratique, favorisent l'émergence d'une culture politique qui a pour fondement les droits de l'homme car les droits de l'homme sont non seulement donnés par Dieu, mais aussi agréables à Dieu. Ils sont reconnus par les Nations Unies comme valeurs universelles vitales.

Il est évident que les droits de l'homme constituent à l'heure actuelle les fondements pour une culture politique qui se veut démocratique et respectueuse de la dignité humaine.

Le respect pour les droits de l'homme et leur mise en œuvre par l'Etat congolais est une condition fondamentale pour l'émergence d'une nouvelle culture politique respectueuse des valeurs universelles vitales dont la vérité, la justice et la paix représentent les valeurs caractéristiques garantissant les droits de la personne humaine.

La violation des droits de l'homme est une autre forme de la violence. Celle-ci est beaucoup plus dangereuse si elle est exercée par l'Etat qui a la mission de vaincre la violence et construire une culture de paix durable. A ce propos, Konrad Raiser écrit : « Les droits de l'homme définissent les limites de l'exercice d'un pouvoir légitime où ces limites sont outrepassées et le pouvoir transformé en violence. Réciproquement, le développement progressif des droits de l'homme et leur application en tant que pierre angulaire pour un ordre légal international doivent être considérés comme des pas décisifs dans l'effort pour surmonter les structures de violence et bâtir une culture de paix »[417]. Dans le même ordre d'idées, l'assemblée d'Harare (COE) proclame : « Les droits de l'homme forment la base essentielle d'une paix juste et durable. L'échec de leur respect conduit souvent au conflit et à l'état de guerre, et plusieurs fois au cours de ce siècle, il a conduit au génocide résultant de haines ethniques, raciales ou religieuses incontrôlées »[418].

Il est donc indispensable pour l'Etat congolais de favoriser la proclamation et la protection des droits de l'homme et leur application en vue de construire une nouvelle culture politique soutenue à la base par les valeurs universelles de la vie et par le souci de bien faire pour plaire à Dieu et au peuple. Tout régime politique congolais doit désormais surmonter les structures de violence par l'établissement d'un ordre légal national fondé sur les droits humains. Il doit se sentir interpellé par les actes qu'il pose et doit se rappeler qu'il aura à rendre compte à Dieu, à l'histoire et au peuple de son exercice du pouvoir.

Sur ce, je peux aborder le régime du quatrième président de la République Démocratique du Congo, Joseph Kabila, la démocratie et les droits de l'homme.

---

[417] K. RAISER, *Une culture de la vie : Transformer la globalisation et la violence.* Traduit de l'anglais par André Jacques, Paris, Edition du Cerf, 2003, p. 132.
[418] *Ibid.*, p. 134.

3. Le régime du Président Joseph Kabila, la démocratie et les droits de l'homme

L'avènement au pouvoir du Général Major Joseph Kabila apporte quelques changements dans l'histoire et la politique générale de la République Démocratique du Congo. Je me limite à l'analyse de points suivants : l'absence de l'Etat comme la pure violation des droits de l'homme, le vide au sommet de l'Etat, les relations avec la communauté internationale, l'espace présidentiel, le processus de démocratisation et les droits de l'homme.

3.1 L'absence de l'Etat n'est-elle pas la pure violation des droits de l'homme ?

Le 15 mai 1997, le Maréchal Mobutu quitte Kinshasa pour Gbadolite. Ce départ est suivi par l'exil des autorités et dignitaires du régime. L'absence de l'autorité de l'Etat à Kinshasa, la capitale, commence à se faire sentir. Le 16 mai 1997 est vraiment le jour de l'absence totale de l'autorité de l'Etat. Le maréchal Mobutu en fuite, ses collaborateurs mêmement, la loi de la jungle s'installe. Les habitants et surtout les jeunes des quartiers « pauvres » comme *Mombele* à côté des quartiers supposés « nantis » comme Limite se livrent à des actes de pillages d'abord dans la nuit du 15 au 16 mai et ensuite en pleine journée du 16 mai. Les jeunes des quartiers résidentiels de Limite, pour ne citer que cette commune où nous étions témoin, s'organisent pour faire des barrages et contrôler les passants pendant le jour du 16 mai. Ils ont veillé durant la nuit du 16 au 17 pour empêcher les jeunes de *Mombele* et d'ailleurs de venir piller leurs parents. Des scènes de violence sont constatées ici et là. Si cela pouvait durer plusieurs jours, quel serait le sort des *kinoises* et *kinois* (habitants de Kinshasa) ?

Le 17 mai 1997, les troupes de l'AFDL entrent à Kinshasa. Les *kinoises* et *kinois* recourent aux soldats de l'AFDL pour empêcher le pillage et les autres actes de violence. Pour ce faire, les soldats de l'AFDL utilisent des méthodes fortes qui n'ont rien avoir avec un Etat de droit, démocratique et respectueux des droits de l'homme. A titre d'exemple, un habitant du quartier *Kauka* est allé piller une famille. Il ramène son butin à son domicile par voiture taxi. Le chauffeur de taxi choqué par cet acte ira retrouver la famille pillée qui alertera les soldats de l'AFDL. Ensemble, ils iront voir le pillard qui reconnaît son forfait devant les membres de sa propre famille et restitue sans tarder son butin. Les soldats de l'AFDL tranchent ce litige à leur manière. Le pillard est abattu à bout portant par balle devant les membres de sa famille.

En peu de temps, les soldats de l'AFDL maîtrisent la situation. Plus de pillage ou d'actes de violence. Mais dans l'entre-temps, un autre type de pillage est organisé par les soldats étrangers qui ont accompagné l'AFDL dans sa lutte pour la libération du Congo démocratique. C'est le pillage des voitures de luxe et surtout des Mercedes. Le 17 mai 1997, jour de l'entrée de l'AFDL à Kinshasa était le jour de Pentecôte. Je suis allé célébrer le culte à la Cathédrale du centenaire protestant. Après ce culte, il nous a fallu faire un tour pour voir un ami diacre qui n'était pas au culte. Cet ami m'a pris dans sa voiture Mercedes pour aller de la commune de Limite à la commune de la Gombe. Sur le boulevard Lumumba à Limete, une camionnette transportant deux soldats de l'AFDL nous fait signe de nous arrêter sur le trottoir. Chose faite. Un soldat de l'AFDL vient nous dire de sortir de la voiture. Je suis sorti le premier pour lui demander le pourquoi. La réponse est sèche : « ou vous sortez et vous abandonnez la voiture à cet endroit ou j'ouvre le feu sur la voiture et sur vous ». Et, brusquement, il braque sa mitrailleuse sur la voiture. Le deuxième soldat qui n'est pas descendu de la camionnette dit à l'autre en swahili : *« laisse, laisse, tu ne vois pas que c'est un prêtre ou pasteur »*. Comme quoi, le salut est venu du col pastoral que j'ai continué à porter après le culte. Beaucoup de voitures ont été pillées et envoyées ailleurs, loin de Kinshasa et en dehors du Congo démocratique[419]. C'est pourquoi, on peut affirmer avec les institutions des droits de l'homme, que l'absence de l'Etat est la pure violation des droits humains. Car en effet, la loi de la jungle et l'anarchie chassent d'une part le juge en sa qualité de garant du respect de la hiérarchie des normes et des libertés fondamentales, et d'autre part, le respect par la Commission nationale des principes démocratiques et des droits de l'homme. Cette pensée s'est vérifiée et confirmée au Congo démocratique avant la prestation du serment de M'Zee Laurent Désiré Kabila comme troisième Président de la République Démocratique du Congo. Ceci explique la sagesse des Congolais de combler rapidement le vide laissé par l'assassinat odieux du président M'Zee Kabila.

Que dire du Général Major Joseph Kabila et le vide au sommet de l'Etat ?

3.2 Le Général Major Joseph Kabila et le vide au sommet de l'Etat

L'assassinat de M'Zee Kabila a provoqué un vide au sommet de l'Etat. Aucune disposition légale ou constitutionnelle n'a été prévue pour son remplacement. Ce vide ne peut rester longtemps pour éviter que le chaos et la violence s'installent dans le pays occupé presque de moitié par les rebelles. Colette Braeckman dit au sujet du chaos et de la violence ce qui suit : « Quand le 26 janvier 2001, soit dix jours après l'assassinat de son père, Joseph Kabila prête serment, chacun, constatant que le pays n'a pas sombré dans le chaos et que la violence a une nouvelle fois épargné Kinshasa, a le sentiment qu'une page est tournée »[420].

[419] A ce sujet, BRAECKMAN écrit : « *C'est en vain que les congolais ''libérés'' avaient alors dénoncé le fait que, depuis Goma, Kisangani, Lubumbashi, Kinshasa, les avions qui transportaient des renforts et du matériel militaire repartaient en direction de Kigali et de Kampala chargés de meubles, de véhicules, d'appareils électroménagers et audiovisuels...* », *Op. Cit.*, p. 188.

[420] C. BRAECKMAN, *Op. Cit., p. 136.*

Le remplacement de M'Zee Kabila était d'une extrême urgence[421]. Les Zimbabwéens s'attendaient à Mwenze Nkongolo comme l'a dit le président Mugabe : « Nous avons été surpris de voir arriver un avion-hôpital qui transportait un cadavre... Nous nous attendions à ce que la relève soit assurée par Mwenze Kongolo (celui qui était alors ministre de la justice et qui sera plus tard chargé de la sécurité était considéré comme l'éminence grise du régime et comme le défenseur des intérêts du Zimbabwe). Mais si Joseph est le choix des congolais, nous ne nous y opposons pas »[422]. Quant aux angolais, ils pensaient à Eddy Kapend, chef d'Etat-major particulier du chef de l'Etat pour prendre le pouvoir. Le porte-parole du gouvernement n'a fait que confirmer d'une manière voilée ce qui a été décidée à huis clos : « Le 17, le chef de l'Etat, sorti blessé d'un attentat, a été transféré à l'extérieur du pays, et qu'il a pris la décision de ''confier la direction de l'action gouvernementale et le haut commandement militaire au général major Joseph Kabila'' »[423]. Contrairement à la déclaration du porte-parole du gouvernement, M'Zee Kabila est mort sans avoir eu le temps de désigner son successeur. Mais qui a proposé le jeune officier des FAC Joseph Kabila pour occuper le fauteuil présidentiel resté vide ?

Selon le conseiller privé[424] du Général Lwetcha, chef d'Etat-major général des Forces armées congolaises (FAC) au moment de l'événement, les officiers zimbabwéens et angolais se sont adressés à ce général pour qu'il prenne le pouvoir en sa qualité du chef d'Etat-major général des forces armées. Le général Lwetcha usant de la sagesse bantoue refuse cette proposition pour éviter d'apparaître comme complice ou bénéficiaire du crime. Par contre, il propose que le fils du défunt président qui a été avec son père dans le maquis et qui a combattu pendant la guerre de libération de l'AFDL prenne le pouvoir. Ce fils n'est autre que Joseph Kabila. Colette Braeckman, de son côté, reconnaît que le général Lwetcha fut « le plus ardent défenseur de la candidature de Joseph »[425] à la présidence de la République.

En effet, on remarque que Joseph Kabila est celui qui a été avec son père dans le maquis, au début de la guerre, pendant la guerre de l'AFDL, « c'est lui qui sera officiellement crédité de la prise de contrôle de Kisangani, défendue par les mercenaires serbes »[426]. Il a été le plus aimé de M'Zee Kabila comme Braeckman l'a écrit : « Tous les anciens compagnons de maquis et amis du

---

[421] Les congolais vivant dans les territoires occupés par les rebelles continuent à vivre l'expérience de l'absence d'Etat : des massacres se sont succédé, Makobola et autres, viols et tueries des femmes, des exécutions sommaires, des violations massives des droits de l'homme, la misère, la famine, les malades non soignés,...

[422] *Ibid.*, p. 130.

[423] G de VILLERS, *Op. Cit.* p. 318.

[424] Il est originaire du territoire de Fizi comme le général lui-même, docteur en droit de l'université de Strasbourg, il vit en France.

[425] C. BRAECKMAN, *Op. Cit.*, p. 129.

[426] *Ibid.*, p. 133.

M'Zee en témoignent : ''Pour Laurent, il était le préféré, celui qu'il emmenait partout avec lui'', se rappelle ainsi Philippe Borel, qui fut, au début des années 1980, l'un des seuls journalistes occidentaux à visiter le maquis de Hewa Bora, et qui, par la suite, se lia d'amitié avec Kabila »[427].

Que dire sur le Président Joseph Kabila et la communauté internationale ?

3.3 Président Joseph Kabila et la communauté internationale

Pour ce point, nous voulons examiner les rapports entre le président Joseph Kabila et la communauté internationale et plus précisément les relations avec Washington et avec le Comité international d'accompagnement à la transition (CIAT).

3.3.1 Le Président Joseph Kabila préfère Washington à Pékin

Le 26 janvier 2001, Joseph Kabila prête serment et se met aussitôt au service de la république. Il reçoit les ambassadeurs occidentaux. Le premier qu'il reçoit est l'ambassadeur américain William Swing, le même qui reviendra plus tard comme envoyé spécial du Secrétaire général de l'ONU et chef de la mission MONUC. L'ambassadeur Swing annonce à sa sortie de l'audience qu'il a remis une invitation du président Georges Bush au président Joseph Kabila. A partir de cette invitation Joseph Kabila entre en contact avec la communauté internationale. En route pour les Etats-Unis, le président Jacques Chirac le reçoit à l'Elysée. A Washington, il participe à un déjeuner de prières où il rencontre le président rwandais Paul Kagame. Au retour des Etats-Unis, il reçoit un bon accueil à Bruxelles où le vice-premier ministre Louis Michel le conduit chez le roi Albert II. Il continue sa tournée en Suède, en Allemagne, au Canada. Partout, il est bien reçu. Ainsi crée-t-il la différence avec son père M'Zee Laurent Désiré Kabila qui, selon Braeckman, « préférait Pékin à Washington »[428]. Joseph Kabila fait l'inverse et préfère se rendre en occident avant toute autre destination et « concède tout ce que son père avait refusé »[429].

Sur le plan économico-financier, il renoue avec les institutions financières internationales et opte pour le libéralisme. Il prend l'engagement de travailler en étroite collaboration avec la Mission de l'Organisation des Nations Unies au Congo (MONUC). La désignation de l'ancien ambassadeur américain à Kinshasa, Monsieur William Lacy Swing à la tête de la MONUC et son arrivée à Kinshasa le mardi 5 juillet 2003 va modifier profondément la nature des relations entre la MONUC et le président Joseph Kabila. A peine arrivé samedi à Kinshasa, le représentant spécial du Secrétaire général des Nations Unies en République démocratique du Congo se rend dimanche à Bunia où il annonce le remplacement à partir du 1er septembre de la force multinationale

---

427 *Ibid.*, p. 130.

428 C. BRAECKMAN, *Op. Cit.*, p. 137. Cf. aussi LUDO Martens, *« Kabila : La chine comme modèle de développement »*, *Op. Cit.*, p. 280.

429 *Ibid.*, p. 138.

composée des soldats français[430]. Malgré le fait qu'il porte un titre autre que celui précédemment d'ambassadeur des Etats-Unis, William Lacy Swing contribuera à renforcer l'influence du président Joseph Kabila à Washington. Celui-ci effectue le 2 novembre 2003 une deuxième visite officielle où il s'entretient le 5 novembre avec le président Georges W. Bush[431].

Selon Geopolitique.com, il s'est dégagé au cours de ce deuxième voyage à Washington que « pour les questions de stabilité régionale et de coopération avec le Congo, l'homme clé de la diplomatie américaine dans la région est William Swing, l'ancien ambassadeur des Etats-Unis à Kinshasa devenu depuis envoyé spécial du secrétaire général des Nations Unies en République démocratique du Congo »[432].

On retient que pour sa première visite à Washington, Joseph Kabila a rencontré sur place le président rwandais Paul Kagame, tandis que pour sa seconde visite, il s'entretient avec le président ougandais Joweri Museveni. Ces rencontres ne sont pas fortuites. Elles semblent bien avoir été organisées par Washington, géopolitique oblige.

Peut-on dire que la préférence de Washington par le président Joseph Kabila est un signe de sagesse en politique ? La réponse semble être positive car elle vise à réussir là où son père a échoué en vue d'atteindre les mêmes objectifs que son père, c'est-à-dire « obtenir la libération totale du pays et reconstruire l'Etat »[433].

La démarche politique du président Joseph Kabila correspond à celle décrite par le Seigneur Jésus : « Ou quel roi, quand il part faire la guerre à un autre roi ne commence par s'asseoir pour considérer s'il est capable, avec dix mille hommes, d'affronter celui qui marche contre lui avec vingt mille ? Sinon, pendant que l'autre est encore loin, il envoie une ambassade et demande à faire la paix » (Luc 14, 31-32). Plusieurs exégètes 0nt fait des commentaires fort intéressants sur cette péricope. Parmi ceux-ci nous pouvons citer Jean-Samuel Javet qui, dans son commentaire sur l'Evangile de Luc, dit à propos de ces versets (31 et 32) ce qui suit : « Et le roi imprévoyant marcherait à la catastrophe s'il n'a pas assez de puissance pour faire la guerre ; il vaut mieux qu'il renonce à ses projets belliqueux et engage des pourparlers de paix »[434].

Faire la paix au Congo démocratique est l'objectif primordial que s'est assigné le président Joseph Kabila dans son discours d'investiture à la magistrature suprême prononcé le 26 janvier 2001. Pour y arriver, il doit adopter une éthique politique contextualisée et actualisée qui aurait pour fondement l'enseignement du Christ Jésus évoqué ci-dessus. L'enseignement du Christ libère des forces éthiques, comme l'a si bien dit Jean-François

---

430 Lire www.digitalcongo.net, mardi 8 juillet 2003.
431 Lire www.geopolitique.com 2003, 7 novembre 2003.
432 Même source.
433 C. BRAECKMAN, *Op. Cit.*, p. 143
434 J.S. JAVET, *L'Evangile de la grâce. Commentaire sur l'Evangile selon Saint Luc,* Genève, Labor et Fides, Paris, Librairie protestante, 1957, p. 180.

Collange : « les forces éthiques libérées par la prédication et l'agir du Nazaréen (Jésus-Christ) ne se dissipent toutefois pas purement et simplement une fois dégagées, elles prennent forme et s'incarnent dans le concret de l'existence ; elles suscitent des modèles éthiques qui les réalisent et qu'elles animent »[435]. Pour que Joseph Kabila gagne son pari de vouloir rétablir la paix sur tout le territoire congolais, renvoyer les troupes étrangères, sortir le pays de l'isolement et de l'embargo de fait, il doit nécessairement composer avec Washington, la première puissance mondiale. Le contraire serait manquer de sagesse et faire preuve d'« amateurisme politique ».

Les forces éthiques libérées par Luc 14, 31-32 sont, selon notre entendement, l'humilité, la prudence, la reconnaissance de la force supérieure de l'autre et le souci d'éviter l'humiliation, la perte des vies humaines, les violations des droits de l'homme par des moyens pacifiques.

D'aucuns pensent que le fait qu'un chef d'armée soupèse la force de ses troupes avant d'attaquer son adversaire supérieur est une marque de faiblesse. Les exégètes traitent d'insensé un chef d'armée qui ne soupèse pas la force de ses troupes. La thèse de « va-t'en guerre » est soutenue par ceux qui critiquent le président Joseph Kabila. Ils l'accusent d'être faible. Et pourtant, sa force réside dans cette faiblesse qui n'est autre que la prudence. La prudence est une vertu cardinale « qui accompagne la raison dans la direction de l'agir »[436]. Braeckman le dit en d'autres termes : « son jeune âge fait de lui une vedette, sa faiblesse devient atout, et son passé relativement vierge lui permet d'éclipser les ''nouveaux leaders'' que sont Museveni, Kagame, Afeworki en Erythrée ou Meles Zenawi en Ethiopie, déjà passés de mode et enlisés dans des guerres fratricides »[437].

En préférant Washington à Pékin compte tenu de la situation sociopolitique, économique et historique des pays africains, Joseph Kabila « peut être comparé à un homme avisé (prudent) qui a bâti sa maison sur le roc. La pluie est tombée, les torrents sont venus, les vents ont soufflé ; ils se sont précipités contre cette maison et elle ne s'est pas écroulée, car ses fondements étaient sur le roc » (Mat. 7, 24-25).

Ainsi, Joseph Kabila peut compter sur l'appui de l'Occident pour la construction d'une paix durable au Congo démocratique comme l'a démontré son dernier périple européen en quatre étapes : Paris, Londres, Berlin et Bruxelles pour la période du 2 au 12 février 2004[438]. L'homme d'Etat congolais a été bien reçu par les hommes d'Etat européens : le président français Jacques Chirac, le premier ministre anglais Tony Blair, le chancelier allemand Gerhard

---

[435] J.-F. COLLANGE, *De Jésus à Paul, l'éthique du Nouveau Testament,* Genève, Labor et Fides, 1980, p. 25.

[436] E. FUCHS, *Comment faire pour bien faire ? Introduction à l'éthique,* Genève, Labor et Fides, 1996, p. 196.

[437] C. BRAECKMAN, *Op. Cit.,* p. 141.

[438] Pour de plus amples informations lire: www.africatime.com/RDC-Agence France Presse (AFP) www.digitalcongo.net.

Schröder, le premier ministre belge Guy Verhofstadt et le roi des belges Albert II sans oublier le président de la Commission européenne Romano Prodi. Cet appui de l'Occident se manifeste également dans le Comité international d'accompagnement de la transition (CIAT).

3.3.2 Le Comité international d'accompagnement de la transition (CIAT)

Les dispositions finales de l'Accord global et inclusif sur la transition en République démocratique du Congo signé à Pretoria le 16 décembre 2002 (constitution provisoire) prévoient dans son alinéa b : « les parties acceptent comme ayant force obligatoire les Annexes ci-après, qui font partie intégrante du présent Accord. Parmi ces Annexes, l'Annexe IV institue le Comité international ayant les attributions ci-après :

« 1. Il est prévu un Comité international visant à garantir la bonne mise en œuvre du présent Accord et à soutenir le programme de la transition en République démocratique du Congo, conformément aux présentes dispositions.

« 2. Le Comité international apportera son soutien actif à la sécurisation des institutions de la transition issues du DIC et à l'application effective des dispositions du chapitre 8.2.2. de l'Annexe A de l'Accord de Lusaka, en ce qui concerne notamment, la neutralisation et le rapatriement des groupes armés opérant sur le territoire de la République démocratique du Congo.

« 3. Le Comité international arbitrera et tranchera tout désaccord pouvant survenir entre les parties au présent Accord.

« 4. Le Comité international assistera la Commission de suivi de l'Accord dans l'accomplissement de son mandat »[439].

Créé par l'Accord global et inclusif, le Comité international d'accompagnement de la transition (CIAT) regroupe les ambassadeurs ou les représentants diplomatiques en République Démocratique du Congo des pays membres permanents du Conseil de sécurité, de la Belgique, du Canada, de l'Afrique du Sud, de l'Angola, du Mozambique, de la Zambie et de la MONUC.

Le CIAT se révèle comme un véritable appui du gouvernement de transition de la République Démocratique du Congo dirigé par le président Joseph Kabila. Cet appui se manifeste sur trois plans : sur le plan de la sécurisation des institutions de la transition, sur celui de l'arbitrage de tout désaccord entre les parties signataires de l'Accord, enfin sur celui de l'assistance à la commission de suivi dans la réalisation de ses objectifs qui constituent sa raison d'être.

En ce qui concerne cette assistance, le CIAT est entré en action lors de nombreuses crises enregistrées par la Commission de suivi et autres

---

[439] *Congo-Afrique,* janvier 2003, n°371, *Accord global et inclusif sur la transition en République démocratique du Congo,* Pretoria 16/12/2002, pp. 27-28.

institutions ou instances de décisions comme le témoigne ce récit : « En quatre mois d'existence, la Commission de suivi a enregistré une demi-douzaine de crises, dont successivement l'absence de la délégation de la RCD à sa première réunion, le blocage consécutif à la désignation du vice-président de la République pour le compte de l'opposition politique, le blocage relatif à la désignation des chefs d'Etat-major, la tentative de Ruberwa de mettre sur pied trois régions militaires à l'Est, la controverse soulevée autour de la prestation de serment des ministres et le choix récemment porté sur Bora Uzima parmi les officiers supérieurs »[440].

Parmi ces crises, nous voulons examiner les deux dernières citées :

1. Les ministres du RCD et du MLC refusent de prêter serment : « les ministres et vice-ministres du RCD et du MLC sont dans leurs chambres d'hôtel à Kinshasa et refusent de prêter serment devant le président Kabila, a déclaré Crispin Kabasele Tshimanga, responsable des relations extérieures du RCD... La prestation de serment des ministres n'est pas ''prévue par la constitution de la transition'', selon monsieur Kabasele Tshimanga. Le texte du serment stipule que ''les ministres et vice-ministres doivent loyauté et obéissance au président de la République'', a-t-il ajouté, qualifiant cette mention de ''dérive monarchique'' »[441].

Cette grande crise a connu l'intervention directe du président Georges W. Bush à partir de Dallas : « Le chef de l'exécutif américain, qui a effectué au début du mois sa première tournée en Afrique, a promis d'œuvrer étroitement avec le président Kabila et son nouveau gouvernement à la paix, la prospérité de la démocratie pour tous les congolais. Il a également félicité les quatre vice-présidents du gouvernement de transition : Abdoulaye Yerodia Ndombasi (composante gouvernementale), Azarias Ruberwa (ex-rébellion soutenue par le Rwanda), Jean-Pierre Bemba (ex-rébellion soutenue par l'Ouganda) et Arthur Zahidi Ngoma (opposition politique). Je suis persuadé que le peuple congolais sera bien servi par l'expérience et la vision que ces cinq dirigeants apporteront à ces postes importants » a-t-il dit dans son message publié par la Maison Blanche. Il n'a pas fait allusion dans ce message au refus des ministres et vice-ministres issus des mouvements dirigés par Azarias Ruberwa et Jean-Pierre Bemba de prêter serment. Monsieur Bush, qui effectuait un déplacement à Dallas au Texas, a par contre appelé les pays voisins à soutenir le nouveau gouvernement congolais « en ces temps cruciaux »[442].

Le CIAT a joué aux bons offices dans cette crise et la situation s'est décantée avec la prestation de serment du jeudi 24 juillet 2003 après l'ajout de trois nouveaux mots par la commission de suivi : « … loyauté au président de la République et au gouvernement »[443]. Cependant, « la cérémonie projetée

---

440 www.digitalcongo.net, 22.08.2003.

441 www.africatime.com/rdc/AFP 18/07/2003.

442 Même source.

443 www.digitalcongo.net du 23/07/2003.

jeudi ne sera ''pas solennelle'' ; mais se limitera avant le Conseil de ministres - à la signature par les ministres et vice-ministres d'un formulaire contenant le texte du serment ''harmonisé'' »[444].

Le calme et le sens de l'écoute du président Joseph Kabila sans oublier son souci de rétablir la paix sur tout le territoire congolais 0nt évité de plonger le pays dans une crise sans issue.

Une autre crise non moins importante est celle liée à la désignation des officiers militaires de l'Etat-major général intégré. La liste des candidats présentée par la composante RCD contenait quelques noms des officiers controversés. Il a fallu que le CIAT tranche ce désaccord entre les parties par la publication d'un communiqué que nous reprenons intégralement :

> « Communiqué officiel. Armée : le CIAT recommande la désignation des officiers non sujets à controverse. Le Comité international d'accompagnement à la transition (CIAT) constate, avec consternation, que la liste des candidats aux postes de responsabilité au sein de l'armée nationale congolaise restructurée et intégrée soumise par le RCD (G) contient les noms de personnes dont le caractère controversé ne répond pas aux exigences d'une Transition non conflictuelle : Le CIAT exprime son profond regret face à ce développement qui risque le blocage du processus de réconciliation nationale, contribuant ainsi à la continuation des hostilités dans l'Est du pays.
>
> Le CIAT insiste sur la nécessité de doter le pays d'une armée nationale professionnelle, crédible et républicaine et souhaite vivement que le choix des responsables de la future armée nationale soit guidé par cet objectif primordial. Dans cette perspective, comme l'État-major général intégré constitue le premier moyen le plus sensible, le CIAT recommande que toutes les composantes et entités échangent des listes qui puissent être acceptables sur une base de non-objection pour chacune d'elles. Le CIAT veillera à ce que ces listes ne portent pas atteinte à l'ordre national et international.
>
> Fait à Kinshasa, le 16 août 2003
>
> Le Comité international d'accompagnement à la transition (CIAT) »[445].

Le dialogue permanent entre le CIAT et le président Joseph Kabila ainsi que les quatre vice-présidents représentant les quatre composantes du Dialogue intercongolais a permis de souder petit à petit l'édifice des institutions républicaines congolaises.

En nous inspirant des enseignements de Jean-François Collange au sujet de l'usage de la parole, nous pouvons dire que la parole, c'est-à-dire le dialogue est très largement le contrepoison de la violence, de la guerre, de l'inimitié, et des crises. Etre responsable dans l'espace présidentiel congolais d'aujourd'hui (un président et quatre vice-présidents), c'est se mettre en situation de l'écoute

---

[444] Même source.

[445] www.le potentiel.com, Edition n° 2902 du lundi 18 août 2003.

de l'autre et de répondre. Le dialogue instaure la différence et permet le lien dans la différence. Le peuple congolais n'a pas besoin d'un espace présidentiel composé de responsables sans différence de personnalité et d'idées, encore moins d'hommes politiques robotisés. Le peuple a besoin des hommes politiques qui, à ce niveau de pouvoir de l'Etat, se considèrent comme des interlocuteurs au service du peuple, qui reconnaissent leurs différences, réinstaurent la différence, créent le point, le lien à travers la différence.

En lisant 2 Samuel 6 et 7, les exégètes disent que David n'a été reconnu comme ancêtre du messie qu'en s'humiliant devant l'arche de l'Eternel par la danse au vu de son peuple rassemblé. L'espace présidentiel doit s'humilier devant l'Accord global et inclusif, constitution de la transition pour être reconnu comme les artisans de la nouvelle République Démocratique du Congo.

L'espace présidentiel peut toujours se référer dans l'accomplissement de son mandat aux paroles suivantes : « Soyez mus par les mêmes aspirations, le même amour, aspirant, tous unis, à un seul but. N'agissez ni par intrigue, ni par vaine gloire, mais considérez avec humilité les autres comme supérieurs à nous-mêmes ; que chacun ne regarde pas à ses propres qualités, mais à celles des autres ! »[446].

Pour accomplir la mission lui assignée par l'Accord global et inclusif, l'espace présidentiel doit promouvoir davantage l'esprit de dialogue en son sein et privilégier ses relations avec le CIAT par un dialogue plus que jamais permanent lorsqu'on sait que ce dialogue s'est montré efficace dans la résolution de différentes crises et dans l'accélération du processus de démocratisation.

3.4 Le président Joseph Kabila et le processus de démocratisation

J'examine le processus de démocratisation de manière sommaire en trois points : le dialogue *intercongolais,* les institutions d'appui à la démocratie et l'espace présidentiel.

3.4.1 Le dialogue intercongolais

Dès son accession au pouvoir, le président Joseph Kabila se dit favorable à l'accord de Lusaka et au dialogue *intercongolais.* C'est ainsi qu'il demande à l'ex-président de Botswana, sir Katumile Masire qui se trouvait à ce moment-là à Brazzaville[447] de reprendre ses fonctions en qualité de « facilitateur ». Ce dernier entame des réunions de négociations pour la période du 25 février au 19 avril 2002 qui débouchent sur un accord partiel de partage du pouvoir. C'est finalement le 17 décembre 2002 à Pretoria en Afrique du Sud que les 365

[446] Epître aux Philippiens 2, 3-4.

[447] C. BRAECKMAN, *Op. Cit.,* pp. 138-139. « Sir Katumile Masire qui n'a même pas présenté ses condoléances aux dirigeants congolais et au fils du défunt, qui ne s'est pas montré aux funérailles alors qu'il se trouvait sur la rive d'en face, à Brazzaville,... ».

délégués congolais au dialogue sont parvenus à signer un accord global de paix sous la médiation du sénégalais Mustapha Niasse, le représentant spécial au Congo du Secrétaire général des Nations Unies qui a apporté aux délégués congolais l'appui de la communauté internationale. On se souviendra longtemps de l'apport considérable du gouvernement sud-africain et de son président Thabo Mbeki alors président en exercice de l'Union africaine.

L'arrivée au pouvoir du président Joseph Kabila a couronné les difficiles pourparlers de paix entre toutes les parties du conflit en République Démocratique du Congo par la signature d'un acte final du Dialogue intercongolais[448]. Qui aurait cru que le jeune président de 30 ans (au moment de sa prestation de serment) serait à mesure de « se dissoudre comme du sel » dans le dialogue intercongolais afin qu'il porte ses fruits ? Le Seigneur Jésus n'a-t-il dit que ceux qui croient en Lui sont le sel de la terre ? « Vous êtes le sel de la terre » (Mt. 5, 13), a-t-il dit. Le sel, ne sert-il pas à l'assaisonnement et à la conservation ou sauvegarde des aliments ? Il en est de même de l'homme qui joue le rôle de sel dans le but de sauvegarder l'unité nationale, l'intégrité du territoire, de rassembler tous les fils et filles du pays pour rétablir la paix et bâtir une nation forte et prospère.

L'accord global et inclusif, fruit du dialogue intercongolais, a pour la première fois dans l'histoire des constitutions congolaises prévu et créé en son sein des institutions d'appui à la démocratie.

3.4.2 Les institutions d'appui à la démocratie

L'accord global et inclusif prévoit les institutions de la transition au point V. On y trouve deux catégories d'institutions : les unes sont traditionnelles et les autres nouvelles. Ces dernières servent d'appui à un régime qui se veut démocratique. Le point V est ainsi libellé : « pendant la période de la transition, il est créé un Exécutif de la transition, un parlement de la transition composé d'une Assemblée nationale et d'un Sénat, un pouvoir judiciaire constitué notamment des cours et tribunaux existants, et des institutions d'appui à la démocratie, dans les conditions déterminées dans la constitution de la transition. Les institutions de la transition sont :

- le président de la république ;
- le gouvernement ;
- l'Assemblée nationale ;
- le Sénat ;
- les cours et les tribunaux.

En plus des institutions ci-dessus, sont créées les institutions d'appui à la démocratie suivantes :

- La commission électorale indépendante ;
- L'observatoire national des droits de l'homme ;
- La haute autorité des médias ;

---

448 www.africatime.com, AFP 09/04/2003 et autres sites ou journaux.

- La commission vérité et réconciliation ;
- La commission de l'éthique et de la lutte contre la corruption ».

Ces institutions d'appui ont le rôle de combattre les anti-valeurs sous toutes leurs formes. Elles sont installées par le Parlement depuis le 28 août 2003. Cette installation constitue un événement, le premier de ce genre, depuis que le pays a accédé à l'indépendance. Ces institutions fonctionnent d'une manière autonome, c'est-à-dire indépendamment du gouvernement de transition. Quelles sont les missions principales de chacune d'elles ?

La Commission électorale indépendante a pour mission principale de garantir la neutralité et l'impartialité dans l'organisation d'élections voulues libres, démocratiques et transparentes ; l'Observatoire national des droits de l'homme est chargé de la promotion et de la protection des droits de l'homme ; la Haute autorité des médias a pour mission d'assurer la neutralité des médias ; la Commission vérité et réconciliation est chargée de la consolidation de l'unité nationale grâce à une véritable réconciliation entre les congolais ; enfin, la Commission de l'éthique et de la lutte contre la corruption a pour mission de favoriser la pratique des valeurs morales et républicaines. Ces institutions jouissent de l'indépendance d'action entre elles et aussi par rapport aux autres institutions traditionnelles de la république. Elles jouissent également d'une personnalité juridique.

La loi organique relative à la Commission électorale indépendante (CEI) adoptée par le parlement a suscité une vive réaction de la part du CIA T. En effet, le CIAT estime que « la dissolution de plein droit de la CEI après les élections n'est pas conforme à la constitution qui ne prévoit pas d'assemblée plénière ayant pouvoir de décision au sein de la CEI. Les activités de la CEI ne peuvent pas être subordonnées à l'Assemblée nationale car la Cour suprême de justice devrait contrôler celles-ci. Le CIAT soutient que ces dispositions ''sont facteurs de confusion et risquent de remettre en cause l'indépendance de la CEI dans son rôle pour assurer la neutralité dans le processus électoral. Il existe enfin un risque évident de ce conflit de compétences sur le terrain entre les bureaux de liaison de la CEI et les bureaux de représentation créés par les projets de loi organique, dont les membres pléthoriques - 1600 personnes - feront nécessairement allégeance à leur parti'', prévient le CIAT. Le CIAT estime enfin que le mode de fonctionnement de la CEI - une des cinq institutions d'appui à la démocratie - tel qu'adopté par l'Assemblée nationale ''pourrait provoquer un blocage du processus électoral'' et même ''le non-respect des délais'' dans l'organisation des élections en République démocratique du Congo »[449].

Je partage entièrement la remarque concernant la subordination des activités de la CEI à l'Assemblée nationale. Pour l'indépendance de la CEI, il est indiqué que ses activités soient contrôlées non pas par l'Assemblée nationale mais par la Cour suprême de justice.

---

[449] www.africatime.com/RDC. AFP 18/02/2004.

Ceci rejoint une critique que nous avons déjà formulée à l'endroit du régime politique du maréchal Mobutu qui n'a pas pu garantir l'indépendance d'esprit et d'action à la commission de la protection et de la promotion des droits de l'homme qui était « un mort-né » sous la tutelle du ministère de la justice.

La mise en œuvre des institutions d'appui à la démocratie contribuera énormément à la promotion de la démocratie et des droits de l'homme au Congo démocratique. Elles permettront également de donner suite à la question posée au premier chapitre de la première partie de cet ouvrage à savoir : « La République Démocratique du Congo est-elle réellement démocratique ? ».

La présence de ces institutions d'appui inaugure une nouvelle ère démocratique au Congo Kinshasa, elle réalise un « grand pas » dans le processus de démocratisation.

Je reviens sur l'espace présidentiel.

3.4.3 L'espace présidentiel

L'accord global et inclusif prévoit pour la présidence (IB) ce qui suit :

« d. La présidence est composée du Président et de quatre vice-présidents » ;

« e. Le président assure, avec les vice-présidents, un leadership nécessaire et exemplaire dans l'intérêt de l'unité nationale en République démocratique du Congo » ;

« f. Le président de la République Démocratique du Congo traite avec les vice-présidents de toutes les matières relatives à la gestion du gouvernement, ainsi que des matières mentionnées aux points A/B4 (i) et (V) ».

« g. Les réunions entre le président et les vice-présidents se tiennent régulièrement, au moins une fois toutes les semaines, et dans tous les cas avant chaque conseil des ministres. Les réunions entre le président et les vice-présidents peuvent aussi être convoquées par le président de la République à la demande d'un vice-président. En cas d'absence du président de la République, celui-ci désigne à tour de rôle le vice-président qui présidera les réunions ».

Comme on peut le constater, cet accord prévoit une formule unique au monde, un président plus quatre vice-présidents. Mais, qui sont-ils ceux qui forment l'espace présidentiel et président aux destinées de la République Démocratique du Congo ? Voici en quelques mots la présentation des membres de l'espace présidentiel :

Le président Joseph Kabila. C'est un jeune officier supérieur des Forces armées congolaises, général-major par son grade, ancien chef d'Etat-major des forces terrestres qui devient président de la République suite à l'assassinat de son père M'Zee Laurent Désiré Kabila en date du 16 février 2001. Il est donc héritier de son défunt père. Mais quel héritage ? Il hérite le fauteuil présidentiel et tout un cortège de malheurs : les traîtres et les assassins de son

père, la guerre, une sale guerre avec deux facettes, d'un côté les agresseurs qui pillent les richesses du pays, de l'autre les rebelles qui veulent le partage du pouvoir, la misère du peuple, les cris des femmes séquestrées et violées par les seigneurs de la guerre...
Cet officier des Forces armées congolaises accepte de partager le pouvoir avec les opposants de son défunt père. L'histoire retient qu'il est le premier chef d'Etat africain et presque dans le monde qui a accepté de partager le pouvoir présidentiel avec ceux qui lui font la guerre, c'est-à-dire les rebelles et l'opposition interne. Il est le premier dans le monde actuel à avoir quatre vice-présidents. Le plus jeune de l'espace présidentiel, il est cette « âme bien née » dont « la valeur n'attend pas le nombre d'années ».

Le vice-président Yerodia Abdulaye Ndombasi (70 ans au moment de la prestation de serment), docteur en philosophie formé en France[450], doyen d'âge de l'espace présidentiel, colistier du président Kabila. C'est un sage africain qui manie les multiples proverbes africains à sa guise. Il est connu pour sa verve oratoire et comme allié inconditionnel de M'Zee Laurent Désiré Kabila. Il est chargé de la commission pour la reconstruction et le développement.

Le vice-président Azarias Ruberwa Maniwa (39 ans au moment de la prestation de serment), juriste formé à l'Université de Lubumbashi, un véritable *« kassapard »*[451]. Les *kassapards* sont réputés être organisateurs, travailleurs, patriotiques, fonceurs et prudents. Tête pensante du RCD désigné pour l'espace présidentiel, il est le premier *kassapard* à accéder à un poste de responsabilité comme celui de vice-président de la république. Il est chargé de la commission politique, défense et sécurité.

Le vice-président Jean-Pierre Bemba Gombo (41 ans au moment de la prestation de serment), est économiste et commercialiste formé à Bruxelles[452]. Il est premier ministre de l'accord partiel non appliqué[453]. C'est le vice-président à qui le président Joseph Kabila attribue le bureau historique de la primature, le bureau de Patrice Emery Lumumba, le héros national. Il a joué le rôle de « sapeur pompier » d'une manière magistrale dans la crise provoquée par l'incident malheureux entre le ministre Roger Nimy et le président de la République lors de la réunion du conseil des ministres du vendredi 8 janvier 2004[454]. Il est chargé au sein de l'espace présidentiel de la commission économique et financière, « les poumons de l'Etat ».

---

[450] G. de VILLERS, *Op. Cit.*, p.39 (note en bas de page)

[451] Les Kassapards sont les étudiants et les anciens étudiants de l'Université de Lubumbashi, ancienne université officielle du Congo. Ils sont très solidaires entre eux. Ils ont leur propre hymne « La kassaparde » qu'ils chantent avant de chanter l'hymne national.

[452] G. de VILLERS, *op, cit.* p, 93. Cf. Colette BRAECKMAN, *op, cit.* p. 291.

[453] L'accord scellé le 17 avril à Sun City par le « camp de la patrie » prévoyait Joseph Kabila comme président de la République Démocratique du Congo et Jean-Pierre Bemba Gombo comme premier ministre. « Depuis Bruxelles, précisément, Louis Michel fut le premier à publier un communiqué par lequel, il se félicitait de l'accord. La France puis l'union européenne firent de même », Colette BRAECKMAN, *op cit.*, p.282.

[454] Lire www.lesoftonline.net 11/01/2004 et 17/01/2004.

Le vice-président Arthur Z'Ahidi Ngoma (56 ans au moment de la prestation de serment), docteur en droit formé en France[455], l'homme du « consensus » de l'opposition politique désigné pour siéger à l'espace présidentiel. Vice doyen d'âge, le présent ne l'intéresse pas beaucoup ; ce qui compte pour lui c'est le futur. C'est pourquoi il fonde son parti : les Forces du futur. Il est chargé de la commission sociale et culturelle.

Compte tenu de leurs qualités intellectuelles et de leurs compétences, on peut dire que chaque composante a donné l'homme qu'il faut à la place qu'il faut. Le peuple congolais attend d'apprécier les mérites de chacun d'eux aux prochaines échéances électorales de 2005. Dans l'entre-temps, ils ont tous une mission commune, celle de construire la paix durable au pays, réinstaurer l'autorité de l'Etat, sauvegarder les institutions de la république, préserver l'unité ainsi que l'indivisibilité de la nation.

La responsabilité de construire la paix durable au Congo démocratique incombe en premier lieu au président et aux quatre vice-présidents. Cette construction de la paix par l'espace présidentiel n'est possible que si elle a comme source dernière Dieu et l'acteur principal de cette paix en marche Jésus-Christ, le « Dieu de la paix »[456]. Collange écrit à ce sujet : « Ce Dieu, en Jésus-Christ tout particulièrement, nous signifie la présence et l'appel de l'autre. En Jésus-Christ s'éprouvent la grâce et la paix de Dieu ; en lui nous sommes en paix avec Dieu (Rm 5, 1) ». Mais cette paix originelle et fondamentale, pour profondément ancrée qu'elle soit dans le cœur du croyant, n'est pas simplement intérieure ou spirituelle. Comme l'indique G. Theissen, le nouveau Testament procède à « une délimitation, mais non à une dépolitisation de la paix »[457]. Il ne peut y avoir « dépolitisation de la paix » en effet dans la mesure où le Dieu de la paix n'est autre que le Dieu du monde, de ses cités et de son histoire, comme le montre bien la suite du texte de Rm 5. Il ne peut y avoir de spiritualité désengagée de la paix, dans la mesure où ce même Dieu instaure, en Jésus-Christ, une seigneurie et un pouvoir s'opposant aux seigneuries et pouvoir du péché et requérant la pratique de la justice et de la paix (Rm 6).

Ces extraits sont tout particulièrement soulignés par l'épître aux Ephésiens. Nous y trouvons cette affirmation centrale qui tire les conséquences à la fois religieuses et « socio-politiques du sacrifice du Christ en ne répétant pas moins de quatre fois le mot ''paix'' : ''Le Christ est notre paix ; de ce qui était divisé, il a fait une unité. Dans sa chair, il a détruit le mur de séparation : la haine... Il a voulu, à partir du juif et du païen, créer un seul homme nouveau, en établissant la paix ; et les réconcilier avec Dieu en un seul corps ; là où il a tué la haine. Il est venu annoncer la paix à vous qui étiez loin et la paix à ceux qui

---

455 G. de VILLERS, *Op. Cit.*, p. 45.

456 Lire Rm 15, 33 ; 2 Co 13, 11 ; Ph 4,9; 1 Th 5, 23; 2 Th 3, 15 ; Hb 13, 20.

457 « Pax Romana et Pax Christ, *Le Christianisme primitif et l'idée de paix,* in *Revue de Théologie et de Philosophie,* 124, 1992, pp. 61-82.

étaient proches'' » (Ep. 2, 14 et ss). La mort du Christ tue ainsi non les différences ou les conflits qui sont inhérents à la vie, mais la haine qui les pervertit en les rendant aveugles et insensibles à toute forme d'évolution et à de possibles réconciliations. La haine fige l'autre en ennemi et le chosifie ; elle empêche toute évolution qui n'irait pas vers la guerre dont le but est d'éliminer ce qui dérange. La réconciliation, fruit du travail de la grâce, permet au contraire de voir, à travers même l'altérité dérangeante de l'autre, la figure d'un égal et d'un prochain, dont la rencontre peut s'avérer bénéfique et fructueuse (Cf. encore Lc 10, 29-36). Ainsi, le mouvement de la paix ne s'exprime que comme celui de la reconnaissance de l'égale dignité d'autrui et comme celui de la justice »[458].

Comme on le voit à travers cet écrit, l'espace présidentiel est condamné à tuer la haine car « la haine fige l'autre en ennemi et le chosifie, elle empêche toute évolution qui n'irait pas vers la guerre ». L'espace présidentiel doit tuer la haine pour l'intérêt supérieur de la nation afin d'atteindre son objectif lui assigné par l'Accord global et inclusif. Tous les membres de l'espace présidentiel doivent avoir un désir sincère de paix. Car c'est le désir sincère de paix qui garantit la paix, la concorde et crée un autre désir, celui de vouloir vivre ensemble, de chercher à comprendre plutôt qu'à être compris, à aimer plutôt qu'à être aimé. Ainsi, la haine cédera sa place à l'amour mutuel, à la fraternité, à la solidarité, à la reconnaissance de l'égale dignité d'autrui et au respect de celui qui est le premier de l'espace présidentiel, c'est-à-dire le président de la République, le symbole de l'Etat.

La construction de la paix par l'espace présidentiel ne doit pas se limiter seulement à la cessation de la guerre, elle doit viser la justice sociale et se traduire en programme permanent pour réduire la peur, la misère, la violence, l'insécurité, les violations des droits de l'homme, les tracasseries policières, les barrières et contrôles sur les routes nationales et de dessertes agricoles, les contrôles intempestifs à l'aéroport, aux frontières,....

Sur ce, voyons à présent la question des droits de l'homme sous le régime du président Joseph Kabila.

3.5 Le président Joseph Kabila et les droits de l'homme

Presque six mois après son accession au pouvoir, le président Joseph Kabila procède à l'ouverture de la Conférence nationale sur les droits de l'homme, le dimanche 24 juin 2001. Cette conférence s'est clôturée le 30 juin 2001, journée historique, le 30 juin étant la date anniversaire de l'indépendance. Dans son allocution prononcée à l'ouverture de cette conférence, le président Joseph Kabila dit, selon les termes du ministre des droits humains Ntumba Luaba Lumu, que « les droits de l'homme ne sont pas

[458] J.P. RIBAUT et J.F. COLLANGE, *Recevoir et construire la paix : les religions et la paix,* Strasbourg, Association des publications de la Faculté de Théologie protestante, 1994, pp. 18-19.

et ne peuvent pas être une faveur pour le peuple et le citoyen congolais »[459]. Cette déclaration est fondée car n'étant pas une faveur, les droits de l'homme sont des prérogatives inhérentes à tout être humain, à tout citoyen. Il va de soi que cette allocution a ouvert la voie aux participants à la conférence pour faire un travail sérieux dépourvu de crainte et de contrainte vis-à-vis de l'autorité. A l'issue des travaux, les participants à la conférence ont rédigé et adopté la charte congolaise des droits de l'homme et du peuple. C'est la première charte nationale depuis que le pays est indépendant. Les activistes congolais des droits de l'homme étaient mieux placés que quiconque pour apprécier la valeur de cette première charte. Nous voulons analyser brièvement cette charte en examinant les points ci-après : le préambule, la source d'inspiration, les caractéristiques et les spécificités par rapport à la charte africaine des droits de l'homme et des peuples, les mécanismes de promotion et de protection des droits de l'homme, la référence à Dieu dans le préambule et les droits de l'homme comme fondement pour une culture de paix après la guerre.

3.5.1 Le préambule de la Charte congolaise des droits de l'homme et du peuple

Le préambule contient des considérations et des affirmations très significatives au regard de la situation des droits de l'homme au Congo Kinshasa depuis l'époque coloniale. Nous reprenons ci-dessous deux considérants et une affirmation pour souligner la reconnaissance par les participants à la conférence du caractère universel des droits de l'homme pour la restauration de la dignité humaine :

> « Considérant que les droits et libertés sont des attributs inaliénables, inhérents à l'être humain et qu'ils méritent d'être protégés par toutes les voies de droit par les gouvernements et les gouvernés dans un État de droit, afin d'éviter que l'homme ne soit contraint, en suprême recours, à la révolte contre la tyrannie et l'exploitation ;
>
> « Considérant l'état actuel des droits de l'homme en République démocratique du Congo, caractérisé par des violations généralisées et systématiques des droits de l'homme et qui a conduit à la tenue de la conférence nationale sur les droits de l'homme (CNDH) en vue de restaurer la dignité des congolais et leurs droits égaux et inaliénables, fondement de la liberté, de la justice et de la paix en République démocratique du Congo ;
>
> « Proclamant et affirmant l'attachement de la République démocratique du Congo aux valeurs fondamentales de la charte des Nations Unies et en particulier aux droits et libertés consacrés dans les instruments

[459] République Démocratique du Congo, Ministère des droits humains, *Charte congolaise des droits de l'homme et du peuple. Actes de la Conférence nationale sur les droits de l'homme,* Volume II, adoptée à Kinshasa, le 30 juin 2001, Kinshasa, 2001, p. 4 (Avant-propos).

adoptés dans le cadre de l'Organisation des Nations Unies et de l'Organisation de l'Unité Africaine »[460].

Ce préambule annonce clairement et sans ambiguïté, à la différence de la charte africaine des droits de l'homme et des peuples, un rattachement à l'universalité des droits de l'homme. L'accent n'est pas mis sur le culturel et régional mais plutôt sur ce qui peut hisser le pays à la hauteur de démocraties occidentales. Il y a une nette préférence délibérée de la convention européenne des droits de l'homme à la charte africaine des droits de l'homme et des peuples.

Quelles sont les sources d'inspiration de la charte congolaise ?

3.5.2 Sources d'inspiration de la charte congolaise

Trois textes principaux peuvent être considérés dans un premier temps comme ayant servi de sources d'inspiration aux rédacteurs de la charte congolaise des droits de l'homme et des peuples. Il s'agit de la Déclaration universelle des droits de l'homme, de la Convention européenne des droits de l'homme et de la Charte africaine de droits de l'homme et des peuples.

D'autres textes élaborés au sein de l'Organisation des Nations Unies, du Conseil de l'Europe et de l'Union africaine ont probablement joué dans un deuxième temps le rôle de second plan dans la rédaction de la charte congolaise.

Il me faut évoquer les caractéristiques et les spécificités par rapport à la charte africaine.

3.5.3 Les caractéristiques et les spécificités par rapport à la charte africaine

La charte congolaise des droits de l'homme et du peuple a ses propres caractéristiques qui la différencient de la charte africaine :

1. La première caractéristique est évidente dans le préambule. La charte congolaise proclame et affirme son attachement à l'universalité des droits de l'homme. De ce fait, elle partage dans une certaine mesure la conception prônée par les universalistes inconditionnels pour qui toute référence à la culture, à la tradition et à la coutume renvoie à un univers coercitif. Le moteur dans la charte congolaise est l'attrait de l'universel et non plus l'exaltation du particulier comme c'est le cas dans la charte africaine des droits de l'homme et des peuples. Toutefois, cet attachement à ce qui est universel n'est pas total, intégral, inconditionnel, il tient compte de l'élément « peuple », le droit de peuple à l'auto-détermination. C'est pourquoi l'accent n'est pas mis sur la culture, la tradition ou la coutume mais sur le peuple, c'est-à-dire « peuple-Etat, peuple-nation ».

2. La deuxième caractéristique est la séparation de trois catégories des droits : droits civils et politiques, droits économiques, sociaux et culturels,

[460] Même source, pp. 9-10.

droits catégoriels (droits des personnes vulnérables et droits des minorités) contrairement à la charte africaine qui regroupe les trois catégories des droits en un seul.

3. La troisième caractéristique est l'actualisation et la contextualisation de la charte au regard de la situation de guerre d'agression et d'occupation d'une partie du territoire congolais par les troupes du Rwanda et de l'Ouganda, associées aux mouvements de rébellion. Cela se fait voir au travers de titre II consacré aux droits du peuple congolais. C'est ainsi que l'article 9 par exemple stipule : « le peuple congolais a le droit inaliénable et inviolable à la paix, à la sécurité et à l'intégrité de son territoire national dans le cadre de ses frontières issues de la colonisation et internationalement reconnues. En vertu de ce droit, le peuple congolais condamne et proscrit le recours à la force comme moyen de règlement des conflits tant à l'intérieur que dans les rapports entre Etats.
Nul n'est autorisé à prendre les armes contre la nation, ni à constituer des groupes pour ce faire. Tout acte contraire constitue une trahison punissable conformément à la loi.
Le Peuple congolais déclare que les actes d'agression, de conquête territoriale et de pillage économique et écologique, de révision des frontières nationales, de déportations des populations, de dévastations sont des crimes contre la paix et contre l'humanité. Il est un devoir moral et sacré pour le Peuple congolais de défendre sa patrie et ses richesses »[461].

4. La quatrième caractéristique est l'inversion de « sens négatif » du mot peuple qui fait valoir des « droits de groupe » dans la charte africaine en un « sens positif » qui fait valoir le droit inaliénable et inviolable à la démocratie et au respect des droits de l'homme dans la charte congolaise. En effet, les articles 11 et 12, pour ne citer que ces deux, stipulent respectivement ce qui suit : « le peuple congolais a un droit inaliénable et inviolable à la démocratie et à un régime politique représentatif de la majorité.
En vertu de ce droit, le Peuple congolais se choisit périodiquement ses dirigeants, soit directement soit indirectement, en termes des élections libres, transparentes et honnêtes, organisées régulièrement par un organe indépendant en vertu du principe ''un homme une voix'' et sans aucune discrimination » (article 11).
« Le peuple congolais déclare solennellement que la démocratie va de pair avec le multipartisme et la possibilité pour les électeurs de s'exprimer en faveur de l'alternance au pouvoir » (article 12).

5. La charte africaine met l'accent sur les devoirs envers la famille, la société et surtout l'Etat. Cela n'est pas tout à fait le cas dans la charte congolaise qui précise ce qui suit aux quatre articles consacrés aux devoirs dont trois à l'individu et un aux pouvoirs publics : « Tout congolais a le devoir de participer à un environnement sain et propice à son développement et à son

[461] Même source, article 9, pp. 14-15.

épanouissement. Il a le devoir de participer au développement de la santé publique (article 66) ».
« Tout congolais a le devoir de respecter et de considérer ses concitoyens sans discrimination aucune et entretenir avec eux des relations qui permettent de promouvoir, de sauvegarder et renforcer le respect et la tolérance réciproque. Il a, en outre, le devoir de préserver et de renforcer la solidarité sociale et nationale ; singulièrement lorsque celle-ci est menacée (article 67) ».
« Tout congolais a le devoir de jouir et de préserver le patrimoine commun de l'humanité (article 68) ».
« Les pouvoirs publics ont le devoir de collaborer avec les associations nationales privées qui contribuent au développement spirituel, moral, intellectuel, culturel et économique de la nation et à l'éducation des masses. Cette collaboration peut prendre la forme d'une assistance par des subventions octroyées dans les conditions prévues par la loi (article 69) ».
Il est évident qu'il s'agit là d'une autre manière de présenter les devoirs de l'individu. Cette manière n'est pas en contradiction avec la promotion et la protection des droits de l'homme.

6. La charte congolaise ne dit rien des droits de la femme. Aucune disposition spéciale ne lui est consacrée. Cependant, l'article 5 interdit toute mesure discriminatoire fondée sur le sexe en matière des droits et libertés.

Quels sont les mécanismes de promotion et de protection des droits de l'homme ?

3.5.4 Les mécanismes de promotion et de protection des droits de l'homme

Le titre VII décrit les mécanismes de promotion et de protection au regard des articles 70 à 74. L'article 70 de la charte congolaise institue une commission nationale des droits de l'homme et du peuple, CDHP en sigle, Cette commission est créée dans le but d'assurer le respect des droits et libertés reconnus dans la charte. Les autres articles traitent de l'organisation interne et du fonctionnement de la commission, de sa composition, de ses membres et de leur mandat, des chambres et greffe, de ses subdivisions provinciales, de la réception des requêtes individuelles et/ou collectives et des mesures de protection.

Cependant, il y a lieu de regretter que la charte congolaise n'ait pas décrit l'une de deux principales fonctions de la commission, à savoir la fonction de promotion des droits de l'homme. L'article 71 dit tout simplement : « La commission nationale des droits de l'homme et du peuple est compétente pour promouvoir et protéger les droits de l'homme en République Démocratique du Congo dans les limites de ses attributions ».

La charte congolaise des droits de l'homme et du peuple ne dit rien de ce qu'elle entend par « promouvoir les droits de l'homme ». En d'autres termes, elle ne dit rien de la mission précise de la commission en matière de promotion des droits de l'homme. La Charte africaine des droits de l'homme et des peuples est plus explicite à ce sujet au regard de son article 45.

Ce qu'il faut bien voir, c'est que le préambule de la Charte congolaise a une référence à Dieu.

3.5.5 La référence à Dieu dans le préambule de la Charte congolaise

Les rédacteurs de la Charte congolaise des droits de l'homme et du peuple font référence à Dieu dans le préambule de cet instrument. Par cette référence, ils adhèrent implicitement à la thèse soutenue par le conseil œcuménique des Eglises selon laquelle « les droits de l'homme sont données par Dieu et que leur promotion et protection sont essentielles à la liberté, à la justice et à la paix »[462]. Ces rédacteurs affirment dans le préambule ce qui suit : « fermement convaincus et conscients de notre responsabilité devant Dieu, la nation, l'Afrique et le monde ; engagés d'assurer la promotion et la protection des droits et des libertés fondamentaux de l'homme et du peuple en République Démocratique du Congo, compte tenu de l'importance primordiale traditionnellement attachée à la dignité de la personne humaine »[463]. Comme on le voit, les rédacteurs se réfèrent à Dieu d'une part, et sont conscients de leurs responsabilités devant Dieu, d'autre part. A travers eux, le peuple congolais qui a connu et qui connaît les rébellions et les guerres depuis l'accession du pays à l'indépendance jusqu'à ce jour, se rend compte de l'évidence de Dieu. On peut dire et même crier fort que Dieu n'existe pas, ce n'est pour autant que Dieu cesse d'exister. Les preuves ontologiques sont là pour démontrer l'existence de ce Dieu visible par ses hauts faits et invisible à l'œil nu. La guerre peut être une des preuves ontologiques de l'existence de Dieu depuis l'antiquité : la prise de Jéricho par Josué et les Hébreux, ... Qui pourrait s'imaginer que les Etats-Unis, première puissance mondiale puisse décréter une journée de jeûne et prière lors de sa guerre contre l'Irak ? La sagesse continue à parler au monde que Dieu est vivant, qu'on le veuille ou pas. La Bible nous parle de Joram, roi d'Israël, Josaphat, roi de Juda et le roi d'Edom qui se mirent en route pour combattre Mésha, roi de Moab qui se révolta contre le roi d'Israël. « Ils firent le parcours en sept jours, puis l'eau manqua aussi bien pour la troupe que pour les bêtes de somme qui suivaient. Le roi d'Israël dit : ''Ah ! Le Seigneur a certainement convoqué ces trois rois pour les livrer aux mains de Moab''. Josaphat dit ''N'y a-t-il pas ici de prophète du Seigneur, par qui nous puissions consulter le Seigneur ?'' » (2 Rois 3, 9-11).

La guerre peut être le moment le plus favorable où la sagesse s'adresse aux dirigeants de ce monde pour consulter Dieu, se tourner vers Lui, prier et jeûner, ... Le peuple congolais qui vit dans la psychose de la guerre a bien compris les paroles de la sagesse et a tiré des leçons en mentionnant le nom

---

462 Document final, Rassemblement Séoul, cité, p. 17.

463 République Démocratique du Congo, *Charte congolaise, Op. Cit.*, p. 10.

de Dieu dans la Charte des droits de l'homme en première place. N'est-il pas écrit dans Job : « la crainte du Seigneur, voilà la sagesse » (Job 28, 28).

En quoi les droits de l'homme constituent un fondement pour une culture de paix après la guerre ?

3.5.6 Les droits de l'homme comme fondement pour une culture de paix après la guerre

La première guerre panafricaine a pris fin avec le retrait des troupes étrangères. Cependant, on constate sur le terrain une violation massive des droits de l'homme surtout sur la partie du territoire jadis sous contrôle des rebelles. Le cas du « major Kasongo » à Bukavu est le plus éloquent[464]. La première préoccupation du gouvernement de transition dirigé par le président Joseph Kabila n'est plus de savoir comment répondre à la violence des agresseurs et leurs alliés, mais plutôt comment bâtir une culture de paix dans laquelle les droits de l'homme peuvent être respectés. Les droits de l'homme sont le fondement d'une paix juste et durable. L'Accord global et inclusif prévoit en lieu et place de la Commission nationale des droits de l'homme et du peuple, l'Observatoire national des droits de l'homme. C'est pourquoi cette institution d'appui à la démocratie doit être dotée le plus rapidement possible d'une loi organique garantissant son indépendance dans son rôle d'assurer la promotion et la protection des droits de l'homme. Il est impérieux que l'Observatoire national des droits de l'homme commence à fonctionner effectivement pour que le peuple congolais ne soit pas toujours privé de son droit de jouir des fruits de la paix. La mise en œuvre de la promotion et de la protection des droits de l'homme doit être considérée à la fois comme une contribution essentielle aux efforts de rétablissement d'un ordre de paix en société et comme un accès à une culture de paix.

---

[464] La découverte d'armes de guerre à la résidence du major Joseph *Kasongo,* un officier de l'ex rébellion pro-rwandaise du RCD a provoqué une recrudescence d'insécurité et de violation grave des droits de l'homme. Cet officier a été arrêté le 17 février 2004 sur ordre du général de brigade Prosper *Nabyolwa,* commandant de la 10ème région militaire. Il a été transféré quatre jours plus tard à Kinshasa pour être entendu par la Haute Cour militaire. « L'affaire Kasongo » a provoqué dans la nuit du 23 au 24 février 2004 des échanges de tirs entre la garde du général Nabyolwa (issu de l'ancienne armée gouvernementale et des militaires de l'ancienne rébellion RCD sous la conduite du colonel commandant second (issu de l'ex-rébellion RCD). Trois des gardes du corps du général ont été abattus et sa résidence complètement détruite. Le général vit dans la clandestinité sans signe de vie depuis cette nuit jusqu'au moment où écrivons (7 mars 2004). Des perquisitions ont été opérées par les militaires de l'ex-rébellion dans la ville de *Bukavu* pour retrouver le général. La population s'est soulevée le lundi 1er mars 2004. Des échauffourées se sont produites mettant aux prises population et « éléments armés » se réclamant encore du RCD. Sources www.africatime.com/rdc-AFP(fin février-05/03/2004) ; www.digitalcongo.net (fin février-03/03/2004) ; autres sites internet.

Conclusion

Sous les régimes du maréchal Mobutu et de M'Zee Kabila, l'absence d'institutions d'appui à la démocratie et aux droits de l'homme a été le grand handicap pour la promotion et la protection des droits de l'homme.

L'Amnesty international, Human Rights et autres, sans oublier dans un passé récent les ONG congolaises des droits de l'homme ont tenté de jouer d'une manière ou d'une autre, le rôle de régulateurs de violations massives des droits humains.

Cette absence d'institutions d'appui à la démocratie et aux droits de l'homme a entraîné des incidents éthiques au regard de la première affirmation du COE : « il faut rendre compte à Dieu de tout exercice du pouvoir ». L'analyse qui découle de cette affirmation permet de conclure que l'établissement d'un ordre légal national fondé sur les droits de l'homme est une nécessité pour tout régime politique congolais qui veut surmonter les structures de violence. Tout régime politique en RDC doit savoir que tôt ou tard, il aura des comptes à rendre à Dieu, à l'histoire et au peuple des actes qu'il pose et de tout son exercice du pouvoir.

L'accession au pouvoir du général major Joseph Kabila suite à l'assassinat de son père M'Zee Kabila apporte quelques changements dans la politique générale du pays. Parmi ces changements, on peut citer : l'élaboration d'une charte congolaise des droits de l'homme et du peuple, la relance du dialogue intercongolais et la signature de l'Accord global et inclusif, l'avènement de l'espace présidentiel avec sa formule 1+4, la mise en œuvre de cinq institutions d'appui à la démocratie à côté d'institutions traditionnelles... Le retrait des troupes étrangères du territoire congolais et l'appui de la communauté internationale et des institutions financières internationales viennent allonger la liste de ces changements.

Enfin, les droits de l'homme se révèlent comme étant le fondement possible pour bâtir une culture de paix, une paix juste et durable au Congo démocratique après la guerre dite « panafricaine ».

Sur ce, je peux aborder le chapitre suivant consacré aux Organisations non gouvernementales (ONG) des droits de l'homme au Congo.

Chapitre VIII.
Les organisations non gouvernementales (ONG) des droits de l'homme du Congo

Dans ce chapitre, j'aborde quatre points essentiels, à savoir : les généralités, la réunion d'Anvers ou la grande réalisation des ONG des droits de l'homme du Congo au nom de la société civile congolaise, Ludo Martens et les conclusions de la réunion d'Anvers, enfin les ONG et la promotion des droits de l'homme.

1. Généralités

La période qui a suivi le 24 avril 1990 avec le mémorable discours du maréchal Mobutu annonçant la mort du parti unique et l'avènement de la démocratie a vu naître beaucoup d'ONG des droits de l'homme et de développement.

Les ONG des droits de l'homme sont créées dans le but de contribuer au changement de la situation des droits de l'homme notamment par la dénonciation des violations des droits humains, l'information de la population sur ses droits et ses libertés fondamentales, la formation des activistes des droits de l'homme et les animateurs du mouvement démocratique. D'autres ONG à caractère purement féminin ont également vu le jour pour la promotion des droits des femmes. Elles sont regroupées dans une organisation dénommée Union nationale des femmes (UNAF), une plate-forme des femmes qui vise « plus des droits pour les femmes congolaises »[465]. Nous y reviendrons au point 4.

Les ONG des droits de l'homme sont implantées sur toute l'étendue du territoire congolais. Elles agissent soit d'une manière singulière soit d'une manière concertée. La plus grande action concertée est la tenue à Anvers d'une grande réunion en vue de trouver des voies et moyens pouvant faire sortir le

---

[465] M.A. LUKIANA Mufwankolo, *La promotion des droits des femmes : une stratégie pour la paix en République démocratique du Congo,* Actes du Forum des femmes, Kinshasa, UNAF, du 28 au 31 août 2000, publications de l'Institut pour la démocratie et le leadership politique, 2000, p. 5

pays de la situation de crise et de chaos suite à l'occupation de la moitié du territoire par les troupes d'agression rwando-ougandaise et leurs alliés, les rebelles congolais. Pourquoi les ONG des droits de l'homme du Congo ont-elles préféré se réunir au nom de la société civile congolaise à Anvers ? Quelles sont les conclusions de cette réunion ?

2. La réunion d'Anvers ou l'appel à la paix

Les ONG de la société civile congolaise ont organisé du 5 au 7 novembre 1998 un atelier de réflexion au Centre catholique « *Nganda* » pour un examen de la dimension politique de la crise et des violations des droits de l'homme qui résultent de la guerre d'agression - rébellion éclatée le 2 août 1998. En effet, après la guerre de l'AFDL menée par M'Zee Laurent-Désiré Kabila contre le régime du maréchal Mobutu, on assiste à une autre guerre contre M'Zee Kabila par les mêmes pays qui l'ont soutenu pour renverser Mobutu. Cette deuxième guerre est beaucoup plus meurtrière que la première. Elle est qualifiée de première guerre panafricaine du fait de l'implication de six pays : trois pays agresseurs, le Rwanda, l'Ouganda et le Burundi (qui a toujours nié sa participation malgré sa présence évidente sur le territoire congolais) d'un côté, de l'autre, trois pays venus au secours du gouvernement de M'Zee Kabila, l'Angola, le Zimbabwe et la Namibie.

La rencontre de *Nganda* a permis aux ONG de la société civile de lancer le programme dénommé « Campagne nationale pour la paix en République Démocratique du Congo ». En effet, elles ont décidé de cesser d'assister, sans rien faire, aux massacres des femmes, aux violations massives des droits de l'homme, au désengagement total de l'occident de la crise armée entraînant les souffrances atroces du peuple congolais. C'est pourquoi elles ont créé une structure de coordination de la « Campagne nationale pour la paix en République Démocratique du Congo ». Elles ont chargé le secrétaire exécutif désigné en la personne de M. Hamuli Kabarhuza de procéder à la recherche de fonds auprès des ONG internationales pour la tenue d'une réunion regroupant les membres de la société civile en provenance des territoires sous contrôle gouvernemental et des rebelles. Cette réunion qui permettra à la société civile dans son ensemble de réfléchir sur la contribution qu'elle entend apporter dans les efforts pour mettre fin à la guerre qui déchire le pays ne peut se tenir qu'à l'extérieur du pays afin de permettre aux uns et autres de rejoindre le lieu de la rencontre sans accroc.

L'Institut de politique et de gestion du développement de l'Université d'Anvers en Belgique a répondu positivement à la demande de la société civile congolaise pour que la réunion en question se tienne dans ses installations. C'est ainsi que la société civile congolaise avec l'appui de l'Institut de politique et de gestion du développement a organisé, du 12 au 16 janvier à Anvers, un atelier de réflexion sur la paix en République Démocratique du Congo. Cette rencontre a regroupé les représentants de la société civile congolaise sous l'occupation rebelle, sous contrôle gouvernemental, deux ministres du gouvernement rebelle RCD, et enfin quelques représentants de la diaspora congolaise. Les représentants du gouvernement congolais dirigé par M'Zee Kabila n'ont pas répondu à l'invitation du Comité de coordination de la Campagne nationale pour la paix en République Démocratique du Congo et le secrétariat technique de la société civile congolaise.

La société civile congolaise réunie à Anvers a relevé après réflexion des causes structurelles et conjoncturelles, internes et externes. Un consensus s'est dégagé autour de cinq causes suivantes : « La question de la sécurité aux frontières entre le Rwanda, le Burundi, l'Ouganda et l'Est du Congo ; l'absence de démocratie dans les pays de la sous-région : les pouvoirs en place dans les pays des Grands-Lacs (Rwanda, Burundi, Ouganda et Congo) sont issus de *putschs* militaires et sanglants ainsi que des guerres qui donnent lieu à l'exclusion des autres forces politiques, la faiblesse de l'Etat congolais, la question de la nationalité des populations *tutsi* congolaises, le rôle déstabilisateur de l'extérieur[466].

Ce rôle déstabilisateur de l'extérieur s'explique par le fait que des sociétés étrangères et des Etats prennent des engagements et signent des contrats d'exploitation minière avec les mouvements rebelles, ce qui constitue une preuve visible de l'intérêt et du rôle des lobbies extérieurs dans les conflits qui déchirent la sous-région des Grands-Lacs. La convoitise des « vautours » à l'égard des ressources et potentialités du Congo explique les moyens « machiavéliques » utilisés pour accéder et s'approprier par le vol et le pillage les richesses du Congo, peu importent les dégâts sur la population congolaise.

Après analyse et débat, la société civile congolaise a estimé que la solution à la crise congolaise passerait par les voies suivantes : le renforcement de l'Etat congolais, la promotion de la démocratie dans la sous-région, dans l'immédiat, la société civile en appelle vivement à la fin immédiate de la guerre en République Démocratique du Congo. Elle appelle de tous ses vœux l'aide de la communauté internationale. Elle propose un plan de paix en cinq points à savoir :

1. « un accord politique entre les belligérants pour mettre fin à la guerre ;
2. « un cessez-le-feu ;
3. « le déplacement d'une force internationale d'interposition ;
4. « le retrait de toutes les forces étrangères sous la supervision de l'ONU ;
5. « le dialogue politique entre congolais dans le cadre d'une table ronde réunissant : les représentants du gouvernement, les représentants de la rébellion, les représentants des partis politiques majeurs, les représentants de quatre grandes confessions religieuses, les représentants des composantes de la société civile »[467].

---

466 Nous avons personnellement pris part à cette rencontre en qualité de Président des Commissions Justice et Paix catholique, protestante, kimbanguiste et orthodoxe en République Démocratique du Congo. Nous détenons le document final inédit sanctionnant les conclusions de la rencontre d'Anvers.

467 Document final inédit cité ; cf. aussi Ludo Martens, *Op. Cit.*, pp. 496-497.

Un programme de *« lobbying »* à travers les grandes capitales d'Europe, d'Amérique et d'Afrique est élaboré et mis à exécution à l'issue de cette rencontre de grande importance pour la paix au Congo. Ce programme constitue un engagement ferme de la société civile congolaise pour mener une campagne en direction de la communauté internationale et plus précisément des grandes puissances occidentales susceptibles de jouer un rôle majeur dans le règlement de la crise.

Ce programme de *lobbying* a porté du fruit. Le Conseil de sécurité des Nations Unies ayant été sensibilisé a pris, en date du 9 avril 1999, la résolution 1234 demandant aux parties en conflit en République Démocratique du Congo de procéder à un protocole d'accord mettant fin à la guerre. L'accord de Lusaka procède de cette résolution 1234. En effet, en date du 10 juillet 1999 est signé à Lusaka (Zambie) un accord pour un cessez-le-feu en République Démocratique du Congo entre les belligérants[468]. La société civile congolaise n'est pas signataire de cet accord. Cependant, le plan de paix adopté à Lusaka est celui initié à l'issue de la rencontre d'Anvers. J' y reviendrai au point suivant.

3. Ludo Martens et les conclusions de la rencontre d'Anvers

Tout congolais apprécie à juste titre tous ceux qui, de près ou de loin, contribuent à l'établissement de la paix et au développement de la République Démocratique du Congo par leurs idées, leurs écrits, leurs financements ou investissements et leurs interventions comme le cas de la France en Ituri-Bunia au nom de l'Union européenne.

En publiant son ouvrage intitulé « Kabila et la révolution congolaise : panafricanisme ou néocolonialisme ? », Ludo Martens montre combien il s'intéresse à notre pays, la République Démocratique du Congo. Les congolais lui sont infiniment reconnaissants. Dans son ouvrage précité, il consacre quelques pages à la société civile congolaise, ce qui est fort intéressant pour ceux qui militent au sein de la société civile. Son analyse au sujet de la rencontre d'Anvers où j'étais présent suscite un débat d'idées. Nous partageons avec lui les éloges qu'il fait au sujet de cette rencontre en ces termes : « A la mi-janvier 1999, une réunion de la société civile congolaise a été organisée à Anvers, en Belgique. Plusieurs points de vue valables et même anti-impérialistes y ont été exprimés par des congolais »[469]. Il ressort clairement de ce texte que les membres de la société civile ont exprimé des points de vue que Ludo trouve « valables et même anti-impérialistes ». La suite du texte est

[468] Sont signataires de cet accord : la République d'Angola, la République Démocratique du Congo, la République de la Namibie, la République du Rwanda, la République d'Ouganda, la République du Zimbabwe, le Rassemblement congolais pour la démocratie (RCD), le Mouvement pour la libération du Congo (MLC). Sont témoins : la République de Zambie, l'Organisation de l'unité africaine (OUA), l'Organisation des Nations Unies (ONU) et la Communauté pour le développement de l'Afrique australe.

[469] Ludo MARTENS, *Op. Cit., p.* 496.

controversée. Il qualifie, d'un côté, les membres de la société civile congolaise des nationalistes, de l'autre, ils sont pour lui « des nationalistes que l'occident veut reconvertir en agents de l'impérialisme »[470]. A côté de l'éloge, Ludo ajoute des propos qui frisent l'injure. Il ne s'arrête pas là. Il qualifie « le plan de paix en cinq points » adopté à l'issue de la rencontre d'Anvers de trois-manières perverses :

1. Il le traite de « ce soi-disant ''plan de paix'' »[471] ;
2. Il affirme que ce plan « est une reprise intégrale du programme des agresseurs et des rebelles »[472] ;
3. Pour lui, « il n'y a pas le moindre doute que les puissances impérialistes financent la ''société civile'' pour qu'elle adopte les plans de paix qu'elles lui dictent. Tout indique que c'est l'impérialisme américain qui tirait les ficelles de la rencontre d'Anvers »[473].

Commençons par la première « perversion ». Un plan de paix qui vise la cessation de l'état de guerre a pour fondement « l'indésirabilité de la guerre ». Léonard W. Doob écrit à ce sujet ce qui suit : « on n'a aucune peine à trouver chez les philosophes classiques grecs et chinois, les papes et les souverains européens du XVIème siècle, les psychologues, psychiatres, juristes et bien sûr les pacifistes des témoignages sur l'horreur qu'inspire la guerre aux hommes de bien. Les arguments contre la guerre coulent de source et sont symbolisés par les destructions, mort, innocence, gaspillage, souffrance, cruauté, atrocité, haine. Un penchant à tuer engendré par la guerre, peut se répercuter dans la vie civile et avoir pour résultat une facilité accrue à commettre ou tolérer la violence »[474].

Les membres de la société civile congolaise sont des pacifistes, des « hommes de bien » qui ont horreur de la guerre et du « penchant à tuer engendré par la guerre ». Ils sont conscients que ce penchant à tuer peut développer une « culture de la violence » dans la vie civile aux conséquences multiples. C'est pourquoi la guerre est indésirable pour eux.

Le plan de paix de la société civile congolaise est simple et ne cherche pas à impressionner et encore moins à imposer ce que Ludo Martens suggère comme ajouts ou déclare comme omission[475]. Son analyse du plan de paix et

---

[470] *Ibid.*, p. 467.
[471] *Ibid.*, p. 497
[472] *Ibid.*, p. 496
[473] *Ibid.*, p. 497
[474] L.W. DOOB, *Op. Cit.*, p. 21.
[475] Pour Ludo MARTENS, « Ce soi-disant ''plan de paix'' ne dit pas un mot sur la guerre d'agression dont le Congo est victime. Il met sur le même pied les pays agresseurs et les pays qui ont volé au secours du Congo agressé. Il n'exige pas le retrait immédiat et inconditionnel de toutes les troupes d'agression. Il n'exige pas réparation pour les destructions et les pillages par les agresseurs et rebelles. Il ne dit rien sur le rôle de l'impérialisme américain qui dirige, arme et aide les agresseurs rwandais et ougandais. Il met le Congo sous la tutelle de ce même impérialisme américain : c'est ce dernier qui contrôle l'ONU et qui contrôlera la « force d'interposition », p. 497.

des conséquences inhérentes à la première guerre africaine est superficielle. Il ne tient pas compte de pertes énormes en vies humaines, des massacres quasi permanents de la population, des viols, séquestrations et tueries des femmes, des enrôlements forcés des enfants soldats, des fermetures des écoles, des violations massives des droits de l'homme, de l'interdiction de tous programmes ou travaux civils pour le développement. Michel Rocard écrit à ce sujet : « personne ne discute cette évidence : la paix et la sécurité sont de loin les premières conditions du développement »[476]. La société civile consciente de ses responsabilités sait qu'aussi longtemps que la guerre dure, la situation du pays ira toujours de mal en pis. D'où, son obligation de chercher les voies et moyens pour la cessation des hostilités.

Le plan de paix de la société civile s'inscrit dans la voie de non-violence ou du refus d'imiter la violence des violents comme l'a écrit Jean-Marie Muller :

> « Pour briser le ressort de la violence meurtrière, la non-violence veut inventer un autre comportement que celui qui consiste à faire violence aux violents. Choisir la non-violence, c'est refuser d'imiter la violence des violents par une réaction symétrique qui crée un engrenage dans lequel les adversaires se trouvent enfermés dans une spirale de violence. L'homme violent est la première victime de sa propre violence et la visée de la non-violence est de le protéger contre lui-même. ''L'homme et ses actes, écrit Gandhi, sont deux choses distinctes. Alors qu'une bonne action doit appeler l'approbation, et une mauvaise, la réprobation, le fauteur de l'acte, qu'il soit bon ou mauvais, mérite toujours respect ou pitié selon le cas. [...] S'opposer à un système, l'attaquer, c'est bien ; mais s'opposer à son auteur et l'attaquer, cela revient à s'opposer à soi-même, à devenir son propre assaillant''. S'il convient d'être bon envers celui qui commet le mal et de lui pardonner, ce n'est pas parce qu'il n'est pas responsable, mais parce qu'il est malheureux »[477].

Dans ce cadre de la non-violence, le plan de paix vise « la suspension plus ou moins durable de modes violents de rivalité entre entités politiques »[478] et de permettre la négociation entre les parties en conflit. La guerre-paix n'est pas un phénomène individuel, mais collectif. La volonté d'un seul belligérant ne suffit pas pour la paix encore moins la volonté de la société civile qui n'est pas partie prenante à la guerre. Ce sont les belligérants qui doivent négocier un plan de paix plus ou moins définitif. La société civile a tenu compte de cet élément important. Son plan de paix était susceptible de modification par les belligérants d'autant plus que le gouvernement invité à la réunion d'Anvers brillait par son absence alors que les rebelles étaient bien représentés.

---

[476] M. ROCARD, *Pour une autre Afrique, Op. Cit.*, p. 37

[477] J.M. MULLER, *Le courage de la non-violence, Op. Cit.*, pp. 187-188 ; GANDHI, *Autobiographie*, p. 348.

[478] L.W. DOOB, *Op. Cit.*, p. 23.

A propos du plan de paix de la société civile qui « met le Congo sous la tutelle de ce même impérialisme américain ; c'est ce dernier qui contrôle l'ONU et qui contrôlera la ''force d'interposition'' »[479], Ludo ne présente pas l'alternative. L'idée qu'il avance est « belle » mais il ne propose pas une solution de remplacement. Dans le monde d'aujourd'hui, Ludo peut-il citer une seule organisation mondiale qui peut maintenir la paix quelque part au monde en dehors de l'ONU ? Malgré ses faiblesses, l'ONU reste incontournable actuellement pour le maintien de la paix. Doob écrit :

> « le maintien de la paix (par les Nations unies) peut donc être considéré comme un équivalent de la sécurité collective qui permet de progresser d'un pas vers l'établissement ou la construction de la paix : il impose un cessez-le-feu, fournissant ainsi aux parties belligérantes l'occasion de vider ou de tenter de vider leur querelle par la négociation. Bref, on peut voir en lui l'allié naturel de la diplomatie, puisqu'il permet aux démarches diplomatiques normales de commencer, de continuer ou de reprendre. Le Conseil de sécurité des Nations Unies s'est efforcé d'imposer ses décisions concernant certains conflits en cours portés à son ordre du jour, en envoyant dans la zone en question des observateurs, des représentants personnels du secrétaire général, des médiateurs, des forces de police et surtout des forces militaires. Les parties au différend - que les collaborateurs du secrétaire général appellent souvent le ou les pays hôtes - doivent cependant presque toujours consentir, préalablement, à recevoir une force chargée de maintenir la paix, composée de troupes et d'autres envoyés des gouvernements qui ont offert leurs services. Cette façon de procéder a été suivie, même dans la situation de chaos qui régnait au Congo en 1960, lorsque le premier ministre, M. Lumumba, a demandé aux Nations Unies de l'aider à rétablir la loi et l'ordre dans son pays »[480].

Il ressort clairement de ce texte que même si le plan de paix de la société civile congolaise prévoit l'intervention de l'ONU dans la résolution du conflit, cette intervention ne peut se faire qu'avec le consentement du gouvernement congolais. Dans ce cas, la critique formulée par Ludo à l'égard de la société civile est sans fondement. En outre, si le premier ministre Lumumba, le « père » du nationalisme congolais n'a pas hésité un seul instant à inviter l'ONU en 1960, nous ne voyons pas pourquoi la société civile ne ferait pas mention de l'intervention de l'ONU dans son plan de paix.

Concernant la deuxième perversion : « le plan de paix est une reprise intégrale du programme des agresseurs et des rebelles ». Il s'agit d'une confusion entretenue d'une manière consciente 0u inconsciente. Nous avons déjà dit que les rebelles ont répondu positivement à l'invitation de la société civile à Anvers, Aucun membre du gouvernement congolais, bien qu'invité,

---

[479] Cf. Note 11.

[480] L.W. DOOB, *Op. Cit.*, pp. 267-268.

n'y était. Le gouvernement a préféré appliquer la politique de chaise vide qui, malheureusement, ne paie pas. Il pouvait par sa présence influencer d'une manière ou d'une autre le cours du débat. Les rebelles sont venus à la réunion d'Anvers sans plan. Ils sont rentrés avec le plan de paix d'Anvers. La logique des choses a voulu que lors de leur rencontre à Lusaka avec le gouvernement, ils présentent ce qu'ils avaient, c'est-à-dire le plan de paix en cinq points d'Anvers. La confusion vient du fait que Ludo présente les choses autrement comme si c'étaient les rebelles qui ont apporté un plan de paix à Anvers pour soumettre à l'approbation de la société civile qui finalement l'a adopté. Ce n'est pas le cas. Les rebelles sont venus pauvres en tout, sans plan de paix, ils sont rentrés enrichis d'un plan. Pourquoi alors entretenir une « sale » confusion dans les esprits des gens de bien ? A qui profite cette confusion ?

Pour ce qui est de la troisième perversion : « Il n'y a pas le moindre doute que les puissances impérialistes financent la ''société civile'' pour qu'elle adopte les ''plans de paix'' qu'elles lui dictent ». Ce n'est pas un secret que les ONG congolaises vivent des financements des ONG internationales. La réunion d'Anvers a été financée par l'Institut de politique et de gestion du développement de l'Université d'Anvers en Belgique et par quelques ONG internationales. Il est également connu, que les gouvernements africains en général et le gouvernement congolais en particulier vivent des financements des institutions internationales et des gouvernements occidentaux. Dès lors, pourquoi Ludo reproche-t-il à la société civile de recevoir des financements des ONG internationales sans toutefois adresser un moindre reproche au gouvernement qui en reçoit mêmement ? Pourquoi parle-t-il des puissances impérialistes qui financent en lieu et place des ONG internationales ? Pourquoi cette intention manifeste de nuire à la réputation de la société civile congolaise ? A qui profite cette campagne de dénigrement orchestrée à l'endroit de la société civile ?

Le plan de paix n'a pas été dicté par les américains comme Ludo laisse entendre. Il est le résultat d'un débat houleux entre les membres de la société civile congolaise et ses fils de la diaspora venus de l'Europe et de l'Amérique.

La réunion d'Anvers est et reste la grande réalisation des ONG des droits de l'homme du Congo au nom de la société civile congolaise pendant la première guerre africaine. Elle a permis de lancer le processus de rétablissement de paix qui, jusque-là, était inexistant en République Démocratique du Congo. Son plan de paix a le mérite d'avoir servi de cadre de référence pour la négociation à Lusaka.

4. Les réalisations des ONG des droits de l'homme

Les ONG des droits de l'homme organisent assez régulièrement, grâce aux financements qu'elles perçoivent de la part des ONG internationales, des séminaires-ateliers, des séminaires de formation, des réunions de réflexion, d'échanges, d'évaluation, des enquêtes, des campagnes de sensibilisation et d'éducation à la démocratie et aux droits de l'homme. Par ces actions, elles contribuent à la promotion et à la protection des droits de l'homme dans la société congolaise. Nous pouvons analyser trois rencontres publiées qui constituent un échantillon représentatif de toutes les actions menées par les ONG des droits de l'homme.

4.1 Forum national des organisations non gouvernementales des droits de l'homme de la République Démocratique du Congo[481]

Le Forum national des ONG congolaises des droits de l'homme a eu lieu à Kinshasa du lundi 21 au samedi 26 août 2000. Le thème général de ce forum a été : « la capitalisation des acquis des forums antérieurs des ONG des droits de l'homme pour la matérialisation du Plan d'action national de promotion et de protection des droits de l'homme et la lutte contre l'impunité en République Démocratique du Congo »[482].

Ce forum se tient au moment où le pays est confronté à une guerre d'agression-rébellion déclenchée le 2 août 1998. Cette guerre ne cesse d'occasionner toutes sortes des violations massives des droits de l'homme à travers le pays. L'organisation de ce forum est d'une importance capitale car elle permet de faire « un état des lieux » des résolutions prises lors des assises précédentes, notamment les résolutions issues du premier forum national organisé en juin 1996 et celles du deuxième forum national tenu en décembre 1997 sur invitation du Bureau du Haut-Commissariat des Nations Unies aux droits de l'homme installé à Kinshasa.

Le forum s'est fixé des objectifs globaux et spécifiques. Il a retenu comme objectifs globaux ce qui suit :

- « capitaliser les acquis des forums antérieurs des ONG-DH pour la matérialisation du Plan national de promotion et de protection des droits de l'homme (PNPP DH) ;
- dégager les stratégies efficaces de lutte contre l'impunité en République démocratique du Congo ;
- renforcer les capacités des ONG des droits de l'homme »[483].

Parmi les objectifs spécifiques, on peut citer deux :

- « faire une analyse critique de l'action des ONG des droits de l'homme de la République démocratique du Congo depuis janvier 1998 ;
- mettre sur pied une coordination pour les actions concertées »[484].

Le forum a connu une forte participation de soixante-six participants, vingt observateurs, deux invités extérieurs, neuf intervenants, un modérateur, un médecin et une équipe d'appoint estimée à dix membres. Ces participants sont venus de Kinshasa, des provinces et de l'étranger comme on peut le constater sur la liste constituant l'annexe.

---

[481] RENADHOC, *Rapport général du Forum national des ONG des droits de l'homme de la République démocratique du Congo,* publié avec le concours de l'agence intergouvernementale de la Francophonie, Kinshasa, Edition Renadhoc, 2000.
[482] *Ibid.* p. 9.
[483] *Ibid.*, p. 10.
[484] *Ibid.*

L'allocution prononcée par Monsieur Frej Fenniche, Directeur du Bureau sur terrain en République Démocratique du Congo, du Haut-Commissariat des Nations Unies aux droits de l'homme à l'ouverture du Forum national contient des passages qui permettent d'une part, de juger du sérieux ou non des ONG congolaises des droits de l'homme et d'autre part, d'avoir une idée sur l'appréciation réservée aux ONG congolaises par les instances internationales. Nous reprenons un passage intéressant de ce discours : « Je voudrais aussi vous transmettre les salutations de madame Mary Robinson, Haut-Commissaire des Nations Unies aux droits de l'homme, ses engagements et son soutien à votre action et à votre initiative. Permettez-moi de vous transmettre également les salutations de son Excellence l'ambassadeur Kamel Morjane, représentant spécial du Secrétaire général de l'ONU en République démocratique du Congo et chef de la MONUC. Je me joins à eux pour remercier de tout cœur les organisateurs pour avoir associé le bureau du Haut-Commissariat des Nations Unies aux droits de l'homme en République démocratique du Congo à l'organisation de ce forum qui, pour nous, constitue un événement exceptionnel et une preuve concrète de la maturité des ONG congolaises et l'engagement du mouvement associatif en faveur de la défense, de la protection et de la promotion des droits de l'homme en République démocratique du Congo. Permettez-moi, en votre nom, de souhaiter la bienvenue à l'ami du Congo, monsieur Roberto Garreton, et de lui souhaiter plein succès dans sa mission. Convaincu du rôle très important que joue la société civile et plus particulièrement les ONG des droits de l'homme dans le processus du changement démocratique et dans le respect total de l'indépendance des associations de son propre mandant, le Haut-Commissariat des Nations Unies aux droits de l'homme, avec l'appui de la section des droits de l'homme de la MONUC, n'a pas hésité un seul instant pour soutenir la tenue de ce forum et pour apporter son appui moral et matériel à cette initiative, d'autant plus qu'elle s'inscrit dans la droite ligne de la stratégie développée depuis 1997 pour l'élaboration et la mise en œuvre du Plan d'Action national de protection et de promotion des droits de l'homme en République démocratique du Congo. Elles constituent également une preuve supplémentaire de la volonté manifeste des ONG des droits de l'homme à rechercher des solutions devant favoriser l'émergence et la consolidation d'un État de droit dont les fondements, convient-il de le rappeler, reposent essentiellement sur une justice indépendante et impartiale, une société autonome et dynamique, une presse réellement libre et responsable »[485].

Il ressort de cet extrait du discours de Monsieur Frej Fenniche des considérations suivantes :

- Il qualifie ce forum d'un événement exceptionnel, c'est-à-dire qui est hors de l'ordinaire. Cela est vrai surtout si l'on considère que ce forum se tient pendant que le pays est en guerre.

---

485 *Ibid.*, p. 49.

- Il trouve en ce forum non seulement « une preuve concrète » de la maturité des ONG congolaises mais encore « l'engagement du mouvement associatif en faveur de la défense, de la protection et de la promotion des droits de l'homme en République démocratique du Congo ». Deux mots clés d'une importance non moins négligeable résument son appréciation positive sur les ONG congolaises à savoir la maturité et l'engagement.
- La présence remarquable à cette rencontre de Monsieur Roberto Garreton, rapporteur spécial des Nations Unies sur la situation des droits de l'homme en République démocratique du Congo montre à suffisance le sérieux, l'importance et le caractère exceptionnel de ce forum.
- Il est convaincu « du rôle très important » de la société civile et plus précisément des ONG des droits de l'homme dans le processus du changement démocratique, d'un côté et de l'autre, « dans le respect total de l'indépendance des associations ». Sa conviction n'est pas fortuite. Elle est le produit d'un constat sur le terrain du travail réel réalisé par la société civile dans son ensemble et par les ONG des droits de l'homme en particulier.
- Enfin, il trouve que la tenue de ce forum est une autre preuve et pas la moindre de la volonté évidente des ONG des droits de l'homme en perpétuelle recherche de l'émergence et de la consolidation d'un État de droit.

Ces propos prononcés par Monsieur Frej Fenniche témoignent du rôle de premier plan joué par les ONG congolaises des droits de l'homme pour la promotion et la protection des droits humains dans la société congolaise.

4.1.1 Etat des lieux des droits de l'homme en République démocratique du Congo

Le forum national a servi de cadre aux ONG des droits de l'homme de se rencontrer, d'évaluer la situation des droits de l'homme en République démocratique du Congo et surtout de réfléchir, entre autres questions, sur la persistance et l'aggravation des violations des droits de l'homme pour la période de janvier 1998 à juillet 2000.

Après audition des communications des provinces et de différents rapports de toutes les organisations présentes à ce forum, les ONG des droits de l'homme ont dressé un état des lieux qui retrace les grandes lignes suivantes :

- « les restrictions de la libéralisation des partis politiques ;
- les arrestations arbitraires et les détentions illégales ;
- les harcèlements des journalistes et défenseurs des droits de l'homme, en violation de la résolution de l'Assemblée générale des Nations Unies n°53/144 du 8 décembre 2000 ainsi que de la résolution de la 56ème Session de la Commission des droits de l'homme des Nations Unies n°2000/61 du 26 avril 2000 portant sur la protection des défenseurs des droits de l'homme ;

 la torture, la mauvaise administration de la justice, l'impunité, les massacres à grande échelle des populations civiles par des armées étrangères d'occupation, etc. »[486]

Etant donné qu'une partie du territoire congolais est occupée par les troupes d'agression et les rebelles, le forum national tient compte de cet élément et présente la situation des droits de l'homme en deux parties :

a) Le territoire sous contrôle du gouvernement

Les communications faites par les représentants des provinces de même que les rapports des ONG signalent plusieurs violations des droits de l'homme dans la partie du territoire sous contrôle gouvernemental. Ces violations sont regroupées en treize rubriques : droit à la vie, privation arbitraire de la vie par abus de pouvoir jouissant de l'impunité, mort sous la torture, droit à l'intégrité physique et psychologique, droit à l'égalité et à la non discrimination, droits à la sécurité personnelle et des biens, droit à la liberté individuelle, situation des prisons, droit d'entrer dans son propre pays et de le quitter, droit à un procès équitable, droits à la liberté d'expression et d'opinion, droits économiques et sociaux, la situation de la femme, la situation de l'enfant et, enfin, la violation du droit international humanitaire.

Je ne peux pas analyser les treize rubriques ; nous nous limitons à dire quelques mots sur trois rubriques, à savoir : droit à la vie, droits à la liberté d'expression et d'opinion et la situation de la femme.

Le forum résume la situation des violations du droit à la vie comme suit : « le constat le plus significatif concerne l'augmentation des peines de mort prononcées à l'endroit tant des hommes en uniformes que des civils, y compris des femmes et des enfants. Cent trente-sept personnes, dont quatre femmes, ont été exécutées au courant des années 1998-2000, sur les deux cent quatre-vingt-seize condamnées à mort enregistrées. A titre exemplatif, le 28 juillet 1999, onze personnes ont été exécutées publiquement devant des autorités politiques et militaires à Mbuji-Mayi, province du Kasaï-Oriental, après avoir été condamnées par la Cour d'Ordre militaire (COM), siégeant en matière répressive ». Il est à noter que, contrairement aux engagements du gouvernement vis-à-vis des Nations Unies, plusieurs condamnations à mort ont été prononcées pour des crimes économiques 0u non violents. Il s'agit notamment, de cinq condamnés à la peine capitale à Kinshasa, le 19 octobre 1999, ainsi que des sujets libanais condamnés récemment à mort pour des crimes économiques par la même Cour d'Ordre militaire de Kinshasa. Il s'agit également de cinq personnes condamnées à mort pour détournement de solde et de deux autres pour détention de faux billets de cent dollars (toujours sous l'incrimination de ‘’trahison’’). A ce sombre tableau il y a lieu d'ajouter le cas de disparition forcée ; il s'agit des officiers des Forces armées congolaises originaires du territoire de Fizi, province du sud-est Kivu, portés disparus

[486] *Ibid.*, p. 102.

depuis 1998. Il s'agit des commandants Kamimbi Zaboloni, Kabasele Ngoy, Kapela Ngoy, Nondo Kilongo, Mayele et Kipenzi, partis de Kinshasa pour Lubumbashi le 2 septembre 1998. Depuis lors, leurs familles sont sans leurs nouvelles, malgré les recherches effectuées dans tous les cachots et prisons du Katanga »[487].

J'ai dit plus haut que le droit à la vie est le fondement des droits de l'homme. Car sans la vie, l'existence humaine est compromise, si pas nulle, entraînant par la même occasion l'inexistence du sujet de droit. Nous avons dit également que l'Etat congolais a l'obligation de protéger tout individu des atteintes à la vie. La violation du droit à la vie décrite par le forum montre que ce sont les organes, les services et agents de l'Etat qui sont les violateurs. On comprend par-là que l'Etat congolais a manqué de son obligation conformément aux dispositions de la Déclaration universelle des droits de l'homme et de la Charte africaine des droits de l'homme et des peuples.

Quant à la situation des violations des droits à la liberté d'expression et d'opinion, le Forum la présente en ces termes : « Dans son ensemble, les violations des libertés d'expression et d'opinion ont augmenté de 15% par rapport à 1997. Les partis politiques les plus matraqués sont le PALU (100 arrestations identifiées en 1999) et l'UDPS (35 arrestations en 1999). A ce triste palmarès, les journaux indépendants les plus harcelés sont « Le Potentiel » (8 arrestations), « Référence Plus » (7 arrestations), « Alerte » (5 arrestations), « Avant-garde » (4 arrestations), « Solidarité » (3 arrestations), « Libre Afrique » (3 arrestations). Les autres sont amenés à s'autocensurer. Les ONG les plus harcelées ont été « La voix des sans voix », « L'ASADHO », « Le Collectif CNONGD » à qui le pouvoir a empêché d'organiser des rencontres au temps prévu. Dans le domaine des syndicats, ceux de la presse sont les plus concernés, notamment ceux de la Radio-télévision nationale congolaise (RTNC), de l'Agence congolaise de presse (ACP) et de la RENATELSAT, tandis que ceux de la fonction publique œuvrent sous une menace constante. De surcroît, les décrets 194 et 195, respectivement sur les partis politiques et les associations sans but lucratif, n'ont pas du tout contribué à libérer ou à organiser rationnellement ces domaines. Les restrictions administratives sont telles que seuls les partis politiques ou les associations favorables au pouvoir peuvent obtenir la personnalité juridique par décret présidentiel.
« Un autre cas est celui des étudiants de l'Université de Kinshasa (UNIKIN), Placide Nkoso, maire du homme 10, finaliste, et Endoto, pré-finaliste en Droit, qui ont été arbitrairement enlevés et conférés à la prison de Makala, pour avoir exprimé leur opinion sur l'état sanitaire des installations de leur bloc (home) »[488].

---

[487] *Ibid.*, p.103.
[488] *Ibid.*, pp. 106-107.

Il ressort de ce texte que l'Etat congolais a violé les dispositions de la Déclaration universelle des droits de l'homme (article 19) et de la Charte africaine des droits de l'homme et des peuples (article 9). La liberté d'opinion et d'expression est une caractéristique d'une société qui se veut démocratique. Une presse libre est le signe de la transparence dans la démocratie. Violer, bafouer, étouffer la liberté d'opinion et d'expression, c'est dire que le régime politique en place est autre chose qu'un régime qui se veut démocratique.

La situation de la femme, enfin, constitue la négation des droits de la femme et de sa dignité humaine. Le forum déclare ce qui suit : « Les viols des femmes continuent partout sur les lignes de fronts. Des femmes ont été violées massivement dans le Bas-Congo par les soldats angolais venus secourir Kinshasa. Plusieurs cas de viols collectifs de dizaines de jeunes filles et de femmes par les soldats rwandais et du RCD/Goma ont également été signalés à Kabinda dans la province du Kasaï-Oriental. Une jeune fille habitant ''le quartier Ma campagne'' à Kinshasa a même été violée le dimanche 20 février 2000, vers 19 heures, à proximité de l'ambassade du Congo [Brazzaville] à 300 mètres du palais présidentiel, par des militaires de la GSSP (garde présidentielle) sous le prétexte qu'elle portait un pantalon (!). Ailleurs, ce que l'on ne peut nommer autrement qu'un esclavage féminin a été signalé à Lwiza dans la province du Kasaï-Occidental du fait des soldats des Forces armées congolaises (FAC). Aucune précaution n'étant pas prise contre les maladies sexuellement transmissibles (MST), y compris le VIH, celles-ci continuent à progresser non seulement chez les femmes adultes mais aussi et surtout chez les enfants nés dans des circonstances ci-haut décrites[489].

En prenant connaissance de ces faits, on se pose des questions : les femmes ont-elles encore des droits ? Ont-elles une dignité inhérente à tout être humain ? Sont-elles créées à l'image de Dieu ? Prenons le cas de cette jeune fille violée par les militaires de la garde présidentielle sous prétexte qu'elle portait un pantalon ! Quel traitement, acte inhumain, dégradant et humiliant, quelle discrimination méchante et inqualifiable ? Y-a-t-il une loi au Congo démocratique qui interdit aux femmes de porter les pantalons ? Même si cette loi existait, est-il concevable qu'un militaire ou un groupe de militaires viole une jeune fille au nom de cette loi ? Il s'agit là d'une évolution négative des droits de la femme.

b) Le territoire sous contrôle des troupes d'agression et les rebelles

Le 2 août 1998, le Rwanda et l'Ouganda ont agressé la République Démocratique du Congo. Ce fait constitue une violation du chapitre 7 de la Charte des Nations Unies par deux Etats signataires. Il s'agit d'une violation flagrante faite aux droits de l'homme, aux droits du peuple congolais à la paix, au développement et à l'intégrité du territoire. Les affrontements qui ont opposé le Rwanda contre l'Ouganda à Kisangani ont fait tomber les masques

---

[489] *Ibid.*, pp. 108-109.

des agresseurs. Ces deux Etats sont auteurs des violations massives des droits de l'homme dans les territoires sous leur contrôle.

Les participants au forum ont regroupé les violations dans le territoire sous contrôle des agresseurs et les rebelles en quinze rubriques suivantes : le droit à la vie, droit à la liberté individuelle et à l'intégrité physique et psychologique, droit à l'égalité et à la non-discrimination, droit à un procès équitable, maisons détruites et familles séparées, les réfugiés, exilés et déplacés, droit à la liberté d'expression et d'opinion, liberté de mouvement, droit et liberté d'association, droits économiques, sociaux et culturels, droit à la santé, droit au travail, éducation, situation de femmes et des enfants et violation du droit international humanitaire.

Les quinze rubriques ne font pas l'objet de notre analyse compte tenu de l'abondance de la matière. Une seule rubrique suffit. C'est celle qui constitue la matrice des droits de l'homme, c'est-à-dire le droit à la vie.

Le forum essaie de résumer la situation catastrophique des violations massives du droit à la vie de la manière suivante :

« Peine de mort. Il convient de signaler au départ que l'absence de la structure de l'Etat rend difficile le contrôle et la vérification des violations commises. Toutefois, les ONG, associations des droits de l'homme et Eglises qui évoluent sur ce terrain, fournissent des informations fiables. Les différents tribunaux d'exception (Conseil de guerre opérationnel/RCD, Cour martiale/MLC) condamnent des civils et des militaires à mort et les exécutent incognito. Le cas du chef de cité d'Uvira, jugé sommairement et exécuté dans la semaine du 14 du 19 février 1999, n'en est qu'une illustration.

Exécutions extra-judiciaires. Ici, il est question d'illustrer quelques cas enregistrés dans le district du Sankuru dans la province du Kasaï-Oriental, partie de la République Démocratique du Congo occupée depuis avril 1999. Nous retiendrons les faits ci-après :

- en janvier 1999, dans la prison centrale de *Lodja,* fut assassiné l'activiste des droits de l'homme *Tambedina Poto,* originaire du village *Elong-a-Ndjudi,* secteur de *Nambelo-Lohembe,* à *Lodja ;*
- en janvier 2000 à Emane, petit village situé aux flancs de la rivière *Sankuru,* territoire de *Kole,* à 50 kilomètres de la cité portuaire de *Bena-Dibele,* fut enterré vivant le trafiquant de diamant *Yendo Wandjo,* marié et père de trois enfants et originaire du village *Vangakete* à *Lodja,* par les forces d'agression rwandaise ;
- même mois à *Tshudi-Loto,* territoire de *Lomela* dans le *Sankuru,* le préfet des études de l'Institut *Tshudi-Loto,* Monsieur *Djamba,* fut publiquement fusillé dans l'enceinte de son école pour avoir manifesté son opposition au recrutement de ses élèves au service militaire rwandais.

Disparitions forcées. De nombreux enlèvements sont à signaler partout sur le territoire sous occupation. Le 10 octobre 1999, vers 23 heures, une centaine de jeunes ont été enlevés par des troupes du Rwanda et du Burundi, après avoir été capturés dans les villages de *Lukuswe,* au sud de *Kabalo,* dans le *Katanga :*

ces jeunes ont été déportés vers le Rwanda. De nombreux autres cas ont été signalés dans le territoire de *Malembe Nkulu,* toujours au *Katanga,* le 19 octobre 1999.

Massacres. De nombreux massacres sont à mettre à la charge des troupes rwandaises, ougandaises et burundaises et des rebelles du RCD. Quinze femmes ont été enterrées vivantes à *Mwenga* dans le *Sud-Kivu,* sous le commandement de *Kasereka* du RCD/Goma. Quarante et un paysans et paysannes ont été massacrés à *Kasala* par le RCD/Goma, du 27 au 28 juillet 1999, dans le Haut *Lomami,* au *Katanga.* Au mois d'août 1999, les armées rwandaise et burundaise ont massacré 192 sujets congolais à *Kongolo* et 231 à *Kimbumbu.* Cinq assassinats de civils par le RCD/Goma ont été signalés à *Beya Bwanga, Bena Leka* et *Tshibambula,* territoire de *Demba,* province du Kasaï-Occidental. Cinq à dix mille *Lendu* et *Bahema* sont morts dans le conflit inter-ethnique de l'*Ituri,* territoire de *Djungu,* entre juin 1999 et février 2000, tués avec « la complicité de l'armée ougandaise qui se loue alternativement aux uns et aux autres ».

Morts sous torture. Plusieurs personnes ont été tuées après avoir été torturées. Ce fut le cas de 9.113 personnes massacrées au Nord et Sud-Kivu, dans le nord du Katanga et dans la province Orientale, sous les ordres des commandants *Tshiapulu Mpelanga, Sebahire Muheto* et *Lumotomoto* du RCD. L'ancien ministre de Mobutu, *Lumbu Désiré*, a été torturé et démembré avant de mourir plus tard à Beni, les yeux crevés par des soldats du RCD/Goma. *Shomba Marcot*, militant du MPR, l'ex parti-Etat de Mobutu, a été torturé par des membres du RCD/Goma ; il en est mort en prison en mai 1999, à *Lodja* »[490].

Comme on le voit, le droit à la vie est complètement bafoué dans les territoires sous contrôle des rwandais, ougandais et leurs alliés les rebelles congolais. De nombreux massacres prouvent que des troupes rwandaises, ougandaises et burundaises et des rebelles du RCD ont commis des crimes contre l'humanité. Mais, pourquoi ne sont-ils pas poursuivis par la communauté internationale ? Comment expliquer le silence de la communauté internationale et surtout du rapporteur spécial sur la situation des droits de l'homme en République Démocratique du Congo ?

Le respect des droits de l'homme même en période de guerre constitue une morale inconditionnelle pour la survie de l'humanité. La morale ne suspend pas la guerre, elle n'arrête pas les hostilités. Elle est là pour que l'homme ne soit pas « une bête féroce », ou une machine de guerre sans cœur ni conscience. Elle existe tout simplement pour que l'homme soit l'homme, c'est-à-dire l'homme capable de résister à toutes les tempêtes, capable de respecter l'autre créé aussi comme lui à l'image de Dieu, capable de ne pas violer les droits de l'homme en tout temps et en toute circonstance.

---

490 *Ibid.*, pp. 110-112.

4.1.2 Les conférences

Les participants au Forum national ont eu l'occasion de suivre tour à tour six conférences. Deux d'entre elles ont retenu notre attention. La première est celle qui est faite par Me Mulenda, conseiller au ministère des droits de l'homme. Elle est d'une grande importance au regard du sujet développé. En effet, il expose le plan national d'action de promotion et de protection des droits de l'homme en République Démocratique du Congo. C'est un document élaboré par le ministère des droits de l'homme et soumis à la sanction du Président de la République.

L'intervenant montre la nécessité de ce plan pour la coordination des actions pouvant perfectionner les connaissances et améliorer la diffusion, la promotion, la sauvegarde et le développement des droits de l'homme en République démocratique du Congo. C'est un document qui contient deux parties : « la première explicite les éléments de diagnostic, les axes prioritaires d'intervention et les orientations stratégiques, la seconde traite de la mise en œuvre du plan »[491].

Ce document détermine les objectifs généraux du Plan national d'action pour la promotion et la protection des droits de l'homme en République Démocratique du Congo en onze points. De ces points nous pouvons mentionner quatre pour fixer les idées :

- « offrir un cadre de référence qui facilite la coordination des activités de promotion et de protection des droits de l'homme entreprises par les divers acteurs à savoir : les pouvoirs publics, la société civile, le secteur privé et les partenaires extérieurs ;
- promouvoir l'émergence et la consolidation d'une culture des droits de l'homme susceptible de servir de socle à l'État de droit et à la bonne gouvernance ainsi qu'à la réhabilitation de la dignité humaine ;
- promouvoir et consolider l'État de droit ;
- créer et promouvoir un environnement favorable à l'expression, à la défense et à la promotion des droits de l'homme »[492].

Le plan en soi est bon pour la promotion des droits de l'homme. Il laisse à désirer pour la protection des droits de l'homme. Car les ONG des droits humains ne doivent pas oublier et se détourner de l'une de leurs missions principales en matière de protection qui est celle de la dénonciation des violations des droits de l'homme commises par les organes, les services et les agents de l'Etat. Elles doivent toujours prendre des distances pour exercer leur vigilance sur les abus de l'Etat et éviter d'être embrigadé par le ministère des droits de l'homme au point de devenir des « agents » au service du ministère au détriment de la société civile.

La deuxième conférence présentée par le professeur Thierry Nlandu de l'Université de Kinshasa est une véritable interpellation adressée aux

491 *Ibid.*, p. 121.
492 *Ibid.*, p. 122

animateurs des ONG des droits de l'homme de la République Démocratique du Congo. D'entrée de jeu, le titre de l'exposé se veut « provocateur » : « ONG des droits de l'homme de la République Démocratique du Congo : nous tournons en rond », tel est l'intitulé de sa conférence. Voici alors deux extraits de son exposé qui suscitent nos commentaires : « Il nous faut changer les responsables au sommet des organisations. Dans la plupart de celles-ci, les responsables ont vieilli non pas en âge mais bien en énergie, en idées, en stratégies et en initiations. Ce n'est plus un secret. Tout le monde le sent même si personne n'ose faire des propositions concrètes. Le mouvement, à travers ses responsables, s'essouffle. On tourne en rond avec les mêmes idées, les mêmes stratégies et surtout les mêmes erreurs. Mais si tous, responsables y compris, nous sommes capables de faire ce constat, ces derniers refusent de céder le fanion à d'autres. Les prétextes ne manquent pas »[493]. Nos commentaires concernent les deux extraits. C'est pourquoi nous les faisons après la présentation du deuxième extrait ci-dessous : « Mutuellement affaiblis, les responsables de nos organisations n'ont plus comme seul refuge que les multiples plates-formes qui leur permettent de rester visibles, question de ne pas être oubliés lors des échéances importantes d'une société civile érigée en bureaucratie. Au sein de ce bureau, les animateurs acquièrent petit à petit le grade de fonctionnaire au nom d'une expertise acquise par le simple fait d'être resté longtemps à la tête des organisations ainsi que par la capacité des uns et des autres à modifier les statuts et à manipuler les élections et les partenaires étrangers souvent complices. Ainsi, au nom de la continuité, nos responsables s'assurent des mandats à vie à la tête de structures conçues comme écoles et lieux politiques, ni Églises, ni syndicats ne nous offrent cette opportunité »[494].

Le problème soulevé par Thierry Nlandu évoque la question que nous nous sommes déjà posée plus haut, à savoir : à qui appartient le pouvoir dans les structures associatives ? Concernant plus précisément les ONG des droits de l'homme, le pouvoir appartient-il au fondateur et responsable de l'ONG ou au peuple associé ? Cette question appelle une autre : la démocratie a-t-elle une place dans les ONG des droits de l'homme du Congo ? Ou encore, la démocratie peut-elle se limiter seulement à la sphère politique ? N'a-t-elle pas accès à toutes nos grandes organisations collectives ? Voilà autant de questions sur lesquelles les ONG des droits de l'homme doivent réfléchir et trouver des solutions pour l'avenir de leurs associations.

L'organisation du pouvoir dans les structures associatives pose de sérieux problèmes en Afrique en général et au Congo en particulier. Les ONG des droits de l'homme qui ont dans leurs attributions l'éducation à la démocratie doivent servir d'exemple en organisant régulièrement des élections en leur sein dans la grande transparence et en acceptant le verdict des urnes.

---

493 *Ibid.*, p. 143.

494 *Ibid.*, p. 144.

Il me faut à présent évoquer le forum des femmes.

4.2 Forum des femmes[495]

L'Union nationale des femmes (UNAF) qui est un regroupement de plusieurs ONG des droits de la femme a organisé du 28 au 31 août 2000 à Kinshasa les travaux du premier atelier-action sur le thème : « La promotion des droits des femmes : une stratégie pour la paix durable en République Démocratique du Congo ». Cinquante femmes responsables des ONG et quelques hommes œuvrant dans les ONG des droits de l'homme ont pris part à ce forum des femmes réalisé avec l'appui logistique de la Fondation Konrad Adenauer. Les objectifs de ce premier forum des femmes sont stipulés comme suit :

- « produire un canevas des pistes prioritaires des propositions des droits des femmes en République démocratique du Congo et les mettre à la disposition de la communauté nationale ;
- inciter les femmes leaders et leurs organisations à défendre leurs droits et les promouvoir ;
- susciter plus de sens de responsabilité et d'initiatives pour la paix en République démocratique du Congo en particulier et dans la région des Grands-Lacs en général ;
- publier les actes de l'atelier comme outil de sensibilisation sur les droits des femmes »[496].

Cependant, certains de ces objectifs ne sont pas traduits en termes des recommandations ou du moins les recommandations faites à l'issue des travaux de ce Forum ne reflètent pas tout à fait l'esprit et la lettre d'autres objectifs de la rencontre. Nous y reviendrons plus loin dans le texte. Les recommandations du premier Forum des femmes sont formulées sur trois plans : politique, économique et socioculturel.

« Sur le plan politique. L'implication décisive de la communauté internationale pour l'arrêt immédiat de la guerre d'agression, état de prédilection des violations massives et régressives de l'état des droits des femmes congolaises. Pour ce faire, la communauté internationale est appelée à agir pour le retrait immédiat des forces d'agression sur le territoire congolais, au plus tard au cours du dernier trimestre de l'an 2000. De même que le déplacement des casques bleus de l'ONU se fasse principalement sur les frontières avec les pays belligérants en vue de protéger les femmes congolaises des affres des invasions des pays voisins que sont notamment les viols, le massacre, l'errance et les exploitations inhumaines. Ces dispositions permettront de convertir les efforts de guerre actuels en efforts de développement pour la reconstruction du pays, favorable à la promotion des droits des femmes en République démocratique du Congo.

---

495 M.A. LUKIANA Mufwankolo, *Op. Cit.*

496 *Ibid.*, pp. 157-158.

L'application des mesures coercitives pour emmener à l'application effective des conventions relatives à la promotion des droits des femmes et des peuples. Un effort spécial de réparation des dégâts de la guerre d'agression, laquelle a dépouillé considérablement la femme congolaise. ''L'établissement des tribunaux internationaux contre les crimes des viols des femmes et massacres des populations civiles en vue de dissuader à l'avenir ces actes de barbarie'' ».

« Sur le plan économique. L'annulation pure et simple de la dette extérieure, n'ayant en aucun cas concouru à promouvoir les droits de femmes en République Démocratique du Congo. L'équité dans les échanges et marchés internationaux en vue de valoriser les ressources des pays en développement tels que la République Démocratique du Congo et permettre ainsi une meilleure redistribution des richesses du monde, favorable à la promotion des droits de femmes. La coopération significative avec la République Démocratique du Congo en vue de contribuer à éradiquer la pauvreté des femmes congolaises aggravées également par des causes exogènes ».

« Sur le plan socioculturel. Que les femmes prennent conscience de la gravité de la situation et qu'elles œuvrent pour la révision des textes encore discriminatoires en participant aux assises y relatives et aux postes de décision. Que les femmes jouent à fond la carte de la solidarité entre elles, seul gage de réussite dans la lutte pour la promotion. Que tous (pouvoirs publics, femmes et hommes) travaillent ensemble de façon permanente pour le changement de mentalité envers la femme et pour une véritable paix. (Campagne sur la culture de la paix à tous les niveaux, participation des femmes aux instances de décisions, etc.) »[497].

Les recommandations faites sur les plans politique et économique sont tournées vers le monde extérieur à la femme elle-même. Celles faites sur le plan socioculturel s'adressent timidement à la femme. Et pourtant, l'un des objectifs est « d'inciter les femmes leaders et leurs organisations à défendre leurs droits et les promouvoir »[498]. Cet objectif, à notre entendement, ne peut se réaliser des « souhaits » ou vœux qui sont exprimés à travers la dernière rubrique des recommandations. La défense et la promotion des droits de la femme sont un combat. C'est pourquoi, nous référant à la pensée de Jean Jacques Rousseau dans « Emile », nous pouvons le paraphraser en disant : ô femme congolaise, « il n'y a point de bonheur sans courage ni vertu sans combat ». On comprendra que les deux mots vertu et force (courage) s'embrassent. On sait que le mot vertu vient de force et la force est le fondement de toute vertu. Qu'est-ce donc la femme congolaise vertueuse ? C'est celle qui sait conjuguer les trois verbes suivants : surmonter, suivre et s'engager.

---

[497] *Ibid.*, pp. 154-156.

[498] *Ibid.*, p. 36.

Surmonter ses complexes de femme vis-à-vis de l'homme, ses affections, ses passions pour justement suivre la voie de sa raison, sa conscience d'être humain libéré par Jésus-Christ (Luc 4, 18) et s'engager dans la dénonciation des discours disqualifiant mentionnés par les intervenants au Forum tels que :

- « Elle n'est qu'une femme », *« Mbongo ya mwasi ezali na ntina te, soki azali na mobali te »*[499] (Ce n'est pas l'argent qu'une femme peut posséder qui fait sa valeur, mais c'est le fait d'être mariée).
- *« Mwasi atongaka mboka te »* (Traduction littérale : « la femme ne peut construire le village ». Il y a plusieurs interprétations) ;
- *« Kolia na mwasi kolia na ndoki »* (Traduction littérale : « qui mange avec une femme mange avec une sorcière »).

S'engager encore dans la dénonciation de l'égalité « abstraite » de l'homme et de la femme exprimée dans les documents internationaux et nationaux des droits de l'homme mais non appliquée sur le terrain, pour la défense et le combat de l'égalité concrète entre l'homme et la femme. L'identité de la femme se trouve dans sa capacité d'exister (image de Dieu) qui est reconnue également à l'homme.

S'engager ensuite dans l'établissement d'une nouvelle morale dans la société congolaise respectant cette égalité entre l'homme et la femme qui est actuellement assumée en Europe et en Amérique du Nord par la condamnation de toute forme de discrimination à l'égard de la femme.

Enfin, s'engager dans la promotion et la protection des droits de la femme. C'est seulement en conjuguant ces trois verbes, ô femme congolaise, que vous serez vertueuse pour la promotion et la protection des droits de la femme.

Que retenir des journées de réflexion de Lubumbashi ?

4.3 Journées de réflexion de Lubumbashi[500]

Le Centre des droits de l'homme et du droit humanitaire (CDH) est une organisation non gouvernementale des droits de l'homme créée le 5 janvier 1993 à Lubumbashi (République Démocratique du Congo) au lendemain de l'ouverture démocratique de l'ex-Zaïre.

Le Centre des droits de l'homme et du droit humanitaire (CDH) a organisé, en collaboration avec l'Université de Lubumbashi, des journées de réflexion à l'occasion du cinquantenaire de la déclaration universelle des droits de l'homme. Ces journées qui ont duré cinq jours, soit du 7 au 11 décembre 1998, ont permis aux participants d'échanger des idées, de partager des réflexions et des expériences sur la situation des droits de l'homme en République Démocratique du Congo. Elles ont permis également de faire une auto-

---

[499] *Ibid.*, p. 6.

[500] Centre des droits de l'homme et du droit humanitaire (CDH), *Cinquante ans de la déclaration universelle des droits de l'homme. Actes des journées de réflexion du 07 au 11 décembre 1998*, Lubumbashi, Presses Universitaires de Lubumbashi, 1998.

évaluation de leurs activités sous forme de bilan et de dégager des perspectives d'avenir.

Ces journées ont connu une forte participation regroupant « des autorités politico-administratives et militaires, des enseignants endroit, en sciences sociales et lettres, des responsables des Eglises et des ONG des droits de l'homme et du développement, des syndicats, des organisations féminines, des étudiants des différentes facultés de l'Université de Lubumbashi et des Instituts d'enseignement supérieur, des chercheurs indépendants, etc.[501]

Les participants ont suivi dix communications avec débat. De ce débat découlent des recommandations présentées dans le Rapport général des journées de réflexion. Celles-ci s'adressent à l'ONU, au gouvernement, aux ONG, aux partis politiques et aux citoyens du monde. Nous reprenons ci-dessous des recommandations concernant les ONG :

- « Qu'elles (ONG) s'attellent à rechercher et à valoriser les éléments de la culture africaine pouvant favoriser la pratique démocratique et la promotion des droits de l'homme ;
- que les assises ultérieures puissent associer aux débats toutes les personnes concernées par les questions traitées : enfants, personnes avec handicap, etc. ;
- que la femme, avec le concours des ONG, passe, afin de se décomplexer, du discours des revendications traditionnelles à des actions concrètes qui la qualifient au même titre que l'homme »[502].

La première recommandation concernant la valorisation des éléments de la culture africaine est intéressante dans la mesure 0ù des recherches sérieuses peuvent être menées afin de trouver des éléments positifs favorables à la promotion des droits de l'homme. Cette recommandation rejoint la voie médiane évoquée plus haut consistant à concilier valeurs traditionnelles positives et valeurs universelles pour la promotion d'une culture des droits de l'homme en Afrique.

Quant aux conférences, une seule parmi les dix retient notre attention. C'est la conférence animée par Paulin Kabesa[503]. Au cours de son exposé, il a stigmatisé le fonctionnement plein d'écueils des ONG des droits de l'homme. Parmi ces écueils, nous pouvons signaler un qui est décrit de la manière suivante : « les ONG des droits de l'homme locales évoluent dans un climat de méfiance, voire de tensions ouverte dans leurs rapports avec le gouvernement. D'une part, l'on peut déplorer par moments le manque d'objectivité caractérisant les ONG des droits de l'homme dans leurs déclarations, de même que la promptitude à expédier des rapports et des informations à l'extérieur au détriment des contacts à prendre prioritairement

---

[501] *Ibid.*, pp. 4-5.

[502] *Ibid.*, p. 187

[503] Philosophe, Assistant à l'Institut supérieur pédagogique de Lubumbashi, Président de la Commission Justice et paix catholique pour l'Archidiocèse de Lubumbashi.

et du dialogue à engager avec le gouvernement. D'autre part, l'on doit récuser une sorte de mauvaise foi dans le chef de ce dernier, qui s'affiche allergique à la présence des ONG des droits de l'homme jusqu'à les taxer d'une recette d'ailleurs. Telle est la situation qu'elle constitue : une insécurité permanente pour les activités des droits de l'homme, d'autant plus, au demeurant, que l'espace juridique pour le fonctionnement des ONG des droits de l'homme ne paraît guère clairement dégagé »[504].

Cette insécurité permanente pour les activités des droits de l'homme est évidente comme soulignée dans le rapport annuel 2000 de l'Observatoire pour la protection des défenseurs des droits de l'homme. Dans ce rapport, on trouve dans la rubrique réservée à la répression menée d'une part par les autorités de la République Démocratique du Congo (RDC-gouvernement), et d'autre part par des autorités du Rassemblement congolais pour la démocratie (RCD-Mouvement rebelle soutenu par le Rwanda) : plusieurs détentions, poursuites judiciaires et harcèlement. Nous pouvons mettre en exergue quelques cas concernant les responsables des ONG des droits de l'homme :

Actes de harcèlement à l'encontre de la « Voix des sans voix » (ONG) et son président Floribert Chebeya par les autorités de Kinshasa à la suite de la publication d'un rapport trimestriel en date du 22 mai 2000[505].

Actes d'interpellation et d'arrestation des membres de l'ASADHO (Association africaine des droits de l'homme) section du Katanga. En effet, Golder Misabika, président de l'ASADHO-section du Katanga, a été arrêté le lundi 5 février 2001 alors qu'il allait chercher sa fille à l'école dans la commune de Lubumbashi. Il a été transféré à Kinshasa dans le centre de détention GLM, de sinistre réputation[506].

Arrestations : « M. Bertin Salumu, coordinateur de la campagne nationale pour la paix durable en République démocratique du Congo (CNPD), M. Albert Kawumba, président de la Ligue de conscientisation des électeurs (LICE) et membre du Conseil d'orientation de la CNPD, ainsi que le professeur Muteba Tshitenge, consultant à la CNPD, ont été arrêtés le 10 janvier 2001 à 13 heures 15, au siège de la CNPD à Kinshasa. Le soir même, ils étaient présentés à la télévision comme des éléments subversifs »[507].

Arrestation de Monsieur Aimé-Emile Kakese Vinalu, président de l'ONG de défense des droits de l'homme « Action pour la dignité humaine », et journaliste a été arrêté le 24 juin 2000 à Kinshasa. Le 12 septembre, il est condamné par la Cour d'ordre militaire à Kinshasa pour « atteinte à la sûreté de l'État pour propagation de faux bruits à même d'inciter la population à se soulever contre le pouvoir », à deux ans d'emprisonnement[508].

---

[504] *Ibid.*, p. 82.

[505] L'Observatoire pour la protection des défenseurs des droits de l'homme, *Rapport annuel 2000, Les défenseurs des droits de l'homme en première ligne,* FIDH et OMCT, 2001, p. 67.

[506] *Ibid.*, p. 70.

[507] *Ibid.*, p. 7l.

[508] *Ibid.*, p. 69.

Monsieur Bruno Bahati Barhalibiru, membre du Collectif des organisations et associations des jeunes du Sud-Kivu (COJESKl) et de l'Association Ensemble pour la défense des droits de l'homme (EDDH) a été arrêté en avril 2000 par les autorités rwandaises en poste frontalier de Katuna alors qu'il se rendait à Bukavu, après avoir participé à la consultation nationale organisée par les chefs des confessions religieuses à Kinshasa. Il a été remis par les autorités rwandaises aux autorités du Rassemblement congolais pour la démocratie (RCD) qui l'ont transféré au centre de détention dit « chien méchant » du département de sécurité et de renseignement à Goma[509].

Interpellation et rétention de passeport du Docteur Colette Kitega le 8 mai 2000 à Bukavu pour avoir participé à Genève à la 56ème Session de la Commission des droits de l'homme des Nations Unies. Cette interpellation a été faite à Bukavu par des agents de l'Agence des renseignements du RCD/Goma[510].

Arrestation de Monsieur Valentin Baelongandi, membre du groupe Lotus (ONG des droits de l'homme basée à Kisangani) à l'aéroport de Goma le 1er juin 2000 par les services de sécurité du RCD/Goma. Il était en possession des disquettes informatiques contenant le rapport sur les événements survenus à Kisangani[511].

Il ressort de ce rapport de l'Observatoire pour la protection des défenseurs des droits de l'homme que les membres des ONG des droits de l'homme en République Démocratique du Congo vivent dans une insécurité permanente dans l'exercice de leurs activités des droits de l'homme.

Conclusion

Les ONG des droits de l'homme sont créées au lendemain de l'ouverture démocratique de l'ex-Zaïre pour contribuer au changement de la situation calamiteuse des droits de l'homme.

Elles ont également contribué à la paix en République Démocratique du Congo au nom de la société civile congolaise. La réunion d'Anvers et la suite des événements pour la construction d'une paix durable en République Démocratique du Congo sont un exemple frappant de leur contribution.

Les réalisations sur le terrain sont visibles et favorisent la promotion des droits de l'homme. C'est à cause de ces réalisations et leur présence permanente sur le terrain qu'elles vivent une insécurité et une tension ouverte dans leurs rapports avec le gouvernement.

Cependant, nous recommandons aux ONG congolais des droits de l'homme d'améliorer leur capacité d'action en faveur d'une participation plus prépondérante des populations à la base.

---

509 *Ibid.*, p. 72.
510 *Ibid.*, pp. 71-73.
511 *Ibid.*, p, 73.

Cela étant, je peux tenter de répondre au dernier volet de ma question principale de cette troisième partie, à savoir les réalisations au troisième niveau : Eglises et droits de l'homme.

Chapitre IX.
Les Églises et les droits de l'homme

Dans ce dernier chapitre, je traite deux points principaux. Le premier point est consacré au mouvement œcuménique, Eglises et droits de l'homme ; le second point scrute l'Eglise du Christ au Congo et les droits de l'homme. Chaque point est subdivisé en sous points comme nous le verrons dans les lignes qui suivent.

1. Le mouvement œcuménique, les églises et les droits de l'homme

Ce point présente le mouvement œcuménique au Congo et les actions concertées entre les Eglises catholique, protestante, orthodoxe et kimbanguiste d'une part, et d'autre part, ces précitées Eglises chrétiennes et l'Islam.

1.1 Le mouvement œcuménique au Congo

Konrad Raiser, Secrétaire général du COE, exprime trois visions du mouvement œcuménique dans son ouvrage intitulé : « Quelle Eglise pour demain ? Défis et espoirs pour un nouveau millénaire »[512]. Ces trois visions sont évidentes à l'heure actuelle au Congo.

La première vision est celle qui met l'accent sur « un œcuménisme visant à dépasser le dénominationalisme parmi les Eglises protestantes historiques et à renforcer les relations avec les Eglises évangéliques et pentecôtistes »[513]. Cette vision existe au Congo depuis 1902. En effet, il s'est tenu à Kinshasa pour la période du 18 au 21 janvier 1902, la première conférence générale des missionnaires. Celle-ci a réuni huit des onze missions protestantes qui œuvraient au Congo. Trente-quatre missionnaires ont pris part à cette rencontre[514]. Cette vision a donné naissance à l'Eglise du Christ au Congo qui rassemble les dénominations protestantes historiques, les dénominations

---

512 K. RAISER, *Quelle Eglise pour demain ? Défis et espoirs pour un nouveau millénaire,* Genève, Labor et Fides, Paris, Cerf, 1998.

513 *Ibid.*, p. 36.

514 Komy Nsilu DIAKUBIKWA, « Saint-Esprit et Mission : Etat de la question dans l'histoire du protestantisme congolais », in *Revue Congolaise de Théologie Protestante,* n° 11, 1997, p. 84.

évangéliques et pentecôtistes. Nous y reviendrons dans le deuxième point principal, à savoir l'Eglise du Christ au Congo et les droits de l'homme.

La deuxième vision insiste sur l'œcuménisme classique qui doit exister entre les Eglises protestantes toutes tendances confondues, l'Eglise catholique et l'Eglise 0rthodoxe. Bref, cet œcuménisme vise à rassembler toutes les Eglises chrétiennes.

Celle-ci se manifeste au Congo depuis l'intronisation du Mgr Frédéric Etsou en qualité de cardinal et archevêque de Kinshasa. En effet, le cardinal Frédéric Etsou est sur les pas du Pape Jean-Paul II, « champion de l'œcuménisme ». Il est différent de son prédécesseur[515] qui n'était pas chaud à l'œcuménisme.

Le cardinal Etsou est le président de la plate-forme qui réunit les quatre Eglises chrétiennes : catholique, protestante (ECC), orthodoxe et kimbanguiste. A ce titre, il est secondé par Mgr Marini Bodho, président national de l'ECC. Le cardinal Etsou a présidé conjointement avec Mgr Marini la cérémonie d'installation du Comité national des commissions Justice et Paix catholique, protestante, orthodoxe et kimbanguiste en date du 27 juillet 1997 à la cathédrale du centenaire protestant de Kinshasa. Il a concélébré plusieurs cultes œcuméniques avec les protestants à la cathédrale du centenaire protestant et au stade des Martyrs.

Le cardinal Etsou a les deux pieds dans la « route œcuménique » selon la compréhension de l'Eglise catholique romaine. En effet, « l'Eglise catholique considère dans l'espérance l'engagement œcuménique comme un impératif de la conscience chrétienne éclairée par la foi et guidée par la charité »[516]. C'est pour dire, en d'autres termes, que l'engagement du cardinal Etsou dans le mouvement œcuménique est séduisant.

La troisième vision met l'accent sur « un œcuménisme interculturel et interreligieux (''macro-œcuménisme'') »[517]. Elle rassemble toutes les femmes et tous les hommes créés à l'image de Dieu sans distinction de race, de religion, de culture, de philosophie, de coutume et d'idéologie.

C'est dans ce cadre qu'il existe au Congo une autre plate-forme qui regroupe les quatre Eglises chrétiennes susmentionnées et la communauté

---

[515] Le Cardinal Malula ne voulait pas célébrer des cultes œcuméniques avec les protestants. Il préférait déléguer ses vicaires pour les cultes dont la présence de l'Eglise catholique est indispensable. A titre d'exemples : Culte œcuménique devant l'esplanade du palais du peuple à l'occasion de l'arrivée à Kinshasa de Mgr Desmond Tutu, alors président de la Conférence des Eglises de toute l'Afrique. Ce culte a été célébré par Mgr Bokeleale, président national de l'ECC (protestant), Mgr Desmond Tutu et Mgr Tshibangu Tshisuku, vicaire du cardinal Malula ; culte œcuménique célébré à l'occasion du mariage religieux de la fille du maréchal Mobutu Sese Seko, président de la République avec le fils de Monsieur Bossekota-wa-Lokilo, commissaire de zone (Bourgmestre) de Limete. C'était Mgr Moke, l'un des vicaires du cardinal Malula qui a participé à cette célébration œcuménique.

[516] JEAN-PAUL II, *Que tous soient un. Lettre encyclique Ut Unum sint* du Saint-Père Jean-Paul II sur l'engagement œcuménique, Mame/Plon, 1998, p. 14.

[517] K. RAISER, *Op. Cit.*, p. 36.

islamique. Cette plate-forme se réunit dans des situations exceptionnelles pour réfléchir et analyser une situation donnée dans le pays afin d'avoir soit une position commune à défendre devant le représentant de l'autorité de l'Etat, soit une déclaration à rendre publique. Pour corroborer cette affirmation, nous pouvons citer à titre d'exemple la « Déclaration des chefs des confessions catholique, protestante, kimbanguiste, orthodoxe et musulmane » publiée à Kinshasa en date du 22 avril 1997.

L'œcuménisme au Congo peut être défini, selon les termes de Roger Mehl, comme « un marché commun, un pool des valeurs chrétiennes »[518] à la fois confessionnelles et éthiques. Les Eglises s'en servent pour agir en faveur des droits de l'homme et de la démocratie, de même que pour faire des déclarations communes sur la situation sociopolitique et économique du pays.

Je parle du rôle des Eglises catholique, protestante, orthodoxe et kimbanguiste.

1.2 Les Eglises catholique, protestante, orthodoxe et kimbanguiste

Il est question précisément d'examiner quelques actions concertées de ces quatre Eglises en faveur des droits de l'homme et de la démocratie. Nous nous limitons à l'examen de quatre actions : La Conférence nationale souveraine (CNS), l'obligation de l'Etat de protéger les droits de l'homme et surtout le droit à la vie, le comité national des Commissions Justice et Paix de ces Eglises, les Eglises, le dialogue intercongolais et les institutions de transition.

1.2.1 La Conférence nationale souveraine (CNS)[519]

De ces quatre Eglises, deux ont réclamé la tenue de la Conférence nationale souveraine (CNS) : l'Eglise du Christ au Congo (Eglise protestante) et l'Eglise catholique. L'Eglise du Christ au Congo est la première Eglise qui a réclamé la tenue de la CNS : « dans sa ''lettre pastorale'' signée en août 1990 à Goma, l'ECC fut la première à réclamer sans détour la tenue de la Conférence nationale souveraine comme incontournable. Dans cette lettre, l'ECC donne des orientations politiques nettement progressistes qui furent plus tard, reprises dans beaucoup de déclarations de politique générale à la Conférence nationale souveraine »[520]. Quelles sont ces orientations politiques nettement progressistes données par l'ECC ? Deux extraits de la « lettre pastorale » suffisent pour les démontrer.

Le premier extrait insiste sur le changement du « système qui étouffe la créativité et détruit les valeurs spirituelles de l'humanité..., la remise en question du système social qui entraîne les zaïrois (congolais) dans le mensonge, la prostitution, la corruption, la délation, la haine, la destruction de

---

[518] R. MERL, *Traité de sociologie du protestantisme,* Neuchâtel, Delachaux et Niestlé, 1965, p. 188.

[519] Nous avons abordé ce point dans notre mémoire de DEA intitulé : *La notion de justice en contexte africain. Le débat œcuménique.*

[520] DIAFUILA-dia-Mbwangi, *Op. Cit.,* p. 44.

la vie, l'accumulation des biens personnels au détriment de la majorité... »[521]. Il s'agit, à travers cet extrait, de la dénonciation. Mais, comment sortir de cette situation malheureuse ? Dans le but de décanter cette situation, la « lettre pastorale » propose « […] une concertation nationale s'avère indispensable et urgente. Cette concertation doit être précédée d'une amnistie générale afin de permettre à toutes les sensibilités politiques d'y participer. Ce préalable favorisera la tenue d'une Conférence nationale, dans les meilleurs délais, en vue de fixer les mécanismes de transition et les principes devant régir la nouvelle ère politique et sociale du pays […]. La concrétisation de la troisième République ne peut se faire sans recours au dialogue, à la concertation, donc à la Conférence nationale [...]. L'Eglise exhorte tous les chrétiens, tous les hommes de bonne volonté à faire preuve de maturité, de discernement et de tous les fruits de l'amour du prochain pour épargner à ce pays ''l'épée et la peste'' (Ez 5, 5-12) qui pourraient tout compromettre et ainsi reporter *sine die* la démocratisation du système social »[522].

Cette réclamation de la tenue de la Conférence nationale souveraine par l'ECC est une action qui vise l'instauration d'un Etat de droit où les libertés fondamentales des citoyens sont respectées, les droits de l'homme garantis et protégés par l'Etat, la justice distributive assurée...

La réclamation de l'ECC a été suivie par celle des partis d'opposition. C'est dans ce sens que « le 31 août 1990, trente-huit partis politiques ont rendu public un manifeste des partis zaïrois de l'opposition au cours d'une conférence de presse présidée par le doyen d'âge des opposants, Ileo Songo Amba (PDSC). Ce manifeste rejeta la nouvelle loi sur les partis politiques et exigea la convocation d'une Conférence nationale, la création d'une commission chargée d'élaborer une nouvelle constitution, la dissolution du parlement, la formation d'un véritable gouvernement de transition et le boycott des élections primaires prévues pour janvier 1991 »[523].

L'Eglise catholique réclame, elle aussi, la Conférence nationale souveraine. En effet, le 23 septembre 1990, les évêques catholiques du Zaïre réunis en 23ème Assemblée plénière à Kinshasa-Kimwenza adressent un message intitulé « Libérés de toute peur au service de la Nation ». Dans ce message, l'Assemblée plénière « rejoint sa voix à celle de nombreux autres citoyens qui recherchent l'instauration ''d'un réel consensus national''. Ce dernier apparaît comme la voie obligée et incontournable pour bâtir la Nation sur des bases solides »[524].

Comment l'Eglise catholique justifie-t-elle la recherche du consensus national ? Nous présentons ci-dessous un extrait du message de cette Eglise qui a trait à la recherche de ce consensus : « La recherche de ce consensus

---

521 Cf. *Lettre pastorale du CEN de Gama du 1er août 1990,* p. 3.
522 *Ibid.*, p. 5.
523 L. NGOMA Okitembo, *Op. Cit.,* p. 324. Cf. *Le Journal Le Soir* du 1er - 2 septembre 1990.
524 *Ibid.*

national est d'autant plus nécessaire et urgente que l'échec politique et socio-économique que nous déplorons aujourd'hui est, à notre avis, essentiellement dû à une gestion de la chose publique faisant peu de cas de la participation du peuple ainsi qu'à des projets de développement imposés d'en haut. Cette recherche d'un consensus national ne devrait pas donner prétexte à des règlements de comptes dictés par la vengeance et la rancune. Elle devrait plutôt viser la sauvegarde de l'avenir et la réconciliation nationale. Pour ce faire, il importe de procéder à une évaluation sans complaisance, mais dans la tolérance, la vérité et la justice, des causes de succès et des échecs du passé afin de mieux baliser l'avenir »[525].

C'est au travers de ce message des évêques catholiques réunis en Assemblée plénière que l'Eglise catholique romaine a réclamé la tenue de la Conférence nationale souveraine.

Les Eglises ne se sont pas limitées à réclamer la CNS, elles ont participé activement à cette conférence au point de jouer le rôle de premier plan par le biais de leurs représentants.

Le Palais du peuple à Kinshasa accueille en date du 7 août 1991 la Conférence nationale souveraine. Le premier ministre Mulumba Lukoji préside la séance d'ouverture en l'absence remarquée du Président Mobutu et installe le président du bureau provisoire de la CNS en la personne de Monsieur Albert Kalonji Mutambayi, un des délégués de l'Eglise du Christ au Zaïre (Congo) et Président national du ministère des Laïcs protestants (MILAPRO).

Ce délégué des Eglises à la CNS choisi pour présider le bureau provisoire de ce grand forum se voit remplacer par un autre délégué des Eglises, un prince de l'Eglise catholique, en la personne de Mgr Laurent Monsengwo Pasinya, archevêque de Kisangani, alors président de la Conférence épiscopale du Zaïre.

La convocation de la CNS permet aux quatre grandes Eglises de la République Démocratique du Congo de renforcer et d'affermir davantage leurs relations œcuméniques. Pour la première fois dans l'histoire du pays de Patrice Emery Lumumba, les quatre Eglises se sont réunies pour faire une déclaration commune, connue sous le titre de « Message des Eglises catholique, orthodoxe, protestante et kimbanguiste aux chrétiens et aux hommes de bonne volonté »[526]. Ce message qui date du 8 août 1991 consiste à formuler le vœu de voir la Conférence nationale être « un lieu où les fils et filles de notre peuple

---

[525] *Ibid.*, p. 325.

[526] Message des Eglises catholique, orthodoxe, protestante et kimbanguiste (pamphlet), Kinshasa, 1991. Ce message signé par Mgr Monsengwo Pasinya, archevêque de Kisangani, alors président de la Conférence épiscopale du Zaïre pour l'Eglise catholique, par le Révérend Père Katalay, représentant orthodoxe pour l'Eglise orthodoxe, par l'Évêque Bokeleale, président national de l'Eglise du Christ au Zaïre pour l'Eglise protestante, par son Eminence Diangenda, chef spirituel pour l'Eglise kimbanguiste, a été adressé à l'occasion de l'ouverture de la Conférence nationale souveraine.

se rencontrent en frères et sœurs, en vue de s'écouter mutuellement, de dialoguer, de se concerter et de se réconcilier entre eux, dans la vérité, la justice et la paix »[527].

Outre ce message, les quatre Eglises chrétiennes et la communauté islamique qui ont accordé une grande importance à la tenue de la Conférence nationale souveraine se sont réunies afin de désigner pour le compte des Eglises un seul candidat à la présidence de la CNS comme le témoigne Mgr Monsengwo lui-même : « Je pense que l'un ou l'autre évêque, ou encore un prêtre, auraient pu très bien diriger la conférence nationale. On avait pensé à quelques évêques dont Mgr Tshibangu et Mgr M'Sanda, ou encore au Père Ekwa. On a pensé aussi au professeur Marini de l'ECZ. Je pense que ces candidatures n'ont pas été retenues du simple fait ''que déjà au niveau des Eglises chrétiennes et des musulmans un accord avait été passé pour présenter ma candidature'' »[528].

Mgr Monsengwo qui a eu le privilège d'être d'abord Président du Bureau provisoire de la CNS, ensuite Président de la CNS et enfin Président du Parlement de transition, présente cette grande importance de la CNS soulignée plus haut pour le compte des Eglises, en ces termes : « La Conférence nationale souveraine n'est pas la voie obligée mais sûrement la voie idéale en Afrique si l'on veut passer d'un projet de société imposé de manière dictatoriale à un projet de société accepté de manière consensuelle par le peuple. Celui-ci est représenté par les différents délégués des associations socioprofessionnelles, ceux de la classe politique et des institutions publiques. En effet, un projet de société intéresse tout le monde et ne peut être l'apanage d'une poignée de personnes, à savoir les hommes politiques, qui risqueraient d'imposer leur propre volonté et leurs caprices au peuple »[529].

Comme on le voit, la participation des Eglises à la Conférence nationale souveraine a été significative. La charge de présider ce grand forum est revenu à ses délégués du fait que le peuple congolais voulait à tout prix un changement politique entraînant la disparition de l'ordre dictatorial d'une part, et l'établissement d'un ordre constitutionnel démocratique, respectueux des droits de l'homme, d'autre part. On peut dire que les Églises du Congo ont fait leur la première affirmation du Rassemblement œcuménique mondial de Séoul en se ralliant au peuple congolais pour s'opposer « à tout exercice de pouvoir et d'autorité qui tente de monopoliser le pouvoir et de ce fait, empêche tout changement en vue de la justice, de la paix et de la sauvegarde de la création ». Il est évident que ces Églises, comme le prévoit encore la première affirmation du processus JPSC, se sont engagées « à soutenir le pouvoir créateur des mouvements populaires dans la lutte pour la dignité humaine et

---

527 Message des Eglises catholique, orthodoxe, protestante et kimbanguiste (pamphlet), Kinshasa, 1991, p. 1.

528 G. IWELE, *Mgr Monsengwo acteur et témoin de l'histoire,* Louvain-la-Neuve, Duculot, 1995, p. 146.

529 *Ibid.*, pp. 171-172.

la libération, et pour l'instauration de formes de gouvernement et de structures économiques justes, fondées sur la participation »[530].

L'œcuménisme des Églises congolaises se renforçant de plus en plus a permis à ces Églises de dénoncer la violation des droits de l'homme et particulièrement du droit à la vie par l'État congolais et d'autres intervenants.

Ainsi, elles rappellent L'obligation de l'État de protéger les droits de l'homme et surtout le droit à la vie, objet du point suivant.

1.2.2. L'obligation de l'État de protéger les droits de l'homme et surtout le droit à la vie

L'État congolais comme tout autre État a l'obligation de respecter, de protéger et de réaliser les droits. S'agissant de la protection des droits, l'État congolais doit empêcher les violations par d'autres intervenants.

Le Mémorandum de quatre Églises chrétiennes du Zaïre (Congo) intitulé : « Mémorandum des chefs spirituels des Églises chrétiennes du Zaïre » fait suite au manquement de l'État congolais à son obligation d'empêcher les violations par d'autres intervenants.

Compte tenu de l'importance de ce premier mémorandum œcuménique des Églises du Congo interpellant l'État congolais pour une meilleure protection des droits de l'homme, nous reproduisons *in extenso* ce texte de trois pages :

> « Mémorandum des chefs spirituels des Églises chrétiennes du Zaïre
> ''Afin que tous soient UN ; comme toi, Père, tu es en moi, et moi en toi, qu'eux aussi soient UN en nous...'' (Jn 17, 21)
>
> Nous, chefs spirituels des Églises catholique, protestante, kimbanguiste et orthodoxe, réunis ce 6 février 1996 de 17 heures à 18 heures 15' à l'Archevêché de Kinshasa, à la suite de la série des événements malheureux qui ont endeuillé la capitale ces derniers jours :
>
> 1. Considérons comme une interpellation et une mission de médiation, de prière et de réflexion profonde, pour nous-mêmes, ainsi pour le peuple de Dieu, les différents accidents intervenus : le *fula-fula* (grand véhicule de transport en commun à Kinshasa) tombé dans la rivière « Kalamu », au niveau de la 1ère rue à Limete, la *kombi* (un autre type de transport en commun à Kinshasa) tombée dans la rivière N'Djili, la catastrophe aérienne du marché ''type K'', le camion tombé près de la rivière Maï-Ndombe, ainsi que d'autres drames, peut-être moins spectaculaires.
> 2. Rappelons que le Seigneur notre Dieu nous parle encore aujourd'hui à travers tous ces signes qui nous semblent humainement incompréhensibles voire inadmissibles pour nous rappeler ses commandements divins. Car, il est devenu habituel et normal, dans notre pays, et particulièrement dans notre ville de Kinshasa, de

---

[530] COE, JPSC, *Rassemblement mondial. Document final, Op. Cit.*, p. 10.

s'écarter des commandements de Dieu, en usant des pratiques parallèles, voire concurrentes (Ex. 20, 2-3 ; Mt 22, 36-40).

3. Demandons, ensemble avec le peuple de Dieu que nous conduisons, que les responsabilités soient clairement établies au niveau du gouvernement et de l'autorité urbaine, à qui il revient le devoir d'assurer la sécurité des personnes et des biens.
4. Déplorons que non seulement cette sécurité ne semble pas préoccuper au plus haut point les autorités précitées, mais en plus, alors que le pire - pourtant prévisibles - était arrivé, les dispositions qui devraient être mises en place pour ensevelir les morts dans la dignité et le respect, ainsi que pour sauver des vies humaines en danger, ont fait largement défaut.
5. Saluons le grand élan de solidarité tant national qu'international ; et souhaitons que cet élan ne soit pas l'occasion pour les autorités nationales de démissionner de leurs responsabilités, souhaitons également que les fruits de cet élan soient gérés dans la transparence et profitent aux nécessiteux.
6. Rappelons, encore une fois, que chacun est responsable, les uns des autres, sur cette terre (Gn 4, 9-10 ; Lc 10, 29-37), nous avons des comptes à rendre tôt ou tard au Seigneur de la manière dont nous gérons les talents qu'Il nous a confiés (Mt 25, 14-30). Ceci concerne en particulier nos frères et sœurs propriétaires des moyens de transport en commun, de ceux qui les conduisent, des responsables chargés de la circulation dans notre pays, de ceux chargés de la santé, des médecins et du personnel soignant, ainsi que tous ceux qui ont une quelconque responsabilité civile dans la vie nationale. A tous ceux-là, nous voulons rappeler le danger de placer la recherche du gain personnel avant l'amour du prochain. Que sert à l'homme de gagner l'univers, s'il y laisse sa propre vie ? (Mt 16, 26 ; Mc 8, 36 ; Lc 9, 23).
7. Dénonçons avec fermeté le manque de respect dû aux morts : en effet, des frères et sœurs ne se sont pas gênés de dépouiller les morts de leurs biens (montres, bijoux, argent, habits), au vu et au su de tout le monde.
8. Assurons nos frères et nos sœurs encore hospitalisés de nos prières ferventes pour une prompte guérison. Et présentons nos condoléances aux familles de ceux qui nous ont quitté. Nous prions pour que le seigneur soit leur consolation.
9. Afin de nous réconcilier nous-mêmes, les uns avec les autres, ainsi qu'avec le Seigneur, autour de ces événements malheureux et douloureux, nous, les chefs spirituels de nos Églises, profitant de la semaine de l'unité des chrétiens de cette année 1996, avons décidé d'organiser le dimanche 3 mars à 15 heures au Stade Kamanyola une grande prière œcuménique à laquelle nous invitons les

dirigeants du pays à tous les échelons de la vie nationale, tous les chrétiens de Kinshasa, les croyants et les hommes de bonne volonté.
Au cours de cette rencontre spirituelle, nous prierons tous ensemble pour nos morts et les accidents de ces derniers jours ainsi que pour notre pays, le Zaïre, afin que le Seigneur Tout-Puissant veille encore davantage sur son peuple et lui garantisse de la paix et de la sécurité (Ps 127, 1-2).
Fait à Kinshasa, le 06 février 1996
Ps A lire dans les Eglises et temples les dimanches 18 et 25 février 1996 »[531].

Il ressort de ce mémorandum ce qui suit :

- Une interpellation de l'Etat zaïrois qui doit vérifier que les employeurs des moyens de transport en commun satisfont aux normes élémentaires de travail : le bon état des véhicules de transport en commun et des avions, la sécurité des personnes appelées à utiliser ces moyens de transports, ...
- Une requête pour l'établissement clair et net des responsabilités des autorités au niveau du gouvernement et de l'autorité de la ville de Kinshasa ayant manqué à leur devoir d'assurer la protection des personnes et la sécurité des biens.
- Le constat de l'indifférence de l'Etat Zaïrois et particulièrement des autorités interpellées ci-dessus de protéger les droits de l'homme et surtout de prévoir que la négligence de la protection des droits entraîne des conséquences déplorables du genre de ce qui est arrivé.
- Le manquement de l'Etat de réaliser les droits par la mise en place des dispositions permettant d'ensevelir les morts dans la dignité et le respect dû aux morts d'une part, et par la non-assistance des vies humaines en danger au moment de ces accidents.
- Le grand élan de solidarité national et international doit être bien géré par les autorités de l'État. Cet élan n'est pas une occasion pour l'État de ne pas s'acquitter de ses obligations de prendre en charge les dépenses inhérentes à ces événements malheureux.
- Le rappel de l'éthique de responsabilité : « chacun est responsable, les uns des autres » et la référence à la première affirmation du COE : « nous avons des comptes à rendre tôt ou tard au Seigneur de la manière dont nous gérons les talents », le mémorandum se termine par la décision d'organiser un culte œcuménique au grand stade de Kinshasa d'une capacité d'accueil estimée à plus de 80.000 personnes.

Ce culte œcuménique prévu au stade a été précédé par un autre en date du 10 janvier 1996 célébré à la cathédrale du centenaire protestant à l'occasion de

[531] Ont signé le mémorandum : pour l'Eglise catholique au Zaïre, Frédéric Cardinal ETSOU, archevêque de Kinshasa ; pour l'Eglise du Christ au Zaïre, Monseigneur Bokeleale, président ; pour l'Eglise kimbanguiste au Zaïre, son Excellence Lutadila, Secrétaire général ; pour l'Archevêque de l'Eglise orthodoxe au Zaïre, le Révérend Père Katalay, Secrétaire de l'Archevêché.

la catastrophe aérienne de Ndolo du 8 janvier 1996 auquel avait assisté le président de la République.

Le culte œcuménique organisé au grand stade de Kinshasa (Kamanyola devenu « Martyrs ») en date du 3 mars 1996 a été célébré comme celui du 10 janvier par les autorités ecclésiastiques signataires du Mémorandum. La responsabilité de prêcher la parole de Dieu est revenue encore une fois de plus à Mgr Marini Bodho, alors vice-président de l'ECC. Son sermon a eu pour thème : « Aimer Dieu, son prochain et son pays »[532]. Ce sermon contient un passage très intéressant concernant les droits de l'homme. En voici un extrait : « C'est pourquoi, mes frères et sœurs dans le Seigneur, aimons notre pays le Zaïre, protégeons nos richesses et partageons ses revenus équitablement, garantissons la sécurité de notre pays, don de Dieu et signe de son amour envers nous. Faisons régner la justice sociale et distributive au Zaïre. Respectons les droits des uns et des autres en reconnaissant aux hommes et aux femmes de ce pays le droit à la vie, le droit au travail et à un salaire digne, le droit à la parole, à la participation, à la gestion des biens de notre pays si favorisé par Dieu, notre Père »[533]. Cette position en faveur des droits de l'homme va dans le même sens que celle soutenue autrefois par le pape Pie XI, « l'homme, en tant que personne, possède des droits qu'il tient de Dieu et qui doivent demeurer vis-à-vis de la collectivité hors de toute atteinte qui tiendrait à les nier, à les abolir ou à les négliger »[534].

La série des événements malheureux qui ont endeuillé Kinshasa relève de la négligence coupable des droits de l'homme par l'Etat zaïrois. Le respect des droits humains aurait pu éviter ces événements malheureux.

Nous avons mentionné plus haut l'existence d'une autre plate-forme à cinq regroupant les quatre Eglises chrétiennes et la communauté islamique. Nous avons mis en exergue leur déclaration commune du 22 avril 1997. En examinant cette déclaration, nous constatons que ce « macro-œcuménisme » se recherche encore, surtout dans la formule de bénédiction finale. Le message a trait à la situation de la guerre menée par l'AFDL. Nous reproduisons deux extraits significatifs pour souligner ce que nous venons de dire au sujet du « macro-œcuménisme ». « Ils (responsables de cinq confessions) avaient décidé de se mettre en une prière intense, un jeûne rigoureux et une pénitence sévère pour implorer Dieu de restaurer la paix dans les cœurs de tous les hommes des pays belligérants, de leur accorder le don de la conversion pour que les hostilités cessent »[535].

Ce passage montre le point commun de cinq confessions, à savoir la croyance en un seul Dieu. On peut voir le respect réservé à leurs doctrines

---

532 MARINI Bodho, *Aimer Dieu, son prochain et son pays, culte œcuménique du 9 mars 1996 au stade Kamanyola (Les Martyrs),* Kinshasa (pamphlet), 1996.

533 Même source, p. 15.

534 R. COSTE, *L'Eglise et les droits de l'homme,* Paris, Desclée, 1982, p. 29.

535 Déclarations des chefs des confessions catholique, protestante, kimbanguiste, musulmane et orthodoxe, Kinshasa, Saint-Paul, 1997, p. 1.

théologiques : aucune allusion n'est faite au Seigneur Jésus ou au prophète Mahomet.

Le deuxième extrait de leur déclaration stipule ce qui suit : « Nous, chefs des confessions, vos pères spirituels, invoquons sur vous tous et toutes, chers fils et filles, la bénédiction du Très-Haut, Père, Fils et Saint-Esprit »[536].

Nous sommes ici en présence d'une formule trinitaire réservée aux Eglises chrétiennes et inconnue à l'islam. Le représentant de la communauté islamique signataire de ce document est-il conscient que cette formule est typiquement chrétienne ? A-t-il cautionné cela expressément ? Et pour quelles raisons ? S'agit-il d'une faute d'inattention ? On est loin d'y croire. Les réponses à donner à ces questions importent peu. Ce que nous voudrions souligner ici est le fait que le « macro œcuménisme » a pour fondement la morale universelle véhiculée par les droits de l'homme. Les quatre Eglises chrétiennes et la communauté islamique se sont engagées au nom de droits de l'homme et plus précisément du droit à la vie pour jouer ensemble leur rôle prophétique dans une situation de guerre et de rébellion.

L'œcuménisme de quatre Eglises chrétiennes congolaises se renforçant de plus en plus donne naissance au comité national des Commissions Justice et Paix catholique, protestante, orthodoxe et kimbanguiste.

1.2.3 Le Comité national des Commissions Justice et Paix catholique, protestante, orthodoxe et kimbanguiste

A l'initiative conjointe de l'Eglise du Christ au Congo (ECC) et de la Conférence des Eglises de toute l'Afrique (CETA), s'est tenue à Kinshasa du 21 au 27 juillet 1997 la Conférence des Eglises chrétiennes de la République Démocratique du Congo. Elle a eu comme thème central : « La place et le rôle des Eglises chrétiennes dans la République Démocratique du Congo et en Afrique centrale : unité, paix et dignité humaine comme exigence divine dans la reconstruction et le développement ». A l'issue de ce forum est né le Comité national des commissions Justice et Paix catholique, protestante, orthodoxe et kimbanguiste. Un Comité de 28 personnes (hommes et femmes) à raison de sept personnes par Église est mis sur pied. La présidence est revenue au secrétaire exécutif national de la JPSC/ECC.

Ce comité national a élaboré son premier programme d'action exécuté à l'époque. Parmi les actions urgentes, on peut citer, entre autres, la localisation et la visite des détenus politiques. Deux cents personnes presque toutes anciens dignitaires du régime de Mobutu ont été arrêtées à Kinshasa et gardées en dehors de la prison centrale dans les endroits où il n'y a pas du tout de toilettes, pas de lits, pas de matelas, et où règnent des conditions hygiéniques inhumaines. On a compté à l'époque cinq lieux de détention.

La question que ce Comité national des commissions Justice et paix catholique, protestante, orthodoxe et kimbanguistes s'est posé au regard de la

---

[536] Document cité, p.5.

situation de ces détenus politiques était de savoir si le traitement infligé à ces mobutistes est respectueux des droits de l'homme ? Les motifs de leur arrestation n'ont pas été sa préoccupation. Peu importe les raisons qu'on peut évoquer, mais ce qui importe, pour nous, au regard du traitement en question, c'est le droit du détenu politique « d'exister humainement ». Le droit d'exister humainement nous pousse à formuler une autre interrogation : les détenus politiques congolais ont-ils le droit d'être traité humainement ou pas ?

Le régime politique mis en place par M'Zee Kabila est supposé connaître son obligation en matière de protection des droits de l'homme. Cette obligation est-elle respectée pour ces détenus en conformité avec les instruments internationaux en cette matière ? On sait qu'au sujet de la réflexion sur la protection des droits de l'homme, il y a deux perspectives comme l'a écrit Franck Tinland : « du point de vue même de la réflexion sur la protection des droits de l'homme, l'opposition entre les deux perspectives - celle qui présuppose la référence à des modèles universels et celle qui insiste sur la cohérence interne des systèmes socioculturels - n'est pas de simple théorie. Elle pourrait s'illustrer de manière qui serait caricaturale si elle ne recoupait tant de drames individuels par les débats relatifs aux mutilations rituelles, et plus particulièrement à l'excision pratiquée sur les fillettes dans un grand nombre de sociétés étrangères à la tradition occidentale. Il serait même possible d'évoquer les sacrifices humains... et parmi ceux-ci, les formes secondaires, auxquelles on ne songe guère, que sont l'obligation de suivre son époux dans « la mort, ou de manière plus bénigne, de se vêtir à jamais de noir et de ne pouvoir se remarier »[537].

A la lumière de cette réflexion, nous disons que tout régime politique africain en général et congolais en particulier qui tient à respecter la dignité humaine ne peut se référer qu'à des modèles universels de protection des droits de l'homme, et doit éviter à l'égard de tous les détenus des traitements dégradants et humiliants qui n'honorent pas l'espèce humaine.

Le Comité national des commissions Justice et paix catholique, protestante, orthodoxe et kimbanguiste n'a pas manqué de porter à la connaissance des chefs d'Églises catholique (cardinal Etsou) et protestante (Mgr Bokeleale) cette situation déplorable des lieux de détenus. Les deux chefs ont visité à leur tour ces lieux, notamment le lieu le plus répugnant qui était en face de l'institut supérieur de Commerce de Kinshasa. Ce lieu de détention a été réservé aux anciens membres du bureau politique, anciens ministres et autres cadres du régime de maréchal Mobutu.

La réaction des chefs d'Églises a été une leçon d'éducation aux droits de l'homme et plus précisément le respect de la dignité humaine d'une part, et d'autre part, un message simple et significatif sans parole, marqué par l'envoi

---

537 F.TINLAND, *Droit à vivre humainement et droit aux différences. Réflexion sur les fondements anthropologiques des droits de l'homme,* in J.F. COLLANGE, et ali, *L'intolérance et le droit de l'autre, Le champ éthique,* n° 20, Genève, Labor et Fides, 1992, p. 171.

d'une équipe de nettoyage pour mettre la propreté dans le lieu où on a pu sentir l'odeur de l'urine et des excréments.

L'œcuménisme des quatre Églises chrétiennes s'est fait remarquer tout au long du « dialogue intercongolais » et dans la mise en œuvre des institutions de transition de la République démocratique du Congo.

1.2.4. Les Églises, le dialogue intercongolais et les institutions de transition

La participation des Églises congolaises à la vie politique du pays constitue une marque de vitalité religieuse et un exercice de la fonction prophétique. Elle témoigne que leur foi religieuse ne s'exprime pas uniquement dans l'action morale, mais aussi dans l'activité politique.

En m'inspirant des informations données par la presse à partir des sites internet, je voudrais présenter les différentes étapes de la participation des Églises congolaises comme l'une des composantes de la société civile à partir de janvier 2002 jusqu'à l'installation des institutions de transition issue du dialogue intercongolais.

La période antérieure à celle-ci ne fait pas l'objet de notre analyse pour la simple raison qu'elle n'a pas abouti à la signature de l'accord global et inclusif bien qu'elle ait, certes, servi d'une manière ou d'une autre de préparation à l'an 2002. Je sais que pendant cette période les Églises ont organisé en collaboration avec les autres composantes de la société civile des conférences-débat, des réunions et ateliers de travail, et participé aux différentes rencontres partielles du Dialogue intercongolais en Afrique et en Belgique (table ronde de Bruxelles). Mais la phase la plus décisive est celle qui commence en janvier 2002 et connaîtra une issue heureuse.

1.2.4.1. La société civile et son cahier des charges au Dialogue intercongolais[538]

La société civile, toutes composantes confondues (les Églises y compris), s'est réunie au Centre catholique Nganda de Kinshasa pour harmoniser les différents cahiers des charges en vue de constituer un seul cahier à présenter au Dialogue intercongolais. Les délégués à cette rencontre sont venus de toutes les provinces y compris celles sous l'occupation des rebelles. Les participants à cet atelier ont fourni un travail remarquable, appréciable selon les déclarations de M. Marceau Edouard, Directeur de l'IFES et le représentant du Law Group. Ils sont parvenus à établir un unique cahier des charges de la société civile au point que les chefs des confessions religieuses ont eu à la séance de clôture qui s'est déroulée le jeudi 10 janvier 2002 un message exhortant la société civile à garder son unité « dans les actions futures »[539].

---

[538] Lire entre autres sites : www.digitalcongo.net du 11 janvier 2002.

[539] Même source.

Après cette rencontre qui a permis à la société civile de se doter d'un unique cahier de charge, les délégués de la société civile au Dialogue intercongolais sont arrivés à Sun City le 24 février 2002.

Comment la société civile s'est-elle restructurée à Sun City ?

1.2.4.2. La société civile et sa restructuration à Sun City

Face aux enjeux du Dialogue intercongolais et pour pouvoir parler d'une seule voix, les délégués de la société civile qui sont arrivés à Sun City ont décidé de réorganiser leur équipe dirigeante. Ils ont confié la présidence et la vice-présidence aux représentants des confessions religieuses. Ils ont rendu public cette restructuration dans une déclaration importante qui dénonce le blocage des travaux du dialogue par les belligérants. Ceux-ci sont accusés de prendre en otage le dialogue intercongolais. Ci-dessous l'importante déclaration des Forces vives de la société civile : « Les délégués des Forces vives au Dilogue intercongolais, arrivés à Sun City le 24 février 2002 voudraient avant tout réaffirmer leur détermination à donner le meilleur d'eux-mêmes pour la réussite des négociations politiques intercongolais et l'avènement d'une paix durable en République démocratique du Congo. Devant la situation actuelle de blocage du Dialogue intercongolais, la société civile/forces vives de la Nation, tient à porter à la connaissance de l'opinion tant nationale qu'internationale les considérations suivantes :

1. La société civile/Forces vives en tant qu'émanation du peuple est fortement choquée par les tergiversations des belligérants et des politiciens congolais qui évoquent des prétextes de toutes sortes pour retarder le démarrage effectif des travaux du dialogue national. Elle rappelle toutes les parties en présence à dépasser leurs divergences et à privilégier l'intérêt supérieur de la nation et la fin de l'humiliation du peuple congolais. En effet, toutes les raisons avancées par « les uns et les autres » pour ajourner leur participation devraient trouver comme cadre approprié d'examen la plénière elle-même du Dialogue national.

2. Par ailleurs, la société civile/Forces vives a appris avec tristesse qu'un groupe malveillant a fait circuler à Sun City et sur internet une déclaration non datée et non signée dite de politique générale imputée faussement à la délégation des Forces vives au Dialogue intercongolais. La société civile/Forces vives dénonce ce document comme apocryphe. Elle fera connaître en temps opportun et de manière officielle sa véritable déclaration de politique générale après la tenue de son assemblée générale. Elle dénie à toute personne non mandatée le droit de parler en son nom et appelle tous les compatriotes à la vigilance et au discernement dans l'accueil des messages provenant de Sun City.

3. Pour éviter toute équivoque et pour plus d'efficacité, la déclaration de la société civile/Forces vives s'est dotée en date du 27 février 2002, d'une nouvelle structure d'organisation dont voici la composition :

A. Un collège interprovincial de 25 personnes a été mis sur pied comme organe de direction de la Société civile/Forces vives pendant le Dialogue intercongolais.
B. Ce collège a élu en son sein un bureau composé de : président-chef de délégation : Révérend Dr Jean-Luc Kuye Ndondo wa Mulemera ; vice-président : Mgr Philippe Dinzolele Nzambi ; [...].

4. La société civile/forces vives exhorte le « facilitateur » à faire respecter les dispositions des accords de Lusaka relatives à la tenue du Dialogue intercongolais « notamment : l'indépendance de chacune des cinq composantes dans le choix de ses délégués. La négociation effective entre les cinq composantes dès l'ouverture du Dialogue garantissant leur statut identique. A ce propos, la Société civile/forces vives considère que les réunions entre les belligérants ne doivent pas tendre à marginaliser les deux autres composantes à savoir la société civile/Forces vives et l'opposition non armée et à prendre ainsi en otage le processus de négociation. Nous demandons à la facilitation de fournir les efforts nécessaires pour que nos collègues non encore présents à Sun City nous rejoignent.

5. Pour terminer, la société civile/forces vives appelle tous les participants au Dialogue intercongolais à faire preuve d'abnégation, d'humilité, de citoyenneté, de tolérance et de sens de responsabilité au regard des souffrances et de la misère sans non de notre peuple. Le peuple est fatigué de la guerre. Il demande aux belligérants la cessation immédiate des hostilités conformément aux Accords de Lusaka, aux résolutions pertinents du Conseil de sécurité des Nations Unies et au Pacte-républicain.

Il attend de Sun City un résultat positif, c'est-à-dire : la fin de la guerre, le retrait ordonné des troupes étrangères, la restauration de l'autorité de l'État sur toute l'étendue de la République, la réconciliation nationale et l'avènement d'un nouvel ordre politique porteur de démocratie et d'un État de droit.

Nous sommes tous devant une responsabilité historique à laquelle nous ne pouvons pas nous dérober sous aucun prétexte. L'heure n'est plus « à la rhétorique creuse, à l'accumulation des alibis.

Nous, Société civile/Forces vives de la nation, sommes prêts à nous engager avec les autres composantes et sans délais dans un Dialogue franc, sincère et constructif, conciliant mais ferme.

Nous saisissons cette occasion pour réaffirmer notre indépendance et notre autonomie vis-à-vis des autres composantes. Nous demandons à notre population de rester en alerte et de se tenir prête pour les actions éventuelles en cas de persistance du blocage. C'est ainsi qu'elle encourage les actions déjà amorcées par l'intersyndicale.

Au nom de la Société civile/Forces vives »[540].

La participation de la composante confessions religieuses de la Société civile a été marquée par la présence des chefs des confessions ci-après :

---

[540] www.digitalcongo.net du 1er mars 2002.

cardinal Frédéric Etsou pour l'Église catholique, Mgr Pierre Marini Bodho pour l'Église du Christ au Congo (union des Églises protestantes), Révérend Lutandila pour l'Église kimbanguiste, professeur Fumuzanza pour la communauté islamique. D'autres évêques catholiques et pasteurs protestants ont pris part au Dialogue intercongolais. Parmi eux figurent le pasteur protestant et l'évêque catholique portés respectivement à la présidence et vice-présidence de la Société civile/forces vives pendant le dialogue intercongolais.

La Société civile ne s'est pas contenté de faire une déclaration pour stigmatiser le blocage du Dialogue, elle a également fait pression pour la reprise du Dialogue intercongolais.

1.2.4.3 La société civile et la reprise du Dialogue intercongolais

La liste additionnelle de l'opposition non armée provoque à Sun City, en Afrique du Sud, la suspension des travaux du Dialogue intercongolais. La société civile ne tarde pas à réagir à ce blocage des travaux. Elle va jusqu'à entamer la grève de la faim. Ci-dessous un extrait de la presse à ce sujet : « Au fait, l'attitude des belligérants est plus que surprenante dans la mesure où il se révèle que chacun d'eux veut contrôler ou avoir la mainmise sur l'opposition non armée. Et ils ont eu comme prétexte la liste additionnelle dite des 20. Les arguments aussi rocambolesques les uns que les autres sont développés par les belligérants qui n'entendent pas en démordre. Ils campent sur leur position en se rejetant mutuellement la responsabilité du blocage. Et comble de tout : tous prennent à témoin le peuple congolais. Aussi d'aucuns se demandent-ils si la classe politique congolaise a conscience de la misère de la population, laquelle est exacerbée par des querelles politiciennes de conservation et de conquête du pouvoir, de positionnement et repositionnement politique.

L'autre acteur ambigu dans cette crise se trouve être la facilitation du Dialogue intercongolais. A-t-elle joué son rôle convenablement ? En tout cas nombreux sont les observateurs qui pensent le contraire. Les noms des membres du bureau de l'ancien président botswanais, Sin Ketumile Masire, sont cités dans toutes les querelles qui ont entouré la confection des listes de toutes les composantes. […].

Force neutre et dans laquelle la population congolaise peut encore se reconnaître, la société civile n'a pas tardé de le signifier aux belligérants et à l'opposition non armée. Elle a enclenché dès lundi dans la soirée une série de manifestations pour influer sur ceux-là mêmes qui tendent de sacrifier la nation congolaise sur l'autel de leurs intérêts personnels et sordides. Ainsi, une grève de la faim a été entamée lundi et se poursuivra jusqu'à ce que les travaux du dialogue intercongolais reprennent »[541].

La grève de la faim est une grande première dans l'histoire de la société civile congolaise. Elle a beaucoup contribué au déblocage et à la reprise des travaux du Dialogue intercongolais. Voici le récit de la grève de faim et de la

---

[541] www.digitalcongo.net du 05 mars 2002.

marche de protestation y afférente : « la société civile a entamé la grève de la faim lundi à Sun City. ''Nous ne voulons plus manger sans travailler. Nous ne voulons pas abuser de l'hospitalité du peuple sud-africain un peu de dignité pour nous-même et du respect pour le peuple congolais. Mettez-vous au travail s'il vous plaît. N'avez-vous pas honte ? Etes-vous venus ici pour manger et vous amuser pendant que le peuple congolais souffre ? Libérez le dialogue intercongolais s'il vous plaît'' ».
Autant de messages qui ont été lus lundi matin à Sun City en Afrique du Sud, sur des papiers déposés sur toutes les tables de la terrasse Sun City où était prévu le déjeuner pour les délégués au Dialogue intercongolais. Le mot d'ordre de la grève de la faim entamée qui s'est manifesté à travers plusieurs actions, était lancé par la composante Société civile au motif que le Dialogue intercongolais est bloqué.
Les organisateurs de la grève ont décidé de ne pas manger jusqu'au démarrage effectif des travaux, action qui vient de donner corps à l'idée lancée auparavant par l'intersyndicale, une des sous-composantes de la société civile. Ainsi, les ténors de cette composante ont pris le devant de cette manifestation portant des banderoles et scandant des chansons diverses sous l'œil vigilant de la police sud-africaine et la curiosité de nombreux touristes qui envahissent quotidiennement Sun City. [...] Les manifestants se sont rendus à Canabas où sont déjà logés les membres du gouvernement, les rebelles du RCD/Goma et ceux du MLC de Jean-Pierre Bemba. Ils ont pris d'assaut le bistrot de la piscine, leurs calicots et banderoles en mains.

On pouvait aussi lire : « Dialogue intercongolais, l'œil du peuple t'observe. ''Ne trahis pas'', ou encore : ''pensez à la souffrance du peuple, ce pays appartient au peuple congolais ; le Dialogue intercongolais ici et maintenant''. Nous voulons partir dans une semaine avec des résultats positifs ; arrêter de prendre le peuple en otage, trop c'est trop ; pas de tourisme à Sun City, bonne fête messieurs et mesdames les touristes, le peuple congolais meurtri, affamé, humilié vous suit dans vos jeux de chat et souris, encore ''une bonne fête''. Les chansons étaient aussi significatives et poignantes : ''nous réclamons le Dialogue intercongolais et le Congo sera sauvé''. Sun City a bougé et les organisateurs semblent atteindre leur objectif »[542].

Cette grève de la faim et la marche de protestation à Sun City constituent une marque du courage de la non-violence. Comme on le sait, la société civile congolaise a toujours refusé d'imiter la violence des violents. Elle se distingue par le respect des principes de la non-violence. Cependant, il n'est pas facile d'exercer le courage de la non-violence car le courage comme vertu exige beaucoup de volonté, comme l'a écrit en d'autres termes Jean-Marie-Muller : « Pour se décider à la non-violence, il ne faut pas seulement l'adhésion de l'intelligence, il faut aussi la détermination de la volonté. Depuis toujours, les philosophes nous ont prévenus qu'il peut y avoir une grande distance entre la

[542] www.digitalcongo.net, du 5 mars 2002.

compréhension et la volonté. Cette distance ne peut être comblée que par le courage, et le courage n'est jamais une vertu facile »[543]. Ce courage de la Société civile a poussé celle-ci à proposer le maintien de Joseph Kabila à la présidence de la transition.

1.2.4.4 La Société civile et la présidence de la transition

A Sun City, la Société civile se prononce en faveur du maintien du Président de la République Joseph Kabila pendant la période de transition. Ce choix est rendu public au cours d'un point de presse animé par les membres du bureau en présence des autres délégués de cette composante au Dialogue. Ci-dessous un extrait de la déclaration :

> « Compulsant les cahiers de charges des provinces ayant servi à la confection du cahier harmonisé de la société civile, en ce qu'une option claire ressort desdits cahiers en faveur du maintien de l'actuel chef de l'Etat en poste pendant la transition. Rendons publique la position de la Société civile/Forces vives au Dialogue national sur le maintien du Général-major Joseph Kabila au poste de Président de la République pendant la transition »[544].

Cette position de la Société civile sur le maintien du Chef de l'Etat Joseph Kabila est justifiée par deux raisons : la première « pour favoriser la gestion pacifique de la transition » et la seconde se réfère aux « efforts fournis par l'actuel chef de l'Etat en vue de s'ouvrir à ses compatriotes et à la communauté internationale »[545].

Ceci étant, la participation des Églises comme composante de la société civile au dialogue intercongolais a été évidente jusqu'à la signature de l'Accord global et inclusif le 17 décembre 2002. Cette participation a continué à se faire remarquer lors de l'installation des institutions de transition.

1.2.4.5 Les Eglises et les institutions de transition

Antoine Bevort a écrit : « Si la démocratie est bien la souveraineté du peuple, la participation des citoyens en est bien la marque éminente »[546]. Autant dire que la participation à la démocratie est l'affaire de toutes les citoyennes et de tous les citoyens y compris les évêques, les prêtres, les pasteurs et autres religieux. On peut aussi dire que dans la démocratie, il n'y a pas d'acteurs d'un côté et des spectateurs de l'autre comme l'a encore écrit Bevort : « La démocratie n'est pas un sport de spectateurs. La participation des citoyens constitue une des voies pour reconstruire le lien social, qui est d'abord un lien politique. La participation, c'est le terreau dont les valeurs démocratiques ont besoin pour s'épanouir, c'est le moyen de redonner

---

543 J.M. MULLER, *Le courage de la non-violence, Op. Cit.*, p. 79.

544 www.digitalcongo.net, 06 avril 2002.

545 Même source.

546 A. BEVORT, *Pour une démocratie participative,* Paris, Presses des sciences politiques, 2002, p. 123.

confiance à une communauté politique qui doute, c'est le moteur de la démocratie »[547].

On peut le constater, l'importance de la participation pour la démocratie est l'élément capital qui explique l'entrée remarquable des dignitaires ecclésiastiques dans les institutions de la transition en République Démocratique du Congo. Les évêques, les prêtres, les pasteurs et autres religieux sont présents au parlement et aux institutions d'appui à la démocratie. Les membres de la société civile ont confié quatre présidences aux dignitaires ecclésiastiques. La présidence du Sénat est confiée à Mgr Pierre Marini Bodho, président de l'Eglise du Christ au Congo, la présidence de la Commission électorale indépendante confiée à l'Abbé Apollinaire Muholongu Malumalu, recteur de l'Université catholique du Grabens (Butembo), la présidence de la Commission Vérité et Réconciliation confiée au Révérend Dr Jean-Luc Kuye Ndondo, président provincial de l'Eglise du Christ au Congo/Sud-Kivu, la présidence de la Commission de l'Ethique et de la lutte contre la corruption confiée à Mgr Philippe Dianzolele Nzambi, Evêque d'un diocèse (catholique) au Bas-Congo.

Ainsi, il se crée au Congo démocratique une tradition qui fait que pendant les périodes de transition les dignitaires ecclésiastiques sont choisis pour présider les institutions parlementaires.

La date du 24 avril 1990 qui aurait permis le cheminement de la Deuxième à la troisième République a donné deux étapes d'une valeur historique incontestable : « celle de la ''pré-transition'' consacrée à l'élaboration de nouveaux principes de gestion de la République et celle de la transition chargée de la mise en place des animateurs de la Troisième République. La première phase de la ''pré-transition'' a abouti à la tenue d'une imposante ''Conférence nationale souveraine'' »[548]. Celle-ci et la nouvelle Assemblée nationale, le Haut Conseil de la République ont été successivement présidés par un dignitaire ecclésiastique en la personne de Mgr Laurent Monsengwo Pasinya, archevêque de Kisangani, de 1992 à 1997.

Une autre transition qui commence après la signature de l'Accord Global et inclusif en Afrique du Sud voit également un autre dignitaire ecclésiastique présider le sénat, institution appelée à jouer « le rôle de médiateur en cas de conflit entre les institutions »[549]. Il s'agit de Mgr Marini Bodho, président de l'ECC et président du Sénat qui a laissé une bonne impression au Sénat belge par la signature d'un accord, le premier du genre, de coopération entre les sénats belge et congolais en date du 26 mars 2004 : « En apposant leur signature au bas dudit Accord, les présidents du Sénat congolais, Mgr Pierre Marini Bodho et du Sénat belge M. Armand De Decker viennent de prouver à

---

[547] *Ibid.*, pp. 13-14.

[548] I. Ndaywel è Nziem, *Histoire générale du Congo, Op. Cit.*, p. 773.

[549] Accord global et inclusif sur la transition en République démocratique du Congo, déjà cité, p. 19.

la face du monde que l'ancienne métropole (Belgique) est disposée à collaborer avec son ancienne colonie (République Démocratique du Congo). Quatre points essentiels font l'objet de cet accord. Il s'agit de la décision de deux présidents sénateurs de créer des groupes d'amitiés dans le cadre de l'Union interparlementaire, d'organiser des visites annuelles de délégations parlementaires, de mettre en œuvre des stages en Belgique pour des fonctionnaires du Sénat congolais et de bénéficier de l'assistance administrative et technique, sur place, par des fonctionnaires du sénat belge »[550].

Outre sa mission de médiation des conflits politiques entre les institutions, le Sénat est « chargé d'élaborer l'avant-projet de constitution à soumettre au référendum. Il examine concurremment avec l'Assemblée nationale les programmes ou projets de loi »[551].

Sur ce, je peux dire que les interventions des quatre Eglises chrétiennes sur le plan politique ont un caractère occasionnel et se bornent le plus souvent à dénoncer des violations des droits de l'homme, des valeurs menacées, des périls ou des abus. Elles essaient de récupérer la fonction prophétique dans des situations de crise qui se présentent en République Démocratique du Congo. Elles s'intègrent avec une certaine modestie dans la société civile afin de jouer dans une certaine mesure le rôle de guide dans l'évolution sociopolitique.

Ceci étant, je peux examiner en détail les réalisations en matière de droits de l'homme de l'une de ces quatre Eglises, à savoir l'Eglise du Christ au Congo.

2. L'église du Christ au Congo et les droits de l'homme

Avant d'entrer dans le vif du sujet « Eglise du Christ au Congo et les droits de l'homme », je voudrais répondre à deux interrogations majeures. La première est la suivante : quelle est la base de la création de l'Eglise du Christ au Congo (ECC) ? La seconde : qu'est-ce que l'ECC ?

La première question a déjà fait l'objet d'une étude approfondie par notre « frère »[552] bien-aimé Philippe Kabongo Mbaya dans son ouvrage déjà cité dans cette réflexion. J'ai apprécié son ouvrage d'une grande valeur scientifique incontestable, raison pour laquelle je le cite plusieurs fois. Il a répondu à cette première question selon sa grille de lecture des événements comme il le dit lui-même : « on reprochera peut-être à cette étude le fait de porter d'abord sur les institutions et de n'avoir pas suffisamment intégré les dynamiques des petits groupes à la base de l'Église. Mais, comme pour toute recherche, il nous fallait une orientation et en assumer les inconvénients. [...] En fait, l'interprétation que nous proposons des évolutions fondamentales du

---

550 www.groupelavenir.net

551 www.digitalcongo.net, 10 avril 2003.

552 Dans la conception africaine du terme.

protestantisme est une grille de lecture ; elle ne prétend nullement exclure d'autres lectures du même phénomène »[553].

Comme on le voit, cela ne m'empêche pas de donner à mon tour une autre réponse à la question selon notre grille de lecture. Je pars de l'hypothèse selon laquelle la marginalisation des protestants par l'Etat congolais depuis 1885 a beaucoup contribué à la naissance de l'Eglise du Christ au Congo. Notre hypothèse est contraire à la thèse suivante : « En effet, par une mise en perspective d'un certain nombre des situations socio-historiques déterminantes, nous proposons une analyse d'un processus interne d'intégration qui, au moment même où le général Mobutu mettait en place son système totalitaire en vue d'encadrer la société zaïroise, a abouti en mars 1970 à l'unification ou regroupement de plus de cinquante entités ecclésiales différentes en une seule et même Eglise : l'Eglise du Christ au Zaïre (ECZ). Point décisif à souligner de prime abord. Cette constitution unitaire de l'Eglise protestante n'a pu se réaliser que par la faveur d'un décret étatique promulgué d'autorité par le régime politique au pouvoir. A partir de ce moment, malgré leur forte inclination au pluralisme et à la liberté, malgré aussi de grandes résistances, des contestations vigoureuses, les protestants zaïrois allaient vivre une logique institutionnelle dont la portée débordait le cadre précis du religieux. Ainsi le protestantisme zaïrois, un peu comme celui de l'Allemagne au temps du IIIème Reich, se mettait à l'heure du nouveau régime politique : le ''mobutisme'' »[554].

Cette thèse n'est pas la mienne, car le souci du regroupement des Eglises protestantes dans le but de réaliser une seule Eglise date de la période de l'Etat Indépendant du Congo comme nous le verrons dans la vérification de notre hypothèse. A l'époque de l'Etat Indépendant du Congo, Mobutu est loin de naître. Il est né en 1930. Loin encore de prendre le pouvoir et d'instaurer un système totalitaire. C'est en 1965 qu'il accédera à la magistrature suprême.

Je tente de démontrer dans les colonnes suivantes comment le protestantisme congolais, dans ses rapports avec l'Etat, a été marginalisé durant la période de l'Etat Indépendant du Congo, pendant la période coloniale et postcoloniale. Le combat du protestantisme congolais pour sortir de l'isolement a continué jusqu'à la fin du règne de Mobutu. L'avènement de M'Zee Laurent-Désiré Kabila change complètement les donnes et met toutes les Eglises chrétiennes même l'Islam sur le même pied d'égalité comme nous le verrons dans la suite.

2.1 La marginalisation des protestants par l'Etat a beaucoup contribué à la création de l'ECC

D'entrée de jeu, je voudrais souligner que les informations qui soutiennent mon hypothèse proviennent entre autres des écrits et enseignements de

553 P. KABONGO Mbaya, *Op. Cit.*, pp. 8-9.
554 *Ibid.*, pp. 7-8.

Munayi Muntu-Monji et de Komy Nsilu Diakubikwa, tous deux professeurs d'histoire à la Faculté de théologie de l'Université Protestante au Congo, du livre de Philippe Kabongo, des procès-verbaux du Conseil protestant du Congo et du Synode national de l'Eglise du Christ au Congo, du Colloque du Synode national de l'ECZ, de la synthèse des travaux des ateliers des journées de réflexion théologique sur le thème « Unité de l'ECZ : bilan et perspectives, des études monographiques » et différents ouvrages sans oublier notre propre expérience sur le terrain.

J'approuve sans réserve le point de vue admirable de Komy Nsilu lorsqu'il dit : « Dans les lignes qui suivent, nous ne parlerons que de quelques faits saillants de cette historique du protestantisme congolais en insistant sur certaines contingences qui nous sont particulièrement précieuses. Mais nos affirmations et réflexions ne rencontreront peut-être pas l'assentiment de tous, pour la bonne et simple raison qu'ils n'entendront pas dans notre adresse ce qu'ils auraient voulu que nous disions, nous faisons pour cela nôtre les propos de Walter Ranschenbush lorsqu'il affirme dans sa réflexion que ''personne n'est capable de tout voir, ni même de dire tout ce qu'il voit''[555]. Si nous ne réussissons pas, nous habitons dans un pays de liberté et chacun est libre de hisser le présent sujet sur un mât plus haut que le nôtre »[556].

Le protestantisme congolais que je présente ici ne représente pas une réalité semblable et cohérente. Je voudrais souligner par là ce qu'a écrit Jean-Pierre Bartian : « le caractère pluriel de ce protestantisme »[557]. Il existe, donc, sous la forme de plusieurs dénominations.

La première évangélisation du Congo qui commence en 1483 et se termine en 1835 par un échec est l'œuvre de l'Eglise du XVème siècle qui est loin de vivre la réforme ou l'avènement du protestantisme.

La seconde évangélisation qui intervient après la réforme du XVIème siècle est l'œuvre des missionnaires protestants qui précèdent les catholiques en 1878 au Congo. Les missionnaires protestants se sont réparti le Congo géographiquement « afin d'éviter la concurrence et les conflits entre eux. En 1910, douze sociétés missionnaires protestantes, en 1920 vingt-six et quarante-trois en 1947 s'installèrent au Congo. Je dois signaler que les protestants n'ont pas œuvré seuls au Congo, les catholiques reprirent eux aussi leur évangélisation vers 1888 avec l'arrivée des premiers missionnaires

---

555 W. RANSCHENBUSH, *Pourquoi je suis baptiste,* Paris, FEEBF, 1986, cité par Komy Nsilu Diakubikwa.

556 KOMY Nsilu Diakubikwa, « Saint-Esprit et Mission. Etat de la question dans l'histoire du protestantisme congolais », in *Revue congolaise de Théologie protestante,* n°11, 1977, p.81.

557 J-P. BASTIAN, *Le protestantisme en Amérique latine, une approche sociohistorique,* Genève, Labor et Fides, 1994, p. 14.

belges »[558]. En effet, c'est en 1888 qu'a eu lieu dans l'Etat Indépendant du Congo l'érection du vicariat apostolique par le pape Léon XIII[559].

L'arrivée des missions catholiques belges permet à l'Etat de forger un vocable discriminatoire pour séparer les missions catholiques dites « missions nationales » de missions protestantes dites « missions étrangères » du fait qu'elles étaient composées de non-belges, c'est-à-dire américains, britanniques et suédois. C'est le début de la marginalisation des protestants par l'Etat Indépendant du Congo.

Les protestants se sont vus marginalisés sous différents angles durant l'Etat indépendant du Congo, pendant la période coloniale et post-coloniale.

J'examine brièvement quelques cas de cette marginalisation.

2.1.1 La marginalisation des missions protestantes du statut des missions nationales et « de l'espace social légitime »[560]

Considérées comme missions étrangères sur le territoire congolais, les missions protestantes sont privées du statut des missions nationales et, par conséquent, de tous les avantages et considérations réservées aux bénéficiaires de ce statut. Parmi ces avantages, on peut citer le bénéfice des concessions de terres convenables et de grande superficie.

2.1.2 La marginalisation des missions protestantes en matière d'acquisition des terres

Munayi écrit : « le caractère étranger des missions protestantes fut encore accentué par la convention signée le 26 mai 1906 entre l'État indépendant du Congo d'une part, et le Saint-Siège, d'autre part. Outre les concessions de 100 à 200 hectares qu'elle accordait ''à titre gratuit et en propriété perpétuelle en raison des nécessités et de l'importance de la mission'', la convention attribuait aux membres des seules missions nationales ''en cas de résidence stable'', un traitement à convenir dans chaque cas particulier et recommandait ''la nécessité de conserver la plus parfaite harmonie entre les missionnaires (catholiques) et les agents de l'État »[561].

Comme on le voit, cette convention réserve les faveurs en matière d'acquisition des terres aux seules missions nationales, c'est-à-dire catholiques. Elle établit également la complicité entre les missionnaires catholiques et les agents de l'Etat léopoldien. C'est pourquoi, « sous l'Etat léopoldien, les missionnaires catholiques totalisaient 14.425,44 hectares de terres concédés gratuitement ; tandis que les protestants n'en comptaient que

---

[558] KOMY Nsilu Diakubikwa, article cité, p. 84.

[559] MUNAYI Muntu-Monji, *Les vingt-cinq ans de la Faculté de théologie protestante au Zaïre 1959-1984*, Kinshasa, Publications de la Faculté de théologie protestante au Zaïre, n°1, 1984, p. 13.

[560] Pour de plus amples renseignements, lire Philippe KABONGO, *Op. Cit.*, pp. 61-63.

[561] MUNAYI Muntu-Monji, *Op. Cit.*, p. 14. Cf. *La convention entre le Saint-Siège apostolique et l'Etat indépendant du Congo, Bulletin officiel de l'E.I.C*, 1906, pp.158-160.

526,31 loués à titre de remboursement. Cette discrimination provoqua des remous »[562].

On peut se rendre compte que nous sommes en présence d'une injustice flagrante pratiquée par l'Etat léopoldien à l'égard des missions protestantes.

2.1.3 La marginalisation des missions protestantes des terres proches des concessions minières

La marginalisation des missions protestantes a été également l'œuvre des grandes compagnies minières et agroalimentaires. Se référant à Markowitz, Kabongo écrit : « M. Markowitz a également relevé ce verrouillage des cités minières aux protestants : ''l'éducation des enfants congolais résidant dans les cités minières était pour l'essentiel entre les mains des missions catholiques, des restrictions étaient faites à l'évangélisation protestante concernant le culte et d'autres réunions sur la propriété de la compagnie''. Il y eut même un règlement du gouverneur provincial du Katanga interdisant la construction de chapelles protestantes sur une zone de 5000 mètres de périmètres aux limites de la compagnie (Union minière) »[563].

Cette marginalisation des protestants s'est accentuée lorsque les missionnaires protestants ont commencé à dénoncer des cruautés et sévices infligés aux populations noires par les agents de l'Etat.

2.1.4 La dénonciation des cruautés et des sévices et la marginalisation des protestants

Dans l'Etat Indépendant du Congo, les missionnaires protestants ont dénoncé les crimes, les méfaits commis par les agents de l'Etat léopoldien. Ils ont été informés régulièrement de ces méfaits par les catéchistes, les pasteurs et les enseignants protestants. Pour dénoncer ces abus de pouvoir, ils ont eu recours aux consulats et aux organisations parlementaires de leurs pays respectifs.

Se référant au livre de Vangroenweghe, Mbelelo écrit ce qui suit : « Dans son livre ''Du sang sur les lianes. Léopold II et son Congo'', Vangroenweghe écrit ceci : ''Le régime de Léopold II au Congo a toujours été très controversé. Il le fut principalement en Angleterre, mais aussi encore que fort tardivement en Belgique. A la suite d'une campagne menée contre les atrocités au Congo, Léopold II fut amené à laisser annexer sa colonie par la Belgique en 1908''. Toutes les atrocités furent révélées par des missionnaires protestants américains, suédois et anglais. Le Consul britannique, Roger Casement, ainsi que la *''Congo reform Association''* de E.D. Morel jouèrent à ce propos un rôle important »[564].

---

562 Philippe KABONGO Mbaya, *Op. Cit.*, p. 17. Cf. *M.D. Markowitz, Cross d sword: The political role of christian missions in the Belgian Congo, 1908-1960,* 1973, p. 44.

563 *Ibid.*, p. 36. Cf. MARKOWITZ, 1973, p. 45.

564 MBELOLO ya Mpiku, *Le Chrétien protestant face à la politique,* in Diafwila-dia-Mbwangi, *Op. Cit.,* pp.38-39

Cette citation montre combien les missionnaires protestants étaient impliqués dans la dénonciation des atrocités du régime léopoldien et, plus tard, du régime colonial. Cela a naturellement entraîné la méfiance et la marginalisation à outrance des protestants. Toutes les missions protestantes à l'époque ont pris une part active à la campagne de dénonciation. L'essentiel de leurs activités menées se retrouve dans les ouvrages comme : *« King Leopold's rule in Africa »*[565], *« Du sang sur les lianes Léopold II et son Congo »*[566], *« English-speaking missions in the Congo independent state (1878-1908) »*[567], *« The crime of the Congo »*[568].

Ainsi, les rapports entre le protestantisme et l'Etat colonial étaient tendus suite aux dénonciations d'une part, et de la marginalisation de l'autre. Le Dictionnaire des conseils chrétiens, œuvre des missionnaires, rapporte ce qui suit : « Le problème de la liberté religieuse est devenu ''particulièrement brûlant'' lorsque, dans les années 20, le régime libéral a été remplacé par un autre nettement ''romaniste''. Jusqu'en 1937, une tension constante subsistait et le conseil avait affaire à une hostilité tant ouverte que cachée de la part des responsables coloniaux. Dans certains cas, des missionnaires catholiques romains ont fermé des écoles protestantes, refusé la justice aux indigènes protestants et terrorisé les chefs coutumiers qui favorisaient le protestantisme »[569].

L'ouvrage de Philippe Kabongo rapporte plusieurs faits qu'il qualifie d'« anti-protestantisme colonial » ou de « l'anti-protestantisme pratique au Congo »[570]. Tous ces faits prouvent à suffisance la marginalisation des protestants par l'Etat colonial, notamment sur l'enseignement et les œuvres médicales.

2.1.5 La marginalisation de l'enseignement protestant et de l'œuvre médicale par le pouvoir colonial

Plusieurs écrits parlent de l'histoire de l'enseignement protestant au Congo. Je cite à titre d'exemple, le livre du professeur Kimpianga Mahaniah « Eglise et éducation. Histoire de l'enseignement protestant au Zaïre, 1878-1978 », la thèse de doctorat soutenue par le professeur Masiala ma Solo à l'Université de Genève sur la « déperdition scolaire au Zaïre, rejet social et rejet scolaire ». Tous ces écrits font découvrir la marginalisation de l'enseignement protestant par le pouvoir colonial avant 1948, date à laquelle les écoles protestantes ont

---

565 E.D. MOREL, *King Leopold's rule in Africa,* London, William Heinemenn, 1904.

566 D. VANGROENWEGHE, *Du sang sur les lianes. Léopold II et son Congo,* Bruxelles, Didier Hatier, 1986, p. 17.

567 R. STADE, *English-speaking. Missions in the Congo independent state (1878-1908),* Louvain, 1958.

568 A.C. DOYLE, *The crime of the Congo,* London, 1909.

569 Eglise du Christ au Congo, *Eglise du Christ est une. P.V. de la 49ème Session de l'Assemblée Générale annuelle du CPC tenue à Kinshasa du 28 au 08 mars 1970,* Kinshasa, Leco, 1970. Cf. Eglise du Christ au Congo, Constitution, Kinshasa, CPC, n° 1, 1970, p. 16.

570 P. KABONGO Mbaya, *Op. Cit.,* pp. 34-46.

commencé à bénéficier des subventions du gouvernement belge, de l'inspection publique et de l'admission aux examens d'Etat.

Kabongo parle en d'autres termes de cette marginalisation de l'enseignement protestant dans la partie consacrée à la « lutte protestante pour l'égalité sociale »[571]. Il signale la discrimination subie par les diplômés issus de l'enseignement protestant et des revendications y afférentes en ces termes : « Dans ces revendications, un point mérite toute l'attention. C'est celui qui touchait aux chances socio-professionnelles des congolais issus des écoles protestantes, dans un champ social où les seuls et véritables lieux d'intégration légitime étaient accaparés par les missions catholiques. ''Des élèves sortant des écoles catholiques ont la plus grosse part des positions dans l'administration publique et reçoivent la préférence pour l'avancement''. On fait souvent comprendre aux employés (in texto) protestants que leurs intérêts temporels consistent à se convertir au catholicisme. On vient de nous rapporter le cas d'un haut fonctionnaire qui aurait effectivement menacé un employé protestant de le licencier s'il ne ''devenait pas catholique'' »[572].

La marginalisation de l'enseignement protestant n'est qu'une partie d'un grand ensemble de l'« anti-protestantisme », « dans le domaine de la santé et de l'œuvre médicale, le dirigeant du CPC souligne deux tendances : primo une exclusion, des patients protestants des établissements catholiques ; secundo des pressions exercées sur les autorités civiles par les milieux catholiques pour diminuer la croissance de l'œuvre médicale protestante, et même l'interdire. Enfin, E. Ross attire l'attention sur l'usage des fonds gouvernementaux au budget de l'État, destinés à l'œuvre médicale des catholiques »[573].

Cette citation fait apparaître la marginalisation des protestants dans le secteur de la santé et de l'œuvre médicale. Les cas de marginalisation des protestants sont légion dans tous les secteurs de la vie nationale congolaise. Point n'est besoin de les évoquer tous dans le cadre de cet ouvrage.

Pour ce qui est de la marginalisation de l'enseignement protestant, on sait qu'« en 1942, le Conseil protestant du Congo a protesté contre le refus de l'administration coloniale de reconnaître les écoles protestantes »[574]. Il y a eu ainsi la banalisation de l'élite protestante par le pouvoir colonial.

2.1.6 La banalisation de l'élite protestante par le pouvoir colonial

La banalisation de l'élite protestante par le pouvoir colonial est un fait qui a marqué l'histoire du protestantisme congolais. Je voudrais présenter quelques témoignages pour montrer que cette banalisation était une autre forme de marginalisation de l'élite protestante parce qu'accompagnée même d'actes agressifs comme le signale ce récit de H. Anet : « Dans le district de

---

571 *Ibid.*, p. 68 et suivantes.

572 E. Ross, 1931, 21-iv, ACIMC, p. 14. Cité par P. KABONGO, *Op. Cit.*, pp. 70-71.

573 P. KABONGO Mbaya, *Op. Cit.* p. 37.

574 Eglise du Christ au Congo, *Constitution,* Kinshasa, Edition CPC, n°1, 1970, p. 10.

l'Equateur notamment, les missionnaires protestants et leurs adeptes ont à souffrir de l'hostilité des catholiques. A tout instant, des catéchistes protestants sont battus, parfois cruellement, par des troupes de catholiques. Des catholiques [autochtones] ont insultés des missionnaires blancs [protestants]. Une lettre écrite par la femme d'un docteur de Coquilhatville à la femme d'un missionnaire [protestant] de Bolenge (sic) a été interceptée par les catholiques. Au mois d'août 1912, M. Corey, secrétaire général de la FCMS, a été attaqué ainsi que M. le Révérend Hensez, sur la Busira, par une troupe de catholiques conduits par trois de leurs catéchistes. Si les missionnaires protestants n'avaient pas été défendus au dernier moment par des hommes de leur bateau, leur vie aurait été sérieusement en danger »[575].

L'élite protestante représentée dans cette citation par les catéchistes et les missionnaires blancs n'avait aucune considération dans la conscience du pouvoir colonial. Très souvent, les auteurs de telles agressions n'étaient pas poursuivis par le pouvoir.

Un autre cas de banalisation des catéchistes parmi tant d'autres m'a été raconté par mon père, Matthieu est son prénom. Mon père est diplômé de l'Institut chrétien congolais de Bolenge en 1944. Cet institut est l'œuvre missionnaire protestante de *« Christian Church Disciples of Christ »* dont le siège est à Indianapolis aux Etats-Unis d'Amérique. Il est affecté et a travaillé de 1947 à 1958 à Ekongo, territoire de Kiri, province de Léopoldville (Bandundu) comme moniteur en chef de l'école centrale et pasteur surveillant du secteur. Il avait réuni les neuf catéchistes de son ressort à Ekongo pour un atelier de travail. Dans l'entre-temps un agent colonial belge est arrivé à Ekongo pour les travaux collectifs d'intérêt général. Les catéchistes catholiques et protestants en étaient exemptés selon les instructions de l'autorité coloniale.

A l'issue des travaux de l'atelier et ayant pris le chemin de retour, les neufs catéchistes ont été interceptés par l'agent colonial belge qui les soumit aux travaux forcés collectifs. Informé, mon père est allé protester et demander à cet agent colonial de laisser libres les catéchistes protestants. Cet agent colonial refusa catégoriquement. Pour lui, seuls les catéchistes catholiques ne sont pas soumis à ce genre de travaux.

Mon père dépêcha un messager auprès de Révérend Witmer alias Révérend Engondolo (son nom africain) qui résidait au poste missionnaire de Lotumbe dans la province de l'Equateur. Révérend Witmer saisit sans tarder le secrétaire général de l'Eglise des Disciples du Christ au Congo à Mbandaka. Ce dernier, à son tour, introduisit une requête auprès du Gouverneur général à Léopoldville qui décida de l'expulsion pure et simple de cet agent colonial belge du territoire congolais et son retour en Belgique. Cet agent colonial belge a eu le courage de dire à mon père, avant de partir pour la Belgique, ce qui lui est arrivé suite à ce qu'il a qualifié lui-même d'incident de parcours.

---

[575] H. ANET, 1913, pp.235-236, cité par P. KABONGO Mbaya, *Op. Cit.*, p. 34.

Les catéchistes, les pasteurs, les enseignants, les infirmiers, les diplômés des écoles protestantes, les missionnaires, bref l'élite protestante, ne jouissaient pas de la même considération que leurs collègues catholiques. C'était une autre forme de marginalisation et pas la moindre.

Toutes ces marginalisations de protestants ont créé la solidarité entre eux, le sentiment et la volonté d'avoir une seule Eglise pour tous les protestants. Deux historiens de l'Eglise ont écrit au sujet de la création de l'Eglise du Christ au Congo ce qui suit : Pour Munayi, « déterminés à ne pas calquer la lente formation de l'Eglise zaïroise sur la multiplicité des dénominations des missions protestantes, les membres du C.P.C cherchèrent une dénomination qui couvrit toute l'œuvre évangélique dans le pays. L'année 1934 peut-être appelée année de la naissance de l'Eglise autochtone unifiée. C'est en effet des conclusions des consultations régionales tenues à Mutoto (Kasaï), à Lubumbashi et à Kinshasa en mai-juin 1934 que la conférence générale tenue dans cette dernière ville retint l'expression organique de l'Eglise du Christ au Congo, de nos jours Eglise du Christ au Zaïre. Alors que le Conseil protestant du Congo servait de trait d'union entre les différentes missions, l'Eglise du Christ au Congo devenait le premier instrument d'union organique entre toutes les églises autochtones nées des différentes missions, tandis que la carte de membre était le signe matériel qui concrétisait pour les protestants zaïrois l'appartenance à une même Eglise »[576].

Pour Komy, vers 1930, le nom de l'Eglise chrétienne indigène fut proposé par certaines sociétés missionnaires. En 1934, d'autres sociétés adoptèrent l'appellation de l'Église du Christ au Congo (E.C.C), laquelle appellation devint plus ou moins officielle qu'en 1935 et elle ne devint réellement officielle qu'en 1942 lors de la 20e session du CPC tenue à Luebo. A partir de là, toute dénomination protestante devenait une section de cette ECC. Cependant, il a fallu attendre 28 ans encore (1942-1970) pour que cette appellation soit réellement et définitivement effective et adoptée par tous lors de la 49e Session du CPC qui eut lieu à Kinshasa du 25 février au 8 mars 1970. En date du 8 mars 1970, le CPC est transformé en Eglise du Christ au Congo. « En effet, sur 48 membres présents, 32 votent pour, 14 contre et deux s'abstinrent. La création de l'ECC est approuvée. La jeune Eglise qui venait de naître choisit la neutralité comme fondement de son existence »[577].

Il ressort clairement de ces deux citations que l'appellation de l'Eglise du Christ au Congo date de 1934. La volonté des protestants de se regrouper autour d'une même Eglise appelée ECC voit ses débuts à cette époque-là. Mobutu n'y est pour rien à cette date. La création de l'ECC est approuvée lors de la 49e session du CPC par un vote significatif comme mentionné dans la deuxième citation. Ce qui traduit l'unification des activités ecclésiales par la volonté des protestants eux-mêmes.

---

[576] MUNAYI Muntu-Monji, *Op. Cit.*, p. 16.
[577] KOMY Nsilu Diakubikwa, art. cité, p. 84.

Dire qu'« au moment même où le général Mobutu mettait en place son système totalitaire en vue d'encadrer la société zaïroise, a abouti en mars 1970 à l'unification ou regroupement de plus de cinquante entités ecclésiales différentes en une seule et même Eglise : l'Eglise du Christ au Zaïre (ECZ) » n'est pas notre point de vue pour deux raisons.

La première est l'importance que nous accordons au processus de l'unification des entités ecclésiales protestantes qui date de 1934. L'unification des unités ecclésiales en 1970 n'est pas un événement fortuit, c'est tout un processus sous l'impulsion de la marginalisation des protestants. Ce processus a donné naissance au Conseil Protestant du Congo (CPC) qui est la première forme du regroupement des missions protestantes. Ce même processus est à la base de la création, en 1963, de la Fédération des femmes protestantes du Congo. En 1963, Mobutu n'est pas encore chef de l'Etat. Qui a alors influencé les femmes protestantes à s'unir à cette date ? Voilà pourquoi il faut chercher les raisons de la création de l'ECC ailleurs que dans le mobutisme.

La deuxième raison qui nous interdit d'adhérer à ce point de vue « mobutiste » est l'histoire même du mobutisme. Cette histoire que nous avons tous vécue et qui fait l'objet de nombreux écrits parle d'elle-même. En effet, de grands historiens comme Isidore Ndaywel è Nziem n'ont cessé d'affirmer la date du 27 octobre 1971 comme celle marquant « l'installation de l'ordre nouveau »[578] au Congo qui devient Zaïre à cette même date à partir de laquelle « les grands changements proclamés devaient s'effectuer »[579]. Entre le 8 mars 1970, date de la création de l'ECC et le 27 octobre 1971, date qui ressemble un peu au « temps du 3e Reich »[580], il y a une marge que nous devons respecter pour éviter toute confusion possible.

Dire que le « point décisif à souligner de prime abord : cette constitution unitaire de l'Église protestante n'a pu se réaliser que par la faveur d'un décret étatique promulgué d'autorité par le régime politique au pouvoir »[581], c'est faire fi de l'existence d'une législation congolaise régissant les A.S.B.L. depuis l'Etat léopoldien jusqu'à ce jour. Toutes les Eglises ou associations religieuses qui œuvrent en République Démocratique du Congo doivent nécessairement se conformer à la législation régissant les ASBL en sollicitant auprès du Ministère de la Justice l'obtention de la personnalité civile. Cette législation est en vigueur depuis l'époque coloniale jusqu'à ce jour.

C'est pour cette raison que la création du Conseil Protestant du Congo (CPC), la première forme du regroupement des protestants a nécessité une demande de sa reconnaissance légale comme l'a si bien dit Kabongo : « La création de ce conseil (CPC) nécessita une demande de sa reconnaissance légale. La première démarche en ce sens date de 1920. Mais l'administration

---

[578] I. NDAYWEL è Nziem, *Op. Cit.*, p. 676.
[579] *Ibid.*, p. 677.
[580] P. KABONGO Mbaya, *Op. Cit.*, p. 8.
[581] *Ibid.*

coloniale ne voyait pas d'un bon œil cette tentative de fédérations des associations protestantes. C'est seulement en 1941 qu'une ordonnance sera signée en vue de la reconnaissance du Conseil protestant du Congo (CPC) »[582].

Comme on le voit, c'est l'autorité de l'Etat de l'époque, en l'occurrence le vice-gouverneur général, P. Ermens, qui a signé l'ordonnance du 23 avril 1941 pour la reconnaissance légale du Conseil protestant du Congo (CPC). Peut-on dire que Ermens a créé le CPC en 1941 ?

Le Congo accède à l'indépendance, quelques amendements sont faits dans la constitution du CPC. Cela nécessite également une demande de légalisation de la constitution. La reconnaissance légale de cette constitution amendée est publiée dans le *Moniteur congolais,* n° 6, deuxième partie du 15 mars 1967, pp. 381-384. En 1967, Mobutu est Président de la République et c'est lui qui signe l'ordonnance de reconnaissance légale. Peut-on encore dire que Mobutu a créé le CPC en 1967 ? Pourquoi ne pas le dire lorsqu'on le dit pour l'ECC en 1970 ?

Les deux constitutions CPC (1967) et ECC (1970) ont le même contenu, la même structure d'organisation, les mêmes attributions pour les responsables[583], il n'y a que changement d'appellation : Conseil protestant du Congo devient Eglise du Christ au Congo, secrétaire général adjoint devient vice-président.

En 1970, la Constitution de l'ECC adoptée par la 49e session de l'Assemblée générale de l'ex CPC est soumise au Ministère de la Justice conformément à la législation en vigueur sur l'exercice des cultes en République Démocratique du Congo. La promulgation de cette constitution par l'autorité politique est une conséquence normale, ordinaire en conformité avec la loi sur l'exercice des cultes. Cette promulgation n'est point d'autorité, encore moins une faveur. Elle est conforme à la loi.

Si je prends le cas de la communauté *Baptist Missionary Society* (BMS), l'une de deux premières missions protestantes fondées en 1878 qui s'est divisée en trois Eglises baptistes autonomes, de 1960 à 1972 et qui s'est de nouveau réunie en une seule ASBL le 04 décembre 1972, on peut se rendre compte qu'on a voulu donner au « mobutisme » une importance et une autorité qu'il n'a pas eues dans le secteur des ASBL à caractère religieux. En effet, les trois Eglises baptistes réunies désormais en une seule association dénommée « Communauté baptiste du fleuve Congo » a été reconnue par ordonnance

---

582 *Ibid*, p. 19. Cf. La lettre du ministre des colonies, datée du 25 février 1920, n° 16, 7ème Direction, comme aussi la lettre du gouverneur général, du 16 avril 1920, n° 267, citées dans les Lettres du ministre des colonies du 16 novembre 1929, adressée au gouverneur général.

583 Pour de plus amples informations, lire J.F. BEKOFE Bootololo, *Ethique sociale chrétienne dans l'Eglise du Christ au Congo. Structuration du secrétariat national,* Mémoire de D.E.S. présenté à la Faculté de Théologie de l'UPC (inédit), Kinshasa, 1999. Vous trouverez en annexe les deux constitutions qui ont fait l'objet d'une étude comparative.

présidentielle n°73/013 du 14 février 1973[584]. Qui s'est permis de dire que cette unification des Eglises baptistes est l'œuvre du mobutisme à cause de l'ordonnance présidentielle de reconnaissance légale ?

L'ordonnance prise sur l'initiative du Ministère de la Justice en date du 5 mai 1972 sans consulter les autorités de l'ECC était une façon pour l'Etat de combattre la création et la prolifération des Eglises indépendantes. Cette ordonnance a ajouté sans le consentement de l'ECC, les Eglises indépendantes qui avaient sollicité l'obtention de la personnalité civile au Ministère de la Justice sur la liste des communautés membres de l'ECC. Ce qui a pu donner un effectif de 80 communautés[585]. Les autorités de l'ECC ont réagi en réclamant l'annulation de cette ordonnance contrevenante. L'ordonnance contrevenante a été annulée et remplacée par l'ordonnance-loi n° 73/013 du 14 février 1973 qui a ramené à 53 le nombre de communautés membres de l'ECC[586]. Cela prouve, une fois de plus, que les ordonnances de reconnaissance légale sont sollicitées par les Eglises elles-mêmes et ne sont pas promulguées d'autorité. D'ailleurs, il faut qu'on le sache, il existe plusieurs formalités administratives à remplir à la Direction des cultes du Ministère de la Justice avant qu'une ordonnance soit signée.

Dire qu'« il est important de bien noter que l'initiative de la composition de ces listes avait été laissée à l'autorité civile, ce qui engendra une confusion inouïe »[587] montre qu'on est bien loin de la réalité du terrain. C'est la confirmation de cet écrit : « on reprochera peut-être à cette étude le fait de porter d'abord sur les institutions et de n'avoir pas suffisamment intégré les dynamiques des petits groupes à la base de l'Église. Mais comme pour toute recherche, il nous fallait une orientation et en assumer les inconvénients. Par ailleurs, notre méthode a été fortement fonction des données dont nous disposions. Enfin, si nous avions voulu analyser d'un côté la dualité probable entre l'unification des appareils de direction, leur rapport au politique et aux valeurs idéologiques en place, de l'autre les intégrations possibles, les divisions aussi, dans la base de l'Église, il nous aurait fallu procéder à une enquête sur le terrain »[588]. L'absence d'enquête sur le terrain est à la base de certains passages pervers comme celui de la « composition des listes ». Pour ce faire, l'analyse de l'auteur dans ce passage controversé est biaisée faute d'enquête sur le terrain.

Que dit le procès-verbal de la 49ème session de l'Assemblée générale annuelle du CPC sur les raisons de la création de l'Eglise du Christ au Congo ? Quand je lis le procès-verbal en question, nous constatons que cinq pages sont consacrées à la naissance ou à la création de l'Eglise du Christ au Congo. Cette

[584] Cf. Statuts de l'Eglise du Christ au Congo, 13ème Communauté Baptiste du Fleuve Congo, mai 1998.
[585] Cf. P. KABONGO Mbaya, *Op. Cit.* p. 277.
[586] Ordonnance-loi n°73/013 in *Journal officiel,* 1972, n°11, pp. 997-998.
[587] P. KABONGO Mbaya, *Op. Cit.*, p. 277.
[588] *Ibid.*, p. 8.

lecture révèle deux raisons : l'une socioreligieuse et l'autre d'ordre spirituel. L'ECC reconnaît la raison socioreligieuse mais privilégie la raison d'ordre spirituel. Deux extraits ci-dessous présentent les deux raisons évoquées par le procès-verbal.

1. « Raisons de la création de l'Eglise du Christ au Congo. On est tenté de dire que c'est suite aux pressions de l'époque. C'est pour faire front commun vis-à-vis de l'autorité coloniale de l'époque qui méconnaissait l'importance de l'existence des missions dites étrangères. Il faut nous rappeler que c'est le roi Léopold II qui envoya la mission catholique belge pour évangéliser les sujets de l'État Indépendant du Congo. Même au sein de la mission catholique romaine, les autorités coloniales, s'opposaient catégoriquement à l'engagement des prêtres d'autres nationalités. C'est aux belges catholiques qu'incombait la responsabilité d'évangéliser le Congo belge. Il faut reconnaître que c'était une situation difficile pour les missions protestantes dites étrangères. Il fallait s'unir pour exister et travailler. Ceci est naturel pour toute organisation humaine. Pendant la guerre on a vu les Américains et les Russes collaborer ensemble pour combattre Hitler. On voyait souvent Staline et Rossevelt ensemble, on dirait qu'ils devenaient amis. Oui, nous croyons qu'il y avait des pressions de ce genre pour pousser les missions protestantes à une collaboration effective, mais nous croyons également que Dieu se servait de ces personnes pour montrer la voie de l'unité des enfants de Dieu »[589].

Il ressort clairement de cette citation que la marginalisation des protestants par l'Etat a beaucoup contribué à la création de l'Eglise du Christ au Congo (ECC). Ce qui est la confirmation de notre hypothèse.

La deuxième raison d'ordre spirituel est la suivante :

2. « Cette naissance est un don de Dieu. Pour nous chrétiens, ce n'est pas seulement ce que nous venons de dire plus haut qui est la vraie cause qui poussait l'unité de l'Eglise du Christ du Congo. Il est vrai que Dieu a utilisé les circonstances et les difficultés de l'époque pour réaliser sa volonté : ''l'unité de l'Eglise du Christ du Congo''. Nos anciens missionnaires obéissaient à la parole de Dieu et ne voulaient pas imposer le péché de divisions que souffraient les chrétiens occidentaux. Au Congo, ils favorisaient ainsi la réalisation de la volonté divine. Nos anciens missionnaires savaient que l'unité des chrétiens est un don de Dieu. Ils n'ont pas fait l'unité, mais ils l'ont accepté lorsque Dieu la leur a donnée comme réponse à la prière de son Fils Jésus-Christ ''qu'ils soient un'' »[590].

Cette citation révèle que les membres de l'Assemblée générale attribuent la naissance de l'Eglise du Christ du Congo à la volonté de Dieu Lui-même. Pour eux, la vraie cause de la création de l'Eglise du Christ du Congo remonte

[589] ECC, Constitution, *Op. Cit.*, p. 21, in ECC, procès-verbal de la 49ème Session, *Op. Cit.*, annexe.
[590] *Ibid*, p. 22.

à Dieu qui s'est servi de la marginalisation des protestants pour réaliser le regroupement de tous les protestants en une seule Eglise.

Cette cause étant du domaine de la foi chrétienne, c'est-à-dire hors de la compréhension de monsieur tout le monde et d'une enquête sociologique possible, j'ai préféré retenir la cause qui est techniquement vérifiable par une enquête sur le terrain à savoir la marginalisation des protestants par l'Etat.

Les protestants ont continué à dénoncer leur marginalisation après l'indépendance et cela jusqu'à la fin du règne de Mobutu. Ci-dessous quelques cas de dénonciations après l'indépendance.

1. Le premier cas de dénonciation a eu lieu à la veille de la proclamation de l'indépendance, nous reprenons textuellement ce que nous avons écrit dans notre mémoire de maîtrise : « Ayant appris par la radio et les journaux qu'une messe sera célébrée le 30 juin 1960 à l'église catholique ''Notre Dame du Congo'' à Lingwala à 9h00' avant la proclamation de l'indépendance, le comité local du secrétariat général du CPC chargea le Révérend Thomson, secrétaire général sortant du Conseil protestant du Congo, Rwanda et Burundi d'entreprendre les démarches auprès de la commission préparatoire de la journée de l'indépendance pour qu'un culte soit organisé le même jour dans une église protestante. Malgré sa bonne volonté et ses efforts personnels, le Révérend Thomson ne réussit pas à convaincre la commission préparatoire. Le 29 juin 1960, le Révérend Shaumba accompagné de l'aumônier en chef protestant des Forces publiques se rendit auprès de cette commission préparatoire. Et là, devant le vice-Gouverneur Général qui présidait cette commission, il a dénoncé ce qu'il a qualifié ''d'injustice'' le jour de l'indépendance chèrement acquise par les Congolais. Sa position était claire et nette : la délégation au programme de la proclamation de l'indépendance doit aussi aller méditer avec les protestants pendant quelques minutes comme il a été programmé pour l'église catholique. Ils se sont convenus à ce que le culte au temple protestant de BMS ait lieu le 30 juin 1960 de 8h00 à 8h30 avant la messe prévue à 9h00 à l'église notre Darne du Congo »[591].

Cette marginalisation programmée de l'Eglise protestante pour les festivités de l'indépendance a été déjouée à la veille du 30 juin 1960 par la protestation virulente du Révérend Dr Shaumba selon ses propres dires lors de l'interview qu'il a bien voulue nous accorder en 1991. Il a continué à lutter contre la marginalisation des protestants comme le signale la citation suivante : « durant son mandat, Révérend Dr. Shaumba a beaucoup lutté, comme ses prédécesseurs, pour asseoir l'égalité et la dignité protestantes dans le pays nouvellement indépendant. Car bien que la laïcité de l'Etat et de l'égalité religieuse figurent dans la Loi Fondamentale, des facilités

[591] J.F. BEKOFE Bootololo, *Ethique sociale chrétienne dans la Paroisse internationale protestante de Kinshasa, section francophone,* Mémoire de maîtrise présenté à la Faculté de Théologie protestante au Zaïre (inédit), Kinshasa, 1992.

administratives et des pratiques protocolaires privilégiaient l'Eglise catholique au détriment des Eglises protestantes et kimbanguiste »[592].

2. Deux autres cas de dénonciation sont signalés dans la citation ci-dessous : « Mgr Bokeleale a aussi répété au Synode National en termes tendres le discours vigoureux adressé au chef de l'Etat à Gbadolité à l'occasion du centenaire de l'ECZ (1878-1978), discours dans lequel il dénonçait et condamnait l'injustice, la marginalisation et l'exclusion de l'élite protestante par le pouvoir.

De son côté le vice-président Marini s'était demandé, dans son message à la CNS (Conférence nationale souveraine) si c'était aussi un fait du hasard que depuis 1965 jusqu'à ce jour aucun protestant n'ait été nommé Premier Ministre parmi les 16 qui se sont succédé à ce poste, ni parmi les 7 gouverneurs de la Banque du Zaïre ; pour ne prendre que ces deux secteurs de la vie nationale parmi tant d'autres... Or, la Deuxième République, dirigée à tour de rôle par des clubs d'amis, n'a fait que cristalliser le phénomène de la marginalisation, mieux, de l'exclusion de l'élite protestante de la gestion de la chose publique »[593].

A Gbadolité, le président de l'ECC s'est adressé directement au président Mobutu pour condamner la marginalisation des protestants à des postes importants de la gestion de la chose publique.

Le vice-président de l'ECC s'est exprimé à la CNS, c'est-à-dire il s'est adressé au peuple congolais réuni en conférence pour stigmatiser la marginalisation des protestants de la gestion de l'Etat. Enfin, le dernier cas que nous pouvons mentionner est celui de la lettre pastorale signée par l'Evêque Bokeleale, président de l'ECC.

3. Dans sa Lettre pastorale intitulée « la marginalisation éternelle des protestants dans notre pays est un grand danger non seulement aujourd'hui mais surtout pour les générations futures », le président national de l'ECC rappelle « le problème des protestants et de leur marginalisation » qui date depuis l'Etat Indépendant du Congo. Il met l'accent sur la marginalisation en ces termes : « la marginalisation des protestants constitue un danger, non seulement aujourd'hui mais dans l'avenir, des générations en générations […]. Aujourd'hui, on peut se réjouir du mépris et de l'écartement subtils infligés aux protestants dans la gestion du pays à tous les niveaux [...]. Mais aujourd'hui, les générations actuelles ont abandonné l'attitude de leurs ancêtres et les irlandais (protestants et catholiques) se détruisent mutuellement maintenant. ''Heureux ceux qui procurent la paix car ils seront appelés enfants de Dieu'' (Mt 5, 9) »[594].

---

592 Diafwila-dia-Mbwangi, *Op. Cit.*, p. 61.

593 *Ibid.*, p. 62.

594 BOKELEALE (Evêque), Lettre pastorale, « la marginalisation éternelle des protestants dans notre pays est un grand danger : non seulement aujourd'hui mais surtout pour les générations futures », Kinshasa, 1995, pp. 20-21.

Cette lettre pastorale a été transmise officiellement aux Président de la République, Président du Parlement, Premier Ministre, Président des Cours et tribunaux et aux politiciens (tous).

Pour clore mon point de vue sur la marginalisation des protestants par l'Etat comme étant à la base de la création de l'ECC, je peux évoquer une réflexion issue de la synthèse des travaux des ateliers des journées de réflexion théologique sur le thème : « Unité de l'ECZ : bilan et perspectives » tenus du 21 au 26 janvier 1996 à Kinshasa. Un des objectifs poursuivis par ces journées était : « (de) cerner les forces de l'unité de l'ECZ en vue d'orienter l'opinion ». Parmi ces forces je retiens une que Komy a déjà soulignée dans un autre contexte : « cette discrimination de la communauté protestante créa la solidarité parmi elle »[595]. Et nous pouvons le paraphraser pour dire que la marginalisation de la communauté protestante par l'Etat congolais créa la solidarité agissante en elle, parmi elle et autour d'elle. La solidarité agissante des protestants demeure l'une des forces de l'unité de l'Eglise du Christ au Congo (ECC).

L'accession au pouvoir de M'Zee Laurent-Désiré Kabila en 1997 met fin à cette marginalisation des protestants par l'Etat congolais. Les protestants sont actuellement au pouvoir avec les catholiques. Ils occupent des postes à tous les niveaux dans la gestion de la chose publique. On peut citer à titre d'exemple quelques noms des protestants dans un premier gouvernement de M'Zee Kabila : Deogratias Bugera, secrétaire général de l'AFDL et puis ministre d'Etat, Mwenze Kongolo, Mawapanga Mwanananga, Paul Baudona, Lokombe Kitete, et d'autres furent ministres du gouvernement sous Kabila. Ils sont également membres de la Paroisse Internationale protestante/cathédrale du Centenaire protestant. Cela étant, nous pouvons répondre brièvement à la deuxième question restée pendante : Qu'est-ce que l'ECC ? Ou encore mieux : Que penser de l'Eglise du Christ au Congo ?

2.2 Présentation de l'Eglise du Christ du Congo

Avant de tenter de présenter l'Eglise du Christ au Congo, je voudrais me référer à la définition de l'Eglise pour une meilleure compréhension de ce terme. A ce propos, André Birmelé écrit ce qui suit : « L'Eglise est l'Assemblée de tous les croyants auprès desquels l'Evangile est prêché purement et les saints sacrements administrés. Conformément à l'Evangile » (Confession D'Augsbourg [1530], art. 7). « Partout où nous voyons la Parole de Dieu être purement prêchée et écoutée, les sacrements être administrés selon l'institution de Christ, là il ne faut douter nullement qu'il y ait Eglise » (Jean Calvin, IRC IV, 1, 9). « Qui veut trouver Christ doit d'abord trouver l'Eglise [...]. Or, l'Eglise ce n'est pas du bois et de la pierre, mais c'est l'assemblée des croyants ; c'est à elle qu'on doit s'attacher et voir comment ceux-ci croient, vivent et enseignent ; ils ont assurément le Christ avec eux »

[595] KOMY Nsilu Diakubikwa, article cité, p. 84.

(Martin Luther, MLO 10, 298). « L'Eglise chrétienne est la communauté des frères dans laquelle Jésus-Christ œuvre en Seigneur et manifeste sa présence, par le moyen du Saint-Esprit dans sa parole et dans les sacrements » (Déclaration de Barmen [1934], art. 3).

Ces définitions de l'Eglise extraites des écrits des Réformateurs du XVIème siècle et des confessions de foi des communautés se réclamant de la Réforme sont concordantes et sans ambiguïté. L'Eglise est la communauté des croyants, des êtres humains justifiés devant Dieu par la foi seule. Elle est rassemblement autour de la Parole et des sacrements dans la célébration desquels la justification est reçue et vécue. Ces éléments sont, pour cette raison, les données essentielles qui constituent cette communauté humaine en Eglise.

L'Eglise est en premier lieu caractérisée par une dimension personnelle et spirituelle. Les Confessions de foi de l'Eglise ancienne auxquelles les communautés protestantes se réfèrent affirment le lien du Saint-Esprit et, à ce titre, une donnée importante de la foi : « Je crois au Saint-Esprit, la Sainte Eglise universelle, la communion des Saints » (Symbole des apôtres). En confessant cela, les communautés des premiers siècles reprennent un certain nombre d'affirmations bibliques qui soulignent cet aspect spirituel de l'Eglise, la qualifiant de « corps du christ » ou « temple du Saint-Esprit ». Avec toutes les autres « traditions chrétiennes, les Eglises protestantes abondent en ce sens »[596].

L'Eglise du Christ au Congo est caractérisée par toutes ces définitions qui se réclament de la Réforme. Elle est d'abord communauté des croyants avant d'être organisation ou institution. Elle a évolué de la liberté pneumatologique à l'organisation comme communauté des croyants ou communion, elle n'a été protégée contre la marginalisation, la discrimination et l'exclusion que par l'organisation, la structuration et l'institutionnalisation. Ainsi donc, la communion et l'institution, dit-on, sont « à la fois inséparables et distinctes ». C'est dans ce sens que les membres de la 49ème Assemblée générale ont dit que la « création de l'Eglise du Christ au Congo (ECC) est un don de Dieu », c'est-à-dire que l'ECC n'est pas « une réalité purement sociologique s'ajoutant de l'extérieur à la *koinomia* mais comme un instrument donné à celle-ci par la bienveillance divine pour se réaliser »[597].

C'est d'une manière lapidaire que je présente l'Eglise du Christ au Congo avant d'aborder son action en matière des droits de l'homme. Cette brève présentation consiste à parler en quelques mots de son objectif, de sa spiritualité, de son organisation et de ce qu'elle est aujourd'hui.

---

596 A. BIRMELE, *Eglise. Dossiers de l'Encyclopédie du protestantisme,* n°10, Genève, Labor et Fides, 2001, pp. 7-8.

597 R. MEHL, *Traité de sociologie du protestantisme,* Neuchâtel, Delachaux et Niestlé, 1965, p. 132.

a) L'objectif

Le préambule ou l'exposé introductif du Règlement intérieur de l'ECC déclare ce qui suit : « nous chrétiens protestants en République démocratique du Congo, obéissant à la parole de Dieu qui demande aux chrétiens de rester unis et de s'aimer les uns les autres (Jn 17, 20-21) ; persuadés que le Seigneur qui est le chef de son Eglise nous appelle à une unité spirituelle et fraternelle dans la concrétisation de nouvelles structures ; assurés que l'unité des chrétiens est le seul moyen efficace pour l'accomplissement de la mission de réconciliation, d'un commun accord, nous nous déclarons liés comme frères et sœurs dans un corps unifié dont Jésus-Christ est la tête et qui prend le nom de l'Eglise du Christ au Congo, ''ECC''. Celle-ci est UNE, SAINTE, APOSTOLIQUE ET UNIVERSELLE, fondée par notre Seigneur Jésus-Christ lui-même qui a dit : ''Sur cette pierre, je bâtirai mon Eglise'' (Mt 16, 18).

L'Eglise du Christ au Congo adopte l'unité dans la diversité, seul système inspiré par les Écritures Saintes, par l'Eglise primitive et par l'esprit de l'organisation de la société africaine. Chaque communauté doit se développer librement sous la direction de Saint-Esprit. L'échange d'expérience entre les communautés est un enrichissement pour le corps du Christ qui est l'Eglise »[598].

De cette citation, je peux retenir deux éléments importants. Le premier, c'est l'unité dans la diversité ou rassemblés dans la diversité. Les protestants se sont rassemblés dans l'Eglise du Christ au Congo pour former une unité organique qui plaide en faveur de la connaissance du protestantisme et de sa compréhension tout en gardant la diversité de leurs communautés (95 communautés membres de l'ECC). Ils veulent par-là refuser cette boutade : « Qu'est-ce qu'un protestant ? Un croyant ! Qu'est -ce que deux protestants ? Une Eglise ! Qu'est-ce que trois protestants ? Une Eglise et une secte ! ». L'ECC rejette l'uniformité car celle-ci, dit-elle, « conduit à l'étouffement de l'action du Saint-Esprit »[599].

Le deuxième élément, les protestants sont unis ou ensemble pour l'annonce de l'Evangile et au service de la paix, de la justice et du développement. L'ECC fait sienne la pensée de Michel Bouillot « si nous n'annonçons pas l'Evangile ensemble, nous ne pourrons plus l'annoncer, parce que les gens n'y croiront plus ». Les protestants ne voulaient pas annoncer l'Évangile en ordre dispersé pour ne pas perdre la face devant les catholiques. C'est pourquoi ils se sont unis pour qu'ensemble ils annoncent l'Evangile et se mettent au service du témoignage de leur foi. Ci-dessous l'article 3 de la Constitution de l'ECC reprenant le but ou l'objectif que s'est assigné l'ECC. « L'ECC a pour objectif : l'accomplissement de la mission universelle donnée par le Christ, par la

---

[598] Eglise du Christ au Congo, *Constitution et règlement d'ordre intérieur,* Kinshasa, CEDI, 1998, p. 49.

[599] *Ibid.*

proclamation de l'Evangile du Christ ; le témoignage de notre foi et notre unité dans la diversité au Congo et dans le monde ; l'exercice des œuvres religieuses et philanthropiques (éducation, œuvres médicales et toutes les œuvres sociales ayant trait au bien-être de l'homme) »[600].

b) Les convictions et la spiritualité

Avant de dire un mot sur le culte, la prédication, le baptême et la cène ainsi que la musique et les chants, nous voudrions commencer à présenter en quelques lignes les grands principes du protestantisme véhiculés par l'ECC.

Les protestants au Congo se sont définis d'abord en négatif pour marquer la différence qui existe entre la religion protestante et la religion catholique, ensuite en référence aux principales idées de la foi réformée.

Ils empruntent au professeur Gagnebin la formulation sommaire de trois refus : « un homme, une femme, une chose ». Les protestants congolais (toutes communautés confondues) ne reconnaissent pas un homme, le pape, sa primauté et son autorité comme norme de foi. Ils reconnaissent un seul chef pour l'Eglise, Jésus-Christ. Ils se réfèrent à l'épître aux Ephésiens : « Christ est le chef de l'Eglise, lui le Sauveur de son corps » (Ep 5, 23). Les protestants congolais respectent profondément Marie en tant que mère du Seigneur Jésus, mais ne reconnaissent pas le culte marial et son rôle de médiatrice. Ils se réfèrent aux Saintes Ecritures qui affirment : « il n'y a qu'un seul Dieu, un seul médiateur aussi entre Dieu et les hommes, un homme : Christ-Jésus, qui s'est donné en rançon pour tous » (1 Tim 2, 5-6). Les protestants n'acceptent pas le caractère sacrificiel de la messe, où l'Eglise offre à Dieu le sacrifice de Jésus-Christ. Leur conviction a pour source l'épître aux Hébreux : « par le sang, non pas des boucs et des veaux, mais par son propre sang, qu'il est entré une fois pour toutes dans le sanctuaire et qu'il a obtenu une libération définitive » (Hé 9, 12).

Les trois affirmations de la Réforme : *Sola scriptura,* l'Ecriture seule ; *sola gratia,* par la grâce seule ; *sola fide,* par la foi seule, continuent à être véhiculées par l'ECC.

A l'Eglise du Christ au Congo, le culte est simplifié et comporte des prières et des chants, des lectures bibliques et la prédication qui occupe une place importante du culte et, souvent, la sainte cène.

La prédication de la parole est liée à cette conviction que Dieu parle à travers les textes bibliques. Le croyant est appelé à écouter la parole, à la méditer, à la comprendre et à l'interpréter sous la conduite du Saint-Esprit et de sa foi. La prédication occupe un temps assez long pendant le culte.

Les protestants de l'ECC pratiquent deux sacrements : celui du baptême et celui de la cène. Ils les définissent comme « les signes visibles d'une grâce invisible ». Ces deux sacrements sont pour les protestants « les seuls attestés bibliquement et institués par Jésus Lui-même ».

---

[600] *Ibid.*, p.37.

La musique et les chants tiennent une place importante dans le culte protestant et dans la vie spirituelle, individuelle ou communautaire des protestants. Le chant est d'inspiration biblique et parfois fondé sur l'expérience spirituelle. Dans une paroisse protestante au Congo, on trouve au moins deux chorales, généralement plus.

c) L'organisation

Par son organisation, l'ECC se veut une Eglise nationale protestante. Elle est organisée conformément à l'article 6 de son Règlement Intérieur de la manière déjà signalée au point 1.2.5.2.2 ci-dessus.

Elle a son siège national à Kinshasa, capitale de la République Démocratique du Congo, sur l'avenue de la Justice face au numéro 75, BP. 4938 Kinshasa-Gombe.

d) Aujourd'hui

- Ce que l'ECC est aujourd'hui d'après Munduku[601] et Musuvaho[602].

Munduku Ngamayamu Dagoga a écrit dans un contexte différent du mien ce qui suit : « Toutes les observations s'accordent pour dire que c'est donc grâce à cette façon de s'organiser que l'Eglise protestante du Zaïre est parvenue à sortir de l'isolement. Elle est maintenant ouverte et revêtue du prestige, du respect de la dignité aux yeux des zaïrois. Ceci pour dire qu'elle est devenue autre chose que ce qu'elle a été jusqu'au 8 mars 1970 lorsqu'elle a cessé d'être considérée comme une église chrétienne étrangère telle qu'elle a été pendant la période coloniale et pendant les quatre premières années de notre indépendance politique. Comme nous l'avons dit au point qui traite de l'apparition de l'ECZ, elle est actuellement l'une des trois importantes confessions chrétiennes reconnues en République du Zaïre à savoir : catholique, protestante et Kimbanguiste, sans toutefois négliger la confession orthodoxe qui, du point de vue nombre de fidèles, vient en quatrième position. Ainsi, comme les trois autres ci-dessus citées, l'ECZ est, elle aussi, présente à toutes les réceptions et manifestations politiques et culturelles que l'Etat zaïrois organise à tous les niveaux du pays »[603].

Cette citation contient des affirmations confirmant ce que l'ECC est aujourd'hui. Nous pouvons retenir cinq affirmations : la première, l'ECC est sortie de l'isolement et se confirme comme une église nationale protestante.

---

601 MUNDUKU Ngamayamu Dagoga, ancien doyen de la faculté de théologie de l'Université Protestante au Congo, ancien vice-président de la Communauté baptiste du Congo ouest et recteur de l'Université de Bandundu, est toujours professeur de théologie systématique à la faculté de théologie de l'UPC.

602 Dieudonné MUSUVAHO Paluku, ancien Secrétaire général académique de l'Université des pays des Grands-Lacs à Goma, ancien président provincial de l'Eglise du Christ au Congo au Nord-Kivu, est pasteur et professeur.

603 MUNDUKU Ngamayamu Dagoga, « A propos de l'organisation de l'ECC », in *Revue Zaïroise de Théologie Protestante*, n°6, 1992, p. 81.

La deuxième, elle est ouverte et revêtue du prestige, du respect et de la dignité aux yeux « des congolais ». La troisième, « elle est devenue autre chose... », c'est l'affirmation de la solidarité agissante des protestants en une Eglise. La quatrième, elle n'est pas considérée comme une église chrétienne étrangère sur son propre territoire. Elle est aujourd'hui nationale. La cinquième, c'est l'affirmation de l'identité protestante parmi les trois importantes confessions chrétiennes du pays.

Tout cela montre que la création de l'ECC a permis sans conteste l'épanouissement de l'identité protestante et son affirmation comme l'Eglise nationale protestante.

Musuvaho Paluku dans son livre « Aujourd'hui comment être l'Eglise du Christ au Congo au Nord-Kivu » écrit ce qui suit : « Depuis sa création, l'ECC a su marquer l'histoire par ses points forts malgré le fait qu'elle reconnaît avoir des faiblesses. L'ECC est ''présente, dynamique, vivante et en plein changement sur toute l'étendue du pays''. Elle est socialement visible dans le pays où elle organise plusieurs œuvres dont les églises, les écoles et universités, 80 hôpitaux et 606 centres de santé, les foyers sociaux, les activités agricoles et de développement rural, etc. Tous les protestants se reconnaissent à travers elle malgré toutes leurs diversités doctrinales.

L'ECC compte en son sein, d'après le dernier recensement de 1985, au moins 17 millions de membres répartis dans plus au moins 12 000 paroisses. Le nombre de pasteurs ordonnés et évangélistes s'évalue au moins à 8 000 à ce jour. En compte, l'ECC a formé dans domaines variés des cadres et des techniciens de haut niveau qui participent activement à la vie nationale. Forte de sa visibilité et son unité, l'ECC est aujourd'hui un interlocuteur incontournable dans le développement et la politique du pays »[604].

Cette citation montre que l'ECC est présente et active dans la vie nationale. Sa visibilité, son unité, sa participation au développement et à la politique du pays sont évidentes.

Toutefois, l'ECC ne manque pas de faiblesses, renvoyant à ce que l'ECC n'est pas aujourd'hui. Elle n'est pas autonome sur le plan financier.

Les communautés membres qui n'ont pas d'appui financier de l'extérieur s'acquittent difficilement de leurs engagements financiers à la veille du Synode national pour avoir des voix délibératives.

Le réseau de communication par phonie entre le sommet et la base qui existait grâce au financement de l'extérieur, n'a plus été renouvelé au point que pour le moment la communication est coupée.

Les grands projets de l'Église sont financés par les Églises et les Agences extérieures. Leurs réalisations, fonctionnement et durabilité dépendent énormément des ressources extérieures.

---

[604] D. MUSUVAHO Paluku, *Aujourd'hui, comment être l'Eglise du Christ au Congo au Nord-Kivu ? Défis et espoirs pour l'Eglise du Nord-Kivu,* Braine-l'Alleud (Belgique), Editeurs de Littérature biblique, 1999, p. 29.

L'ECC n'est pas en mesure aujourd'hui d'envoyer avec ses propres moyens financiers des missionnaires à l'extérieur. Les quelques missionnaires qu'elle possède sont supportés par les Églises et organisations œcuméniques d'outre-mer.

L'ECC a encore la main tendue vers l'Occident pour sa survie financière. Elle reste le prolongement du protestantisme des Eglises européennes et américaines.

- Catholiques et protestants, ennemis pendant la période coloniale, réconciliés aujourd'hui.

Catholiques et protestants se sont vivement opposés pendant la période coloniale. Il faudra attendre l'indépendance du pays pour que soient améliorées leurs relations. La nomination du Cardinal Frédéric ETSOU comme archevêque de Kinshasa a permis des rapprochements concrets et des retrouvailles sur toute l'étendue du territoire congolais. Le Cardinal Etsou n'a cessé de le dire « Le Pape Jean-Paul II recommande un rapprochement de plus en plus entre catholiques et protestants dans le cadre de l'œcuménisme »[605].

Catholiques et protestants se sont réconciliés sur tous les plans et agissent de concert dans tous les secteurs de la vie nationale. C'est vraiment confortable aujourd'hui les rapports entre catholiques et protestants de la base au sommet et vice-versa. Ce que nous avons dit plus haut lorsque nous avons analysé le projet concernant le mouvement œcuménique, les Eglises et les droits de l'homme témoigne suffisamment l'état des relations entre catholiques et protestants.

Sur ce, je peux examiner la question concernant l'ECC et la promotion des droits des femmes.

2.3 L'ECC et la promotion des femmes

Deux questions méritent d'être posées avant toute analyse de la situation des femmes. Quelle est la place de la femme dans la société congolaise en général et dans l'ECC en particulier ? La femme n'est-elle pas l'objet d'injustice, de marginalisation sur le plan social et ecclésial ? Ses droits sont-ils respectés par la société congolaise ?

Quand on essaie d'analyser la situation de la femme du Congo, on constate que la société congolaise, de même que les Eglises, a érigé des anti-valeurs qui minent les droits de la femme. On peut en citer quatre.

1-La femme est d'une certaine manière considérée comme inférieure à l'homme

[605] Ces paroles ont été prononcées par le Cardinal Etsou en 1997 au cours d'un petit déjeuner qu'il a bien voulu nous offrir, moi et mon collègue catholique abbé Kahanga de la Commission Justice et paix interdiocésain, cela avant notre départ pour le Cameroun en vue de participer à une rencontre œcuménique.

Cette façon de voir les choses remonte des temps anciens. Cette conception est amplifiée par des préjugés, des idées préconçues imposées par le milieu et l'éducation, etc. J'y reviendrai en parlant des origines des anti-valeurs.

2-L'évaluation insuffisante des capacités intellectuelles et professionnelles de la femme et de ses droits

La femme n'est pas évaluée à sa juste valeur à cause des préjugés. Cela a engendré la marginalisation des femmes dans les instances de conception et de décision. Au niveau du foyer ou du ménage, la femme subit la dictature de l'homme. Au niveau du village, les femmes sont écartées du conseil des sages. Dans les Eglises, l'ordination des femmes pose toujours problème. Il en résulte, de la part des femmes, une seule issue : la frustration ou la résignation.

3-La femme défavorisée par l'éducation et le milieu culturel

Les familles (hommes et femmes elles-mêmes) accordent plus d'importance à l'instruction des garçons au détriment de celle des filles. Le jeune garçon bénéficie de tous les privilèges réservés à son père. Il apprend à gérer, à commander ses sœurs dès son jeune âge. La fille, par contre, apprend à être une épouse irréprochable, à s'occuper convenablement des tâches ménagères.

4-La réification de la femme

La femme est considérée par son mari comme un bien précieux du fait de la dot et, pour certains, un objet d'ornement dans le foyer ou dans le bureau. Des fois, la femme est considérée comme un outil de travail (en polygamie). Paradoxalement, c'est la femme mariée qui confère à son mari le statut d'homme responsable, respectable dans la société. Jusqu'ici aucune femme n'accepte qu'elle soit épousée sans versement de dot. Elle pense que sans dot, elle perd toute sa valeur.

Ces anti-valeurs ont une influence négative sur le comportement de la femme, sur sa personnalité, son identité. Les principales causes de ces anti-valeurs sont :

- *L'éducation traditionnelle*

Quand on aborde la question de l'éducation, on se pose toujours la même question : Quelle éducation pour quel type de personne et quel type de société ? On peut dire que l'éducation traditionnelle prépare la fille au mariage, à sa future union conjugale. Cette éducation fait en sorte que la fille ne conçoit sa propre existence que par rapport à l'homme qui sera son conjoint. Les capacités de réflexion et sa liberté de s'assumer comme être humain sont émoussées. Selon cette éducation, la fille n'a de valeur qu'en étant mariée. De même que l'homme n'a de considération dans la société qu'en ayant une épouse. Les coutumes et d'autres pratiques rétrogrades et avilissantes viennent renforcer cette éducation. Il s'agit, en somme, d'une manière de penser et d'agir transmise de génération en génération.

➢ *Les causes économiques*

La dot a perdu sa propre signification symbolique pour devenir un moyen pour gagner des biens en nature et de l'argent en espèces. C'est presque un prix d'achat. La femme ainsi mariée devient un bien supplémentaire appelée à travailler plus que les hommes dans les tâches ménagères, dans l'agriculture et l'élevage de petit bétail, dans la commercialisation des denrées de première nécessité. D'où la polygamie qui constitue une richesse pour les hommes disposant des moyens financiers pour doter plusieurs femmes.

➢ *Les causes juridiques*

De ce point de vue, la femme est confrontée à certaines lois injustes qui violent ses droits en tant qu'être humain. Nous pouvons en mentionner quelques-unes :

- La majorité de la fille fixée à 14 ans par le Code zaïrois de la famille[606]. Cette loi prédispose la fille à la prostitution et au mariage forcé au lieu de l'encourager à poursuivre ses études. Il s'agit là d'une loi qui vise l'exploitation sexuelle des mineurs.
- L'incapacité juridique de la mariée est mal exploitée dans la société congolaise. La femme reste à l'état perpétuel de mineure ou d'enfance.
- L'injustice officialisée quant à la punition de l'adultère de la femme par rapport à celui de l'homme. L'homme n'est punissable que lorsque son adultère a un caractère injurieux[607]. L'homme a le droit de reconnaître officiellement les enfants nés hors mariage[608].

L'accès à l'emploi et au crédit est conditionné par l'autorisation maritale. Il y va du bon vouloir du mari d'accepter ou de refuser la requête de son épouse.

➢ *Les causes théologiques*

L'interprétation de certains récits bibliques véhiculée depuis l'époque missionnaire jusqu'à ce jour entraîne des images négatives stéréotypées de la femme. Celle-ci est culpabilisée et reléguée au bas de l'échelle sociale.

Je voudrais décrire le débat contradictoire qui a opposé deux professeurs de théologie à l'Université Protestante au Congo Kinshasa lors des journées scientifiques organisées par cette institution du 24 au 25 avril 1998. Le premier[609] nous l'appelons « Adam », professeur d'Ancien Testament et la seconde[610], « Eve », professeur de théologie systématique. Leur discussion théologique tournait autour du texte de Genèse 2-3.

---

606 Code de la famille, article 422.
607 Même source, article 467.
608 Même source, article 758.
609 Il s'appelle BOKUNDOA-Bo-Likabe.
610 Elle s'appelle VIBILA Vuadi.

Adam intitule son exposé publié dans la *Revue Congolaise de Théologie protestante,* numéro 12 (1998) de la manière suivante : « L'androcentrisme hier, aujourd'hui et demain - en quoi Eve est (aide) d'Adam dans Gn 2-3 ? »[611].

Il introduit son exposé en disant que son message est « plus une provocation qu'une conviction personnelle ». Il plaide coupable et demande à « Eve » et à travers elle, « à toutes les femmes et tous les hommes qui souffrent de l'androcentrisme dans notre société, de pardonner à (son) texte son androcentrisme »[612].

Son propos commence par les écrits de David Clines de l'Université de Sheffield en Grande Bretagne - : « Avant le féminisme, chaque personne dans le jardin d'Eden connaissait sa place. Au sommet de la pyramide, même si le jardin n'était pas en Egypte, était Dieu. Au-dessous de lui était son sous-gardien Adam, créé pour continuer la maintenance du jardin que le maître-jardinier avait planté. Au rang suivant vers le bas, (la pyramide ayant été mutée en échelle) venait Eve, qui n'avait pas été imaginée à l'origine mais avait été créée à partir d'Adam comme une aide après que tous les animaux aient été passés en revue devant Adam sans qu'un seul aide lui soit trouvé parmi eux.

Au-dessous d'Eve étaient les animaux, évidemment sans succès d'être des aides, mais pas dans tous les points de vue inférieurs à elle, car le plus intelligent d'entre eux avait des vues théologiques que d'Eve n'avait pas. Même les premières visiteuses féministes au jardin d'Eden, Elisabeth Cady Stanton et ses consœurs qui ont contribué dans *''The Woman's Bible''* de 1895 n'ont pas pu déranger cette hiérarchie. Stanton reconnaît que sans Eve, le monde pourrait continuer son cours normal, sa présence n'étant dictée que pour rompre la solitude de l'homme. Pour elle, Genèse 2 n'est rien d'autre que le rapport d'une opération chirurgicale qui a permis de trouver les matériaux pour la création de la mère de la race »[613].

Tout au long de son exposé, « Adam » souligne que le texte de Genèse 2-3 désigne Eve comme aide. « Elle aide l'homme dans la procréation »[614]. Il termine son exposé en ces termes : « Ainsi, chère collègue ''Eve'', mesdames et tous les pasteurs qui, souvent, utilisez ce texte dans les cérémonies de mariages, nous concluons en disant que quelle que soit la lecture qu'on veuille en faire, le texte de Gn 2-3 a été, il est et reste androcentrique et ne peut en aucun cas être autrement ! D'après ce texte, la femme a été créée pour être l'aide sexuelle de l'homme. Cependant la question que nous pouvons nous

---

611 BOKUNDOA-Bo-Likabe, « L'androcentrisme hier, aujourd'hui et demain : en quoi Eve est-elle ''aide'' d'Adam dans Gn 2-3 ? », in *Revue Congolaise de Théologie protestante,* 12ème année, n° 12, 1998, pp. 143-148.

612 *Ibid.*, p. 143.

613 *Ibid.*

614 *Ibid.*, p. 148.

poser est de savoir si cette conception a changé de nos jours, ou du moins changera-t-elle un jour dans le troisième millénaire »[615].

Je présente l'intervention de « Eve » avant de donner mon point de vue sur ce débat. « Eve » intitule sa présentation comme suit : « Femme, aide pour toujours ? Quelle lecture pour l'Eglise du troisième millénaire ? »[616]

Son exposé se veut comme réponse la question posée par « Adam ». N'étant pas exégète, sa réponse est beaucoup plus interprétative qu'exégétique. Elle conclut son exposé par un point intéressant : « Perspectives d'une interprétation qui rendra justice à toute l'humanité ». Ce point contient un passage clé qui constitue l'essentiel de sa réponse à « Adam ». Il est formulé de la manière ci-après : « Le débat que nous avons soulevé ici montre à suffisance que l'Eglise n'a fait que répondre à l'esprit moderne. Sa théologie a été beaucoup plus celle de la raison que celle de la contemplation, une théologie qui a écarté tout ce qui a trait au sentiment, au désir, à la justice et à l'équité. Si toutefois elle a parlé de ces thèmes, c'était pour celui qui se considère comme le ''véritablement humain'', pour qui tout a été créé et qui a eu le mandat de tout assujettir. C'est comme celui qui dira ''Dieu est comme nous - nous sommes comme Dieu. Nous soumettons tout sous notre autorité avec Dieu et lui est de notre côté, notre côté de victoire. On réduit ainsi les autres en appendices dans cette entreprise. La lecture de la Bible a beaucoup influencé et continue à influencer cet état des choses »[617].

Pour « Eve », la Bible est un livre normatif et de ce fait, elle doit être lue et relue selon une approche qui tiendrait compte de la justice et de l'équité.

On peut résumer les deux exposés comme suit :

- Pour « Adam », le mot Ezer en hébreu qui signifie « aide » est un terme masculin qui renferme l'idée de supériorité. Pour tenter de comprendre Eve comme « aide » de l'homme dans Gn 2 et 3, on doit se référer au travail que Dieu donne à l'homme. Deux types de travail sont indiqués. Le premier c'est celui de cultiver le jardin. Le second est celui qui consiste à nommer les êtres créés par Dieu. Dans les deux cas, l'absence de Eve se fait sentir. C'est dire que Eve n'est pas « aide » dans le travail. En poussant plus loin la réflexion, on découvre que les punitions infligées par Dieu aux deux êtres donnent l'occasion de savoir en quoi Eve est « aide » de l'homme. La punition que Dieu prononce contre Adam et Eve consiste à rendre pénible le travail de chacun. En d'autres termes, chacun est puni d'après son travail. Adam dans son travail de cultiver la terre et Eve dans l'accouchement. Eve est l'aide d'Adam dans Gn 2 et 3, dans le processus de la procréation. « Elle est donc l'aide sexuelle de l'homme », a-t-il conclu.

---

[615] *Ibid.*

[616] VIBILA Vuadi, « Femme, aide pour toujours ? Quelle lecture, pour l'Eglise du troisième millénaire ? », in *Revue Congolaise de Théologie Protestante,* 12ème année, n°12, 1998, pp. 149-153.

[617] Ibid., p. 156.

« Eve », dans son exposé, insiste sur une nouvelle herméneutique à développer. Elle suggère une herméneutique féministe qui doit tenir compte d'un certain nombre d'éléments pour son analyse : « La tradition biblique est réellement ancrée dans une vision de monde patri-kyriarcale ; tous les auteurs de la Bible étaient des hommes et ont écrit selon leurs propres perspectives. Ils ont exclu les femmes même là où elles ont participé activement ; le processus de la canonisation était une entreprise mâle qui a exclu tous les livres qui présentaient des femmes comme leaders et qui leur donnaient réellement le pouvoir ; le domaine de l'interprétation de textes bibliques dans l'Eglise et dans nos institutions est resté pour longtemps une chasse gardée des hommes et il n'a pas connu de femmes »[618].

Pour clore son exposé, elle formule ce qui suit « il nous faut renouveler notre herméneutique »[619].

Mon point de vue sur ce débat théologique tient compte de ces deux positions défendues par « Adam » et « Eve ». Pour moi, deux textes et une réflexion œcuménique nous interdisent de considérer la femme comme inférieure à l'homme. Le premier texte de référence est Luc 4, 18 : Jésus-Christ est venu libérer les captifs. Les exégètes disent au sujet de ce passage que Jésus attire l'attention sur l'accomplissement présent : ce que le prophète avait prédit devenait vrai maintenant ». En conséquence, notre attention doit rester éveillée pour ne pas oublier que la prophétie d'Esaïe est « vraie maintenant ». Si elle est vraie, c'est que Jésus est venu réellement libérer les captifs. Qui sont les captifs ? Ils sont légion. Je citerai dans le cas d'espèce la femme. Dans son commentaire sur ce verset, Collange termine par ces mots : « Aujourd'hui s'est accomplie cette Écriture à vos oreilles » (dit Jésus). « On ne peut mieux marquer combien sa mission toute entière se veut placée sous le signe de la liberté »[620]. La mission de Jésus est de libérer les captifs dont la femme. Il est venu libérer la femme de son état d'infériorité par rapport à l'homme. Libérer la femme de toute discrimination, exclusion, marginalisation ou restriction fondée sur le sexe ou tout traitement différencié qui vise à compromettre ou à interdire la reconnaissance, la jouissance ou l'exercice des droits humains et des libertés fondamentales dans tous les domaines de la vie.

Le progrès de la science et de la technique montre que les femmes en Europe et en Amérique, par exemple, ne souffrent plus de douleurs d'accouchement. Elles sont libérées de cette punition comme « Adam » a bien voulu insister dans son exposé.

Si la femme est libérée de son état d'« aide » dans le sens d'infériorité, elle reste au moins « aide » dans le sens de partenaire qui vient au secours de l'homme pour réaliser le dessein de Dieu, celui de la procréation.

---

618 *Ibid.*, p. 150.
619 *Ibid.*, p. 157.
620 J.F. COLLANGE, *De Jésus à Paul, Op. Cit.*, p. 90.

Le texte de Galates 3, 28 dit ce qui suit : « Il n'y a plus ni Juifs, ni Grec ; il n'y a plus ni esclave, ni homme libre ; il n'y a plus l'homme et la femme ; car tous, vous n'êtes qu'un en Jésus-Christ ». Dans leurs commentaires sur ce verset, les exégètes reconnaissent que dans la vie nouvelle en Jésus-Christ, toutes les anciennes distinctions, discriminations de race, de caste, de sexe ou autres sont abolies, supprimées, détruites au profit de l'égalité complète dans l'union avec Christ Jésus. On voit bien qu'il y a égalité entre l'homme et la femme en Christ Jésus.

Les résolutions et les recommandations issues de la réflexion œcuménique sont toujours en faveur de la promotion des femmes. En me référant aux dix affirmations sur la justice, la paix et la sauvegarde de la création, je peux constater que la quatrième affirmation concerne les femmes qui sont créées à l'image de Dieu comme les hommes. Cette affirmation relève le caractère égalitaire de l'homme et de la femme, tous deux créés à l'image de Dieu.

Cette affirmation souligne un certain nombre de faits :

- la base de toute relation dynamique entre femmes et hommes est le fait d'être, tous les deux, créés à l'image de Dieu.

- En Christ, femmes et hommes sont ensemble « nouvelles créatures » (2 Co 5, 17). Les deux doivent combattre toutes les formes de discrimination pour un monde meilleur. Christ a restitué à la femme sa dignité, son identité. Il leur a aussi confié la mission d'apporter la Bonne Nouvelle.

Les membres du COE, à travers cette affirmation, s'opposent à toutes les structures patriarcales perpétuant l'injustice, la violence à l'égard des femmes. Ils s'opposent aussi à toutes les structures de domination négligeant les contributions théologiques et spirituelles des femmes. Ils sont contre, enfin, les structures qui refusent la participation des femmes dans les organes ou les instances des décisions, au sein de l'Eglise et de la société.

Pour clore ce débat théologique, ma position peut être résumée en ces termes : la femme est partenaire de l'homme dans la procréation naturelle. Elle est égale à l'homme en droits et en dignité.

La réflexion œcuménique sur la participation des femmes dans les organes des décisions au sein de l'Eglise et de la société peut faire l'objet d'une étude approfondie dans l'Eglise du Christ au Congo. Avant d'aborder le point suivant, je peux dire un mot au sujet de la promotion des femmes au sein de l'Eglise du Christ au Congo.

D'emblée, on peut dire que l'ECC essaie timidement d'assurer la promotion des femmes dans les organes de décisions. C'est ainsi qu'on trouve actuellement une femme de l'ECC parmi les membres du Comité central du COE, une autre est membre du Comité exécutif de la Conférence des Eglises de toute l'Afrique (CETA). Au niveau du Synode national de l'ECC, chaque communauté membre (62 communautés membres) a droit à quatre délégués aux assises de cet organe. Le règlement intérieur de l'ECC précise que parmi ces quatre délégués, il faut qu'il y ait une femme et un jeune. A ce niveau de l'Eglise, la représentation des femmes est en partie bien assurée. Au niveau du

Comité exécutif de l'ECC, deuxième organe de l'Eglise, sur vingt-huit membres, il n'y a qu'une seule femme. Au niveau du secrétariat national de l'ECC, il a été créé un département Femme et Famille qui a la mission principale de faire redécouvrir à la femme sa vraie dignité et sa vraie identité et de « l'équiper des techniques pouvant la mettre à la hauteur de sa tâche comme co-gestionnaire de la création ». Ce département est dirigé par un secrétaire général et un secrétaire général adjoint, tous les deux sont des femmes théologiennes. Les femmes sont organisées depuis 1963 du sommet de l'Eglise jusqu'à la base, c'est-à-dire à la paroisse sous forme d'association dénommée « Fédération des femmes protestantes du Congo ». Cette association constitue la force même de l'Eglise. Elle est bien organisée et bien structurée. A chaque échelon, national, provincial, communautaire et paroissial, on trouve à la tête une présidente et une vice-présidente. A côté d'elle, il y a le département Femme et Famille, dirigé par des femmes intellectuelles qui gèrent des projets de développement et jouent également le rôle de techniciennes de la Fédération des femmes. En plus, il y a l'association des théologiennes. Celle-ci s'intéresse surtout aux théories féministes et forme un bloc soudé pour la promotion et la défense de la cause des femmes.

Peut-on dire que l'ECC favorise la promotion de la femme comme il faut ? Loin de nous l'intention de confirmer cela. Notre constat est qu'il reste encore beaucoup à faire pour la promotion de la femme. En effet, quelques points sombres peuvent être signalés.

- On remarque que les femmes, surtout dans les milieux ruraux, constituent le taux d'analphabétisme le plus élevé du pays. Il faut que l'Eglise participe à la lutte contre cet état de choses. Qu'en est-il du département de l'éducation chrétienne de l'ECC ?

- L'ECC a un département de l'éducation chrétienne. Nous pensons qu'il est temps que l'éducation chrétienne soit orientée vers l'affirmation de deux sexes pour une acception mutuelle. L'ECC peut se servir de ce département pour appliquer une politique de sensibilisation et de conscientisation des hommes et des femmes. Elle doit procéder à la vulgarisation des droits de la femme. Que dire de l'ordination des femmes à l'ECC ?

- Sur 95 communautés membres de l'ECC, on peut compter au moins une dizaine qui pratique l'ordination de la femme. Les autres ne veulent même pas former les femmes dans les facultés de théologie. Là encore, l'Eglise a le devoir de fournir un grand effort pour la promotion de la femme. Que dire des structures de l'ECC ?

- Les structures de l'ECC sont encore patriarcales. Tous les présidents et vice-présidents des 95 communautés, les présidents et vice-présidents des 11 provinces, le président et les deux vice-présidents au niveau national sont tous des hommes. Jusqu'ici aucune femme n'a accédé à la présidence ou vice-présidence d'un échelon quelconque de l'ECC. Aucune femme n'a osé même se porter candidate. L'ECC doit revoir ces structures qui ne permettent pas la promotion des femmes. Elle s'efforcera aussi de combattre les lois injustes et discriminatoires à l'égard de la femme contenues dans le code de la famille, lesquelles sont contraires à l'égalité de la femme et de l'homme créés à l'image de Dieu.

Pour clore ce point, je porte une attention toute spéciale à cette réflexion du COE qui a décrété que les années 1988 à 1998 constitueraient la décennie œcuménique des Eglises solidaires des femmes. En effet, le COE s'était donné comme devoir de continuer « à renforcer la solidarité de chaque Eglise membre avec les femmes ». Je pense que l'ECC devrait encourager chaque communauté membre à renforcer sa solidarité avec les femmes.

2.4 L'ECC et le processus JPSC

J'ai décrit plus haut comment la commission Justice, Paix et Sauvegarde de la création (JPSC) de l'ECC a été créée lors de la tenue à Lubumbashi du 2 5 au 29 mars 1994 d'une session extraordinaire du Comité exécutif national. La décision du Comité exécutif national a été soumise à la 11ème session ordinaire du Synode national de l'ECC tenue du 4 au 15 août 1994. Le Synode national ayant considéré la décision du Comité exécutif national comme étant une proposition soumise pour approbation, a de ce fait créé officiellement la commission Justice, Paix et Sauvegarde de la création, conformément aux prérogatives qui lui sont conférées par la constitution et le règlement d'ordre intérieur de l'ECC. Le Synode a en outre adopté le règlement intérieur de la Commission Justice, Paix et Sauvegarde de la création et chargé le président national de l'ECC de la nomination du Secrétaire exécutif de la Commission.

Peut-on dire que les conclusions des travaux œcuméniques sont de nouvelles confessions de foi ? Ont-elles une valeur conciliaire ? La réponse est certainement non. Les décisions issues des dialogues œcuméniques n'ont aucune valeur conciliaire. C'est pourquoi nous préférons l'expression « réception » des décisions à celle de l'obéissance aux décisions. En effet, je partage le point de vue du professeur Birmelé au sujet de la « réception » comme exigence œcuménique, point de vue exprimé dans son ouvrage intitulé « La communion ecclésiale, progrès œcuméniques et enjeux méthodologiques ».[621]

La « réception » peut être définie, d'une manière générale, comme étant « l'acte par lequel les Eglises locales s'approprient les décisions d'un concile, d'un Synode ou reçoivent plus généralement une parole épiscopale ou magistérielle »[622]. Ce qui compte dans cette définition, c'est l'appropriation des fruits des dialogues œcuméniques par les Eglises locales.

La réception du processus JPSC par l'ECC comporte un apport propre de consentement de cette Eglise. Dans le préambule du Règlement intérieur consacrant la création de la commission JPSC, le Synode national reconnaît dans le processus JPSC la foi des apôtres et la mission prophétique de l'Eglise.

---

621 A. BIRMELE, *La communion ecclésiale, progrès œcuméniques et enjeux méthodologiques,* Paris, Edition du Cerf, Genève, Labor et Fides, 2000, pp. 361-375.

622 *Ibid.*, pp. 364-365.

C'est de cette manière que l'ECC, au niveau national, s'est approprié le processus JPSC qui est un consensus théologique issu du débat œcuménique du rassemblement mondial tenu à Séoul en Corée, du 6 au 12 mars 1990.

Cette « réception » œcuménique a fait l'objet d'une créativité qui consistait à mettre en place les structures d'accueil du processus JPSC aux niveaux national, provincial, communautaire et paroissial (Eglise locale).

L'esprit et les visées de la Commission JPSC de l'ECC se résument dans un triple devoir que nous retrouvons dans le chapitre II, articles 10, 11 et 12 de son Règlement intérieur approuvé par le Synode national de l'ECC. Ce chapitre II définit, en effet, les attributions dévolues à cette commission JPSC. A titre d'exemple, nous pouvons citer l'article 10 ayant trait à la justice et aux droits de l'homme. Parmi les attributions énumérées à cet article, nous relevons :

- « aider, soutenir, encourager les communautés membres de l'ECC et les Synodes régionaux, à s'impliquer dans la protection des droits de l'homme et des peuples, à proclamer et à les protéger dans leurs milieux respectifs ;
- collecter et diffuser de la documentation, entreprendre des recherches et des études, organiser des séminaires, des symposiums et des conférences sur les affaires nationales et internationales ayant trait aux droits de l'homme et des peuples ;
- porter assistance aux personnes dont les droits ont été violés ;
- créer une base de données sur les droits de l'homme et instituer un mécanisme permettant d'identifier les cas de violation des droits de l'homme »[623].

La Commission JPSC de l'ECC a mené beaucoup d'actions ayant trait à ses attributions. Je ne suis pas en mesure de les décrire toutes. Je ne peux que dire quelque chose concernant l'éducation aux droits de l'homme et à la démocratie. Là encore, c'est d'une manière sélective que je le ferai.

2.5 L'ECC et l'éducation aux droits de l'homme

Le Congo-Kinshasa est confronté à une série de défis comme nous l'avons dit plus haut en matière de droits de l'homme. Les Eglises, les ONG et les autres plates-formes des associations apolitiques se sont intéressées à cette épineuse question. La violation massive des droits de l'homme provoquée par la présence de la dictature « *mobutienne* » aux multiples inconvénients a obligé l'élite intellectuelle congolaise en général et les Eglises en particulier à prendre conscience de la monstruosité de cet état de choses.

C'est l'expérience de la souffrance qui a permis aux Eglises de s'imprégner, de se ressourcer aux recommandations issues de la réflexion œcuménique en

[623] Eglise du Christ au Congo, *Règlement d'ordre intérieur de la Commission Justice, Paix et Sauvegarde de la création (JPSC),* Kinshasa, Cedi, 1994, pp. 4-5.

matière de droits de l'homme afin d'« *agir pour les droits de l'homme »*[624], comme l'a si bien dit le professeur Collange.

L'Eglise du Christ au Congo (ECC) a choisi le verbe « éduquer » pour mener une action en faveur des droits de l'homme. Que signifie éduquer dans ce contexte ? La réponse nous est donnée par Jean-François Collange lorsqu'il dit : « Eduquer aux droits de l'homme ne signifie pas seulement les enseigner, comme une matière objectivement donnée, imposée et rébarbative, éduquer signifie sensibiliser, élever dans tous les sens du terme - rendre conscient les enjeux en question »[625].

Ce n'était pas facile pour que l'ECC s'engage dans l'éducation aux droits de l'homme. Il fallait dégager les motifs pour lesquels cette exigence s'impose aux chrétiens. Pour ce faire, il a fallu s'accorder pour faire remonter la source de leur engagement au Christ lui-même. C'est ce qui a été fait. Nous retrouverons cela dans le préambule du règlement intérieur instituant la Commission Justice, Paix et Sauvegarde de la création (JPSC) de l'ECC qui est chargée « de conscientiser la population aux problèmes relatifs à la justice, à la paix et à la sauvegarde de la création : d'amener chaque chrétien dans le milieu où il évolue à devenir promoteur et défenseur de la justice, de la sauvegarde de la création »[626].

Le texte de leur engagement au Christ lui-même est formulé comme suit : « En créant l'être humain à son image (Genèse 1, 27), Dieu l'a pourvu de facto de dignité et de liberté. Par cette référence à l'image de Dieu, il est évident que tout être humain est égal à un autre parce que n'ayant qu'une seule référence commune : la ressemblance au Dieu unique. Cette vérité biblique constitue le premier fondement des droits de l'homme dont la communauté et ses semblables doivent ''assurer le maintien et le respect''. Cette idée est enracinée dans le décalogue (Exode 20, 1-17) où les ''dix commandements'' sont considérés comme le code de vie du peuple de Dieu. Elle est fondée sur la conviction que tous les êtres humains, où qu'ils habitent, ont les mêmes besoins essentiels et sont égaux en tant qu'image de Dieu et ne forment qu'une seule famille malgré les différences de couleur, de sexe, de race, d'origine, de religion, d'ethnie, de langue, d'opinion politique.

La création de l'homme a produit la justice (Genèse 9, 6) et la justice a produit la paix (Esaïe 32, 17). ''La justice produira la paix, elle créera pour toujours tranquillité et sécurité''.

Dans son sermon sur la montagne, le Seigneur Jésus déclare : heureux les affamés et assoiffés de la justice car ils seront rassasiés (Matthieu 5, 6) ; heureux les artisans de paix car ils seront appelés fils de Dieu (Mt 5,9) ; heureux les persécutés pour la justice car le royaume des cieux est à eux (Mat

---

624 J.F.COLLANGE, *Théologie des droits de l'homme, Op. Cit.,* p. 325.

625 *Ibid.*, p. 323.

626 Eglise du Christ au Congo, *Règlement d'ordre intérieur de la commission Justice, paix et sauvegarde de la création (JPSC),* Kinshasa, Cedi, 1994, p. 3.

5, 10). Le Seigneur Jésus fait de la pratique de la justice et de la paix une des conditions pour entrer dans le Royaume de Dieu. C'est pourquoi les chrétiens doivent rechercher l'esprit de justice et être les artisans de la paix.
Les droits de la personne humaine et des peuples sont le fond et la forme de la conscience moderne de la justice. Ils sont les normes décisives de l'instauration de tout ordre social qui se veut humain »[627].

L'ECC n'est pas la première Eglise ni la seule à faire remonter la source de son engagement au Christ. Louis Rumph nous donne des éclaircissements à ce sujet : « Notre propos essentiel était de dégager les motifs pour lesquels l'exigence de justice aux chrétiens. Nous avons vu que les Eglises s'accordent pour faire remonter la source de leur engagement au Christ lui-même, ce qui permet de parler de la justice comme ''catégorie messianique'' »[628].

J'ai dit plus haut qu'avant d'agir pour les droits de l'homme, l'ECC s'est référée aux recommandations du Conseil œcuménique des Eglises (COE). En effet, on se souviendra d'abord de la remarque déjà évoquée, faite par l'assemblée du COE à Nairobi en 1975 : « Dans notre action en faveur des droits de l'homme, nous sommes souvent tentés de nous attaquer aux symptômes du mal plutôt qu'à ses causes profondes [...][629]. Cette remarque a contribué à l'engagement de l'ECC à réclamer la tenue de la Conférence nationale souveraine en vue de l'avènement d'un Etat démocratique.

On se souviendra ensuite des recommandations contenues dans la dixième affirmation du processus JPSC : « Les droits de l'homme sont donnés par Dieu ». Cette affirmation confirme que ''Justice et droits de l'homme sont indissociables. Les droits de l'homme ont leur source dans la justice de Dieu qui s'exerce auprès du peuple souffrant, asservi et marginalisé, à travers des actes concrets le libérant de l'oppression (Ex 3, 76)'' »[630].

Par des actes concrets, l'ECC a voulu éduquer le peuple, le plus souvent par la sensibilisation, les séminaires, les journées de réflexion, les conférences-débats, etc. étant donné que ces séminaires de formation reprenaient des sujets ou des enseignements ayant trait à la fois aux droits de l'homme et à la démocratie. On y reviendra après avoir abordé des questions liées à la démocratie.

2.6 L'ECC et l'éducation à la démocratie

« Un second point concerne l'éducation à la démocratie, à la découverte et au respect de l'autre et de sa différence, aux diverses formes d'exercices de

[627] Même source.

[628] L. RUMPH, *Chrétiens devant l'injustice : questions œcuméniques et responsabilité personnelle,* Genève, Labor et Fides, 1985, p. 91.

[629] M. HENRIET, *Nairobi 1975 Briser les barrières, Op. Cit.,* p. 221.

[630] Conseil œcuménique des Eglises, *Comité central, Justice, Paix, Sauvegarde de la création, rassemblement mondial, Document final cité,* p. 17. Cf. aussi L. CHRISTIAENS et F. DERMANGE, *Op. Cit.,* p. 95.

l'autorité et du pouvoir comme aux diverses manières de résoudre les conflits »[631].

Tous les Etats démocratiques ont institué les élections comme cadre par lequel on peut accéder au pouvoir. C'est une institution démocratique importante. Dans la plupart des pays africains, le processus de démocratisation a suivi un schéma simple en trois phases :

- la proclamation du multipartisme politique ;
- l'instauration d'une « période de transition » pour la préparation des institutions de la nouvelle société ;
- l'organisation des élections dites démocratiques, c'est-à-dire libres et transparentes.

L'application de ce schéma simple et rationnel a, cependant, provoqué des dérapages de plusieurs pays d'Afrique au moment où l'on s'y attendait le moins. C'est le cas de l'Algérie par la démission du président et l'annulation des élections, de l'Angola par le refus de l'UNITA d'accepter le verdict des urnes, du Congo-Brazzaville par un engagement dans une guerre civile, du Nigéria par l'annulation des élections par les militaires ayant conduit à l'assassinat du président et ses collaborateurs, du Togo, de la Guinée, du Gabon, etc. qui ont suscité des contestations.

Depuis le 24 avril 1990 jusqu'à ce jour, le Congo-Kinshasa n'est pas en mesure d'organiser les élections. Nous espérons qu'en 2005, la République Démocratique du Congo sera en mesure d'organiser pour la première fois les élections libres et transparentes depuis le 24 novembre 1965, date à laquelle le Général Mobutu a pris le pouvoir par un coup d'Etat.

Voilà qui explique l'intérêt accordé par la Commission Justice, Paix et Sauvegarde de la création (JPSC) de l'ECC à la formation des observateurs des élections, la formation des formateurs de ces observateurs, à l'école de la démocratie, à la formation des animateurs du mouvement démocratique, aux animateurs de la culture de la paix et de la justice, aux animateurs des droits de l'homme.

2.7 Quelques actions de la Commission JPSC de l'ECC en matière des droits de l'homme et de la démocratie

Je ne suis pas en mesure de décrire toutes les actions menées par la Commission JPSC de l'ECC dans le cadre de ses attributions et de son programme d'action pour la simple raison que ces actions sont nombreuses et diverses. Voici d'une manière sélective quelques actions concernant l'éducation aux droits de l'homme et à la démocratie.

Dans le respect de ses attributions et de son programme d'action, la Commission JPSC de l'ECC a organisé de 1994 à 1999 plusieurs séminaires ateliers ayant trait à l'éducation aux droits de l'homme et à la démocratie. Le premier séminaire a eu lieu du 31 octobre au 4 novembre 1994 au Lycée Dr

[631] J.F. COLLANGE, *Théologie des droits de l'homme, Op. Cit.*, p. 333.

Shamba. Il a regroupé en majorité les pasteurs et laïcs protestants et quelques personnes d'autres confessions. Ils étaient au total 320 participants. Quatre femmes seulement ont participé à ce premier séminaire. Cela a poussé le responsable de la JPSC/ECC à organiser une autre session réservée exclusivement aux femmes. Celle-ci s'est tenue du 16 au 31 janvier 1995 dans la chapelle du Secrétariat général de l'ECC. Elle a connu la participation de 70 femmes.

Lors de la tenue du premier séminaire, on a sélectionné soixante universitaires (détenteurs de diplômes de maîtrise ou de doctorat) qui devraient participer à un autre séminaire de niveau supérieur pour la formation des formateurs, c'est-à-dire des personnes appelées à aller former ou tenir des séminaires soit à Kinshasa, soit dans les provinces. Cette session s'est tenue du 14 au 18 novembre 1994 à la chapelle du Secrétariat de l'ECC. Outre ces séminaires, la JPSC de l'ECC a organisé d'autres séminaires à Kinshasa et dans les provinces notamment à Mbandaka, à Kisangani, à Lingungu et à Mbanza-Ngungu. Elle a animé des conférences-débats au Synode national, au Comité exécutif national, au Secrétariat général de l'ECC, au Conseil des pasteurs de Kinshasa (COPAK), aux aumôniers universitaires, au Carrefour des jeunes, aux paroisses protestantes, ...

Elle a aussi animé quelques émissions à la radio et à la télévision toujours dans le cadre de l'éducation aux droits de l'homme, à la démocratie et à la culture de la paix. On citera la radio RTNC, chaîne nationale et provinciale de Kinshasa, télévision, chaîne TKM.

La JPSC a aussi animé des journées dites écoles de la démocratie surtout en collaboration avec la Fédération des femmes protestantes. Le thème principal : « Femme, démocratie, droits de l'homme, droits de la femme et élections ». L'objectif était de sensibiliser la femme sur son rôle dans le processus démocratique en général et électoral en particulier. A cela s'ajoute la prise de conscience de ses droits humains. Cette école n'était pas fixe. Elle se déplaçait d'une paroisse à une autre, d'un endroit donné à un autre. Nous pouvons mentionner : le 16 mars 1995 l'école s'est tenue au siège du comité national intermennoniste, le samedi 25 mars au centre Bondeko, le samedi 24 avril 1995 au centre Bondeko et puis à la paroisse CBZO Kintambo, paroisse CBFZ Kitega, paroisse CBFZ Gombe, à l'ISTK Binza, ... Le nombre des participants variait entre 50 et 250 par séance.

Le lecteur qui voudrait avoir savoir davantage sur ces séminaires tenus par la JPSC de l'ECC peut voir les photos d'archives dans les pages qui suivent et lire la publication « Guide pratique des observateurs et animateurs du processus électoral, des animateurs du mouvement démocratique et des droits de l'homme » élaborée par la JPSC de l'ECC. Outre ces activités propres à la JPSC de l'ECC, il y a aussi des actions concertées avec les autres membres de la société civile. Nous pouvons examiner deux d'entre elles.

La première est celle qui est liée à la promotion d'une culture de la démocratie et de la paix pendant la période de guerre. Appuyée par la

Fédération internationale pour les systèmes électoraux (IFES), une ONG ayant son siège aux USA, quelques ONG et entités membres de la société civile congolaise ont décidé d'aller dans les sept provinces sous contrôle gouvernemental pour une campagne pour la justice, la paix, les valeurs démocratiques, l'éducation aux droits de l'homme, bref pour la promotion d'une culture de démocratie, des droits de l'homme et de paix. Cette campagne était appuyée par des images pour une meilleure compréhension et pour faciliter le dialogue avec la population analphabète. La JPSC de l'ECC a été choisie pour réaliser cette campagne dans l'axe Kisantu (Inkisi)-Mbanza-Ngungu et Kimpese. Il existe, à ce sujet, une publication de l'IFES qui a pour titre : IFES, « Promotion d'une culture de démocratie et de paix », bénéficiaire : Société civile de la République démocratique du Congo. La deuxième est une action de courage de la non-violence. Comme on le sait, la violence appartient à l'histoire humaine. « Au près comme au loin, la violence est partout, elle revêt tous les visages de l'humanité, toutes ses expressions, toutes ses formes. Ainsi la violence est-elle aussi visible qu'occulte, révélatrice qu'aveugle, ainsi s'exprime-t-elle physiquement, psychiquement, économiquement, institutionnellement, structurellement. Elle est privée ou collective, personnelle ou communautaire, locale, nationale ou internationale, industrielle, révolutionnaire ou étatique. Elle s'exerce à l'encontre de tous les hommes, femmes, enfants, générations, classes, peuples, riches, pauvres, civils ou militaires »[632].

La violence a frappé l'accord de Lusaka et le cessez-le-feu se faisait attendre. Ni le gouvernement de M'Zee Kabila ni les rebelles, aucune partie ne voulait appliquer le cessez-le feu. Dans l'entre-temps, on comptait des morts dans la population congolaise ! C'est pourquoi, le lundi 2 août 1999, la société civile congolaise a organisé une marche pour la paix dans l'ensemble du pays. C'était une manière d'obliger dans la non-violence, le gouvernement et les rebelles d'accepter l'application du cessez-le-feu. A cet effet, un communiqué invitant la population de Kinshasa à la marche pour la paix organisée par la société civile, a été rendu public par la presse écrite et audio-visuelle. Parmi les signataires figure le nom du secrétaire exécutif national de la JPSC de l'ECC.

Après avoir refusé dans un premier temps, le gouverneur de la ville de Kinshasa a fini par autoriser cette marche à quelques heures avant son début. Le gouverneur a modifié l'itinéraire initialement prévu. C'était finalement une marche de protestation pour réclamer le respect du cessez-le-feu, début de la paix, prévu dans l'accord de Lusaka. Jean-Marie Muller disait à juste titre que « le principe de non-violence n'exige pas seulement de s'abstenir de recourir à

---

632 S. MOLLA, « Violence » in *Dossiers de l'encyclopédie du protestantisme,* n°11, Genève, Labor et Fides, 2001, p. 12.

la violence contre l'autre homme, il implique également de lutter contre la violence qui meurtrit l'autre homme »[633].

Conclusion partielle

Ce chapitre traite deux points majeurs : le mouvement œcuménique, les Eglises et les droits de l'homme d'une part, et l'Eglise du Christ au Congo (ECC) et les droits de l'homme, d'autre part.

Concernant le premier point, il est question d'abord de la définition de l'œcuménisme comme « un marché commun, un pool des valeurs chrétiennes » à la fois confessionnelles et éthiques. Ce pool des valeurs sert de référence aux Eglises qui veulent agir pour les droits de l'homme et la démocratie. Il y est question ensuite de l'examen de quatre actions concertées des Eglises catholique, protestante, orthodoxe et kimbanguiste en faveur des droits de l'homme et de la démocratie. Il s'agit précisément d'actions de ces Eglises en faveur de la tenue de la Conférence nationale souveraine (CNS), de l'obligation de l'Etat de protéger les droits de l'homme et surtout le droit à la vie, de la mise sur pied du comité national des commissions Justice et Paix de ces Eglises, et de la participation de ces Eglises au « dialogue intercongolais » et aux institutions de la transition.

J'ai abordé le deuxième point de ce chapitre, à savoir l'Eglise du Christ au Congo et les droits de l'homme en répondant aux interrogations : Quelle est l'origine ou la base de la création de l'ECC ? Et que penser de l'ECC ? L'analyse faite pour trouver la réponse à la première question montre que le protestantisme congolais a été marginalisé durant la période de l'Etat Indépendant du Congo, pendant la période coloniale et postcoloniale. Le combat du protestantisme congolais pour sortir de l'isolement a continué après l'indépendance. Pour ce faire, nous réservons à la première question la réponse que voici : la marginalisation des protestants par l'Etat a beaucoup contribué à la création de l'ECC. En effet, nous avons souligné quelques cas de marginalisation notamment : la marginalisation des missions protestantes du statut des missions nationales et « de l'espace social légitime », la marginalisation des missions protestantes en matière d'acquisition des terres et surtout des terres proches des concessions minières, la dénonciation des cruautés et des sévices et la marginalisation des protestants à outrance, la marginalisation de l'enseignement protestant et de l'œuvre médicale et, enfin, la banalisation de l'élite protestante.

La deuxième question : « que penser de l'ECC ? » a permis de faire la présentation de l'ECC qui est en fait le prolongement du protestantisme européen et américain.

S'agissant de l'ECC et de ses réalisations en matière des droits de l'homme et de la démocratie, nous avons analysé les points ci-après :

---

633 J.M. MULLER, *Le courage de la non-violence, Nouveaux parcours philosophiques,* Gordes (France), Editions du Relié, 2001, p. 195.

- L'ECC et la promotion des femmes. C'est d'une manière timide que l'ECC favorise la promotion des femmes. Elle doit faire beaucoup d'efforts pour supprimer les points sombres évoqués pour une meilleure promotion de la femme et un renforcement de plus en plus de sa solidarité avec les femmes.
- L'ECC et le processus JPSC. Ayant adhéré par son propre consentement au processus JPSC pour exercer la mission prophétique de l'Eglise, l'ECC doit continuer à assurer la promotion des droits de l'homme, de la démocratie et l'avènement d'un Etat de droit.

Le choix par l'ECC du verbe « éduquer » pour agir en faveur des droits de l'homme et de la démocratie est judicieux, car il permet non seulement d'enseigner le peuple souffrant, asservi, opprimé mais encore de le sensibiliser et de le rendre conscient des enjeux en question.

J'ai clos ce chapitre par quelques réalisations d'une Eglise, en l'occurrence l'ECC, en matière de droits de l'homme et de la démocratie. Cependant, on note que l'ECC n'a pas réalisé l'une de ses obligations en matière de droits de l'homme, à savoir la dénonciation de la violation massive des droits de l'homme sous la dictature *mobutienne.* En effet, l'élite de l'ECC en août 1993 a condamné le silence du Conseil protestant du Congo et de l'Eglise du Christ au Congo pendant la dictature de Mobutu de 1965 à 1990.

Mushila Nyamankank[634] disait avec justesse que l'ECC n'a pas assumé et exercé son « *status confessionis* ». Il s'agit, pour lui, d'une situation donnée au cours de laquelle l'Eglise est appelée à faire une déclaration de foi, à prononcer un propos, une parole prophétique, même à définir sa position sur la situation en question.

Les organes habilités de l'ECC n'ont pas fait de déclaration de foi ni prononcé de paroles prophétiques dénonçant les violations des droits de l'homme sous la dictature de Mobutu.

Conclusion de la troisième partie

Sous les régimes du maréchal Mobutu et de M'zee Kabila, l'absence d'instruction d'appui à la démocratie et aux droits de l'homme a été le grand handicap pour la promotion et la protection des droits de l'homme.

L'Amnesty international, Human Rights et autres, sans oublier dans un passé récent les ONG congolaises des droits de l'homme ont tenté de jouer d'une manière ou d'une autre, le rôle de régulateurs de violations massives des droits humains.

Cette absence d'institutions d'appui à la démocratie et aux droits de l'homme a entrainé des incidents éthiques au regard de la première affirmation du COE : « il faut rendre compte à Dieu de tout exercice du pouvoir ».

---

[634] Le professeur Mushila Nyamankank est doyen de la Faculté de Théologie de l'Université Protestante au Congo.

Les ONG des droits de l'homme sont créées au lendemain de l'ouverture démocratique de l'ex-Zaïre pour contribuer au changement de la situation calamiteuse des droits de l'homme.

Elles ont également contribué à la paix en République Démocratique du Congo au nom de la société civile congolaise. La réunion d'Anvers et la suite des événements pour la construction d'une paix durable en République Démocratique du Congo sont un exemple frappant de leur contribution.

J'ai abordé le deuxième point de ce chapitre, à savoir l'Eglise du Christ au Congo et les droits de l'homme en répondant aux interrogations : Quelle est l'origine ou la base de la création de l'ECC ? Et que penser de l'ECC ?

L'analyse faite pour trouver la réponse à la première question montre que le protestantisme congolais a été marginalisé durant la période de l'Etat Indépendant du Congo, pendant la période coloniale et postcoloniale. Le combat du protestantisme congolais pour sortir de l'isolement a continué après l'indépendance. Pour ce faire, nous réservons à la première question la réponse que voici : la marginalisation des protestants par l'Etat a beaucoup contribué à la création de l'ECC. En effet, nous avons souligné quelques cas de marginalisation notamment : la marginalisation des missions protestantes du statut des missions nationales et « de l'espace social légitime », la marginalisation des missions protestantes en matière d'acquisition des terres et surtout des terres des concessions minières, la dénonciation des cruautés et des sévices et la marginalisation des protestants à outrance, la marginalisation de l'enseignement protestant et de l'œuvre médicale et, enfin, la banalisation de l'élite protestante.

J'ai clos ce chapitre par quelques réalisations d'une Eglise, en l'occurrence l'ECC, en matière de droits de l'homme et de la démocratie. Cependant, on note que l'ECC n'a pas réalisé l'une de ses obligations en matière de droits de l'homme, à savoir la dénonciation de la violation massive des droits de l'homme sous la dictature *mobutienne*. En effet, l'élite de l'ECC en août 1993 a condamné le silence du Conseil protestant du Congo et de l'Eglise du Christ au Congo pendant la dictature de Mobutu de 1965 à 1990.

Conclusion générale

L'injustice précède, dit-on, bien souvent le sens de la justice. La violation des droits de l'homme découlant de l'injustice interpelle la conscience de tout être créé à l'image de Dieu.

La problématique de la promotion des droits de l'homme en contexte africain est introduite par des expériences tirées du champ de l'injuste et du juste. Je fais ressortir quelques cas de violation des droits de l'homme qui me frappent le plus. J'analyse la cause de la violation par l'Etat de cet ensemble de valeurs résumées par les droits de l'homme. Je montre que la cause principale est l'absence d'un Etat de droit, démocratique et respectueux des droits de l'homme. Ainsi, la principale cause de la violation des droits de l'homme au Congo est structurelle ou encore mieux c'est l'institution des régimes dictatoriaux qui est à l'origine de la violation massive des droits de l'homme.

Ces quelques exemples parmi bien d'autres m'invitent à réfléchir. Ma réflexion me pousse à consulter d'autres chercheurs notamment des théologiens qui se préoccupent des questions des droits de l'homme. Je pense, en un premier temps, répondre à un premier groupe de questions constituant la première partie de ce travail.

Ce groupe de questions est introduit par la question : « Comment définir le triptyque ou la trilogie droits de l'homme, démocratie, Etat de droit ? ». Je présente les différentes définitions de ces trois notions de base pour comprendre ce que signifie un Etat ou une république qui se veut démocratique. En ce qui concerne les droits de l'homme, les définitions donnent deux mots clés : libertés et dynamique (des droits de l'homme). Cela veut dire, en résumé, que les droits de l'homme sont définis comme étant des libertés. Cependant, le système des droits de l'homme reste ouvert à des compléments et des ajouts. C'est cela qu'on appelle la dynamique des droits de l'homme.

Une autre question ayant entraîné beaucoup d'autres est la suivante : « La République Démocratique du Congo est-elle réellement démocratique ? ». Après avoir examiné d'autres questions suscitées par celle-ci relatives à l'égalité entre les citoyens, à une vraie séparation des pouvoirs, au contre-pouvoir, à la protection des droits à la vie du citoyen, à l'organisation du pouvoir dans les partis politiques, les syndicats et les structures associatives, à l'information et le bon fonctionnement de la démocratie, au problème des finalités de la démocratie, nous donnons une réponse globale à la question principale en disant que la République Démocratique du Congo ne peut être démocratique que si les trois dimensions - Etat de droit - Démocratie - Droits de l'homme - sont prises en compte.

Une troisième question du groupe ayant fait l'objet du deuxième chapitre est la suivante : « Quelle peut être la contribution de la théologie à la promotion des droits de l'homme ? ». Pour répondre à cette question, la méthode employée présente d'une manière plus ou moins « mêlée » les réflexions des théologiens comme éléments de référence aux problèmes liés à toute société qui s'engage dans la voie de la démocratie et de la promotion des droits de l'homme. En effet, l'analyse de la situation des droits de l'homme en République Démocratique du Congo est faite à partir de réflexions des théologiens. Cela montre à quoi ressemblent la liberté, l'égalité et la fraternité sur le plan théologique. La tradition protestante tente de répondre aux interrogations relatives au droit à la résistance ou le droit de résister. La réflexion œcuménique définit le droit naturel comme créature de Dieu. Par conséquent, les droits de l'homme sont un don de Dieu.

La quatrième et dernière question de ce premier groupe est formulée comme suit : « Y a-t-il un lien fondamental entre les droits de l'homme et la théologie ? » Ce lien est, certes, le droit à la vie, car ce droit est le fondement des droits de l'homme d'une part, et d'autre part, il occupe une place primordiale dans les questions théologiques.

Je réponds, dans un deuxième temps, à un second groupe de questions appartenant à la deuxième partie de cette étude. La première question vise l'apport des théologiens africains à la promotion des droits de l'homme. Nous regroupons les écrits des théologiens africains en quatre options. La première décrit la théologie noire sud-africaine. Celle-ci privilégie la libération socio-politico-économique et le respect de la dignité de tout être créé à l'image de Dieu. Son combat théologique se situe au niveau de l'instauration d'un Etat sud-africain démocratique et sans discrimination raciale.

La deuxième option est celle de la théologie africaine plus culturelle qui contribue à la promotion des droits de l'homme dans le domaine culturel où la liberté d'expression est évidente. Cependant, je constate que la promotion des droits de l'homme est et peut être menacée par certains éléments culturels porteurs des antivaleurs nuisibles à la promotion. La troisième option est la théologie africaine de libération socio-politico-économique qui lutte pour l'avènement des Etats de droit, démocratiques et respectueux des droits de l'homme. La quatrième est la théologie africaine de la reconstruction qui va dans le même sens que la troisième option tout en mettant l'accent sur la puissance de l'Evangile qui libère.

La deuxième question du groupe a trait aux spécificités propres à la Charte africaine des droits de l'homme et des peuples. L'analyse de cette charte montre que la place qu'elle réserve aux droits des peuples à côté des droits de l'homme et aux devoirs de l'individu constitue une spécificité au pluriel.

L'ajout « et des peuples » à côté des droits de l'homme est une manière de restreindre la promotion des droits de l'homme. Le rejet de cette terminologie qualifiée de « perverse » par le Conseil œcuménique des Eglises vise à promouvoir le droit de chacun à la liberté, base originaire des droits de l'homme. La consécration des devoirs de l'individu clans la charte africaine est une autre manière d'étouffer la promotion des droits de l'homme, une altération de ces droits dans leurs principes.

La troisième question cherche à faire connaître la contribution de la Conférence des Eglises de toute l'Afrique (CETA) et du Colloque de Yaoundé à la promotion des droits de l'homme. L'engagement de la Conférence des Eglises de toute l'Afrique à la promotion des droits de l'homme en Afrique est évident. Cette contribution n'est efficace que par des actions en faveur de l'éducation aux droits de l'homme et du travail de suivi sur le terrain. La publication du Colloque de Yaoundé est une contribution à la promotion des droits de l'homme en Afrique. Le débat soulevé autour d'une « culture des droits de l'homme » doit se poursuivre. Il visera à concilier valeurs positives africaines et valeurs universelles.

Je tente, dans un troisième temps, d'examiner les réalisations en faveur des droits de l'homme en République Démocratique du Congo (RDC) à trois niveaux : Etat, ONG et Eglises. C'est la réponse à l'unique question de la troisième partie de ce travail. J'essaie de démontrer que sous les régimes du maréchal *Mobutu* et de *M'Zee Kabila,* l'absence d'institutions d'appui à la démocratie et aux droits de l'homme a été le grand obstacle pour la protection et la promotion des droits de l'homme. L'absence de ces institutions a entraîné des incidences éthiques au regard de la première affirmation du Conseil œcuménique des Eglises : « Il faut rendre compte à Dieu de tout exercice du pouvoir ». L'analyse faite à ce sujet montre que tout régime politique congolais est appelé, d'une manière ou d'une autre, à rendre compte à Dieu, à l'histoire et au peuple des actes qu'il pose dans son exercice du pouvoir.

L'accession au pouvoir du général major *Joseph Kabila* apporte quelques changements dans la politique générale du pays. On peut citer quelques-uns de ces changements : l'élaboration d'une charte congolaise des droits de l'homme et du peuple, la relance du « Dialogue intercongolais » et la signature de l'Accord global et inclusif, l'avènement de l'espace présidentiel et le gouvernement d'union nationale de même que le parlement, la mise en œuvre de cinq institutions d'appui à la démocratie, le retrait des troupes étrangères du territoire congolais et l'appui de la communauté internationale et des institutions financières internationales.

L'analyse des ONG des droits de l'homme montre que la contribution de ces ONG pour la paix en République Démocratique du CONGO est évidente. La réunion d'Anvers sert d'exemple. Leurs réalisations en matière des droits de l'homme et de la démocratie sur le terrain sont visibles et favorisent la promotion de ces droits. Cependant, elles (ONG) doivent améliorer leur capacité d'action en faveur d'une participation plus prépondérante des populations à la base.

Le dernier volet de l'unique question de la troisième partie de cette étude concerne les Eglises et les droits de l'homme. En effet, l'œcuménisme, défini comme « un marché commun, un pool des valeurs chrétiennes » à la fois confessionnelles et éthiques, sert de référence aux Eglises catholique, protestante, kimbanguiste et orthodoxe pour agir en faveur des droits de l'homme et de la démocratie. Ces Eglises se sont concertées pour la réalisation d'un certain nombre d'actions notamment la tenue de la Conférence nationale souveraine, la participation au « Dialogue intercongolais » et aux institutions de la transition et celles d'appui à la démocratie et aux droits de l'homme.

J'ai voulu analyser, outre ces actions concertées de ces quatre Eglises, les actions de l'une d'entre elles un peu plus en détail. Il va de soi que le choix ne peut porter que sur mon Eglise d'appartenance et de référence, j'ai cité l'Eglise du Christ au Congo (ECC). C'est pourquoi nous examinons ses réalisations en matière des droits de l'homme et de la démocratie.

L'examen de ces réalisations est précédé par l'analyse de deux questions d'éclairage. La première : - « Quelle est la base de la création de l'Eglise du Christ au Congo (ECC) ? » - montre que la marginalisation des protestants par l'Etat a beaucoup contribué à la création de l'Eglise du Christ au Congo. La deuxième question : - « Que penser de l'Eglise du Christ au Congo (ECC) ? » - permet de faire la présentation de l'Eglise du Christ au Congo. Quant aux réalisations de l'ECC en matière des droits de l'homme et de la démocratie, nous analysons la question de promotion des femmes dans l'Eglise du Christ au Congo, le processus Justice, Paix et Sauvegarde de la création (JPSC) dans cette Eglise, l'éducation aux droits de l'homme et à la démocratie.

Pour clore cette étude, je peux dire que ma réflexion théologique a pour but d'informer, de sensibiliser, de conscientiser la société africaine en général et congolaise en particulier de l'importance du respect, de la protection et de la promotion des droits de l'homme et de la démocratie dans le monde d'aujourd'hui. L'angoissante question de la violation massive des droits de l'homme en Afrique doit être la préoccupation de tout le monde. Cette idée peut prendre corps dans la société africaine. Ma réflexion se veut une contribution à l'espérance de défier la déraison de ce monde et de briser la fatalité du cycle de violation massive des droits de l'homme qui semble peser sur la vie quotidienne et sur l'histoire du peuple africain.

Voici comment, à partir d'expériences de violation des droits de l'homme, je suis conduit à réfléchir sur l'image sociale que je voudrais défendre, sur le type de société africaine que je voudrais promouvoir.

Bibliographie

Les documents inédits (mémoires, thèses, sites et autres) n'apparaissent pas dans la bibliographie, mais en note de bas de page.

Ethique, église, théologie, œcuménisme

ARNOLD, M., *La correspondance de Luther : étude historique, littéraire et théologique,* Mainz, Verlag Philipp von Zabern, 1996.

BARON, X. et C., *Jean-Paul II dans le monde,* Éditions du Chêne, Hachette Livre, 2000.

BASTIAN, J.P., *Le protestantisme en Amérique latine, une approche socio-historique,* Genève, Labor et Fides, 1994.

BECET, J.M. et COLARD, D., *Les droits de l'homme, I,* 1982.

BEST, T.F., De Vancouver à Camberra 1983-1990. Rapport du Comité central à la septième Assemblée du COE, Genève, WCC Publications, 1990.

BIRMELE, A., *Eglise. Dossiers de l'Encyclopédie du protestantisme,* n°10, Edition Labor et Fides, 2001.

BIRMELE, A., *La communion ecclésiale, progrès œcuméniques et enjeux méthodologiques,* Paris, Edition du Cerf, Genève, Labor et Fides, 2000.

BOESAK, A., *Farewell to innocence. A social-ethical, Study of Black Theology and Black Power,* Rovers Press, Johannesburg, 1977.

BOFF, L. et c., *Qu'est-ce que la théologie de la libération. Traduit du portugais brésilien par Didier Voita,* Paris, Cerf, 1987.

BONNARD, P. et MASSON, Ch., *L'Epitre de Saint Paul aux Galates* (Bonnard). *L'Epitre de Saint Paul aux Ephésiens* (Masson). *Commentaire du Nouveau Testament IX,* Neuchâtel, Paris, Delacroix et Niestlé Sa, 1953.

BONNARD, P., *L'Evangile selon Saint Matthieu. Commentaire du Nouveau Testament I,* Genève, Labor et Fides, 2002.

BOVON, F., *L'Evangile selon Saint Luc (15, 1-19, 27). Commentaire du Nouveau Testament III c*, Genève, Labor et Fides, 2001.

Briser les barrières. Rapport officiel de la Cinquième Assemblée du Conseil œcuménique des Eglises, Nairobi, 23 novembre-10 décembre 1975, Paris, L'Harmattan, 1976.

CASALIS, G., *Les idées ne tombent pas du ciel. Eléments de théologie inductive*, Paris, Cerf, 1978.

CHENU, B., *Théologies chrétiennes des tiers-monde*, Paris, Edition Centurion, 1987.

CHRISTIAENS, L. et DERMANGE, F ., *Les Eglises protestantes et la question sociale : positions œcuméniques sur la justice sociale et le monde du travail,* Genève, BIT, 1996.

COLLANGE, J-F., *Théologie des droits de l'homme*, Paris, Cerf, 1989.

COLLANGE, J-F. et ali, *L'intolérance et le droit de l'autre*, Collection *Le champ Ethique*, n° 20, Genève, Labor et Fides, 1992.

COLLANGE, J-F., *De Jésus à Paul, l'éthique du Nouveau Testament*, Genève, Labor et Fides, 1980.

Conférence des Eglises de toute l'Afrique, *Suis-moi ... Fais paître mes brebis ! Rapport officiel de la quatrième Assemblée de la CETA tenue à Nairobi-Kenya du 2 au 12 août 1981*, Nairobi, CETA, 1981.

Conférence des Eglises européennes et Conseil des Conférences épiscopales. Document final du Rassemblement œcuménique européen Paix, Justice, 15-21 mai 1989 à Bâle, Justice et paix pour la création entière, 1989.

Conférence mondiale d'Eglise et société, Genève, 12-26 juillet 1966. Rapport officiel, Genève, COE, 1966.

Conférences des Eglises de toute l'Afrique, Engagement, la deuxième Assemblée de la CETA Abidjan 1969, Nairobi, CETA [1969].

Conseil œcuménique des Eglises, Comité central, Justice, Paix, Sauvegarde de la création, Rassemblement mondial, Séoul/Corée, 6-12 mars, 1990. Document final, Genève, 1990.

COSTE, R., *L'Eglise et les droits de l'homme*, Paris, Desclée, 1982.

CULLMANN, O., *La prière dans le Nouveau Testament. Essai de réponse à des questions contemporaines*, Paris, Editions du Cerf, 1995.

DEMUNIER, P., *Masses rurales au Bas-Zaïre*, Paris, Edition Anthropos, 1975.

Des prêtres noirs s'interrogent, Paris, Présence africaine, 1956.

Désordre de l'homme et dessein de Dieu (5 volumes), Neuchâtel, Delachaux et Niestlé, 1949. En particulier Volume 5 : « La première Assemblée du Conseil œcuménique des Eglises, Amsterdam, 22 août – 4 septembre 1948 », publié sous la direction de W.A. Vissert't Hoof.

DIAFWILA-dia-Mbwangi, *Eglise, société, démocratie, commission « Colloque » du Synode national de l'ECZ, Kinshasa, 9-10 août 1993*, Kinshasa, CEDI, 1995.

Documents Episcopat, Bulletin du Secrétariat de la Conférence des Evêques de France, n°13, septembre 2003.

Ecrits pour Evangéliser, Paris, DDB-Bellarmin, 1985.

Eglise du Christ au Congo, *Constitution et règlement d'ordre intérieur*, Kinshasa, CEDI, 1998.

Eglise du Christ au Congo, *Eglise du Christ est une. P.V de la 49ème Session de l'Assemblée Générale annuelle du CPC tenue à Kinshasa du 28 au 08 mars 1970*, Kinshasa, Leco, 1970. Eglise du Christ au Congo, Constitution, Kinshasa, CPC, n°1, 1970.

Eglise du Christ au Congo, *Règlement d'ordre intérieur de la commission Justice, paix et sauvegarde de la création (JPSC)*, Kinshasa, CEDI, 1994.

Eglise du Christ au Zaïre, Procès-verbal du Comité exécutif national extraordinaire, tenu du 25 au 29 mars 1994 à Lubumbashi, (Kinshasa), (CEDI), 1994.

Eglises d'Afrique, Paris, Karthala, 1954.

ELA, J.M., *La ville en Afrique noire*, Paris, Karthala, 1983.

ELA, J.M., *L'Afrique des villages*, Paris, Karthala, 1982.

ELA, J.M., *L'Afrique : l'irruption des pauvres. Sociétés contre-ingérence, pouvoir et argent*, Paris, L'Harmattan, 1994.

ELA, J.M., *Le cri de l'homme africain. Questions aux chrétiens et aux Eglises d'Afrique*, Paris, L'Harmattan, 1993 (2ème Edition).

ELA, J.M., *Ma foi d'Africain*, Paris, Karthala, 1985.

FACULTES CATHOLIQUES DE KINSHASA, *La contribution des chrétiens à l'édification de la paix et de la bonne gouvernance en vue d'un développement durable en République démocratique du Congo, Kinshasa, Afrique et Développement*, n°12, 2000.

FUCHS, E., *L'Ethique chrétienne du Nouveau Testament aux défis contemporains, Le champ éthique*, n° 40, Genève, Labor et Fides, 2003.

FUCHS, E. et GRAPPE, C., *Le droit de résister, le protestantisme face au pouvoir,* Genève, Labor et Fides, 1990.

FUCHS, E. et OSSIPOW, W., *L'homme respecté. Etat, identités, économie et droits de l'homme, Le champ Ethique*, n°26, Genève, Labor et Fides, 1994.

FUCHS, E. et STUCKI, P.A., *Au nom de l'autre. Essai sur le fondement des droits de l'homme, Le champ éthique*, n°26, Genève, Labor et Fides, 1994.

FUCHS, E., « Droits de l'Homme, Nature et Loi », in *Ethique et Nature*, 1992, *Le Champ Ethique*, n°23, Labor et Fides, 1992.

FUCHS, E., *Comment faire pour bien faire ? Introduction à l'éthique, Le champ éthique*, n°28, Genève, Labor et Fides, 1996.

GOGUEL, M. et BUIS, P., *Chrétiens d'Afrique du Sud face à l'apartheid.*

HENRIET, M., *Nairobi 1975, Briser les barrières*, Paris, L'Harmattan, 1970.

Ibadan Conférence des Eglises d'Afrique (1958) Paris, imprimerie Coueslant, 1959.

IBAR der Thiam, "Human Rights in African cultural traditions", *Human Rights teaching*, UNESCO, Volume III, 1982.

JAVET, J.S., *L'Evangile de la grâce. Commentaire sur l'Evangile selon Saint Luc*, Genève, Labor et Fides, Paris, Librairie protestante, 1957.

JEAN-PAUL II, *Que tous soient un. Lettre encyclique Ut Unum sint du Saint-Père Jean-Paul II sur l'engagement œcuménique*, Mame/Plon, 1998.

JEREMIAS, J., *Paroles de Jésus. Le sermon sur la montagne. Le Notre Père dans l'exégèse actuelle*, Paris, Editions du Cerf, 1965.

Justice, Paix et sauvegarde de la création. Document final, Rassemblement mondial, Séoul (Corée), 6-12 mars, 1990, Genève, COE, 1990.

KÄ MANA, *Chrétiens et les Eglises d'Afrique : penser l'avenir. Le salut en Jésus-Christ et la construction de la nouvelle société africaine,* Clé, 1999.

KÄ MANA, *L'Afrique va-t-elle mourir ? Bousculer l'imaginaire africain. Essai d'éthique politique*, Paris, Cerf, 1991 Réédition Karthala, 1991.

KÄ MANA, *Théologie africaine pour temps de crise. Christianisme et reconstruction de l'Afrique*, Paris, Karthala, 1993.

KÄ MANA, *Christ d'Afrique, enjeux éthiques de la foi africaine en Jésus-Christ*, Paris-Yaoundé-Lomé-Nairobi, Karthala-Clé-Haho-Ceta, 1994.

KÄ MANA, *L'Eglise africaine et la théologie de la reconstruction. Réflexions sur les nouveaux appels de la mission en Afrique*, Genève, Centre Protestant d'Etudes, 1994.

KABASELE Lumbala, F., *Le Christianisme et l'Afrique une chance réciproque*, Paris, Edition Karthala, 1993.

KABONGO Mbaya, Ph., *L'Eglise du Congo au Zaïre : formation et adaptation d'un protestantisme en situation de dictature*, Paris, Karthala, 1992.

KARAMAGA, A., *Problèmes et promesses de l'Afrique à l'approche et au delà de l'an 2000*, Nairobi, CETA, 1992.

L'espérance chrétienne dans le monde d'aujourd'hui. Message et rapports de la deuxième Assemblée du Conseil œcuménique des Eglises, Evanston, 1954, Neuchâtel, Delacroix et Niestlé, 1955.

LA BIBLE, *Tob, Edition intégrale*, Paris, Cerf et Société biblique française, 2000.

LACOSTE, J.Y., *Dictionnaire critique de théologie,* Paris, Onadrige/PUF, 2002.

Les Eglise en face de leur tâche actuelle. Rapport de la Conférence d'Oxford, Paris, Genève, Je sers, 1938.

L'espérance chrétienne dans le monde d'aujourd'hui. Message et rapports de la Deuxième Assemblée du Conseil œcuménique des Eglises, Evanston, (Neuchâtel, Delacroix et Niestlé), 1955.

Libération ou adaptation ? La théologie africaine s'interroge. Le Colloque d'Accra, Paris, Edition L'Harmattan, 1979.

LIMOURIS, G., *Justice, Peace and the Integrity of Creation insights from orthodoxy,* Geneva 2, WCC Publications, 1990.
MARLE, R., *Introduction à la théologie de la libération,* Alençon (Orne), Edition Desclée de Brouwer, 1988.
MEHL, R., *Traité de sociologie du protestantisme*, Neuchâtel, Delacroix et Niestlé, 1965.
MOLLA, c.F., *Le quatrième Evangile*, Genève, Labor et Fides, 1977.
MOLLA, S., *Violence. Dossiers de l'Encyclopédie du protestantisme*, n°11, Genève, Labor et Fides, 2001.
MUNAYI Muntu-Monji, *Les vingt-cinq ans de la Faculté de théologie protestante au Zaïre (1959-1984)*, Kinshasa, Publications de la Faculté de théologie protestante au Zaïre, n° 1, 1984.
MUSUVAHO Paluku, D., *Aujourd'hui, comment être l'Eglise du Christ au Congo au Nord-Kivu ? Défis et espoirs pour l'Eglise du Nord-Kivu,* Braine-l'Alleud (Belgique, Editeurs de Littérature biblique, 1999.
New-Delhi 1961, *Rapport de la Troisième Assemblée du COE*, Neuchâtel, Delacroix et Niestlé, 1962.
NGINDU Mushete, *Les thèmes majeurs de la théologie africaine*, Paris, Edition L'Harmattan, 1989.
NGOMO Okitembo, L., *L'engagement politique de l'Eglise catholique au Zaïre 1960-1992*, Paris, Edition L'Harmattan, 1998.
NGOY Mulunda-Nyanga, D., *La reconstruction de l'Afrique. Foi et liberté pour un continent en conflit*, Nairobi, CETA, 1998.
Nouveau Dictionnaire biblique révisé, Saint Léger (Suisse), Edition Emmaüs, 1992.
RAISER, K., *Quelle Eglise pour demain ? Défis et espoirs pour un nouveau millénaire*, Genève, Labor et Fides, Paris, Cerf, 1998.
RAISER, K, *Une culture de la vie : Transformer la globalisation et la violence.* Traduit de l'anglais par André Jacques, Paris, Edition du Cerf, 2003.
Rapport d'Upsal 1968, *Rapport officiel de la quatrième Assemblée du Conseil œcuménique des Eglises*, Upsal, 4-20 juillet 1968, publié sous la direction de Norman Goodell, Genève, COE, 1969.
Rassemblés pour la vie. *Rapport officiel de la Sixième Assemblée du Conseil œcuménique des Eglises*, Vancouver, Canada, 24 juillet-10 août 1983, publié sous la direction de Jean-Marc Chappuis et René Beaupère, Genève, COE, 1983.
RIBAUT, J.P., et COLLANGE, J.F., R*ecevoir et construire la paix : les religions et la paix,* Strasbourg, Association des publications de la Faculté de Théologie protestante, 1994.
RICH, A., *Ethique Economique, Le champ Ethique*, n°24, Genève, Labor et Fides, 1994.

ROSS, J.P., *La prière du Seigneur, une récapitulation du « Notre Père »*. Traduit de l'anglais, Strasbourg, Editions Oberlin, 1996.
RUMPH, L., *Chrétiens devant l'injustice : questions œcuméniques et responsabilité personnelle*, Genève, Labor et Fides, 1985.
Service œcuménique de presse et d'information (SOEPI), Spécial Bâle, n°19, 56ème année, 19 mai 1989.
WAMU Oyatambwe, *Eglise catholique et pouvoir politique au Congo-Zaïre, la quête démocratique*, Paris, Edition L'Harmattan, 1997.
WENGER, A., *Upsal, Le défi du siècle face aux Eglises*, Paris, Centurion, 1968.

Etudes historiques, droits de l'homme, sciences politiques, sociologie, droit philosophie

BEVORT, A., *Pour une Démocratie participative*, Paris, Presses de Sciences politiques, 2002.
BRAECKMAN, c., *L'enjeu congolais. L'après Mobutu*, Fayard, 1999.
BRAECKMAN, c., *Les nouveaux prédateurs. Politique des puissances en Afrique centrale*, Fayard, 2003.
BURDEAU, G., *La démocratie*, Paris, Le Seuil, 1956.
Centre des droits de l'homme et du droit humanitaire (CDH), Cinquante ans de la déclaration universelle des droits de l'homme. Actes des journées de réflexion du 07 au 11 décembre 1998, Lubumbashi, Presses universitaires de Lubumbashi, 1998.
CHEVALLIER, J., *L'Etat de droit*, Montchrestien, *« Clefs politiques »*, 3ème Edition, 1999.
CONSEIL DE L'EUROPE, *Droits de l'homme en droit international, textes de base*, 2ème Edition, Strasbourg, Editions du Conseil de l'Europe, 2002.
Constitution, République du Zaïre, 1974.
CORNEVIN, R., *Histoire du Congo*, Paris, Editions Berger-Levraut, 1970, 3ème Edition.
DABA Misamu, E.L., *Le Zaïre : de la République à l'Etat citoyen*, Edition Uhuru, Universal connection, 1992.
DOOB, L.W., *La résolution des conflits*, Edition L'Age d'homme, 1984.
DORLODOT, Ph. de., *Marche d'espoir Kinshasa, 16 février 1992, Non-violence pour la démocratie au Zaïre*, Paris, Edition L'Harmattan, 1994.
DOYLE, A.c., *The crime of the Congo*, London, 1909.
Droit de l'homme en Droit international, 2ème Edition, Texte de base, Edition du Conseil de l'Europe, 2002.
DUVERGER, M., *Les régimes politiques*, Collection Que sais-je ? , n°289, Paris, PUF., 1961.
GASCIE, D., *La démocratie représentative*, 3ème Edition, Paris, Montchrestien, 2000.

Institut international des droits de l'Homme, 33ème Session d'enseignement, Strasbourg, 1-26 juillet 2002. Dossier documentaire, volumes 1 et 2, Strasbourg, 2002.

IWELE, G., Mgr Monsengwo, *Acteur et témoin de l'histoire*, Louvain-la Neuve, Duculot, 1995.

JOURNAL OFFICIEL DE LA REPUBLIQUE DU ZAIRE, Constitution de la République du Zaïre, telle que modifiée par la loi, n°90-008 du 25 novembre 1990.

LOCHAK, D., *Les droits de l'homme*, Paris, Edition La Découverte, 2002.

LUDO, M., *Kabila et la révolution congolaise : panafricanisme ou néocolonialisme ?* Tome 1, Anvers, Edition EPO, 2002.

LUDO, M., *Pierre Mulele ou la seconde vie de Patrice Lumumba*, Bruxelles, Edition EPO, 1985.

LUKIANA Mufuankolo, M.A., *La promotion des droits des femmes : une stratégie pour la paix en République Démocratique du Congo, Actes du Forum des femmes*, Kinshasa, UNAF, du 28 au 31 août 2000, Kinshasa, publications de l'Institut pour la démocratie et le leadership politique, 2000.

LUZOLELE Lola Nkakala, L., *Congo-Kinshasa : combattre la pauvreté en situation de post-conflit, synergie entre l'Etat, le marché et le capital social*, Paris, L'Harmattan, 2002.

MALU-MALU, J.J.A., *Le Congo-Kinshasa,* Paris, Edition Karthala, 2002.

MANGENEST, D. et POUGOUE, P.G., *Droits de l'homme en Afrique centrale. Colloque de Yaoundé (9-11 novembre 1994)*, Paris-Yaoundé, Editions UCAC et Karthala, 1996.

MANGUNGU Ekombe, J., *Congo ex-Zaïre conquérir « La terre promise ? »*, Talence Cedex (France), Multiformats, 2000.

MARYSSE, S. et REYNTJENS, F., *L'Afrique des Grands-Lacs. Annuaire 1998-1999*, Anvers-Paris, Centre d'Etude de la région des Grands-Lacs d'Afrique, L'Harmattan, 1999.

MAWUTO, R. Afan, *La participation démocratique en Afrique, Ethique politique et engagement chrétien*, Fribourg (Suisse), Editions universitaires, 2001.

MAZRUI, A.A. et WONDJI, c., *Histoire générale de l'Afrique VIII : L'Afrique depuis 1935, comité scientifique internationale pour la rédaction d'une Histoire générale de l'Afrique (UNESCO),* Editions abrégée, Présence africaine, Edicef, UNESCO.

Ministères des droits humains et justice. -PNUD et Haut commissariat aux droits de l'homme, administration de la justice et droits de l'homme en République Démocratique du Congo, Actes de Séminaire, [Kinshasa], 1999.

MOREL, E.D., *King Leopold's rule in Africa*, London, William Heinemenn, 1904.

MPILO Tutu D., *Il n'y a pas d'avenir sans pardon*. Traduction française, Paris, Edition Albin Michel, S.A., 2000.

MULLER J.M., *Stratégie de l'action non-violente*, Paris, Seuil, 1981.

MULLER, J.M., *Le courage de la non-violence, Nouveau parcours philosophique*, Gordes (France), Editions du relié, 2001.

NDAYWEL è Nziem, I., *Histoire générale du Congo. De l'héritage ancien à la République Démocratique*, Paris, Bruxelles, Duculot, 1998.

NGANDU Nkashama, P., *La pensée politique des mouvements religieux en Afrique. Le cas du Congo-Kinshasa*, Paris, Edition L'Harmattan, 1998.

OUGUERGOUZ Fatsah, *La charte africaine des droits de l'homme et des peuples : une approche juridique des droits de l'homme entre tradition et modernité*, Paris, PUF, 1993.

PAUWELS, J., *Vingt années de législation zaïroise, 1960-1980*, Penant, décembre 1982.

PEEMANS, J.P., *Les nouvelles formes de la dépendance économique du Zaïre, 1960-1980.*

Rapport annuel d'activités (1998 et suivantes), Volume 1, Commission africaine des droits de l'homme et des peuples, CADHP.

Rapport général de ce forum national des ONG..., Kinshasa, Edition Renadhoc, 2000.

Rapport mensuel du Centre pour l'Education, animation et défense des droits de l'homme (CEADHO), 5 mai 2003.

RAWLS, J., *Théorie de la justice*. Traduit de l'anglais par C. Andard, Edition du Seuil, 1987 et 1997.

RENADHOC, Rapport général du Forum national des ONG des droits de l'homme de la République Démocratique du Congo, publié avec le concours de l'agence intergouvernementale de la Francophonie, Kinshasa, Edition Renadhoc, 2000.

RICOEUR, P., *Lectures 1 : Autour du politique*, Edition du Seuil, 1991.

RIVERO, J., *Les libertés publiques*, Tome 1 : *Les Droits de l'homme*, 8ème Edition, Paris, PUF., 1997.

ROBERT, J. et DUFFAR, J., *Droits de l'homme et libertés fondamentales*, Paris, Edition Montchrestien, 6ème Edition, 1996.

ROCARD, M., *Ethique et Démocratie*, Genève, Labor et Fides, 1996.

ROCARD, M., *Pour une autre Afrique*, Saint Amand-Montroud (France), Flammarion, 2001.

STADE, R., *English-speaking. Missions in the Congo independent state (1878-1908)*, Louvain, 1958.

TEMPELS, P., *La philosophie bantoue*, Présence Africaine, 1961.

TOCQUEVILLE, A., *De la démocratie en Amérique*, Paris, G-F Flammarion, 1981.

VANGROENWEGHE, D., *Du sang sur les lianes. Léopold II et son Congo*, Bruxelles, Didier Hatier, 1986.

VILLERS, G. et ali, *République Démocratique du Congo, guerre et politique, les trente derniers mois de Laurent Désiré Kabila (août 1998-janvier 2001),* n°47-48, Institut africain, Cedaf, Paris, Edition L'Harmattan, 2001.

Articles et autres publications

« Inculturation du message à l'exemple du Zaïre », in *Spiritus*, n°74 (1979), pp. 96-99.

« Appel à tous les gouvernements et à tous les peuples », dans GAILLARD A., *L'unité des Eglises au carrefour*, New Delhi, Paris, Les Bergers et les Mages, 1962. .

« De l'existence à la libération », dans *Foi et développement*, n°83-84, janvier-février 1981.

« La foi des pauvres en acte. La mission, cri des pauvres », in *Telema*, juillet-septembre 1983.

« The Department of citizens rights and liberties », in Zaïre: Repression as policy, a human rights report, Lawyers committee for human rights, 19, pp. 135-152.

BERTHOUD, G., « Droits de l'homme et identité culturelle », in FUCHS E. et OSSIPOW W., *L'homme respecté. Etat, identités, Economie et droits de l'homme, Le champ Ethique,* n° 26, Genève, Labor et Fides, 1994.

BOEGLIN, J.-G., *Les droits de l'homme chez le Pape lean-Paul II, comme un exercice des rapports Eglise-Société aujourd'hui*, Mémoire de (Maîtrise), USHS, C.T.C., Institut de Droit canonique, 1989.

BOKELEALE (Evêque), *Lettre pastorale, la marginalisation éternelle des protestants dans notre pays est un grand danger : non seulement aujourd'hui mais surtout pour les générations futures*, Kinshasa, 1995.

BOKUNDOA-Bo-Likabe, « L'androcentrisme hier, aujourd'hui et demain : en quoi Eve est-elle "aide" d'Adam dans Gn 2-3 ? », in *Revue Congolaise de Théologie protestante,* 12ème année, n°12, 1998, pp. 143-148.

BOYER, A., « La théorie de la justice selon John Rawls », in Recanati F., *L'âge de la science, lectures philosophiques, Ethique et philosophie politique*, Paris, Edition Odile Jacob, 1988.

Communiqué CEDP (Centre d'Education à la Démocratie et à la Paix) Nord-Kivu, 7 juin 2003.

Congo-Afrique, janvier 2003, n°371, Accord global et inclusif sur la transition en République Démocratique du Congo, Pretoria 16/12/2002.

DIAKUBIKWA Komy Nsilu, « Saint-Esprit et Mission : Etat de la question dans l'histoire du protestantisme congolais », in *Revue congolaise de théologie protestante*, n°11, 1997, pp. 81-89.

Diocèse de Kasongo, Commission Justice et Paix, Rapport de circonstance, 14 avril 2003.

Droit zaïrois du travail, Code du travail, tome 1, Kinshasa, Cadicec, 1981.

Flash spécial de la Commission diocésaine « Justice et Paix » de Bukavu, 22 mai 2003.

Human Rights watch, *République Démocratique du Congo victime de guerre. Les civils, l'Etat de droit et les libertés démocratiques*, février 1999.

Journal Afrique chrétienne, n°3-XIIème année, janvier 1972.

Journal officiel de la République du Zaïre.

KÄ MANA, « Pour l'éthique de la vie : Bible Ecologie et reconstruction de l'Afrique », in *Ethique, Ecologie et reconstruction de l'Afrique*, Yaoundé - Bafoussan, Clé, Cipire, 1997.

KABUYA Kalala, F. et' TSHIUNZA Mbiye, « L'économie congolaise à l'horizon 2002-2005 », in MARYSSE S. et REYNTJENS F. (sous la direction), *L'Afrique des Grands Lacs, Annuaire 2001- 2002*, Paris, L'Harmattan, 2003.

L'observatoire pour la protection des défenseurs des droits de l'homme. *Rapport annuel 2000 : les défenseurs des droits de l'homme en première ligne*, FIDH et OMCT, 2001.

MBITI, J., « La Bible et les courants actuels de la théologie africaine », in *Libération ou adaptation ? La Théologie africaine s'interroge*. Le Colloque d'Accra.

MUNDUKU Ngamayamu Dagoga, « A propos de l'organisation de l'ECC », in *Revue Zaïroise de Théologie Protestante*, n° 6, 1992, pp. 65-87.

MUSHILA Nyamankank, « L'Eglise entre deux temps et défis de la mondialisation de I'Economie », in *Revue Congolaise de Théologie Protestante*, n°11, 1997, pp. 105-112.

Nations Unies, Commission des droits de l'homme. Rapport sur la situation des droits de l'homme en République Démocratique du Congo présenté par le rapporteur spécial, M. Roberto Garreton, 1er février 2001.

NGUYEN Van Chien, « La démocratie en Afrique », in *Cahiers zaïrois d'Etudes politiques et sociales*, n° 1, avril 1973, pp. 145-155.

Ordonnance-loi n° 73/013 in *Journal officiel,* 1972, n°11, pp. 997-998.

SCHAFFER, M., « La théorie de la justice selon John Rawls », in Recanati, F., *L'âge de la science, lectures philosophiques, Ethique et philosophie politique*, Paris, Edition Odile Jacob, 1988.

Statuts de l'Eglise du christ au Congo, 13ème Communauté Baptiste du Fleuve Congo, mai 1998.

TSHIBANGU Tshishiku, « Les tâches de la théologie africaine », in *Libération ou adaptation ? La théologie africaine s'interroge*, Le Colloque d'Accra, Paris, Edition L'Harmattan, 1979.

TUTU, D., « La théologie de la libération en Afrique », in *Libération ou adaptation ? La théologie africaine s'interroge.* Le Colloque d'Accra, Paris, Edition L'Harmattan, 1979.

US Department of State, DRC country report on human rights practices, February 25, 2000.

VIBILA Vuadi, « Femme, aide pour toujours ? Quelle lecture pour l'Eglise du troisième millénaire ? in *Revue congolaise de théologie protestante,* 12ème année, n°12, 1998, pp. 149-153.

VUILLEMIN, L, « Remarques sur la convention de justice selon John Rawls » in Recanati F., *L'âge de la science, lectures philosophiques, Ethique et philosophie politique*, Paris, Edition Odile Jacob, 1988.

VUNDUAWE te Pemako, « La décentralisation des responsabilités au Zaïre de 1888 à 1982 », in *Zaïre-Afrique*, n°165, mai 1982.

Table des matières

Structures éditoriales du groupe L'Harmattan

L'Harmattan Italie
Via degli Artisti, 15
10124 Torino
harmattan.italia@gmail.com

L'Harmattan Hongrie
Kossuth l. u. 14-16.
1053 Budapest
harmattan@harmattan.hu

L'Harmattan Sénégal
10 VDN en face Mermoz
BP 45034 Dakar-Fann
senharmattan@gmail.com

L'Harmattan Cameroun
TSINGA/FECAFOOT
BP 11486 Yaoundé
inkoukam@gmail.com

L'Harmattan Burkina Faso
Achille Somé – tengnule@hotmail.fr

L'Harmattan Guinée
Almamya, rue KA 028 OKB Agency
BP 3470 Conakry
harmattanguinee@yahoo.fr

L'Harmattan RDC
185, avenue Nyangwe
Commune de Lingwala – Kinshasa
matangilamusadila@yahoo.fr

L'Harmattan Congo
219, avenue Nelson Mandela
BP 2874 Brazzaville
harmattan.congo@yahoo.fr

L'Harmattan Mali
ACI 2000 - Immeuble Mgr Jean Marie Cisse
Bureau 10
BP 145 Bamako-Mali
mali@harmattan.fr

L'Harmattan Togo
Djidjole – Lomé
Maison Amela
face EPP BATOME
ddamela@aol.com

L'Harmattan Côte d'Ivoire
Résidence Karl – Cité des Arts
Abidjan-Cocody
03 BP 1588 Abidjan
espace_harmattan.ci@hotmail.fr

Nos librairies en France

Librairie internationale
16, rue des Écoles
75005 Paris
librairie.internationale@harmattan.fr
01 40 46 79 11
www.librairieharmattan.com

Librairie des savoirs
21, rue des Écoles
75005 Paris
librairie.sh@harmattan.fr
01 46 34 13 71
www.librairieharmattansh.com

Librairie Le Lucernaire
53, rue Notre-Dame-des-Champs
75006 Paris
librairie@lucernaire.fr
01 42 22 67 13

www.ingramcontent.com/pod-product-compliance
Lightning Source LLC
LaVergne TN
LVHW011440061026
849535LV00004BA/883